A	anschaffen gehen akquirieren agieren Anschub geben abreißen ackern abrackern anfertigen	**E**	Effizienz steigern energetisieren Essen zubereiten Empathie anbieten Empfehlungen aussprechen Existenz sichern
R	ranklotzen reinhauen regieren raten richten reden riskieren	**I**	Innovationen anbieten initiativ sein international unterwegs interkulturell aufgestellt interdisziplinär forschen informieren Identitäten definieren
B	bewirtschaften bedienen begleiten bewerten bekleiden beerdigen bewahren beaufsichtigen bauen bilden beseitigen	**T**	Tagwerk verrichten terrorisieren tätig sein Tiere behandeln Täter verurteilen tanzen Team führen therapieren Terror bekämpfen tüfteln

Danke an alle, die mit Text und Bild zu diesem Buch beigetragen haben oder sich haben interviewen lassen.
An Kordula Meyding für die redaktionelle Unterstützung,
An Amancay Kappeller für die Unterstützung bei der Transkription der Interviews.

Impressum

Copyright © Konkursbuch Verlag Claudia Gehrke 2023
und die Autorinnen und Autoren.
PF 1621, D 72006 Tübingen, Telefon: 0049 (0) 7071 66551
Mobil 0049 (0)172 7233958, gehrke@konkursbuch.com
www.konkursbuch.de
Gestaltung: Verlag & Freundinnen
S. 1: Buntschwarz, S. 428 und Coverhintergrund: aus „Hans-Dieter Bahr: Über den Umgang mit Maschinen" (Konkursbuch Verlag, 1983)
Bilder neben den Titelseiten: Charlie Chaplin, Modern Times (1936).
Bilder ohne Bildunterschrift aus Claudia Gehrkes Verlagsarchiv.

ISBN: 978-3-88769-258-2

Arbeit
Konkursbuch 58

Regina Nössler
& Claudia Gehrke
(Hg.)

Konkursbuch
Verlag Claudia Gehrke

Inhaltsverzeichnis

Vorwort 7

Peter Butschkow: Die Arbeit
nicht erfunden 13

Cora Goll: Eine kurze Geschichte
der Arbeit 19

Buntschwarz: Was ist eigentlich
Arbeit? 29

Jana Günther: Der einen Freud,
der anderen Leid. 32

Generationen

Ulrich Beck: Ansichten eines Büroathleten – Von den Maschinenräumen der Büros zu den Visionen des neuen „Office" 52

Interview mit Felicitas Leitner.
Aus dem Arbeitsalltag einer Ärztin 62

Sunita Sklut: Arbeit im Wandel –
Bekenntnisse aus der Generation Y 72

Interview mit Sarah 79

Elisabeth Richter: Labour Day 91

Anton G. Leitner: De Kinda vo de gscheadn Äiddan ean oiwei no gscheida 99

Claudia Grothus: Boomer-MeToo 105

Verhasste Jobs und schlecht behandelt

Petra Stabenow: Dienstleistung 112

Alf Mayer: Das Glück beim Händewaschen – eine autobiografische Erzählung 116

Gudrun Sonnenberg: Straßenmusik 121

Katharina Körting: Im Job wirst
du nicht geliebt 126

Matthias Santiago Staehle: Arbeit,
Macht, was? 131

Anton G. Leitner: Voiggsvadredda 138

Harte Jobs

Elna Birner Romero: Endstation 142

Heinrich Beindorf: Innerer Widerstand –
Schatten – Gemeinschaftsprojekt 144

Alf Mayer: Ausbeutung einkalkuliert.
Aus meinen Begegnungen mit dem
Prekären 149

Sabine Eberts-Wahlen: Arbeitsamt –
Beufsberater – Mindestlohn 158

Silke Andrea Schuemmer: HOPE 160

Hans-Gerd Pyka: Die Näherin 170

Anton G. Leitner: Klo, Frau 172

Thomas Luthardt: S 7 oder
zufällig Fabian 180

Interview mit Dirk 189

Fragebogen Heinrich Beindorf 195

Frage an Simone Eigen 196

Eleonore Hochmuth: Design oder
nicht Design 198

Arbeitsbiografien

Johanna: Arbeitsleben 202

Eva Christina Zeller: An die Arbeit! 222

Interview mir Simone Allard 230

Fragen an Lea 240

Claudia Gehrke 241

Dieter de Lazzer: Zum Stichwort
Arbeit 244

Anna Breitenbach: Arbeit & Aufstieg –
Arbeit & Unterhalt – Arbeit & Baustelle
Dazwischen 254

André Schneider: Wertschätzung
und Freiheit 260

Fragebogen André Schneider 264
Fragebogen Anonym 267
Fragebogen Steffen Schöntag 270
Anton G. Leitner, Des wead scho, Bua 272

Ende der Arbeit?

Anna Hanssen: Auf ins Neue 278
Norbert Tefelski: Die Regentensage um die Rentenfrage 284
Sabine Eberts-Wahlen: Arbeit schreibt Geschichten 286
Peter Butschkow: Abschied 291
Ulla Vasseur: Horst, Buddha und Ich 292
Ulrich Beck: universum – ein runder tag 296
Alf Mayer: Von Drahtziehern und Lustfeuerwerkern. Ein Blick in die Kulturgeschichte der Arbeit 305

Nicht mehr arbeiten können

Amancay Kappeller: Arbeit im Abseits 312
Theresa Othegraf: Worüber zu schweigen unmöglich ist 317

Kunst, Kultur, Schreiben (mit Geld, mit wenig Geld, ohne Geld)

Sonja Ruf: Vom Zählen und Gezählt-Werden 326
Johannes Knecht: Über die Vorbereitung einer Chorprobe 335
Johannes Groschupf: Das Klappern der Kastenförderanlage 339
Anna Breitenbach: Notebook, körpereigen – Stallwärme 348

Interview mit Thorsten Nagelschmidt 350
Andrea Karimé: ARBEIT 363
Cornelia Lotter: Die Menschwerdung des Affen 366
Jürgen Oberschmidt: Erst die Arbeit, dann das Vergnügen? 368
Fragebogen Jürgen Oberschmidt 379

Faulheit und Arbeitssucht

Thomas Wörtche: Arbeit – welch wunderliches Wortfeld 384
Jürgen Wertheimer: Das Oblomow-Prinzip: Arbeitsverweigerung als Lebensform 388
Johann A. Makowsky: Mut zur Muße 392
Achim Stegmüller: Wo findet Arbeit statt? Wo pflücke ich die Früchte meiner Arbeit? ... 395
Fragebogen Robert Becker 398
Thomas Bäder: Die Verarbeitung 402
Sigrun Casper: Aus dem Leben einer Lehrerin 413
Gerhard Beckmann: Pflege-Erfahrung als staatsbürgerliche Nachhilfestunde. Aus der aktuellen Perspektive eines Patienten 419

Mitwirkende 422

Anja Müller

Vorwort

Schon in der Schule beginnt es mit Klassenarbeiten. Oder – zumindest früher – auch Strafarbeiten. Arbeit macht einen Großteil unseres Lebens aus, und viele Menschen definieren sich vor allem darüber.

In Feuilletons und der Literatur schien Arbeit jedoch für eine lange Zeit aus der Mode gekommen zu sein, *a working class hero is something to be* schon ewig her. Das änderte sich allmählich, als sich die Aufmerksamkeit verstärkt auf die „neuen Lohnsklaven" (Paketboten, Essensauslieferer etc.) richtete.

Diese prekären Existenzen lässt Thorsten Nagelschmidt in seinem 2020 erschienenen Roman „Arbeit" zu Wort kommen, den wir hier erwähnen möchten – nicht nur, weil er denselben Titel trägt wie dieses Konkursbuch, sondern weil er seine Figuren so feinfühlig schildert. Er beschreibt viele Tätigkeiten ohne Ansehen, Gewerkschaft oder Lobby, eine Fahrradkurierin, die Essen ausliefert, eine Frau, die nur überleben kann, indem sie spätabends, nachdem sie ihr Antiquariat geschlossen hat, Pfandflaschen sammelt, Mitarbeiter in Hostels, Drogenverkäufer (was ja auch Arbeit ist).

Auch wenn der „Werkkreis Literatur der Arbeitswelt" aus den 1960er und 1970er Jahren heute angestaubt wirkt und vergessen scheint, war das Thema natürlich nie unmodern – wir haben ja nicht aufgehört zu arbeiten.

Wir gehen in diesem Konkursbuch der Frage nach, ob Arbeit – nicht zwangsläufig gleichzusetzen mit Beruf – erfüllend, manchmal vielleicht sogar beglückend ist, im Sinne einer „Berufung" – oder eher Mühsal und Abrackern bedeutet. Beispielsweise, wenn wir nicht gut behandelt werden. In den meisten Fällen hat Arbeit eine soziale Komponente, denn die wenigsten, selbst Freiberufler nicht, arbeiten ganz allein für sich. Wir haben es mit Kollegen und Kolleginnen zu tun. Mit Chefs und Chefinnen. Es sei denn, wir sind selbst der Chef (was dann wiederum andere Probleme nach sich ziehen kann).

Wir erhalten Einblicke in individuelle Arbeitsbiografien. Nähern uns der Frage, ob Junge heute nicht mehr so viel arbeiten wollen wie die Älteren und Alten.

Läuft in der Zukunft alles auf eine Vier-bis-drei-Tage-Woche und ganz viel Freizeit hinaus? Möchten alle Leute ganz viel Freizeit? Damit sehen sich die meisten konfrontiert, wenn sie in Rente gehen. Auch darüber gibt das Buch Auskunft. Und was wäre eigentlich mit dem bedingungslosen Grundeinkommen (dessen entschiedene Befürworterin eine der Herausgeberinnen ist)? Würde dann, wie von einigen befürchtet, niemand mehr arbeiten? In den Beiträgen werden Sie sehen, dass dies sicher nicht der Fall wäre.

Sie finden in diesem Buch nicht nur Texte über die klassische Erwerbstätigkeit, sondern auch über Fürsorgearbeit, die auf die Anerkennung, „richtige Arbeit" zu sein, immer noch wartet (Eintrag ganz oben bei Google: „Ist Care-Arbeit Arbeit?"). Über Arbeit im übertragenen Sinn. Arbeit am Selbst. An der eigenen Identität. An der Liebesbeziehung. Fängt man einmal an, sich damit zu beschäftigen, taucht an jeder Ecke Arbeit auf. *Ist in Arbeit. – Ich arbeite dran. – Sich an etwas abarbeiten.* Selbst nach dem Tod der Queen hörten wir in den unzähligen Fernsehberichten plötzlich ständig von den „working Royals".

Leider hat sich kein Politiker und keine Politikerin bereiterklärt, für dieses Buch etwas über ihre Arbeit zu berichten. Vermutlich, weil sie zu viel zu tun haben? Einige Spiegel-Berichte und Interviews aus dem Jahr 2022 schilderten die alltägliche Arbeitswelt junger Politikerinnen in düsteren Farben. Zwei sind ausgestiegen, weil sie den Druck nicht mehr ausgehalten haben. Wenig Schlaf, oft unterwegs, endlose Debatten und viel Kritik bis hin zu hässlichen Onlinekampagnen. Burnout. Genauso wenig konnten wir in Erfahrung bringen, was genau (und ob) man eigentlich in einem Aufsichtsrat arbeitet.

In der Bildserie von Anja Müller gibt es viele Menschen, die gebückt arbeiten. Die Fotos erzählen davon, „sich krumm zu machen für andere". Auch fiel auf, dass Anja Müller viele Männer bei der (körperlichen) Arbeit fotografiert hat. Die Aura von Abenteuer, Kraft, Virilität lässt manche Tätigkeiten spannender erscheinen als andere, sie sind „fotogener". Im lesbischen Auge 22, das parallel zum Konkursbuch auch mit dem Thema „Arbeit" erscheint (es enthält autobiografische Geschichten aus verschiedenen Arbeitswelten), gibt es eine Serie von Frauen in Arbeitskleidung: Kraftfahrzeugmechanikerin, Veranstaltungstechnikerin, Schreinerin, Ärztin und aus vielen Berufen mehr. Berufsbekleidung hat etwas Strenges, Anziehendes. Leider gab es keine Abdruckgenehmigung der Polizistin. Kaum hingegen finden sich Bilder von der alltäglichen Arbeit zu Hause. Es gibt professionelle historische Fotos von Frauen in Fabriken am Fließband, in Großküchen etc. Wir haben für das Konkursbuch und das lesbische Auge auch Sammlungen privater Fotos gesichtet. Fotos von Feiertagen, Kindergeburtstagen, Urlauben – aber kaum vom alltäglichen Umgang zu Hause mit den Kindern. Und wenn die Küche vorkommt, dann ist es ein Foto vom Vater beim Weihnachtsgans-Zerteilen.

Unsere Arbeit am Buch ist fertig. Sie zu beenden, war wie immer kurz vor Drucklegung fast unmöglich. Denn die Arbeit an einem Buch wird nie ganz „fertig". Oft sind nachfolgende Auflagen verändert, erweitert, noch mal korrigiert. Immer finden sich neue Möglichkeiten des Ablaufs, der Gestaltung, neue Ideen und Texte kommen hinzu (wir hätten noch Berichte aus vielen Berufen mehr einbauen können) und übersehene Fehler springen ins Auge. Nach einigen durchmachten Arbeitsnächten in der Schlussphase der Gestaltung geht die „Arbeit" in Druck. Auch doppelt gemachte Arbeit steckt darin. Wer kennt das nicht, stundenlang am Text gefeilt, vergessen zu speichern, das Programm stürzt ab. Im Wegklicken versehentlich „nicht speichern" betätigt. (Ein Absatz fehlte, als das Vorwortdokument am Morgen nach dem Schreiben wieder geöffnet wurde, Claudia Gehrke hatte ihn geschrieben und musste die Formulierungen aus dem Gedächtnis rekonstruieren). Oder, es wird in einer nicht gelöschten

Vorversion weitergearbeitet. Sodass es schließlich zwei Dokumente gibt, in der einen ist die eine Hälfte der Korrekturen, in der anderen die andere. Oder als Übersetzerin: mit Mühe poetisch vergleichbare, schöne Sätze gefunden (manches lässt sich nicht direkt übersetzen), stolz auf die Formulierungen – und dann ändert die Autorin in der Originalsprache ihren Text (so geschehen in zweisprachigen Buch von Lucía Rosa González, Diario de un volcán/Tagebuch eines Vulkans). Bilder aus einem Fotobuch neu eingescannt und wochenlang bearbeitet, um die Qualität der Scans vom gedruckten Bild zu verbessern, und dann findet sich doch noch die alte CD mit den Originalscans (so geschehen beim Nachdruck von Anja Müllers Fotobuch „Männer 1").

Einmal, als wir ein Konkursbuch noch nicht in Homeoffices online gemeinsam gestalteten, sondern im Verlag zusammensaßen, hat Claudia Gehrke einen Text lektoriert, stundenlang hat sie fleißig korrigiert und geändert und gekürzt ... Regina Nössler machte etwas anderes, sie weiß nicht mehr, was. Aber sie hat noch heute CGs Rufe im Ohr: „O nein! O nein! O nein!" Der veränderte Text ließ sich nicht speichern. Das hatte etwas mit einer CD-ROM zu tun.

Ähnliches passiert in jedem Arbeitsbereich, was nachher beim Bier zwar meistens lustig ist, in dem Moment aber nicht. Wir haben uns beide zurückgehalten, selbst einen Beitrag über die Arbeit des Büchermachens zu schreiben. Denn zu diesem Thema gibt es ein ganzes Konkursbuch, Nr. 55, „über Bücher" (es berichtet über Druckereien, Buchhandlungen, Rezensenten, Auslieferungen, Bibliotheken). Auch unsere Texte zur Arbeit als Verlegerin und als Autorin und Lektorin finden sich darin.

Wir wünschen Ihnen interessante Lesestunden mit der „Arbeit".

Claudia Gehrke & Regina Nössler

Anja Müller

Peter Butschkow
Die Arbeit nicht erfunden

Für meine Eltern war ich einfach da. Ich war ihr Zweitgeborener und gehörte mit Fleisch und Blut in unsere Familie. Diese Selbstverständlichkeit hatte manchmal zur Folge, dass sie gar nicht mehr merkten, dass ich anwesend war. Ich saß also jeden Abend mit ihnen am Tisch, um eine gemeinsame, warme Mahlzeit einzunehmen, und hörte stumm zu, was sie alles erzählten. Meine Mutter erzählte vom Seifenhändler, der seine Kundinnen politisch indoktrinierte („Die Russen kommen!"), mein Bruder von seinen Freunden („Franz kriegt nie 'ne Freundin") und mein Vater aus seinem Berufsleben („Die Juritsch hat'n Verhältnis mit dem Klingbeil"). Kein Mensch fragte mich, wie es in der Schule war, das interessierte keine Sau, am Ende des Schuljahres würden sie das ja sowieso auf meinem Zeugnis lesen. Als Familienoberhaupt stand meinem Vater auch die meiste Redezeit zur Verfügung, und die nutzte er ausgiebig, um sich zum Thema „Arbeit" auszulassen. Was ich sofort verstand: Er war der einzige Mensch auf der Welt, der wirklich richtig arbeitete. Sein Bruder hingegen hatte die Arbeit nicht erfunden, und sein Schwager wusste gar nicht, was Arbeit ist. Von seiner Schwester wollte er nicht reden, die war, als der liebe Gott die Arbeit verteilt hat, nämlich sofort auf die Toilette geflüchtet. Sämtliche Menschen, außer meinem Vater, drückten sich also vor der Arbeit. Was ich auch noch am Abendbrottisch lernte, war die verblüffende Selbstwahrnehmung der Menschen. Gut, ich war noch klein, hatte aber zwei wache Augen, und die hatten längst erkannt, dass mein Vater sich wahrlich nicht kaputtmachte. Er war Steuerberater und arbeitete die halbe Woche zu Hause, wo es, wenn er Bilanzen machte, in der Wohnung mucksmäuschenstill sein musste und meine Mutter ihm auf Filzpantoffeln und demütig gebeugt ein Tellerchen mit Wurstscheiben neben seine ADLER-Schreibmaschine schob. An den anderen Tagen besuchte er Mandanten, die mir – als ich nach seinem Tode an seinem Grab stand – kondolierten und einhellig von ihm schwärmten: „So ein fröhlicher Mensch, er hatte immer Zeit für ein Schwätzchen mit Kaffee und Kuchen." Später drang noch an meine Ohren, dass Vaters Bruder der Ansicht war, mein Vater hätte die Arbeit nicht erfunden, und der Schwager meinte, dass mein Vater gar nicht gewusst habe, was Arbeit sei. Meine Tante, also Vaters Schwester, hatte noch hinzugefügt, dass ihr Bruder, als der liebe Gott die Arbeit verteilt hatte, rechtzeitig aufs Klo geflüchtet war. Ich konnte förmlich hören, wie mein Vater sich im Grabe umdrehte.

Anja Müller

Anja Müller

Anja Müller

Claudia Gehrke

Cora Goll
Eine kurze Geschichte der Arbeit

Für den Begriff „Arbeit" gibt es nicht die eine, eindeutige Definition, vielmehr beinhaltet er viele verschiedene: So sieht die Philosophie in der Arbeit den Prozess der „bewussten schöpferischen Auseinandersetzung" des Menschen, die Betriebswirtschaftslehre reduziert den Begriff auf eine „plan- und zweckmäßige Tätigkeit", die Volkswirtschaftslehre gar auf eine „Tätigkeit zur Einkommenserzielung".

Die Arbeit in ihrer Formenvielfalt stellt eine Konstante des menschlichen Daseins dar. Menschen, die zunächst für den eigenen Lebensunterhalt arbeiten, wollen darüber hinaus durch Arbeit auch gesellschaftliche Anerkennung, Teilhabe und vor allen Dingen ein sinnerfülltes Leben. Künstlerische Tätigkeit ist ein Beispiel dafür, dass Arbeit materiell gesehen auch zweckfrei erscheinen kann. Häufig ist Arbeit die Basis der eigenen Existenz, sie prägt die Individualität eines Menschen und ist eng mit für den Einzelnen sehr wesentlichen Aspekten wie Geld, Besitz, Zeit, Wohnen, Freizeit, Urlaub, ja auch Freude, Glück und Erfüllung verknüpft.

Ursprünglich diente die Arbeit unmittelbar der Existenzsicherung in der Auseinandersetzung des Menschen mit der Natur, so waren Jäger und Sammler sozusagen die ersten „Berufe" der Menschheit. Mit der Entwicklung von Werkzeugen wurde die Arbeit erleichtert, gleichzeitig fand dadurch eine gesellschaftliche Differenzierung statt, es entstanden Stände, Schichten und Klassen. In der Antike war der Arbeitsbegriff eindeutig negativ konnotiert, Arbeit war die Tätigkeit der Unfreien und der Sklaven. Dies zeigt sich auch in den damals gebräuchlichen sprachlichen Synonymen Mühsal, Plage, Not. Homer besang den Müßiggang als erstrebenswertes Ziel, Aristoteles ging sogar so weit, die Arbeit in Gegensatz zur Freiheit zu setzen.

Für Xenophon war Arbeit eine „banausische" Tätigkeit, die nicht die Muße gewährt für anspruchsvolle Tätigkeiten wie die Pflege sozialer Beziehungen und die Mitwirkung im Gemeinwesen. Die Philosophen des griechischen Altertums erkannten in handwerklichen Tätigkeiten nicht eine über die alltäglichen Mühen hinausgehende, auf Selbstverwirklichung und Erkenntnisgewinn gerichtete „bewusste schöpferische Auseinandersetzung" des Menschen. Vielmehr betrachteten sie die Kontemplation als Grundbedingung für geistige Kreativität. Diese griechisch-antike Missachtung der Arbeit wurde dann von den Römern im Wesentlichen übernommen. So schrieb Cicero: „Alle Handwerker befassen sich mit einer schmutzigen Tätigkeit, denn eine Werkstatt kann nichts Edles an sich haben." Zieht man die Bibel zurate, ist die Arbeit Folge des Sündenfalls („Im Schweiße deines Angesichts sollst du dein Brot essen, bis du zurückkehrst zum Ackerboden", 1. Buch Mose 3, 19).

Doch im Laufe der Geschichte wandelte sich das Verständnis von Arbeit immer mehr hin zu einer erstrebenswerten Bestimmung, zur Selbstverwirklichung, und der Begriff „Beruf" vom Wort „Berufung" war geboren. Zur positiven Bewertung von Arbeit haben vor allem das Christentum und besonders auch die protestantische Ethik beigetragen, in der Arbeit als „gottgefälliges Tun" angesehen wurde. Hatte Arbeit im griechischen Altertum als Praxis und damit als minderwertig im Gegensatz zur Theorie gegolten, erhielt sie durch das Motto „bete und arbeite" des Benedikt von Nursia eine erste Aufwertung. In der Kurzformel „ora et labora" sollte die gemeinsame Nennung des „Betens" und „Arbeitens" auf die spirituelle Verbindung und wechselseitige Abhängigkeit dieser beiden Tätigkeiten hinweisen. Während der Reformation entwickelten Zwingli, Calvin, Luther u. a. die Theorie, Arbeiten sei eine vorbestimmte Pflicht, die der Mensch hat, möchte er Gottes Segen auf Erden erlangen. Die davon ausgehende protestantische Arbeitsethik definierte Arbeit als primären Lebensinhalt des Menschen. Im Anschluss daran wurde der Arbeitsbegriff in der deutschsprachigen Philosophie unter Kant, Herder, Schelling moralphilosophisch definiert, die Arbeit zur sittlichen Pflicht und Existenzbedingung menschlichen Seins erklärt. Die Reformation sowie philosophische Schriften auch von Hegel und später Marx haben also zur noch heute gültigen Annahme der Arbeit als einer Grundbestimmung des Menschen geführt.

Der Müßiggang war von Martin Luther gar zur Sünde erklärt worden: „Müßiggang ist Sünde wider Gottes Gebot, der hier Arbeit befohlen hat. Zum anderen sündigst du gegen deinen Nächsten." Auch die unterschiedliche Wertschätzung von Kopf- und Handarbeit wurde im Christentum eingeebnet, beide Tätigkeiten gleichermaßen positiv bewertet, waren doch schon Jesus und seine Jünger ursprünglich als Handwerker tätig gewesen. In der Philosophie der Aufklärung setzte sich der Arbeitsbegriff vollends durch. Arbeit galt jetzt als allgemeine Bürgertugend, sie konnte aber auch ein gegen den adligen Müßiggang gerichtetes kritisches Moment enthalten. Schon im 17. Jahrhundert war Arbeit schließlich als Legitimation von Eigentum und Quelle von Reichtum weiterhin aufgewertet worden. Als Quelle von Reichtum wird Arbeit erstmals bei Thomas Hobbes hervorgehoben, hatten doch zuvor Armut und Reichtum als ein Umstand göttlicher Fügung gegolten. Bei Karl Marx hat der Arbeitsbegriff eine Schlüsselposition inne, für ihn macht die Arbeit das Wesen des Menschen aus. Dies inspirierte dann seinen Schwiegersohn, den französischen Sozialisten Paul Lafargue, zu der provokativen Schrift „Das Recht auf Faulheit". Karl Marx sah das Ziel des Arbeitens darin, frei zu werden für die Entwicklung einer individuellen Anlage. Arbeit ziele auch auf außerhalb von ihr Liegendes, auf Selbstverwirklichung, Freiheit und Glück. Marx hielt es für wichtig, die reine Arbeitszeit auf ein Minimum zu reduzieren, um auf diese Weise die Zeit aller frei zu machen für die eigene Entwicklung. Einen wirklichen Reichtum sah er in der entwickelten Produktivkraft aller Individuen einer Gemeinschaft.

Die positive Bewertung von Arbeit hat sich wohl letztlich durchgesetzt. Auch gegenwärtig werden Arbeit, Fleiß, das Arbeitseinkommen und der sich darin zeigende Erfolg immer noch grundsätzlich positiv bewertet, wenn es auch Tendenzen gibt, das Arbeitspensum zu reduzieren, um mehr freie Zeit zur Verfügung zu haben.

Im Nationalsozialismus war der Arbeitsbegriff stark ideologisiert, ja missbraucht worden. Arbeit wurde zum zentralen Bezugspunkt des Volks, militante Wortschöpfungen wie „Arbeitsfront", „Arbeitsschlacht" entstanden. Völlig pervertiert wurde der Begriff mit dem Eingangsspruch der Konzentrationslager „Arbeit macht frei". Eine Verherrlichung des Arbeitsethos gab es auch in den sozialistischen Staaten, so wurde z. B. in der DDR seit 1950 der Titel „Held der Arbeit" vergeben.

Auf diese „Arbeitslastigkeit" in der Gesellschaft bezugnehmend beschrieb Ende der 1950er Jahre Hannah Arendt die „Aussicht auf eine Arbeitsgesellschaft, der die Arbeit ausgegangen ist, also die einzige Tätigkeit, auf die sie sich noch versteht". Diese Vorstellung Arendts wurde im Laufe der 70er Jahre mit ihren Wirtschaftskrisen und der damit verbundenen steigenden Arbeitslosigkeit häufig aufgegriffen. Zu Beginn des 20. Jahrhunderts hatte Max Weber seine Theorie formuliert, die praktisch-rationale Lebensweise, das zweckrationale Handeln im Kapitalismus fuße auf den religiösen Moralvorstellungen der protestantischen Arbeitsethik („Die protestantische Ethik und der Geist des Kapitalismus"). An dieser Stelle nun kommt die Bedeutung der Kunst ins Spiel: Allein der Kunst wird die Fähigkeit zugesprochen, dieser sogenannten „Arbeitsgesellschaft" wieder zu etwas Freude und Freiheit zu verhelfen. So war Ernst Bloch der Meinung, der Mensch emanzipiere sich dann von störender Last und Pflicht der Arbeit, wenn er sich dem Spiel und der Kunst widme. Dieser Freiheitsgedanke war nicht neu, hatte doch schon Jahrhunderte früher Schiller geäußert: „Denn, um es endlich auf einmal herauszusagen, der Mensch spielt nur, wo er in voller Bedeutung des Wortes Mensch ist, und er ist nur da ganz Mensch, wo er spielt. Dieser Satz […] wird eine große und tiefe Bedeutung erhalten, wenn wir erst dahin gekommen seyn werden, ihn auf den doppelten Ernst der Pflicht und des Schicksals anzuwenden; er wird […] das ganze Gebäude der ästhetischen Kunst und der noch schwürigern Lebenskunst tragen" (Schiller 1795). Kunst avancierte damit schon um 1800 auf der einen Seite zum Gegenmodell der modernen Arbeitswelt, gleichzeitig verkörperte sie auch deren Ideal. Durch diese Dopplung bietet die Kunst einen ganz eigenen Zugang zur Arbeit, weil sie als Form des Schöpferischen und des Handwerklichen paradigmatische Funktion für den Begriff der Arbeit in der Neuzeit hat, gleichzeitig aber als traditioneller Ort der Kritik alternative Gegenentwürfe zum modernen Arbeitsbegriff entwickelt.

Die Besonderheit des Menschen, ein Kulturwesen zu sein, geht auf den Ursprung der Kultur überhaupt im Spiel zurück. Dem Spiel kommt jene anthropologische Bedeutung zu, die auch der Kultur zugeschrieben wird: Alles Geistige kann im Zusammenhang mit Sprache gesehen werden, sodass hinter jedem Begriff eine Metapher, ein Wortspiel steht, das auf eine immaterielle zweite Welt verweist, die der Mensch in Opposition zur Natur erschuf. Das Spiel erweitert die offene Welt des Menschen über seine natürlichen Möglichkeiten hinaus in eine Dimension des Unmöglichen. Im Spiel kann sich der Mensch aus dem Vorhandenen zurückziehen; das Spiel gibt ihm eine Sphäre zum Ausprobieren, Träumen und Spekulieren, die weniger gefährlich ist als die Wirklichkeit. Somit bedeutet das Spielen gleichzeitig die Überwindung des Notwendigen, des bloßen Müssens, indem der Freiraum und die Freiheit für ein Können aufgezeigt werden. Darin liegt der anthropologische Reiz des Phänomens Spiel: Der Lebensraum des Menschen und seine Möglichkeiten werden um ein Vielfaches vergrößert, indem zur Dimension des Seienden die Dimension des Möglichen hinzutritt.[1] Wenn der Mensch spielt, ist er – wie Philosophen von Plato bis Sartre zum Ausdruck brachten – im Vollbesitz seiner Würde und Freiheit.[2] Plato meinte sogar, es müsse möglich sein, das ganze Leben als ein Spiel zu leben. Das Spiel beinhaltet ein Erlebnis der Freude, ganz ohne Zweck und Ziel. Das Eintauchen in frohes Erleben, welches sich typischerweise im Spiel ereignet, kann sich aber auch außerhalb von Spielsituationen ereignen. Es gibt viele andere Aktivitäten, die beim Handelnden intrinsisch

---

1 Klager 2016, S. 100.
2 Csikzentmihaly 1987, S. 13.

befriedigende Erlebnisse, sogenannte Flow-Erlebnisse auslösen. Der Handelnde wird dabei ganz in den Bann seines Tuns gezogen, er wird zu einer vollkommenen physischen und geistigen Konzentration gebracht. Er entdeckt bei sich einen seelischen Zustand, der im gewöhnlichen Alltagsleben selten vorkommt: So breitet sich ein Gefühl der Harmonie mit der Umwelt, ein erhöhtes Bewusstsein körperlicher und geistiger Leistung, ein Vertrauen ins eigene Handeln aus. Allen Flow-Erfahrungen gemeinsam ist die völlige körperliche und geistige Beteiligung an einer zu bewältigenden Sache, wodurch die Kompetenz des Handelnden, ja seine gesamte Existenz, bestätigt wird. Dies macht die Aktivität lohnend trotz des Fehlens einer konkreten Belohnung. Zu diesen Aktivitäten werden künstlerisch-schöpferische Tätigkeiten, Beschäftigungen in der Natur wie Gärtnern, Klettern und Bergsteigen gezählt, aber auch in beruflichen Tätigkeiten wie beispielsweise dem Operieren eines Chirurgen können gelegentlich Flow-Erlebnisse auftreten. Das Spiel nimmt eine wichtige Rolle für das Begreifen der Stellung des Menschen in der Welt ein: Im Spiele macht es sich der Mensch zur Aufgabe, scheinbar sinnlose Prozesse mit Ernst, Hingabe und Lust zu erfüllen und damit neue Möglichkeiten für seinen Umgang mit der Welt zu entdecken. Er begreift dabei nicht nur sein eigenes Können, sondern gleichzeitig auch die Welt selbst, indem er Gegenstände spielerisch kennenlernt, ihre Wirkung antizipiert, Sicherheit im Umgang mit ihnen erwirbt. Das Spiel wird zum Begleiter des Menschen, es verbindet verschiedene Dimensionen menschlicher Tätigkeiten miteinander und transzendiert die Bedeutungen abstrakt und symbolisch zwischen ihnen. Nach Friedrich Schiller ist das Spiel die menschliche Leistung, die allein in der Lage dazu ist, die Ganzheitlichkeit der dem Menschen eigenen Fähigkeiten hervorzubringen.

Der Philosoph und Psychologe Wilhelm Schmid bringt in seiner Definition von Arbeit auf den Punkt, welch enorme Dimension dem Begriff eignet, und er schlägt abschließend auch die Brücke zum Phänomen des Spiels: „Arbeit ist all das, was ich in Bezug auf mich und mein Leben leiste, um ein schönes und bejahenswertes

Leben führen zu können. Erstrebenswert erscheint jedoch, in jeder Arbeit ‚Fülle' und ‚Erfüllung' erfahren zu können, aufgrund der vielfältigen Vernetzung mit anderen, nicht allein für sich sein zu müssen, sondern unter Menschen sein zu können; aufgrund der Vielzahl von Erfahrungen, die den Spielraum des Selbst erheblich erweitern; aufgrund von Herausforderungen, die gesucht und angenommen werden, in denen das Selbst wachsen und sich um Exzellenz bemühen kann."

Bei der Arbeit steht für einen Großteil der Menschen die Sicherung des Lebensunterhalts im Vordergrund. Doch darüber hinaus spielen auch Gründe wie Selbstverwirklichung, gesellschaftliche Anerkennung, Teilhabe, Ehre, Erfolgsstreben eine nicht zu unterschätzende Rolle. Es gibt Berufe, die besonders prestigeträchtig sind und durch ein entsprechendes Gehalt einen bestimmten Status ermöglichen. Doch Menschen arbeiten auch unentgeltlich, z. B. im Ehrenamt, aus rein idealistischen Gründen, und ohne ehrenamtliches Engagement sähe es gerade im gesellschaftlich-sozialen Sektor sehr düster aus. Weiterhin besteht ein Grund zum Arbeiten auch darin, vernünftig zu sein und damit einhergehend einen Sinn zu erfüllen und auch im Leben zu finden, ein Grund, der im Protestantismus tief verwurzelt ist. So war Martin Luther der Überzeugung, jeder Mensch solle in Erfüllung seiner Pflicht mit Fleiß einer Tätigkeit nachgehen. Ebenso sah Erasmus von Rotterdam, Namensgeber des Erasmusprogramms, in Bildung und Arbeit die Pflicht eines jeden Menschen. Welche Auswirkungen das christliche bzw. protestantische Verständnis von Arbeit hatte, zeigt sich bis heute. Der Gedanke des Arbeitens als Erfüllung einer menschlichen Pflicht oder Aufgabe und damit verbunden eines sinnvollen Tuns ist immer noch, wenn vielleicht auch im Hintergrund, so doch stets präsent. Dass die Begriffe „Arbeit" und „Pflicht" Freude nicht ausschließen, sondern im Gegenteil gar als Voraussetzung für menschliches Glücksempfinden verstanden werden können, zeigt das Beispiel der Pianistin Clara Schumann. In einem Brief äußerte sie ihre Ansicht, dass der Mensch nur dann glücklich werde, wenn er immer seine Pflichten erfülle („Tue nur immer deine Pflicht, dann wirst du glücklich").

Seit den 80er Jahren wird eine Ausweitung des Arbeitsbegriffes diskutiert, angestoßen auch von der feministischen Bewegung. Diese stellt zunehmend Forderungen, unbezahlte Leistungen von Frauen in Familie und Haushalt, auch die sogenannte „Care-Arbeit", als dem Arbeitsbegriff zugehörig anzuerkennen. Genauso trägt die zunehmende Digitalisierung, die neben Veränderungen im Bereich der Arbeit auch alle anderen Lebensbereiche tangiert, zu weitreichenden Veränderungen für unser heutiges Verständnis von Arbeit bei. Immer stärker findet eine Flexibilisierung von Arbeitszeit und -ort statt, was zum Verschwimmen der bisher eigentlich getrennten Bereiche Arbeit und Freizeit führt. Dazu beigetragen hat natürlich auch das in der Corona-Zeit so populär gewordene Homeoffice, das die Abgrenzung von Arbeit und Zuhause quasi aufhob: Arbeit war nun vom Strand aus, vom Schiff, ja von überall aus möglich. Bemerkenswert ist die unterschiedliche Bewertung von geistiger und körperlicher Tätigkeit bei der Arbeit. Kreative, intellektuelle oder allein schon Bürotätigkeiten werden meist höher bewertet als körperliche. Sprachlich spiegelt sich das im Begriff „Banause" wider, womit ein ungebildeter Mensch bezeichnet wird (der Begriff geht auf das griechische Wort bánausoi zurück, mit dem in der Antike Handwerker bezeichnet wurden). Bei der Bewertung der Tätigkeiten wirken also bis heute immer noch die antike Anschauung von Arbeit und ihr Postulat vom schöpferischen, kreativen Tun nach.

Beim Konzert „Libres Voces de Mujer" (Los Llanos, 11.12.22). Kanarische Sängerinnen bei der Arbeit. Sie singen in dieser Konzertserie Lieder über den Kampf von Frauen um Gleichberechtigung (in der Arbeitswelt und überall) Sie kommen von unterschiedlichen Inseln und aus unterschiedlichen Musikrichtungen, Pop, Folklore, Klassik, und treten jede für sich oft auf.

Anja Müller

Buntschwarz
Was ist eigentlich Arbeit?

Sind das diejenigen Tätigkeiten, für die man bezahlt wird, für die man ein Gehalt, einen Lohn oder eine Vergütung bekommt?

Ist dann Hausarbeit keine Arbeit? In welche Kategorie fällt die Erziehungsarbeit? Ist das nur Arbeit, wenn man eine Erzieher- oder Lehrerausbildung hat, oder ist auch das, was Eltern leisten, Arbeit?

Die Arbeitslosigkeit, die Abwesenheit von bezahlter Arbeit, ist in unserer Gesellschaft kein erstrebenswerter Zustand. Wohingegen andere Formen der Abwesenheit von Arbeitstätigkeit, wie etwa Urlaub oder Ruhestand, durchaus wünschenswerte arbeitslose Zeiten sind.

Wenn ich über Arbeit nachdenke, fällt mir zuerst die Erwerbsarbeit ein, die Arbeit, die definiert, wie mein sozio-ökonomischer Status aussieht, zu welcher Gruppe oder sozialen Schicht ich gehöre. Erwerbsarbeit hat einen definierten Beginn, in der Regel ist das die Ausbildungszeit, und ein festgelegtes Ende. Sie kann an den Rändern und in der Mitte „ausfransen", z.B. kann ich als Schülerin vor dem Beginn der eigentlichen Erwerbsarbeit schon Geld verdienen, indem ich beispielsweise Zeitungen austrage, Rasen mähe, Ferienjobs übernehme, in Kneipen oder Restaurants bediene, Eintrittskarten verkaufe oder babysitte. Ich kann putzen gehen, saisonale Sportkurse geben, Nachhilfe anbieten oder Regale im Supermarkt einräumen. Ich kann als Stadtführer arbeiten, Essen ausliefern oder Taxi fahren.

All diese Tätigkeiten kann ich auch parallel zur Hauptarbeit im Erwerbsleben ausführen oder nach dem Ende der Erwerbsarbeit, wenn ich im Ruhestand, in der Rente oder in Pension bin. Gerade im Ruhestand, nach dem Abschnitt der eigentlichen Erwerbsarbeit, sichert oft erst ein Zuverdienst die Möglichkeit, am sozialen Leben teilzunehmen, sich eine einigermaßen menschenfreundliche Unterkunft und einen Lebensstandard oberhalb der Armutsgrenze leisten zu können.

Auch in der Mitte des Lebens kann es unscharfe Kanten, Risse in der Biografie und Lücken in der Finanzierung des Lebensunterhalts geben. Durch Familienzuwachs, durch Krankheit, durch Konkurs der Firma und darauffolgende Entlassung, durch Wegrationalisieren von Arbeitsplätzen oder auch durch die parallele Pflege hilfsbedürftiger älterer Angehöriger werden Löcher in die Erwerbsbiografie und in die Rentenkasse gerissen. Krankheitsphasen, Elternzeiten, Arbeitslosigkeit oder Familienpflegezeiten weben sich ein in unseren Lebensteppich. Nachgewiesenermaßen ist die finanzielle Alterssicherung für Frauen in Deutschland eher ein Flickenteppich. Ihr Alltagsleben ist geprägt von Sorgearbeit, sie sind in fast allen Familien häufiger als die Männer die Hauptkümmerinnen. Die Männer sind dafür die Hauptverdiener und damit auch die Hauptbestimmer.

Auch Phasen ohne Erwerbsarbeit sind durchaus durch Arbeit geprägt: Rehabilitation, Sorgearbeit, Erziehungsarbeit, Versorgung von Haustieren und Angehörigen, Sozialarbeit im Sinne des Wortes: soziale Arbeit. Vergütet wird diese Art von Arbeit entweder gar nicht oder nur symbolisch. Durch ausschließliche Erziehungszeiten kann man Rentenanwartschaften erwerben, manchmal bekommt man für ehrenamtliche Arbeit eine Aufwandsentschädigung, doch je privater die soziale Arbeit ist, desto weniger Geld wird dafür bezahlt und desto weniger Anerkennung ist damit verbunden.

Und was ist mit der Arbeit, die wir alle tagtäglich tun? Lebensmittel einkaufen und Essen zubereiten, Wäsche waschen und bügeln, putzen, den Garten wässern, den Müll trennen und rausbringen? Die Arbeit im Haus und rund um das Zuhause? Arbeit, die wir auch outsourcen könnten, indem wir einen Putzdienst engagieren, Mahlzeiten nach Hause liefern lassen oder auswärts essen gehen, Wäsche in die Wäscherei bringen. Aber nur, wenn wir genug mit der bezahlten Arbeit verdienen, um uns das Delegieren der Hausarbeit leisten zu können. Für Alleinstehende oder Doppelverdiener ohne Kinder ist das vielleicht möglich. Sobald Kinder im Spiel sind oder Alte oder andere Sorgebedürftige, braucht es die Zeit und die Fürsorge eines Nahestehenden, von Familie und Freunden. Hilfe und Mitgefühl lassen sich nur schwer auf Bezahldienstleister auslagern.

Was soll und kann Arbeit?

Unseren Lebensunterhalt erwirtschaften, einen hohen Lebensstandard sichern oder uns im Überfluss der Dinge und im Konsum schwelgen lassen?

Soll Arbeit unserem Leben Sinn geben, uns glücklich machen oder auch nur dafür sorgen, dass wir eine feste Struktur im Tages-, Wochen-, Monats- und Jahresablauf haben?

Warum ist eine Arbeit zu haben in unserer Gesellschaft so wichtig und gleichzeitig fühlen sich viele Menschen durch ihre Arbeit eingeengt, ausgelaugt oder sogar unglücklich?

Wenn meine Arbeit definiert, wer ich bin, was passiert dann mit mir, wenn die Arbeitswelt mich ausgesaugt und ausgespuckt hat, wenn ich nicht mehr arbeitstauglich, sondern erwerbsunfähig bin?

Jana Günther
Der einen Freud, der anderen Leid.
Arbeit als Selbsterfüllung und Arbeit als Selbsterhalt

Arbeit als moderne Idee

Es gehört zu den unweigerlichen Ideen der Moderne, dass Arbeit – genauer Erwerbsarbeit, Beruf, der ‚Job' – zum unmittelbaren Lebensmittelpunkt von Menschen gehört. Dabei geht sie über die bloße Idee von ‚Lohn und Brot' hinaus: Entlohnte Arbeit sorgt nicht nur für den Lebensunterhalt, sondern ermöglicht auch Teilhabe am gesellschaftlichen Leben, sie strukturiert Zeit und ordnet die Biografie, sie ist ein sozialer Ort für Kollegialität und Freund*innenschaft. Last but not least: Durch Erwerbsarbeit erarbeiten sich Menschen in der Bundesrepublik Ansprüche auf Sozialleistungen, die ihnen dadurch sozialversicherungsrechtlich gewährleistet werden.

Die Geschichte der Arbeit und des modernen Arbeitenden ist eine Erfolgsgeschichte mit Strahlkraft. Aber überall, wo etwas strahlt, finden sich auch Schattenseiten: historisch wie auch aktuell. In dem Beitrag wird – wenngleich holzschnittartig – auf die Exklusivität(en) des modernen Arbeitsbegriffs hingewiesen und die Vielfalt der produktiven wie reproduktiven Arbeitsverhältnisse, die gesellschaftlich soziale Ungleichheiten entfalteten und noch immer hervorbringen.

Trennung von Reproduktion und Produktion

Die zunächst einmal systematische Trennung der Arbeitsbereiche in produktive und reproduktive Tätigkeiten, die Friedrich Engels (1920–1895) schon in „Der Ursprung der Familie, des Privateigenthums (!) und des Staats" (1884) beschreibt, verliert auch heute noch nicht an ihrer Aktualität. Beide Bereiche sind unmittelbar mit der Erhaltung von Leben verbunden: So dient die Sphäre der Produktion der „Erzeugung von Lebensmitteln, von Gegenständen der Nahrung, Kleidung, Wohnung" und die Sphäre der Reproduktion der „Erzeugung von Menschen" (Engels 1950 [1884]: 7). Dezidiert wies Engels in der ersten Ausgabe seines Buches darauf hin, dass die beiden Arten der Produktion „einerseits Arbeit, anderseits (…) Familie" (ebd.: 8) den Grad der gesellschaftlichen Entwicklung nachweisen. Die Entwicklung der Produktivkräfte veränderte also die Rollen der Geschlechter, denn die Produktions- sowie Reproduktionssphäre verlagerten sich.

An dieser Definition zeigt sich sehr genau, dass die Erzeugung und Erhaltung von Leben im Bereich der Familie zwar als Produktion – genauer als Reproduktion –, aber eben nicht als Arbeit gedacht wurde. Arbeit definiere sich vielmehr als ein Tun zur Erzeugung von Dingen. Diese Trennung, die an sich erst einmal nicht zwangsläufig mit einer Abwertung reproduktiver Tätigkeiten einherging, sondern vielmehr Sphären der Produktion historisch beschreiben sollte, wurde später in den ersten Wellen der Frauenbewegungen sowie in späteren feministischen Strömungen Ausgangspunkt eingehender und durchaus berechtigter Kritik.

Abwertung der Hausarbeit

Historisch beobachteten Aktivistinnen der ersten Frauenbewegung diese Entwicklung sehr genau und machten sie zum Gegenstand ihrer Problematisierung hinsichtlich der politischen und wirtschaftlichen Lage von Frauen ihrer Epoche. Gertrud Bäumer (1873–1954) beschrieb in „Die Geschichte der Frauenbewegung in Deutschland", dass mit Prozess der Industrialisierung auch die „Ansprüche an die Frau als Erhalterin und Verwalterin des vom Manne erworbenen Gutes" (Bäumer 1901: 39) zurückgegangen sind. Auch wenn sich Bäumer nirgendwo in ihrem Beitrag auf Engels oder Karl Marx (1818–1883) bezieht, kommt sie doch zu einem selbigen Schluss, nämlich dass die wirtschaftliche Entwicklung die „ökonomische Grundlage des alten Familienwesens und der ihr entsprechenden Familienarbeit auch die alten Familienverhältnisse" (Marx 1975 [1867]: 513) auflöste.

Mit dem Schwinden der alten Hauswirtschaft des sogenannten ‚ganzen Hauses' ging dementsprechend auch eine Abwertung der häuslichen von Frauen verrichteten Arbeit einher, denn „die Notwendigkeit, eine Fülle von Produkten, Bekleidungsgeständen, Nahrungsmitteln etc. etc. im Hause herzustellen (…), Vorräte davon aufzuspeichern und zu erhalten" (Bäumer 1901: 39) bestand aufgrund der neuen Produktionsverhältnisse nicht mehr in dem Maße. Die industrielle Produktionsweise und die neuen Waren und Konsumgüter erleichterten die Haushaltsführung auf der einen Seite, aber trieben andererseits den Prozess der Entwertung voran. Vormals „forderte die Führung des Haushaltes früher ein erhebliches Mass von Umsicht, Nachdenken, Voraussehen und Berechnen" sowie „neben körperlicher Leistungsfähigkeit" auch technische „Fertigkeit" (ebd.). Mit der Auslagerung von Produktions-, Herstellungs- und Lagerungsarbeiten (Nähen, Backen, Einwecken, Trocknen, Herstellung von Käse, Quark, Butter uvm.) des Hauses in Fabriken wurden diese Tätigkeiten als Hausarbeit teilweise unnötig oder zusätzlich entwertet. Zudem verloren weibliche Angehörige ihre ‚Arbeit' im Haushalt.

Diese historische Entwicklung muss allerdings als fließender Übergang verstanden werden, d.h. alte Familien- und Arbeitsformen standen neuen Lebens- und Arbeitspraxen gegenüber. Festzuhalten sei aber, dass der Prozess nachhaltig auf die Geschlechter- und Klassenverhältnisse wirkte und sich für Frauen sehr unterschiedlich auswirkte.

Frauen in der Produktion

Landarbeiterinnen und -arbeiter, Gesinde und generell arme Landbevölkerung versuchten ihr Glück in den rasant wachsenden Industrie- und Handelsstädten. Wobei bei dieser „grassierenden Landflucht und Massenarmut im 19. Jahrhundert" schon die als ‚glücklich' galten, die „in den Städten, beim Straßen- und Eisenbahnbau und in den neu entstehenden industrielen Betrieben" (Dillmann; Schiffer-Nasserie 2018: 168) irgendwie eine Anstellung finden konnten und das, obwohl eine Arbeitszeit von 12-16 Stunden bei sechs Werktagen in der Woche nicht ungewöhnlich waren (ebd.).

Die Bedingungen waren demnach hart für die Beschäftigten. Nicht nur die industrielle Arbeit selbst, auch die Wohnverhältnisse, die mangelnde Absicherung bei Schwangerschaft, Krankheit, Invalidität oder Alter sowie der permanente Konkurrenzkampf unter den Lohnabhängigen durch die Existenz einer „industriellen Reservearmee", wie Marx (1975 [1867]: 657ff.) sie nannte, machte den Familien der Arbeiterklasse das Leben schwer. Frauen und Männer sowie Kinder litten unter den Lebens- und Arbeitsumständen gleichermaßen. Arbeits- und Mutterschutz standen noch lange nicht auf der politischen Agenda, und die erste Kinderarbeitsschutzregelung wurde 1839 in Preußen eingeführt. Diese besagte u.a., dass Jugendliche unter 16 Jahren nicht mehr als zehn Stunden (!) arbeiten durften. Mutterschutz oder Arbeitsverbote für Schwangere waren unbekannt. Erst mit der Abänderung der Gewerbeordnung des Deutschen Reiches 1878 wurde ein Verbot der Beschäftigung von Arbeiterinnen bis nach drei Wochen nach einer Geburt als sogenannter Wöchnerinnenschutz in § 135 eingeführt. Die Mütter erhielten aber keinen Lohnersatz.

Frauen waren also von Anfang in die Sphäre der sich etablierenden industriellen Arbeitsbereiche eingebunden. Über politische Rechte und Pflichten lässt sich in dem Zusammenhang gar nicht sinnieren, die Lohnarbeit war überlebensnotwendig. Neben der Tätigkeit in der Produktion wurde Frauen aber die Verantwortung der häuslichen Familienarbeit zugeordnet, obwohl sich die gesellschaftlichen Realitäten oft auch anders gestalteten. So beschreibt Engels 1845 in „Die Lage der arbeitenden Klasse in England", dass die „Familie durch das Arbeiten der Frau nicht ganz aufgelöst, sondern auf den Kopf gestellt" sei (Engels 1845: 189): „Die Frau ernährt die Familie, der Mann sitzt zu Hause, verwahrt die Kinder, kehrt die Stuben und kocht" (ebd.). Die Kritik, die Engels und von Männern in der Arbeiterklasse selbst geäußert wurde, problematisierte nun aber nicht die Doppelbelastung der Frauen, sondern die durch die Einbindung der Frau in die Industriearbeit zwangsläufig entstehende Vernachlässigung der familiären Sorgearbeiten und die „moralischen Folgen der Arbeit von Weibern in Fabriken" (ebd.: 193). An den Zuweisungen, wer für den Haushalt zuständig ist, hielten oftmals auch die aufgeklärten Männer und Frauen fest.

Henriette Fürth (1861–1938) als sozialistische Stimme in bürgerlichen Kreisen zeigte diesbezüglich zwar eine differenzierte Perspektive auf, die Verteilung von Produktion und Reproduktion blieb aber auch in sozialistischen und sozialdemokratischen Kreisen klar zugewiesen. Sie schrieb im Centralblatt des Bundes Deutscher Frauenvereine 1912: „Wir können die Beispiele häufen und wir könnten sie durch manchen Hinweis auf die durch die Erwerbsarbeit der Mutter erwachsende Gefährdung auch der heranwachsenden Kinder, Verwahrlosung der Familie etc. verstärken. Dennoch können wir nicht in den Chor jener einstimmen, die das Verbot der eheweiblichen Außererwerbsarbeit verlangen. Nicht nur weil das aus familien- und volkswirtschaftlichen wie aus betriebstechnischen Gründen unmöglich wäre, sondern weil nachgewiesen ist, daß nicht die Arbeit an sich, sondern die Arbeit in besonders gefährlichen Gewerben und die Arbeit unter den heute obwaltenden inneren und äußeren Bedingungen das Verhängnisvolle ist. [...] So bleibt denn schließlich nur zu fordern, daß die verpflichteten Instanzen recht bald und recht umfänglich sich dessen bewußt werden, was hier im Interesse nicht etwa nur der Frauen, sondern des gesamten Volkstums an Arbeits- und Mutterschutz zu schaffen ist" (Fürth 1912: 10f).

Frauen und der bürgerliche Arbeitsmarkt

Die Lebensrealitäten von Frauen und Familien der Arbeiterklasse unterschieden sich wesentlich von denen des bürgerlichen Milieus. Die in der feministischen Theoriebildung regelmäßig hervorgebrachte Kritik an der Trennung von öffentlicher und privater Sphäre bei gleichzeitiger Verortung der Frauen in letztere kann selbstverständlich für Arbeiterinnen nur bedingt in Anschlag gebracht werden. Zwar bestand hier auch die gesellschaftliche Anrufung, die Verantwortung für Familie und Heim zu übernehmen, aber die verschärften Bedingungen zwangen alle Familienmitglieder – oftmals sogar die Kinder – in die öffentliche Sphäre der Lohnarbeit.

Für bürgerliche Frauen war mit dem Eintritt in die Ehe die Zeit der Berufsarbeit oftmals vorbei, denn „nur in den untersten Schichten des Proletariats finden wir bei der verheirateten Frau berufsmäßige Arbeit außer Haus als ständige Erscheinung; in den besseren Schichten der Bevölkerung legt gewöhnlich das Mädchen bei seiner Verheiratung die Berufsarbeit nieder und wird ‚Hausfrau', wie Mutter und Großmutter es gewesen" sind (Schapire-Neurath 1909: 27f.). Eine Situation, die in der bürgerlichen Frauenbewegung wahrgenommen, aber auch im Sinne einer Abhängigkeit vom männlichen Familienoberhaupt und durchaus als (Selbst)Beschränkung von Frauen im Allgemeinen und ihren ‚eigentlichen' Fähigkeiten betrachtet wurde. Frauen dieser Klassen kämpften um das Recht zu arbeiten … doch ging es ihnen weniger um einen Zugang zu Lohnarbeit in Fabriken, Wäschereien oder im Gasthausgewerbe. Sie wollten sich einen Zugang zu dem alleinig von Männern besetzten bürgerlichen Arbeitsmarkt erkämpfen.

Das Konzept der „Geistigen Mütterlichkeit", wie es bereits 1868 von der Pädagogin Henriette Schrader-Breymann (1827–1899) theoretisiert wurde, diente als argumentative Stütze der Forderungen bürgerlicher Frauen nach gehobener Schulbildung, Studium und dem Recht auf Berufstätigkeit. Die Idee der Zuständigkeit der Frau für Familie und Heim, für Erziehung und Pflege wurde damit nicht negiert, ganz im Gegenteil. Mütterlichkeit wurde als Bestimmung gedacht, heute würde es mit Sicherheit Kompetenz genannt, die unabhängig von biologischer Mutterschaft gedacht wurde: „Das ewig Bleibende in dem Beruf der Frau ist also ihre Bestimmung zur directen [!] Erzieherin der Menschheitskinder" (Schrader-Breymann 2008 [1868]: 61). Der Gedanke, dass Frauen in den Berufen der Kinderpflege, Erziehung, Krankenschwestern, als „Gehülfinnen" (ebd.: 65) in Spitälern, Psychiatrien oder Gefängnissen – neben anderen Berufen außerhalb des sozialen Bereiches – ausgebildet und entlohnt würden, ist auch als ein Kampf zu werten, reproduktive Tätigkeiten aufzuwerten, die Emanzipation voranzutreiben und schlicht gesagt über die Eröffnung neuer Berufsfelder Frauen vielfältigere Lebens- und Überlebensentwürfe zu schaffen.

Auch die Frauenbewegungsaktive Agnes von Zahn-Harnack (1884–1950) greift 1923 auf diese gedankliche Konstruktion zurück und schreibt, dass auch die derzeit aktuelle Frauenbewegung in der

„Mutterschaft den höchsten Beruf der Frau sieht" (Zahn-Harnack 1923: 76). Diese Art der Mutterschaft müsse aber nicht körperlicher Natur sein, sie kann sich auch als „seelische Mütterlichkeit" (ebd.: 77) in erzieherischer Berufstätigkeit entfalten. Diese ‚Politik der kleinen Schritte', welche für die historische bürgerliche Frauenbewegung als programmatisch gilt, wurde beispielsweise von Alice Salomon (1872–1948) durch die Professionalisierung und Theoretisierung der Sozialen Arbeit in die Praxis überführt (Salomon 2008 [1929]: 84ff). Es ging demnach gar nicht darum, den Frauen zugeordnete Tätigkeiten abzulehnen, wie Frauenrechtlerinnen seinerzeit stets vorgeworfen wurde. Vielmehr handelte es sich um eine Aufwertung und auch ‚Arbeitsvermarktlichung' eines angenommen „weiblichen Arbeitsvermögens", wie es Ilona Ostner (1991: 192ff) später Ende der 1970er Jahre definierte.

Frauen und das Dienstbotenwesen

In der von Engels eingeführten Logik von Produktion und Reproduktion bewegten sich Frauen als Industriearbeiterinnen in der produktiven Sphäre und wurden trotzdem als verantwortlich für die reproduktiven Tätigkeiten innerhalb ihrer Familienkreise gesehen. Die bürgerlichen Frauen waren in ihrem Wirkungskreis auf die bürgerliche private Sphäre der Reproduktion beschränkt. Das machte sie in der Folge zur Verantwortlichen über das familiäre Heim, die Erziehung und Pflegen der Angehörigen und bestimmte Verhaltensweisen hinsichtlich patriarchaler Hörigkeit sowie sexueller Sittlichkeit abverlangte.

Ein Sonderfall stellt in dem Zusammenhang das Dienstbotenwesen dar, in welchem sich Mädchen und Frauen der sogenannten ‚niederen' Klassen verdingten. Die Frauen verließen in der Regel ihr Heim, um reproduktive Arbeiten in den Haushalten der bürgerlichen und aristokratischen Stände entlohnt auszuführen. Diese ‚Verarbeitsmarktlichung' reproduktiver Tätigkeiten beutete Frauen nicht unbedingt weniger aus als die Industriearbeit, welche zumindest (wenngleich späten) Feierabend kannte. Außerdem traten hier bürgerliche

Frauen als Arbeitgeberinnen auf und behandelten das Dienstbotenwesen i.d.R. als eine Frage der ‚richtigen' Qualifikation und nicht am Maßstab besserer Arbeits- und Entlohnungsbedingungen. In der Zeitschrift der proletarischen Frauenbewegung „Die Gleichheit" wurde das Leid und die Ausbeutung der Hausangestellten kontinuierlich problematisiert. Hausangestellte schliefen auf Küchenanrichten (A. Hg., 11.09.1911, Gleichheit, 399), wurden ihrer Freiheit beraubt, wie Gerichtsprozesse zu Tage führten (G. Sch., 29.05.1912, Gleichheit, 286), und uneheliche Kinder zwischen ‚Herrschaft' und Dienstbotinnen waren keine Seltenheit (G. Sch., 15.04.1912, Gleichheit, 236). Die Selbstmordrate unter Dienstmädchen war laut der Gleichheit besonders hoch. Die Gleichheit beschrieb es 1912 wie folgt: „Das Dienstmädchen ist kein Automat, der zur gleichen Stunde aufgezogen wird, um dann tagein tagaus ohne Störungen sein Werk zu verrichten. [...] Bürgerliche Damen, die in der Öffentlichkeit mit ihren ‚Taten der Nächstenliebe' prunken, haben häufig für die Leiden der Dienstmädchen keinen Gedanken übrig. Es fällt ihnen nicht ein, auf den Gesundheitszustand ihrer Hausangestellten Rücksicht zu nehmen" (o.V., 10.07.1912, Gleichheit, 335).

Hier zeigt sich, dass die im eigenen bürgerlichen Heim verbliebenen reproduktiven Tätigkeiten, die durch das ‚weibliche Arbeitsvermögen' von Frauen der Arbeiterklasse für die bürgerlichen Frauen getätigt wurden, für Letztere auch eher nicht zum Spektrum der „geistigen Mütterlichkeit" zählten.

Arbeitsschutz und Arbeitsrechte von weiblichen Hausangestellten, deren Abhängigkeiten innerhalb der bürgerlichen Haushalte zogen auch gewerkschaftliche Organisationsbestrebungen nach sich und entfremdeten bürgerliche Frauen und Frauen der Arbeiterklasse zusätzlich: Denn die private Sphäre der Familie der einen war die unter Umständen von großem Leid geprägten Arbeits- und mitunter Lebenssphäre der anderen. Sprich die Frage nach Öffentlichkeit und Privatheit weiblicher Sphären muss differenziert betrachtet werden. So beschrieb eine in der proletarischen Frauenbewegung Engagierte: „Viele unserer Genossinnen waren wohl selbst einmal als Dienstmädchen tätig und haben die Leiden und Freuden dieses Berufes gekostet. Manche von ihnen denkt noch mit Entrüstung zurück an alle die Drangsalierungen, die sie sich gefallen lassen mußte" (Baar, 24.07.1912, Gleichheit, 343).

Arbeit zwischen Anerkennung und Ausbeutung

Halten wir fest: Die Arbeits- und Familienverhältnisse gestalteten sich damals (und auch heute noch) recht unterschiedlich nach Klassenlage. Während Frauen der bürgerlichen Klasse die öffentliche Sphäre der politischen Mitbestimmung, (höheren) Bildung und Studium sowie (bürgerlichen) Erwerbstätigkeit oftmals verschlossen bzw. schwer zugänglich blieb, kämpften die Mütter und Töchter der Arbeiterklasse mit schweren Arbeitsbedingungen und waren wie die Männer ihrer Klasse zwar in die öffentliche (und private) Sphäre der Lohnarbeit integriert, aber genau wie die Männer zu einem bestimmten Zeitpunkt von einem parlamentarischen Stimmrecht ausgeschlossen.

Ein Verdienst der historischen Frauenbewegungen ist es zweifelsohne, die Anerkennung der Frauen als Arbeiterinnen und Angestellte (in bestimmten Bereichen) zu erstreiten. Die Verbesserung der Lage der Fabrikarbeiterinnen konnte durch eine stete Verbesserung der Arbeits- und Sozialgesetze Schritt für Schritt erreicht werden. Auch konnten durch die Zulassung von Frauen zum Studium sowie die Etablierung von ‚mütterlichen' Berufen, wie der Kindergärtnerin, und der Professionalisierung der Sozialen Arbeit, durch beispielsweise Alice Salomon, oder der Krankenpflege, durch Florence Nightingale (1820–1910), für Frauen entlohnte, gesellschaftlich bis heute relevante Berufe geschaffen werden.

Dennoch schreibt sich ein Spezifikum von Produktion und Reproduktion fort, nämlich dass Sorgearbeit als reproduktive Tätigkeit weder als Hausarbeit noch als Lohnarbeit monetär sowie gesellschaftlich die Anerkennung erhält, die sie erfahren sollte. Die Notlage zeigt sich mit besonderer Schärfe im Bereich der Pflege, die überwiegend – aber nicht nur – von Frauen familiär und beruflich geleistet wird. Auch entwickelte sich ein neues-altes Dienstbotenwesen, dass sich darin äußert, i.d.R. migrantische weibliche Arbeitskräfte für Tätigkeiten im Haushalt und die Pflege von Angehörigen zu beschäftigen und oftmals unter sowieso schon prekären Arbeitsbedingungen gering(er) zu entlohnen (u.a. Anderson 2006). Die Klassenverhältnisse haben sich in dem Feld also nicht aufgelöst, sondern entsprechend internalisiert.

Die Corona-Krise machte Missstände in der reproduktiven Arbeitssphäre zwar sehr deutlich, doch sie wirkte nicht als Beschleunigerin einer Verbesserung der Umstände. Die „verkannten Leistungsträger:innen" in sozialen und anderen lebensnotwendigen Bereichen wurden zwar als ‚systemrelevant' anerkannt (Mayer-Ahuja; Nachtwey 2021: 13ff.), doch nachhaltig strukturelle Reformen lassen noch auf sich warten. Die Trennung und Bewertung der verschiedenen (re)produktiven Tätigkeiten ist von wirkmächtiger Persistenz, die kritisch hinterfragt und politisch nach wie vor dringend thematisiert werden muss.

Literatur:

Anderson, Bridget (2006): Doing the dirty work? Migrantinnen und die Globalisierung der Hausarbeit. Berlin, Hamburg: Assoziation A.

Baar, Ida (1912): Genossinnen, fördert die Organisation der Hausangestellten! In: Die Gleichheit 22, 24.07.1912 (22), S. 343–344.

Bäumer, Gertrud (1901): Die Geschichte der Frauenbewegung in Deutschland. In: Helene Lange und Gertrud Bäumer (Hg.): Handbuch der Frauenbewegung. Erscheinungsort nicht ermittelbar (Handbuch der Frauenbewegung), S. 1–32.

Dillmann, Renate; Schiffer-Nasserie, Arian (2018): Der soziale Staat. Über nützliche Armut und ihre Verwaltung. Hamburg: VSA: Verlag.

Engels, Friedrich (1950): Der Ursprung der Familie, des Privateigentums und des Staats. Im Anschluss an Lewis H. Morgans Forschungen. Berlin: Dietz.

Fürth, Henriette (1912): Weibliche Erwerbsarbeit und Rassepolitik. In: Centralblatt 14, 16.04.1912 (2), S. 10–12.

g. sch. (1912): Die Unschuld auf dem Lande und die Rolle der Herrschaften als Erzieher zur Sittlichkeit. In: Die Gleichheit 22, 15.04.1912 (15), S. 236.

g. sch. (1912): Der Dienstbote, ein moderner Sklave. In: Die Gleichheit 22, 29.05.1912 (18), S. 286.

Günther, Jana: Fragile Solidaritäten. Hamburg: Marta Press.

Marx, Karl (1975): Das Kapital. Kritik der politischen Ökonomie. Frankfurt am Main.

Mayer-Ahuja, Nicole; Nachtwey, Oliver (2021): Verkannte Leistungsträger:innen: Berichte aus der Klassengesellschaft. In: Nicole Mayer-Ahuja und Oliver Nachtwey (Hg.): Verkannte Leistungsträger:innen. Berichte aus der Klassengesellschaft. Originalausgabe, erste Auflage. Berlin: Suhrkamp (edition suhrkamp Sonderdruck), S. 11–42.

Ostner, Ilona (1991): „Weibliches Arbeitsvermögen" und soziale Differenzierung. In: Leviathan 19 (2), S. 192–207.

o.V. (1912): Selbstmord der Dienstmädchen und gesetzlicher Arbeitsschutz. In: Die Gleichheit 21, 10.07.1912 (21), S. 335–336.

Salomon, Alice (2008): Zur Theorie des Helfens. In: Carola Kuhlmann (Hg.): Geschichte Sozialer Arbeit. Eine Einführung für soziale Berufe. Schwalbach/Ts.: Wochenschau Verlag, S. 80–97.

Schapire-Neurath, Anna (1909): Die Frau und die Politik. In: Centralblatt 11, 15.05.1909 (4), S. 27–28.

Schrader-Breymann, Henriette (2008): Geistige Mütterlichkeit. In: Carola Kuhlmann (Hg.): Geschichte Sozialer Arbeit. Eine Einführung für soziale Berufe. Schwalbach/Ts.: Wochenschau Verlag, S. 67–79.

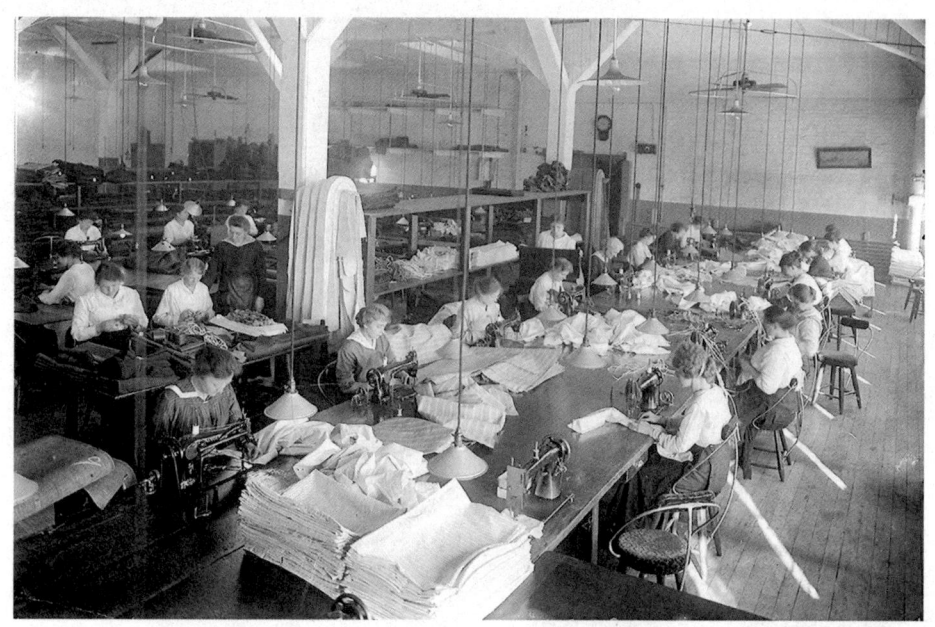

Wikimedia Commons

Bohnenernte, in den Bananenfeldern, Los Llanos, 1940er Jahre. Unter den Bananen wurden Bohnen angebaut, das liefert auch Sauerstoff für die Böden. Sammlung María Victoria Hernández

Zum Safranfeld

In einer Bananenpackerei, 1930er Jahre. Verlagssammlung

Eine Wasserstelle in Santa Cruz de La Palma. In einem ersten Dokument legte der Stadtrat mit königlichem Erlass vom 10.1.1553 fest, dass das überschüssige Wasser der Stadt kostenlos zu Nutzung und Hygiene überlassen werde sollte. Damit verloren die früheren Ratsherren die Macht über das Wasser. Wasser ist teilweise noch immer in privatem Besitz und wird in Wasseraktien verkauft, die eine bestimmte, immer ankommende Menge garantieren. Bevor es Leitungssysteme und fließendes Wasser in den Wohnungen gab, gehörte zur täglichen Arbeit, Wasser von der Wasserstelle zu holen. Auf dem Land hatten die Menschen außerdem Aljibes (Tanks), in denen Regenwasser gesammelt wurde. Foto: José Ayut, Sammlung Fernando Rodríguez Sánchez.

In einer Tomatenpackerei. Sammlung María Victoria Hernández.

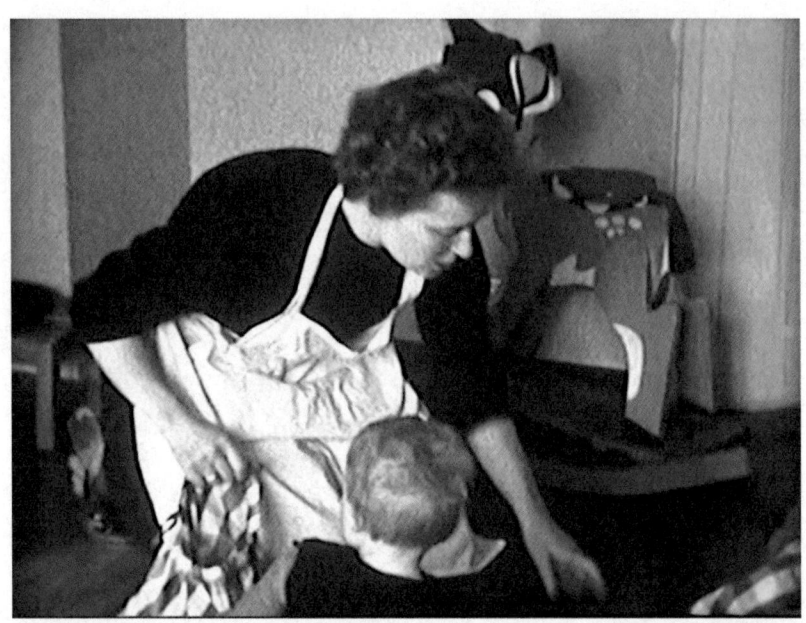

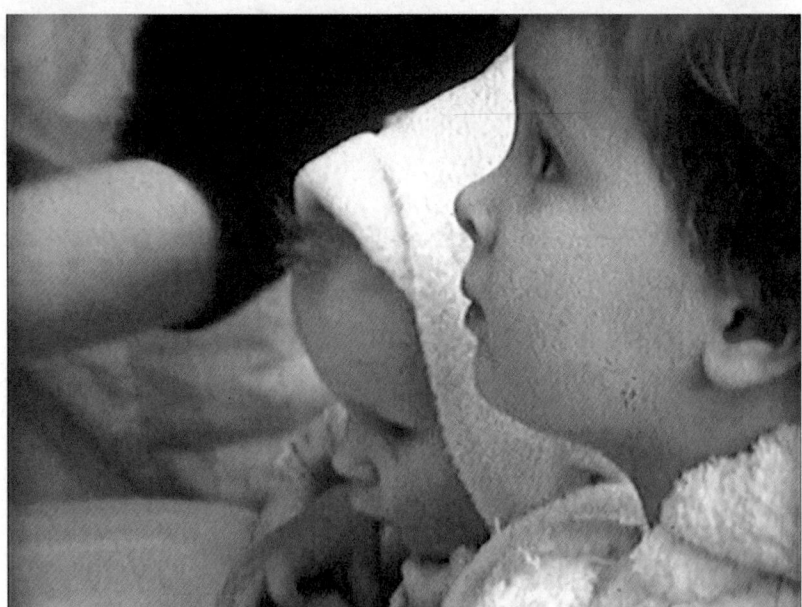

1950er Jahre, Stills aus einem Normal-8-Privatfilm. Ein Tag mit den Kindern. Verlagsarchiv C.G.

Sammlung Sandeer

Sammlung Sandeer

Sammlung Sandeer

Generationen

Ulrich Beck
Ansichten eines „Büroathleten" – Von den Maschinenräumen der Büros zu den Visionen des neuen „Office"

Vom Strand, in die Baustellen oder in die Hektik und Härte der Pflege, hin zu endlosen Bürolandschaften oder engen Home-Office-Fluchten: Arbeit hat viele Orte. Und viele Gesichter. Die Art zu arbeiten und der Arbeitsort finden sich mittlerweile in vielerlei Facetten. Es hat sich viel verändert und nicht nur mit Corona oder im normalisierten Krisenmodus.

Es gibt viele Facetten und Optionen, wie sich Arbeit in heutigen Zeiten gestaltet. Bei allen Wohlfühlszenarien bleibt Arbeit ein bestimmender Faktor für unser Leben oder Überleben, oder auch im Zusammenleben. Dass wir hier teilweise auf Inseln oder in Blasen leben, die das Ringsherum vergessen lassen, merken manche spätestens dann, wenn sie mal wieder Straßenbahn fahren müssen oder zu Fuß nachts durch einsame Gegenden schreiten. Ansonsten dämpfen SUVs gut ab nach außen hin.

An dieser Stelle nur ein paar Schlaglichter aus dem eigenen, in der Tat manchmal luxuriösen Maschinenraum.

Zur Einstimmung, und das bestimmt meine, zugegebenermaßen verengte, Perspektive: Die „Boomer" verlassen das Spielfeld nach den „Vor-Boomern", es verlassen damit die endgültig letzten Arbeitenden dieser Spezies ihre Arbeitsplätze, die noch Büros kannten, mit langen Tischreihen, an der Spitze der Reihe, das Chefbüro, mit Chefs der alten Schule, die „gerne mit Menschen arbeiteten" und die noch direkt den Gang entlang „Müller, sofort zu mir" brüllen konnten, meistens Männer, büromäßig Krawatten und Anzüge, sehr gedeckt und alles gedeckelt, Schreibtisch, Schreibmaschine, Schreibpapier, Loch- und Karteikarten.

Da waren noch die, die versuchten, den Arbeitern draußen in den Werkshallen und auf den Baustellen nachzueifern, eine auch im Büro körperlich schwere Arbeit zu simulieren, indem sie schwitzend von Meeting zu Meeting hetzten, hochgekrempelte Hemdsärmel, Krawatte gelockert auf „Halbmast", in der Brusttasche mindestens drei Kugelschreiber, drei Farben Einweg, von denen mindestens einer auslief, was der schwitzende Hochleistungsarbeiter erst spät bemerkte, wenn überhaupt, und das Hemd dann in den Müll wanderte, aus dem Dutzend, die schnell für das Arbeitsjahr eingekauft worden waren.

Der „Held der Arbeit", der (eigentlich nur männliche) Angestellte im Maschinenraum der Industrie prägte lange Zeit das Bild. Frauen, wenn überhaupt, spielten eine Nebenrolle am Rande. Die Männer der Büros spielten dann fast nur unter sich die gesamte Bandbreite des Büroleisters aus, vielfach mit einem hohen Arbeitspensum bis hin zu Anfällen von heroischem Management, von gegenseitigem Schulterklopfen bis zum „Kampf", mitunter auch bis zur Filmreife kompletter Lächerlichkeit.

In jedem Fall bedeutete „Wirtschaftswunder" harte Büroarbeit im Maschinenraum, dabei streng separiert von den „oberen Etagen".

So hat sich ein Bild geprägt, nicht das lächerliche, sondern auch das vergebliche, tagtäglich Hochleistung zu bringen, die überschaubare Vierzig-Stunden-Woche und die Grenzen der Arbeitszeitordnung nicht als Segen zu sehen, sondern als Strafe, trotzdem weiter Überstunden zu sammeln und Chefs zu haben, die in ihrer Orientierung nach oben eh nichts verstanden, sondern selbst als zusätzliche Sanktion mit ihrer Macht der Intervention verstanden wurden. Und dann noch „die Anderen", die diese Arbeitszeitregeln genau im Blick hatten, sich genau in den Grenzen bewegen, ja schwimmen konnten, nicht vorneweg liefen, das Heroische war ihnen egal, sie dachten wohl immer „Hoch die Hände, Wochenende" in den Augen der Hochleister und waren weg, wenn man sie brauchte.

War das wirklich so? Ich kann mich an einen Kollegen erinnern, der immer ein Sakko über der Stuhllehne hängen ließ, „ich komme gleich wieder" sollte das heißen, das Licht am Schreibtisch brennen ließ, aber so geräuschlos verschwinden konnte, dass alle nur sagten: „Ich weiß nicht, wo er ist, aber er kommt sicher gleich wieder." Ein Frusterlebnis für die Brennenden, Nervösen, Hochleister, die nicht nur „hart, aber herzlich" ackerten, sondern sich abarbeiteten an den Verhältnissen.

Zugegeben, ein überzeichnetes Bild, Karikatur und Klischee, aber ein Bild, das sich mir noch eingeprägt hat, bevor überhaupt Themen wie „Sinnsuche" oder gleich „Purpose", „Diversität" (nicht nur bei der Besetzung von Führungspositionen) und „Home-Office" eine Rolle zu spielen begannen. Von Work-Life-Balance oder Work-Life-Blending ganz zu schweigen.

„Hochleister", kantige Typen, Autoritäten: Das waren auch diejenigen, die einem sprichwörtlich auf den Zehen stehen konnten, oder „Ed Harris-Typen" wie aus dem Film „Apollo 13". Ed Harris spielt den legendären NASA Flight Director Gene Kranz, ein Held der Raumfahrt, umsichtig, engagiert, wissend, voll konzentriert, unermüdlich, ein „Corporate Athlete", wie er im Buche steht.

Erfolge, Wirtschaftswunder und Wirtschaftswachstum fußten auf harter Arbeit, getragen durch die Menschen, die sich engagierten, über Erfolge freuen und sich manchmal sprichwörtlich auch abarbeiten konnten, mit Jubiläumsuhr und einer Urkunde.

Und dann die Insignien des Aufstiegs, der Belohnung für die Mühen der Ebene mit dem eigenen Büro, von Vorzimmer ganz zu schweigen. Die Anzahl der Fensterraster in einem Bürogebäude drückte die individuelle Wichtigkeit in der Organisation aus: Drei Raster waren schon das mindeste, besser noch eine individuelle Einrichtung, zumindest teilweise mit designtem Tisch und Stuhl und einer Glasvitrine für die Trophäen. Eine Äußerlichkeit, etwas, was gleichzeitig den Mantel des Schweigens über individuelle Bedingungen ausbreitet, bis hin zum Weinkühler auf Vorstandsebene. Das war schon wieder „obere Etage". Der Antrag machte die Runde unter den Controllern und fand dann den Weg in die Kantinen und Raucherecken, zur Legendenbildung, immerhin ein „Kühler".

Dann der Einschnitt: Einmal aus dem „Job" raus, kann das sich für einen „Hochleister" anfühlen wie für einen Leistungssportler, der von hundert Prozent auf null zurückfahren muss, ohne abzutrainieren und einfach „ausgebremst sein", schwer erträglich. Ein erhebliches Risiko für die Betroffenen, mental und gesundheitlich allemal.

Wer kann sich noch an die Zeit nach der Wiedervereinigung erinnern, die Krisenjahre mit der Formel „Kurzarbeit Null", oder die Welle der Frühpensionierungen vor blühenden Landschaften?

Die Verkaufsformel, nun wäre man ja nicht mehr fremd-, sondern mehr selbstbestimmt, ging einher mit den Aushängen in den Kantinen, wo auf den Listen diejenigen standen, die einen „Vorruhestandsinfarkt" nicht überlebt hatten, bei doch eigentlich „bester Gesundheit" und der Ankündigung „Ich habe noch einiges vor" und „endlich Sport".

Rauswurf und Kündigung gehen heute auch schon anders, manchmal schnell per Whats und anderen Apps, dann wieder mit Vorrede, Briefübergabe und Werkssicherheit mit Karton vor der ehemaligen Bürotür.

Von da aus ist der Weg weit, eine Langstrecke des Rechts und der Einigung, ob Pfandbon oder Reisekosten und Spesen, Compliance klingt außerdem immer gut, um jemanden auch gleich so zu beschädigen, dass auch auf dem Rechtsweg kaum ein Weg zurück geht. Keine Seite schont die andere, es kommt zur verschriftlichten Sprache, was schon immer mal gesagt werden musste.

Aber auch diese Wege sind verschlungen. Der Mitarbeitende wird nicht mehr plump isoliert oder an einen Schreibtisch mit gezogenem Kreidekreis gesetzt, das könnte ja die Staatsanwaltschaft ins Spiel bringen.

Es gibt subtilere, manchmal gar elegantere Methoden, allerdings weniger häufig als gedacht.

Und in einem offenen Dialog kann schon einmal auf einer Versammlung zwischen Vorstand und Mitarbeitenden eines Konzerns am Vorabend einer dieser üblichen Restrukturierungen von Seiten der (modernen) Führung die Forderung erhoben werden, dass die (unverschämt beharrlichen) Alten endlich mal verschwinden sollten, damit die Jungen endlich mal drankämen ... Die Unverschämten wären zudem ja auch unkündbar und abfindungsbewehrt, also eh privilegiert.

Und doch: Was hat sich hier in den letzten Jahren geändert, im Maschinenraum, bei Digitalisierung und der Komplexität, wie Wirtschaft funktioniert (oder auch nicht)?

Die Arbeit, was macht sie aus?

Aus dem Blick von dreißig Jahren im Dienst, in einer Aufgabe, in Lohn und Brot, in einem Büro, das vielleicht einmal nach Fensterrastern gestaltet worden ist, als Ausweis und Beleg für die eigene Wichtigkeit in der arbeitsgesellschaftlichen Hierarchie, ist die Frage nach der Perspektive manchmal ernüchternd.

Arbeit verändert sich, alles hat seine Zeit, vom Großraum- zum Einzelbüro, zur Bürogemeinschaft, mit oder ohne persönliche Gegenstände, wie Blumen, Fotos, Gimmicks oder Ablagen, die manchmal schon historisch aussehen. Es wird den Wellen der Arbeit nachgeeifert, bis hin zu Kickern, freiem Obstkorb oder Internet-basierten Achtsamkeitstrainings, dann wieder Großraum, von der Anwesenheitslisten- zur Remote-Office-Kultur, zum Rennen auf die weniger gewordenen Büroplätze, das dann tagtäglich stattfindet, mit oder ohne Anwesenheitsprämien, oder auch mal Abwesenheitsprämien, die ausgelobt werden, je nach Pandemiestatus oder auch nach Launen des Managements.

Viele Optionen, online oder offline, und wer jemals stundenlange Besprechungen online durchhalten musste, fragt sich manchmal, warum man sich das antut ... auch wenn man nicht in Jogginghose vor dem Screen sitzt.

Und nach den „Boomern" die „Jungen": Gilt das Klischee von der gewünschten Rundumversorgung, „bei Hundert-Prozent-Home-Office und hunderttausend Euro halbtags", mit möglichst viel „Purpose"? Da wird viel von der „Generation Z" gesprochen, von „Digital Natives", die ambitionslos wären und eben versorgt sein wollten, schon gar nicht die physische Konstitution und das analoge

Textverständnis hätten, und erst recht von Daten und Mathematik keine Ahnung.

Da kommen dann auch die zu Gehör, die meinen, „früher war alles anders" und die „Generation Y „war schon schwierig, aber immerhin, und die „Generation X" noch, gleich nach den „Boomern", die man selbst ja repräsentiert. Aber „wir" letztere sind eh schon Auslaufmodelle. Nun auch noch die Generation Alpha, und schon ist man alphabetisch wieder am Anfang. Das zusammenzubringen zu einem logischen Miteinander im Maschinenraum, ist manchmal schon ein Unterfangen, mit viel notwendiger Resilienz.

Klischees und Zerrbilder gibt es genug. Tatsache ist doch, dass es in vielen Bereichen noch nie so viele Optionen gab zu arbeiten wie heute: Digital oder halb oder hybrid, zu Hause, im Work Space, im Büro, am Strand gar oder als Interim von Projekt zu Projekt wechselnd, im Team oder vereinzelt, selbstbestimmt, selbstständig oder in Hierarchien eingebettet, in Vollzeit, Teilzeit, Schichtarbeit, ob jung oder Silberrücken, global, national, regional, lokal, ob frei, fest frei, selbstständig, verbeamtet, angestellt oder als Arbeitskraft verliehen, mitbestimmt oder freifliegend bis ausgeliefert, mit Free Pizza oder ohne oder Kantine oder Fruchtkorb und freie nicht-alkoholische Getränke. Bei aller Ambition und Motivation wird Arbeit mitunter zum Life Stream, Belastung, Verdichtung und 24/7-Systematik, mit Mobilitätsabonnement oder Dienstwagenprivileg.

Es gibt genug zu tun, zu gründen und zu ergründen, die Demografie schlägt zu und die Herausforderungen bleiben, wie Klimawandel, Sicherheit oder Generationenvertrag. Der Austausch an Ideen und Konzepten und das Testen und Verwerfen, all das eröffnet auch und gerade Chancen. Und dann nicht nur Genie und (meist geträumte) Einhörner, sondern bedarf klassischer Arbeit, wie Handwerk, Dienstleistung oder Verwaltung. In welchen Formen auch immer, Arbeit ermöglicht uns nicht nur zu leben, sondern auch zusammenzuleben in einer gemeinsamen Infrastruktur, bis hin zur Mobilität oder Gesundheit.

Während noch kurz vor der Corona-Pandemie mit ihren Folgen die Hawaii-Hemden der CEOs ein wichtiges Merkmal von Status waren und Vorbild zu sein schienen, zeichnet sich nunmehr ein anderes Bild. Es gibt wieder Krawatten und Tücher, mit mehr oder weniger passenden Anzügen oder Kostümen, nicht alle „Corporate Athletes" sind im wahren Leben gleich auch TriathletInnen. Es sollen sogar außerdienstliches Spazierengehen und Müßiggang im Biergarten erlaubt sein.

Dazu werden endgültig die Männerbastionen weich, allmählich und manchmal auch nur per Gesetz und Quote. Selbst wenn der Kampf hier weitergehen muss, der Generationenwechsel zeigt, was an Diversität normal sein kann.

Worum geht es bei Arbeit im neuen Gewand? Ernsthaft betrachtet, geht es um Stärken und es geht um Motivation, um das „ernst-genommen-werden", längst erkannt und befragt und analysiert. Es geht nicht mehr um Formen der erweiterten Leibeigenschaften oder gar andere abschreckende Lebensformen selbstausbeuterischen Handelns im Office bis hin zum japanischen Begriff des „karoshi", dem Schuften bis zum Tod, einem wahrlich sinnlosen und verheerenden Opfergang in den Büros.

Im Maschinenraum, ob digitalisiert oder auch nicht, geht es weiter, anders, manchmal hektischer und vielfältiger als bisher, die langen Hallen und Schreibtischreihen sind passé, der brüllende Chef hat auch Enkel, die was anders machen wollen, die Chefin kann auch „viel Rauch" oder „Regenmachen". Es muss anders weitergehen, bei allem, was kommt, mittendrin im 21. Jahrhundert, die Arbeit alt und neu zugleich, nach der Krise ist vor der Krise, der Maschinenraum wird überholt.

Hans-Gerd Pyka

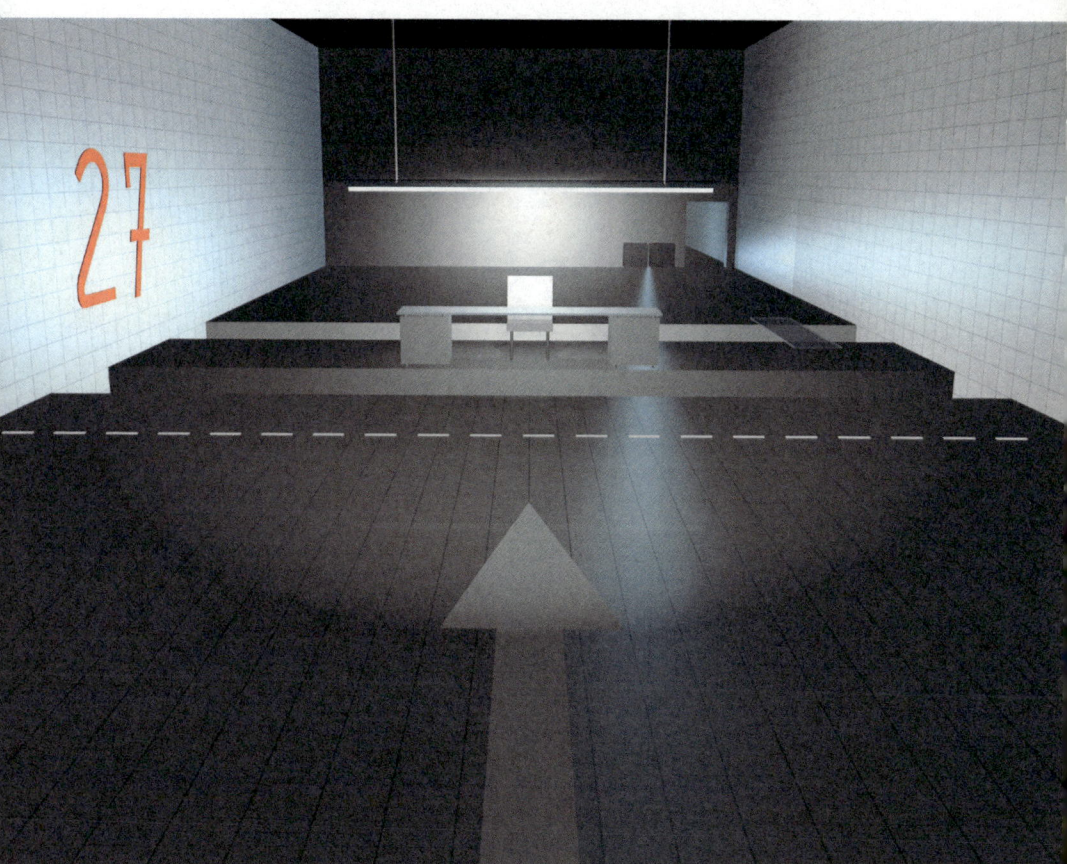

Personalchefbüro

Büro der Chefsekretärin

Chef-vom-Chef-Raum

Arbeitsamt *Alle Grafiken und Zeichnungen im Hintergrund © Hans-Gerd Pyka*

Interview mit Felicitas Leitner
Aus dem Arbeitsalltag einer Ärztin

Felicitas Leitner: Was den Arbeitsalltag leider im Moment sehr bestimmt, ist zum Beispiel, dass wir viele Anfragen nach Terminen bekommen, und zwar nach Akutterminen, die wir zeitlich gar nicht mehr bewältigen können. Wir halten natürlich immer Termine frei für Akutpatienten, aber es gibt Tage, wo minütlich das Telefon klingelt, und vieles ist wirklich dringlich. Das macht den Arbeitsalltag oft sehr hektisch und anstrengend und schwierig.

Claudia Gehrke: Du arbeitest, um das vorzustellen, als Ärztin in einer Praxis?

FL: Ich habe eine eigene Praxis als Hausärztin, Allgemeinärztin. Es ist eine Einzelpraxis, ich bin als Ärztin da auch allein, gelegentlich hatte ich Assistenzärzte, die für eine gewisse Zeit im Rahmen ihrer Weiterbildung kommen, aber im Prinzip bin ich alleine zuständig. Und dass das mit den Terminanfragen so zugenommen hat, liegt zum einen daran, dass es immer mehr Patienten werden. Die Praxis wächst, was ja grundsätzlich nicht schlecht ist, aber durch Corona ist die Organisation von Terminen wesentlich schwieriger geworden, weil wir die Patienten immer noch – und sicher weiterhin über diesen Winter, mal schauen, wie es dann weitergeht – einteilen müssen. Wir müssen schauen, dass Menschen mit Infektionszeichen für Corona nicht gleichzeitig in die Praxis kommen wie diejenigen, die zum Beispiel Hochrisikopatienten sind, die gefährdet sind, und so weiter. Und das ist eine ganz große logistische Herausforderung. Und zum Zweiten ist es so, dass auch die personelle Situation mit Mitarbeiterinnen, mit medizinischen Fachangestellten, schon in den letzten Jahren vor Corona schwieriger geworden ist, aber durch Corona ist es so, dass der Markt wirklich „leer" ist. Wir suchen seit zwei Jahren eine zusätzliche Mitarbeiterin und finden einfach niemanden, die oder der wirklich geeignet wäre. Es gibt schon ab und zu mal Bewerbungen, aber die sind dann so, dass den Aufwand, diese Menschen einzuarbeiten und fit zu machen für ihre Arbeit, niemand von uns leisten kann, weil wir ununterbrochen im Stress sind. Da beißt sich dann irgendwie die Katze in den Schwanz.

CG: Das hat sich jetzt noch mal verschlimmert durch Corona, hat sich aber vorher schon angedeutet?

FL: Hat sich schon vorher angedeutet, aber gefühlt ist es so, dass es vorher immer noch ganz gut zu bewältigen war. Da konnte ich schnell auch mal jemanden dazwischenschieben, wenn es akut war. Jetzt müssen wir immer erst noch gucken, ob sie Corona haben, dann müssen sie noch mal zu einem anderen Zeitpunkt kommen und so weiter. Das hat es deutlich erschwert.

CG: Im Vergleich dazu, wie du angefangen hast, haben sich deine Arbeitsbedingungen kontinuierlich verschlechtert? Durch Corona gab's dann noch mal einen Sprung?

FL: Genau. Was dazukommt, das ist ja allgemein bekannt, ist natürlich auch, dass die Verwaltungsaufgaben im Verhältnis zu der Zeit, als ich angefangen habe, das ist schon lange her, 1983, viel, viel, mehr geworden sind. Jetzt im Moment stehen wir davor, dass das gesamte Gesundheitssystem digitalisiert werden soll, sprich, digitale Krankmeldungen, digitale Rezepte, digitale Patientenakte und so weiter. Das ist natürlich noch mal eine riesige Herausforderung, kostet sehr viel Zeit, die eigentlich gar nicht da ist.

CG: Dazu bräuchte man ja auch noch zusätzliche Mitarbeiter/innen, die das können …
FL: Ja, theoretisch ja.
CG: Man kann sich ja nicht selber, das ist ja mit der eigenen Lebenszeit so, vervielfachen oder die Arbeitszeit unendlich ausdehnen.
FL: Genau. Es gäbe diese Leute vielleicht, die sich um die Digitalisierung kümmern könnten, aber wer bezahlt die Kosten? Seit einiger Zeit, inzwischen sind das auch schon wieder ein paar Jahre, sind wir angeschlossen worden an die sogenannte Telematik-Infrastruktur. Das heißt alle, die irgendwie im Gesundheitssystem arbeiten, sollen eine einheitliche digitale Anbindung bekommen, datenschutzsicher natürlich, mit der sich alle verbinden können. Und dafür braucht es natürlich Geräte und Elektronik. Das bekommen wir regelmäßig mitgeteilt von unserer Kassenärztlichen Vereinigung: Machen Sie sich keine Sorgen, die Kosten werden alle übernommen, sowohl für die Hardware als auch für den Einbau und so weiter. Was aber natürlich nicht gesagt wird: Zu der Zeit, in der das eingebaut wird, fällt Praxiszeit aus. Dafür kriegen wir natürlich keinen Ersatz. Wir müssen lernen, damit umzugehen, es anzuwenden, diese Schulungen, die Einarbeitungszeit, auch das wird natürlich nicht mitberechnet.
CG: Du sagtest ja in unserem Gespräch neulich, dass du für die Zukunft schwarzsiehst, vielleicht hat sich deine Meinung zwischen dem Gespräch und jetzt geändert?
FL: Wenn man ganz ehrlich ist, muss man sagen: Die Herausforderung oder die Anforderungen, die gestellt werden, dazu zählen Gerätesicherheit, Qualitätssicherung, Hygiene und so weiter, sind im Grunde so hoch geworden, dass vieles jetzt für eine Einzel-Praxis nicht mehr leistbar ist. Diese Regelungen führen im Grunde dazu, dass eine Einzelpraxis in Zukunft nicht mehr durchführbar ist. Die Anforderungen zusammen mit der Tatsache, dass die jungen Kollegen auch gar nicht mehr bereit sind (das ist schon das nächste Thema), in hohem zeitlichem Umfang zu arbeiten, so wie wir das immer gemacht haben und machen. Die Anforderungen, jetzt zum Beispiel die Digitalisierung, sind ja für einen Betrieb mit, sagen wir mal fünf Ärzten und fünfzehn Mitarbeiterinnen nicht wesentlich größer als für eine Einzelpraxis. Und ein größerer Betrieb mit mehr Mitarbeitern kann sich natürlich auch eher jemanden leisten, der sich um diese Sachen speziell kümmert und der dafür auch bezahlt wird. Das heißt, diese Neuregelungen aus den letzten Jahren führen dazu, dass es das bisherige Modell einer kleinen Praxis mit ein oder zwei Ärzten aus meiner Sicht in Zukunft nicht mehr geben wird. Es wird große Zentren, große Einrichtungen geben, die alles gewährleisten können, in denen es aber die persönliche Bindung an einen Arzt nicht mehr geben wird, was, als ich angefangen habe, der Kern einer Hausarztpraxis war. Das muss man ganz klar sagen.
CG: Es gab ja vor einigen Jahren schon Änderungen im System der Abrechnung.
FL: Sie wurde komplizierter, aber in manchem auch wieder einfacher, das ist noch mal ein anderes Thema. Das mit dem Abrechnungssystem hat auch damit zu tun, dass wir ein Gesundheitssystem haben, das durch eine staatliche Pflichtversicherung gedeckt wird, also jeder in Deutschland hat Anspruch auf medizinische Versorgung, was zum Beispiel in Ländern wie den USA nicht so ist. Auf der anderen Seite aber haben wir kein staatliches Gesundheitssystem wie in Großbritannien oder Spanien, sondern wir haben freiberufliche Ärzte. Und das sind im Grunde zwei Dinge, die gegenläufig sein können. Einerseits eine staatliche Zwangsversicherung und andererseits freiberufliche Ärzte. Und da wird immer wieder neu versucht, Kompromisse zu finden, weil

der Staat auf der einen Seite ein Interesse daran hat, dass die Versicherungsbeiträge steigen. Doch wenn wir mehr Krankenversicherung zahlen müssen, dann trifft das ja auch die Arbeitgeber, und die wehren sich verständlicherweise, und die Arbeitnehmer wehren sich natürlich auch. Und so kommt es zu einem großen Druck, einem großen gesellschaftlichen Druck: die Kosten niedrig zu halten. Eine private Versicherung erhöht einfach ihre Beiträge und sagt, wer es nicht zahlen kann, ist selber schuld. Das haben wir, Gott sei Dank, ja bei uns mit den gesetzlichen Krankenkassen nicht. Aber man muss auf der anderen Seite, wenn man dauernd die Preise deckelt, schauen: Wie kann dann ein wirtschaftlicher Betrieb geführt werden? Also ein Beispiel: Wir werden sicher diesen Winter wesentlich höhere Heizkosten haben. Wir müssen unsere Praxisräume erstens einigermaßen warmhalten, zweitens regelmäßig lüften, das werden viel höhere Kosten werden als bisher. Wir können aber unsere Preise nicht erhöhen, weil die Preise festgesetzt sind. Der Bäcker erhöht den Preis für seine Semmeln – okay, irgendwann kauft sie dann keiner mehr, das ist die andere Seite –, aber wir können unsere Preise nicht erhöhen, weil sie fix sind. Das ist ein Spezialthema unseres Gesundheitssystems, dass wir in Deutschland ein Hybridsystem haben, das versucht, eine Freiberuflichkeit mit einer staatlichen Versicherung zu verbinden. Was ich grundsätzlich gut finde, aber wo ich zugleich den Eindruck habe, das stößt im Moment an seine Grenzen.

CG: Das ist sehr spannend, weil man ja von außen gar nicht reinblickt. Ihr sagtet neulich ja auch, dass es schon losgeht, dass Praxen von irgendwelchen größeren Firmen gekauft werden.

FL: Es gibt sogar Fachbereiche, bei denen es schon weit fortgeschritten ist. Augenarztpraxen zum Beispiel. Ich habe vor Kurzem einen Bericht gesehen, in dem gesagt wurde, dass fünfzig Prozent der Augenarztpraxen in Deutschland schon Konzernen gehören. Das steht aber nicht auf dem Schild. Auf dem Schild steht der Name des Augenarztes, man denkt, man geht in eine normale inhabergeführte Praxis, in Wirklichkeit gehört das schon einem großen Konzern.

CG: Dann kommen wir jetzt zu der nächsten Frage, was du eben angedeutet hast mit den jüngeren Leuten. Es muss ja alles weitergehen. Wir möchten ja hoffen können, dass in der Zukunft die Kinder und Kindeskinder auch noch zu Ärzten gehen können. Und wenn die jüngeren Leute nicht mehr so arbeiten wollen ... Hast du irgendeine Idee, wie sich das weiterentwickelt oder wie es mit den Jüngeren ist?

FL: Ich bilde immer wieder Studierende aus. Ich bilde in der Praxis aus. Im Moment habe ich eine Weiterbildungsassistentin, eine Studentin. Früher habe ich immer gefragt, was stellen Sie sich denn so vor, und inzwischen braucht man gar nicht mehr zu fragen, denn fast alle sagen gleich am ersten Tag, bevor man sie überhaupt nur ein wenig eingearbeitet hat: Eine eigene Praxis mache ich auf gar keinen Fall. Das sagen Frauen wie Männer, nur ganz wenige haben noch die Vorstellung einer eigenen Praxis. Die meisten wollen einfach wesentlich weniger Zeit arbeiten. Und jetzt gibt's natürlich immer, ich verfolge das sehr interessiert, Diskussionen und Beiträge, in denen es heißt: Es kommt ja auf die Qualität der Arbeit an, es sei ja früher viel gewesen, aber man könne auch mit weniger Arbeitszeit den gleichen Output haben oder sogar mehr und besseren Output. Da muss ich einfach sagen: In der Medizin ist es nicht so. Wir müssen – zumindest bestimmte Bereiche, der ganze Notfallbereich zum Beispiel – vierundzwanzig Stunden und sieben Tage die Woche erreichbar sein. Wenn alle sagen, sie wollen nur noch dreißig oder maximal fünfunddreißig Stunden arbeiten und keine Minute länger, dann wird das ganz schwierig in diesen Bereichen. Ich höre auch, dass viele Arztpraxen im Moment – Hausarztpraxen, wo ein Kollege aufhört – an zwei Nachfolger verkauft werden. Weil einer allein diese Arbeit nicht mehr machen will und so zwei die Arbeit machen, die vorher einer gemacht hat. Dagegen wäre ja nichts zu sagen, das wäre gut, wenn auch Ärztinnen und Ärzte weniger arbeiten müssten. Doch so viele Leute gibt es einfach nicht, die das machen können. Und bis vor Kurzem hat man gesagt, dann müssen die Mitarbeiter, wie das zum Beispiel in Skandinavien der Fall ist, besser ausgebildet werden. Dort muss praktisch ein Studium absolviert werden, um Pflegekraft oder Assistentin/Assistent in einer Arztpraxis zu werden. Das wird akademisiert, und dann könnten sie auch einen Teil der Arzt-Arbeit übernehmen. Aber wir haben hier ja das Problem, dass es von medizinischen Assistenz- oder Pflegekräften noch weniger gibt als von uns. Es ist nicht so, dass es so viele gäbe, dass sie Teile unserer Arbeit übernehmen könnten. Und darum wird es wahrscheinlich darauf hinauslaufen, dass sehr viel mehr standardisiert werden wird, wie es ja im Krankenhausbereich inzwischen üblich ist. Ich sage mal überspitzt: Für den rechten großen Zeh findet man einen Spezialisten, der sich auskennt. Aber Menschen unserer Generation, die Babyboomer, werden in zwanzig Jahren, wenn wir alle über achtzig sind, nicht nur eine klar abgrenzbare Krankheit haben, sondern vermutlich mehrere, zum Teil leichte, zum Teil schwere Krankheiten gleichzeitig. Und bei der Versorgung von diesen sogenannten multimorbiden Patienten sehe ich ganz große Probleme. Das war, was bisher weitgehend die Hausärzte abgedeckt haben. Die die Leute wenn nötig dann von einer zu einer anderen Fachpraxis geschickt haben und das für sie organisiert haben.

CG: Und so müssen die Leute dann quasi selber organisieren, dass sie zu dem und dem Spezialisten kommen, und das schaffen manche gar nicht?

FL: Genau, das ist zum Teil dann gar nicht mehr machbar. Viele sind ja nicht mehr mobil. Ich erlebe es in der eigenen Familie. Wenn man nicht mehr so mobil zu Fuß ist und zum Facharzt muss, auch wenn es nur in den Nachbarort ist, gibt es schon da ganz große Probleme. Wir haben hier im Ort einen Sozialdienst, aber der hat auch immer weniger Leute. Auch sie haben immer mehr Probleme, jemanden irgendwo hinzufahren. Und Kinder können sich ja nicht dauernd freinehmen, um ihre alten Eltern irgendwo hinzufahren. Wir haben zum Beispiel keine Kinder, uns wird später kein Kind irgendwo hinfahren, wenn wir alt sind. Ich sehe im Moment nicht, wie dieses Problem gelöst werden soll.

CG: Also alle Alten am besten in ein Pflegeheim?

FL: Wo es dann aber auch keine oder bei Weitem nicht genügend Pflegekräfte gibt … Der größte Teil der Altenpflege wird ja immer noch von Angehörigen geleistet, der weitaus größte Teil. Das ist das nächste Problem. Wir haben zum Beispiel hier im Ort bis vor zwei Jahren einen eigenen Pflegedienst gehabt. Der Pflegedienst wurde dann an den Nachbarpflegedienst angeschlossen, das heißt, die Mitarbeiter wurden von dem Pflegedienst im Nachbarort übernommen, der dann angeblich unseren Ort mitversorgen sollte. Es ist jetzt aber so, dass dieser Pflegedienst seit mehreren Wochen sagt: Wir können keine neuen Patienten mehr aufnehmen. Ich habe zum Beispiel Patienten mit chronischen Wunden, die eigentlich jeden Tag von einem Spezialisten, von einer ausgebildeten Fachkraft verbunden werden

müssen. Das machen jetzt zum Teil Angehörige, die dafür gar nicht ausgebildet sind, oder eine Mitarbeiterin von mir, obwohl wir dafür überhaupt keine Zeit haben. Und wie das mal weitergehen soll, weiß ich nicht.
CG: Da steht man nur mit offenem Mund davor und hat keine Idee. Es braucht doch dringend Ideen, eine realisierbare Utopie.
FL: Genau, ja. Ich habe eigentlich immer gute Ideen gehabt, aber im Moment muss ich auch sagen, es ist sehr schwierig. Wenn mal durchdigitalisiert ist, wird es manche Prozesse schon einfacher machen und beschleunigen. Aber letztlich geht es bei Kranken immer um Menschen, und wenn sie dann noch alt sind, brauchen sie auch einfach Zeit. Man kann das alles noch so sehr versuchen zu beschleunigen, sie brauchen erst einmal jemanden, der ihnen zuhört. Bis wir überhaupt dazu vordringen, was ihr Problem ist. Und wenn jeder weniger arbeitet in unserem Bereich, dann weiß ich nicht, wie das gehen soll. Also ich bin da, zum ersten Mal in meinem Leben, ziemlich pessimistisch.
CG: Stimmt. Denn eigentlich bräuchte man ja mindestens doppelt so viele, die in dem Bereich arbeiten wollen, wenn alle nur die Hälfte der Zeit arbeiten wollen.
FL: Genau. Es hängt auch davon ab, wie wird die Arbeit organisiert. Das sind ja zwei Dinge. Das eine sind diejenigen, die die Arbeit machen, aber die andere Frage ist: Wie wird das organisiert? Bisher hat die Hausärztin, der Hausarzt, der eine Praxis hatte, einfach gesehen, wo der Bedarf ist, und hat es dann halt irgendwie organisiert innerhalb der Praxis und vieles möglich gemacht. Wenn aber jeder nur noch angestellt ist, dann braucht es einfach Leute, die organisieren: Um was müssen wir uns kümmern? Wenn es nicht mehr inhabergeführt ist, sondern es große Zentren sind, die dann von Finanzleuten geleitet werden – denen ginge es ja letztlich nicht darum, die Probleme der Patienten zu lösen, sondern darum, wie sie mit einem möglichst geringen Einsatz möglichst effektiv Geld generieren können. Und im Moment ist das System so, dass man zum Beispiel durch Operationen wirklich unverhältnismäßig viel Geld verdienen kann. Auch darum haben die Krankenhäuser unter Corona gelitten, weil die OPs halt nicht mehr möglich waren. Und dann aber andere Dinge wie Versorgung von Patienten und Vernetzung wichtiger wurden, aber damit gewinnt man keinen Blumentopf. Und Gespräche mit Patienten werden sowieso nicht als etwas Notwendiges angesehen, habe ich manchmal den Eindruck.
CG: Auf den Kanaren gibt es staatliche Gesundheitszentren in jedem kleinen Kaff. Und das ist eigentlich ganz angenehm. Die deutschen Auswanderer wollen da oft nicht hin, die gehen immer zu irgendeinem teuren deutschen Privatarzt, bis sie sich dann doch daran gewöhnt haben. Man wird da meiner Erfahrung nach schnell und gut behandelt. Ich hatte nur Kleinigkeiten, einen vereiterten Daumen nach Opuntienstachel und so Zeug. Es ging immer schnell, es ist immer gut gemacht worden. Es ist gut organisiert, obwohl es staatlich ist.
FL: Bei uns ist nicht absehbar, dass der Staat das übernehmen will. Ich bin inzwischen schon auch der Meinung, dass vielleicht ein staatliches Gesundheitssystem, trotz aller Mängel, in dieser Situation das kleinere Übel wäre. Das Problem ist, dass das überhaupt nicht zur Debatte steht, sondern bei uns steht zur Debatte, dass irgendwelche Finanzinvestoren ganz schnell auch den ambulanten Bereich übernehmen, so wie das ja im stationären Bereich in den letzten Jahren schon erfolgt ist. Im stationären Bereich, da hat man gesehen, was passiert. Also die lukrativen Sachen, die werden von privaten Konzernen abgedeckt. Sana,

Artemed, Asklepios und so weiter, die ganz großen Player. Und die machen ganz dezidiert irgendwelche Sachen, die vor allem Geld bringen. Und die restlichen Patienten müssen von den staatlichen Kliniken versorgt werden, Kreiskrankenhäuser und Ähnliches, und die haben die größte Mühe, zumindest auf null rauszukommen mit ihrer Finanzierung, weil sie auch die Leute versorgen, die nicht lukrativ sind. Im stationären Bereich hat das schon stattgefunden. Und im Moment läuft dieses Ding im ambulanten Bereich auch. Und es ist eben kein staatliches Gesundheitssystem. Staatliche Gesundheitssysteme sind auch nicht immer die Lösung. In Großbritannien ist das NHS total unterfinanziert und dadurch schlecht. Aber grundsätzlich finde ich, in der jetzigen Situation, ein staatliches Gesundheitssystem gar nicht so schlecht, besser als Konzerne, die vor allem auf Gewinn aus sind. Aber das will ja in Deutschland keiner. Ich sehe niemanden in der Politik, die oder der diese Idee aufbringt.
CG: Die müssten da ja trotzdem immer Geld reinbuttern, weil das ja sonst gar nicht weitergeht. Schwierig. Man kann sicher nicht einfach ein System, was hier nie war, aus dem Boden stampfen.
FL: Klar. Das ist ja auch schwer. Da wäre die Akzeptanz in der Bevölkerung sicher auch nicht gut. Wobei ich glaube, dass das immer noch besser wäre als das, was solche Finanzkonzerne machen, aber im Moment läuft, ehrlich gesagt, alles darauf hinaus.
CG: Gruselig.
FL: Finde ich auch.
CG: Möchtest du noch etwas anderes erzählen, über allgemeine Fragen zum Thema Arbeit?
FL: Ich würde gern was zum Thema „Work-Life-Balance" sagen. Weil die Freizeit ja einen hohen Stellenwert hat, vor allem für jüngere Menschen, führt das meines Erachtens dazu, dass in die verminderte Arbeitszeit mehr hineingepackt werden muss. Work-Life-Balance ist für junge Menschen im Moment wichtig. Wenn ich aber weniger Arbeitszeit habe, muss die Arbeit ja trotzdem erledigt werden. Sie wollen ja auch dasselbe verdienen oder eher mehr. Und das heißt, kürzere Arbeitszeiten führen zwangsläufig zu einer größeren Arbeitsverdichtung. Und dann hat man zwar mehr Freizeit, ist aber auch wesentlich erschöpfter nach der Arbeit, weil man in dieser Zeit einfach viel, viel mehr machen muss und der Druck in der Arbeit immer größer wird. Ich glaube, aus medizinischer Sicht, dass es besser wäre, die Arbeitszeit wäre ein bisschen länger und man könnte aber zwischendurch auch mal mit dem Kollegen in Ruhe einen Kaffee trinken und mal eine Viertelstunde ratschen oder so. Für die Gesundheit besser, auch wenn man dann ein bisschen weniger Freizeit hätte – als wenn man die Arbeit nur als ein notwendiges Übel ansieht, das man schnell hinter sich bringt. Und wo es egal ist, wie die Bedingungen sind und wie eng das dann getaktet ist, Hauptsache, man hat mehr Freizeit. Das ist der Eindruck, den ich bei vielen habe. Und das Zweite, was ich dazu sagen möchte, ist – das wirst du ja auch nachvollziehen können –, wenn man für eine Sache wirklich brennt und sie wirklich gerne macht und liebt, ich glaube, dann ist es einem manchmal auch egal, wenn es länger dauert. Natürlich gibt es irgendwo eine Grenze, wo man sagt: Jetzt hat die Arbeit Formen der „Selbstausbeutung" angenommen, die wirklich nicht mehr gesund sind. Wenn man jedoch immer nur auf die Uhr guckt, wann ist Feierabend und dann lasse ich auf die Minute genau den Griffel fallen, dann ist es mir völlig egal, was aus meiner Arbeit wird – das lässt sich mit einer Arbeit, die man wirklich gerne macht und liebt, nicht verbinden.
CG: Es gab mal eine Untersuchung, erzählte mir jemand, dass Leute, die immer pünktlich

aufhören, um nur ihren Chefinnen oder Chefs nichts zu schenken, aber in der letzten Stunde vor Arbeitsschluss unter Hochdruck arbeiten, um alles Nötige noch fertigzukriegen, dass diese mehr Herz- und Kreislaufprobleme etc. haben als andere, die freiwillig mal eine halbe Stunde länger bleiben.

FL: Genau, das stimmt.

CG: Aber wie lässt sich das vermitteln? Ich verstehe ja auch, dass Menschen weniger arbeiten und mehr Freizeit möchten, obwohl es bei mir diese Trennung nicht gibt.

FL: Das ist schwierig. Ich denke, das sind schon auch Trends, ich weiß nicht, ob man die so stark beeinflussen kann. Sie müssen ihre Erfahrungen einfach selber machen. Sie müssen einfach selber sehen, wenn sie für was wirklich brennen, und das passiert ja, es gibt ja tatsächlich auch viele ganz junge Leute, die ein Startup gründen, die jetzt eine Idee haben, das will ich unbedingt machen, und die gucken auch nicht auf die Uhr und auf die Arbeitszeit. Aber anscheinend ist es so, dass viele andere sich die Erwerbsarbeit nur so vorstellen können, dass sie für irgendeine Firma oder irgendeinen Chef arbeiten und sich auf keinen Fall ausbeuten lassen wollen und deswegen ganz pünktlich Schluss machen. Auch die Gewerkschaften drängen ja auf noch kürzere Arbeitszeiten. Da kommt die Vereinbarkeit von Familie und Beruf dazu, das ist noch mal ein ganz großes Thema. Dazu könnte ich auch noch ganz viel sagen. Spielt natürlich alles eine große Rolle. Aber letztendlich glaube ich, dass diese einseitige Sicht nicht stimmt: Dass man sagt, das ist die Arbeit, und auf der anderen Seite findet das Leben statt – ich meine, Arbeit ist ein wesentlicher Teil des Lebens. Deswegen sehe ich überhaupt nicht, dass es eine Work-Life-Balance braucht, sondern es braucht eine Lebens-Balance. Und zu der gehört natürlich die Arbeit mit dazu. Man kann eigentlich nicht sagen, auf der einen Seite Arbeit, auf der anderen Seite Leben. Gestern Abend sah ich einen Bericht über Charles III., habe nur kurz reingeschaut. Es ging darum, dass der viele Sachen in seinem Leben freiwillig gemacht habe. Projekte für Bienenrettung und was weiß ich. Es wurde angedeutet, das hätte der ja überhaupt nicht machen müssen. Ich glaube, jeder Mensch möchte auch das Gefühl haben, Sinnvolles beizutragen und etwas zu leisten. Und wenn man das immer nur so negativ als „Work" sieht, die man unbedingt auf möglichst kurze Zeit zusammenbringen muss, damit dann möglichst viel Leben übrigbleibt, da bin ich sehr skeptisch, ob das funktionieren kann.

CG: Es gab in meiner kleinen „Arbeitgeberinnenerfahrung" einige Junge, die nach dem Verlagsvolontariat selbst was gründeten, zwei haben einen eigenen neuen Verlag gegründet. Aber es gab andere, die Angst bekamen, wenn ich ihnen zu viel Verantwortung aufbürdete. Viele wollen einfach nur klar gesagt kriegen, was sie machen sollen.

FL: Das erlebe ich in meinem Bereich auch. Die Studierenden, die ich erlebe, auch an der Uni. Ich hatte eine Zeitlang auch einen Lehrauftrag in München am Klinikum Rechts der Isar im Bereich Allgemeinmedizin. Theoretisch sind die Studierenden wahnsinnig gut heute. Sie wissen viel mehr, als wir wussten. Gut, das medizinische Wissen war damals auch deutlich geringer, als es heute ist, das ist schon klar, doch auch im Verhältnis dazu sind sie in der Theorie unheimlich gut. Aber es fällt ihnen auch wahnsinnig schwer, Entscheidungen zu treffen. Ich habe mal eine kennengelernt, die hatte wirklich nur Einser-Examen, sie war auch sehr nett im persönlichen Umgang … Und sie ist total gescheitert, als sie angefangen hat zu arbeiten. Weil sie dann entscheiden musste, in der Praxis zum Beispiel, bei welchem Patienten kann ich jetzt allein entscheiden, wen kann ich jetzt noch mal nach Hause schicken, wen muss ich morgen noch mal einbestellen, bei wem muss ich eine Überweisung zum Facharzt schreiben. Diese Entscheidungen haben sie komplett überfordert. Und sie hat das dann auch aufgegeben, hat schlaflose Nächte gehabt, hat gesagt, sie weiß bei nichts, wie sie entscheiden soll, es ginge beim besten Willen nicht. Und dazu kommt natürlich das Finanzielle, dass keiner mehr eine Praxis übernehmen will. Denn dazu muss man unter Umständen Schulden machen, wenn man nicht von zu Hause viel Geld hat, und könnte sich auf Jahre hinaus verschulden und sich damit lange an einen Ort, an eine Situation binden. Auch das fällt vielen ganz, ganz schwer. Was zum Teil jetzt in unserem Bereich versucht wird und vielleicht Erfolg versprechen könnte: Wenn man die Möglichkeiten, angestellt in einer Praxis zu arbeiten, verlängert. Über einen längeren Zeitraum sagt, sie sollen nicht von Anfang an übernehmen, sondern können eine längere Zeit mitarbeiten. Und ob sie dann vielleicht mit den Gedanken, jetzt möchte ich doch über das und das selber bestimmen und will nicht immer davon abhängig sein, was die Chefin, der Chef sagt, und das und das würde ich gerne anders machen und so weiter – ob sie vor diesem Hintergrund dann vielleicht doch irgendwann den Sprung in die Selbstständigkeit schaffen. Das passiert sicher im einen oder anderen Fall auch.

CG: Und worüber rund um Arbeit möchtest du gerne noch reden?

FL: Jetzt ist natürlich die Frage, was definiert man als Arbeit. Im allgemeinen Sprachgebrauch würde ich sagen, wird „Arbeit" tendenziell eher negativ und nur als Berufsarbeit gesehen. Doch, wie ich eben sagte, Arbeit ist ein Teil des Lebens, auch Hausarbeit, Care-Arbeit. Es gibt ganz viele Menschen in Deutschland, die Angehörige pflegen, die ihre Eltern pflegen. Ich habe Patienten, die haben ihre Großeltern gepflegt, die haben ihre Eltern gepflegt, die haben Tanten und Onkel gepflegt, die haben ihr halbes Leben lang alte Menschen zu Hause gepflegt. Das ist ja noch mal ein ganz großes Thema. Freizeit: Wenn jemand ein Hobby hat, mit dem er sich stärker beschäftigt, ist das dann auch Arbeit? Ich würde Arbeit nicht negativ sehen, wie allgemein üblich. Sondern ich denke, dass man sich anstrengt, um etwas zu erreichen, weil man das für sinnvoll hält. Das ist ein wichtiger Teil des Lebens. „Freizeit", um zu entspannen und Spaß zu haben, ist sicher auch ein wichtiger Teil des Lebens, aber ich glaube, das allein würde einen nicht ausfüllen, wenn man nur „Freizeitbeschäftigungen" machte. Zum Schluss noch was „Positives". Was ich in meinem Arbeitsbereich als sehr, sehr positiv immer wieder erlebt habe und erlebe, sind Unterstützung und Rückmeldung. Ich habe ja keinen Chef, weil ich selbstständig bin, aber wenn ich wirklich mal krank war, zum Glück waren das immer nur mal ein, zwei Tage mit irgendeinem fiebrigen Infekt oder so was in den letzten Jahrzehnten, wenn ich also wirklich hohes Fieber hatte, habe ich meine Mitarbeiterin angerufen und gesagt, ich kann heute nicht, ich bleibe zu Hause. Sagen Sie den Patienten, ich bin krank, und fragen Sie, ob die Kollegen unsere Patienten, zumindest die dringenden Fälle, übernehmen können … Sehr schön, wenn man weiß, es gibt Kollegen am Ort, die sagen, gar kein Problem, kurier dich aus, melde dich, wenn du wieder da bist, wir machen das. Oder im Praxisteam, wenn ich das Gefühl habe, da ist jetzt eine Situation oder ein Engpass und alle krempeln die Ärmel hoch und sagen, nee, dann übernehme ich das und das, was vielleicht eigentlich gar nicht meine Arbeit wäre, aber da müssen wir jetzt zusammenhalten und schauen, es zusammen hinzubekommen.

Oder auch wenn Patienten freundlich sagen: Ja, ich habe jetzt 'ne Stunde gewartet, aber ich sehe ja, was hier los ist, und ich sehe ja, Sie tun, was Sie können. Also das sind Sachen, die unheimlich guttun und die ich als total positiv empfinde in dieser Situation, die ja sonst aus meiner Sicht nicht so positiv ist.
CG: Du kannst es auch genießen, wenn du so was erlebst, das ist gut, das baut einen ja auch auf. Das kann ich bestätigen. Immer wenn man irgendein Lob kriegt für das, was man tut, oder auch Hilfe, das ist sehr schön. Das ist etwas, was man üben muss. Was ich üben muss. Meinen Mini-Mitarbeiterstab von einer Person auch immer zu loben für Dinge und nicht umgekehrt nur zu sagen, o je, da müssen wir noch mal ran.
FL: Das musste ich auch lernen. Ich glaube, dass ich es heute zumindest etwas besser hinkriege, als es mal war. Ob es immer ausreicht, weiß ich nicht so genau, aber ich arbeite auch immer dran und bemühe mich zumindest, wirklich zu loben, wenn ich sehe, es läuft gut.
CG: Schön, dass es geklappt hat mit dem Interview, auch wenn du uns keine Lösung verraten konntest, wie es weitergehen soll im Medizinbereich. Alle sollten einfach mal darüber nachdenken. Kann ja nicht eine/r da stehen und sagen, ich habe jetzt die Lösung. Irgendwie muss sich ja das lösen, sonst geht's hier so wie in den USA, dass die Leute keine Versorgung mehr haben, weil das alles zu kompliziert ist.
FL: Darauf läuft es bei uns ein bisschen hinaus. Wie gesagt, ich denke in letzter Zeit oft darüber nach, ob nicht tatsächlich in dieser Situation ein staatliches Gesundheitssystem sinnvoll wäre. Oder zumindest die Möglichkeit, dass der Staat einsteigt. Dass man sagt, in Regionen, wo sich einfach kein Arzt findet, hat zum Beispiel eine Gemeinde die Möglichkeit, ein eigenes Gesundheitszentrum zu bauen, so wie sie sonst auch eine Schule bauen. Und wir kriegen dafür auch zusätzliche Gelder vom Staat und können dann Ärzte dort anstellen. Das wäre auch eine Möglichkeit, die es so bisher noch nicht gibt, weil natürlich alle Angst vor den Kosten haben.
Ich bin eigentlich grundsätzlich ein positiver Mensch, und ich hoffe auch, dass das jetzt nicht total negativ rüberkommt.
CG: Nein, gar nicht. Ich finde es wichtig, das auf den Punkt zu bringen.

Sunita Sklut
Arbeit im Wandel – Bekenntnisse aus der Generation Y

Gerade gab es auf Instagram die „tell me what jobs you've had"-Challenge. Tausende User der Social-Media-App teilten Listen ihrer bisherigen Jobs, und ich war gefesselt und fasziniert von der Fülle und Abwechslung ihrer Anstellungen. Die meisten, deren Storys ich gesehen habe, hatten in ihrem Leben bereits mehr als zehn verschiedene Jobs.

Instagram wird vorranging von Fünfundzwanzig- bis Vierunddreißigjährigen genutzt, also von meiner Generation, der sogenannten Generation Y, auch die Millenials genannt. Wir Y-ler sind zwischen 1981 und 1996 geboren und gemeinsam mit der Generation Z (geboren zwischen 1997 bis 2012) der Mittelpunkt der zukünftigen Arbeitswelt. Denn laut einem Beitrag des Deutschen Mittelstandsschutzes werden die Generationen Y und Z in ein paar Jahren die Mehrheit der Arbeiter*innen ausmachen. Kein Wunder also, dass besagter Mittelstandsschutz und besonders die Arbeitgeber*innen uns unbedingt verstehen wollen. Es gibt jede Menge Studien und Artikel darüber, was wir wollen, wie wir drauf sind und natürlich, was wir alles falsch machen. Denn während unsere Eltern in unserem Alter oft schon Kinder und Eigenheim hatten, leben wir um die dreißig meist von zu niedrigen Löhnen und kreativen finanziellen Absicherungsmethoden – an Hauseigentum ist gar nicht zu denken.

In meinem Umfeld beobachte ich Folgendes: Wir bauen uns Lebensmodelle, die vielleicht neu und ungewöhnlich sind, mit denen wir aber über die Runden kommen und sogar glücklich werden können. Das muss nicht die klassische Festanstellung sein. Manche meiner Bekannten sind freiberuflich tätig, andere machen sich selbstständig, wieder andere haben drei Jobs gleichzeitig oder fangen mit Ende zwanzig noch mal an zu studieren. Wir arbeiten, um zu überleben. Die Idee, dass wir im Job unsere Erfüllung finden müssen, halte ich für überholt. Persönlich wünsche ich mir einen Beruf, der angenehm ist, aber wenn die Arbeit vorbei ist, möchte ich keine Gedanken mehr daran verwenden, sondern wahre Freizeit haben, die ich mit meinen Liebsten und meinen Leidenschaften verbringen kann. Anfang dreißig bekommen einige in meiner Umgebung ihre ersten Kinder, aber auch das ist nicht an eine Festanstellung gebunden, sondern kann mit Teilzeitjobs, Stipendien, Sozialleistungen und einem Netzwerk aus familiären und freundschaftlichen Babysittern gemeistert werden.

Wenn wir denn eine Festanstellung haben, bedeutet das nicht, dass wir lange und treu in dieser Firma bleiben werden. Laut einer Umfrage von YouGov aus diesem Jahr ist die Bindung zum Arbeitgeber geringer geworden. Wir wollen uns nicht abrackern für einen Konzern, der davon profitiert, aber den Mitarbeitenden nur magere Löhne auszahlt.

Doch der Lohn ist auch nicht alles. Es ist wichtiger, wofür unser Unternehmen steht, als wie viel wir darin verdienen. In der Marketingwelt, in der ich arbeite, kennt vermutlich jede den TED Talk von Simon Sinek über das Warum. Seine These: Erfolgreiche Unternehmen sind dies nicht, weil sie die besten Produkte haben, sondern weil die Leute an ihre Mission, an ihr Warum glauben. Persönlich arbeite ich lieber in einer nicht so lukrativen Branche, aber vermarkte Produkte, die die Welt besser machen, als das große Geld zu scheffeln und fragwürdige, nutzlose oder gar gefährliche Waren an die Frau zu bringen.

Das erkennt man auch an meiner sechzehn Stellen umfassenden bisherigen Job-Liste, wobei ich unbezahlte Praktika (denn ja, wir Millenials sind auch die Generation Praktikum) noch nicht mal dazugezählt habe. Von der Museumsbetreuerin über die freie Journalistin und Verlagsmitarbeiterin bis hin zur Friseuraushilfe war alles dabei. Mein schlimmster Job war übrigens ein sinnstiftender Job: Als Fundraiserin habe ich auf der Straße Förderer für eine NGO angeworben. Bloß lief das über eine Agentur, die extreme Arbeitsbedingungen (von früh morgens bis spät abends auf der Straße stehen) und Konkurrenz zwischen den Mitarbeitenden (jeden Tag wurde die Person, die die wenigsten Förderer gewonnen hat, herausgeschmissen) geboten hat. Mein bester Job war als Scout für eine Online-Bewertungsplattform, in der ich in meiner Stadt Läden, Restaurants und Orte mit Storys und Meinungen ehrlich vorgestellt habe. Solche temporären Jobs in der Plattformindustrie sind typisch für die aktuelle Arbeitswelt. Sie bringen Freiheit, aber auch enormen Stress und Unsicherheit.

Mein zweitbester Job war als Buchhändlerin. Den ganzen Tag lang den Kund*innen helfen, die perfekten Bücher zu finden – ich kann mir nichts Besseres vorstellen. Der Job war auch anstrengend, aber das habe ich gerne auf mich genommen. Das Einzige, was wirklich mies daran war, war die Bezahlung. Davon konnte man auf Dauer einfach nicht leben.

Leider fallen immer mehr Berufe in diesen sogenannten Niedriglohnsektor. Auf Twitter trendet seit Monaten immer mal wieder der Hashtag #ichbinarmutsbetroffen. Dort teilen unter anderem erwerbstätige Menschen, die trotz Arbeit in Armut leben, ihre Erfahrungen. Hinzu kommen solche, die aufgrund von Krankheiten oder anderen Lebensumständen berufsunfähig sind, oder Rentner*innen. Laut dem Bundesministerium für Familie, Senioren, Frauen und Jugend leben fast ein Viertel der über Achtzigjährigen in Altersarmut.

Philosoph Patrick Spät bringt es in einem Artikel für die ZEIT auf den Punkt:

„Die Lohnarbeiter verbraten ihre Lebenszeit und buckeln sich krumm, füllen die Konten der Konzerne und kurbeln das BIP an – und wenn sie in Rente sind, müssen sie sich ihr Essen bei der Tafel holen. Das ist buchstäblich ein Armutszeugnis."

Kein Wunder also, dass wir Millenials es nicht mehr einsehen, uns für die Profite der Unternehmer abzurackern, sondern lieber so viel Lebenszeit wie möglich im Hier und Jetzt in der Freizeit genießen. Denn wenn wir irgendwann mal in Rente gehen, wird sowieso kaum noch etwas übrig sein, um uns zu erhalten. Patrick Spät schreibt weiter:

„Und für die sogenannte Generation Y scheint eine sichere Rente so realistisch wie eine Besiedelung des Jupiters im Jahr 2029."

Diese Einsicht ist übrigens alles andere als neu. Dass unser jetziges Rentensystem nicht mehr lange funktionieren kann, habe ich schon im 2004 erschienenen „Buch der Zukunft" von Andreas Eschbach gelesen, der bis heute die Arbeits- und Wirtschaftswelt in seinen Thrillern thematisiert. Die Politik ist der Literatur leider um einiges hinterher. Obwohl schon lange absehbar ist, dass es immer mehr Alte, die Rente beziehen, in Deutschland geben wird und immer weniger Erwerbstätige, die in die Rentenkasse einzahlen, geht die Politik bisher laut einem Artikel im Deutschlandfunk von April 2022 lediglich mit den folgenden vier Ideen dieses Problem an:

1. Die Erwerbstätigen müssen mehr von ihrem Lohn in die Rentenkasse einzahlen
2. Wir müssen im Alter länger arbeiten
3. Es wird weniger Rente ausgezahlt
4. Es muss mehr Zuschüsse geben, die durch Steuern finanziert werden

Klingt nach einer düsteren Zukunft. Und selbst mit alldem wird vermutet, dass unser Rentensystem bald nicht mehr finanzierbar sein wird. Besonders wenn immer weniger Leute mitmachen. Denn laut der schon erwähnten YouGov-Umfrage haben immer weniger Deutsche Lust zu arbeiten. Kein Wunder, dass es laut Statista dieses Jahr 873.356 offene Stellen gab. Besonders hohen Personalmangel gibt es in den Krankenhäusern, in den Pflegeeinrichtungen, im Handwerk und in der IT. Also genau in den Berufsgruppen, die wir wirklich brauchen und ohne die unsere Gesellschaft zusammenbrechen würde. Gleichzeitig leiden die ersten beiden der Genannten unter schlechten Arbeitsbedingungen und niedrigen Löhnen.

Das Arbeitssystem ist nicht mehr lange tragbar, so wie es ist. Da nützen auch keine paar Jahre mehr, die wir arbeiten, oder paar Prozente mehr, die wir in die Sozialkassen einzahlen. Etwas muss sich grundlegend ändern. Ansätze gibt es: das Bedingungslose Grundeinkommen, die Finanztransaktionssteuer, höhere Spitzensteuersätze und mehr. Nur die Umsetzung kommt nicht in die Gänge. Bis das geschieht, bleibt uns Millenials nichts anderes, als das Beste aus unserer Situation zu machen, uns irgendwie durchzuschlagen, Erfüllung in der Freizeit zu finden, unserem Warum zu folgen und das alles mit Humor zu nehmen. Ein Glück, dass wir darin so gut sind.

Quellen:

Vivien Hahn: Der Wandel der Arbeitswelten – gestern, heute und morgen. Deutscher Mittelstandsschutz. 2021. https://mittelstandsschutz.de/magazin/wandel-der-arbeitswelt/

Statistiken zum Arbeitsmarkt in Deutschland. Statista. 2022. https://de.statista.com/themen/5602/arbeitsmarkt-in-deutschland/#dossierKeyfigures

dpa: Deutsche haben weniger Lust zu arbeiten. t-online. 2021. https://www.t-online.de/finanzen/unternehmen-verbraucher/id_100058658/laut-umfrage-deutsche-haben-weniger-lust-zu-arbeiten.html

Patrick Spät: Abgebrannt im Ruhestand. ZEIT. 2016. https://www.zeit.de/karriere/2016-07/rente-zukunft-soziale-gerechtigkeit-generationen-rentensystem

Volker Finthammer, Nina Voigt: Wie können die Renten finanzierbar bleiben? Deutschlandfunk. 2022. https://www.deutschlandfunk.de/reform-der-altersvorsorge-rente-deutschland-100.html

Marc Röhlig: Millennials bekommen später keine Rente mehr – stimmt das wirklich? Spiegel Online. 2019. https://www.spiegel.de/panorama/altersvorsorge-bekommen-millennials-spaeter-keine-rente-mehr-a-f0793f33-8b88-4b98-874a-32843c5f8d52

Fulya Çayir, Anastasiya Polubotko: Bedingungsloses Grundeinkommen für alle – kann das funktionieren? WDR. 2021. https://reportage.wdr.de/bedingungsloses-einkommen-eure-fragen-zur-bundestagswahl#chapter-195

Fast ein Viertel der über 80-Jährigen in Deutschland leidet unter Altersarmut. Bundesministerium für Familie, Senioren, Frauen und Jugend. 2021. https://www.bmfsfj.de/bmfsfj/aktuelles/alle-meldungen/fast-ein-viertel-der-ueber-80-jaehrigen-in-deutschland-leidet-unter-altersarmut-190066

Simon Sinek: Wie große Führungspersönlichkeiten zum Handeln inspirieren. TED 2009. https://www.ted.com/talks/simon_sinek_how_great_leaders_inspire_action?language=de

Andreas Eschbach: Das Buch der Zukunft. Rowohlt 2004

Interview mit Sarah

Claudia Gehrke: Was definierst du als Arbeit für dich in deinem Leben?
Sarah: Schon das, wofür man auch Geld bekommt. Aber die anderen Sachen sind auch Arbeit.
CG: Ehrenamtliche Arbeit?
S: Ja, und Care-Arbeit. Mutterschaft nennt sich inzwischen auch Arbeit, Care-Arbeit.
CG: Und was arbeitest du für Geld?
S: Ich arbeite bei Bosch. Zurzeit am Projekt-Controlling. Zum Beispiel muss ich untersuchen, wie sich das, was an Personalkapazität für die Projekte eingeplant wurde, zu dem verhält, was tatsächlich angefallen ist. Und schauen, ob man mit dem geplanten Personal hinkommt. Dazu soll ich mich jetzt noch mehr in die Technik hineinfinden. Das heißt, ich mache jetzt noch eine CAD-Schulung. CAD (rechnerunterstütztes Konstruieren) habe ich auch im Studium kennengelernt, aber so richtig damit gearbeitet habe ich bisher nicht. Und ich soll aber verschiedene Layout-Planungen machen.
CG: Das heißt, Planungen von der Gestaltung von Produkten? Welchen?
S: Meine Gruppe verkauft Prüfmittelmaschinen, sie sind vergleichbar mit Schaltschränken, aber im Inhalt des „Schaltschranks" ist quasi das ganze Know-how meiner Gruppe aus vielen, vielen Jahren Prüfmitteltechnik drin. Und sie verkaufen diese Geräte innerhalb von Bosch an die verschiedensten Werke, sie sind quasi wie ein kleiner Generalunternehmer innerhalb von Bosch. Das heißt, Menschen aus anderen Bosch-Werken oder der Musterbau oder die anderen Abteilungen sagen, wir brauchen eine Prüfzelle für zum Beispiel irgendwelche Muster, für etwas, was später in die Autos gebaut wird, für elektronische Teile, und dafür brauchen wir eine Maschine, die das und jenes abprüfen soll. Und dann macht unsere Abteilung aus den Vorgaben quasi diese ganze Zelle, die Mechanik, kauft die Zukaufteile an, überlegt sich die Technik dahinter und das Programm, mit dem geprüft wird, bestellt alle Teile und baut die Maschine zusammen und stellt die denen hin und nimmt sie dann noch vor Ort in Betrieb. Dann haben die eine Zelle, mit der sie ein Produkt prüfen können. Und in diesem Bereich soll ich momentan mehr in die Technik rein ... die Prüftechnik, das habe ich schon gesagt, das werde ich mir nicht aneignen können, dafür brauchte ich meiner Meinung nach ein Elektrotechnikstudium, um einigermaßen durchzublicken, oder irgendwie eine Ausbildung in die Richtung. Das habe ich nicht und habe auch keinen Nerv, das jetzt noch zu lernen. Aber das Projektmanagement drum herum, zu sehen, was man alles braucht, das Koordinieren der Bestellungen und wann was kommt, das kann ich schon. Das soll ich jetzt halt noch mehr machen, weil Leute fehlen in der Gruppe und gerade keine neuen hinzukommen.
CG: Also du bist für Organisatorisches zuständig. Früher hast du mir mal erzählt, dass du eine Vereinfachung bei einem Fließband initiiert hast, das ist mir im Kopf geblieben, dass es an einer Stelle, an der es langsam wurde, in zwei Fließbänder aufgeteilt wurde, die dann wieder zusammenkamen, und so der Prozess schneller und flüssiger ablief.
S: Ja, das war eine Linienplanung einer Fertigungslinie. Das mache ich schon lange nicht mehr, schon nach meinem ersten Kind habe ich die Abteilung gewechselt. Danach war ich lange in dem Controlling-Bereich, wo ich viel

Budgetplanung gemacht habe. Und jetzt mache ich das auch noch und dazu noch das mit diesen Prüfmaschinen. Das sind quasi einzelne Maschinen, die sind in dem Fall jetzt nicht in der Fertigung, sondern die sind für den Musterbau, die, die ich jetzt betreue, aber wir machen auch Maschinen für die Fertigung.
CG: Ist es das, was du immer arbeiten wolltest, oder ist dir das eher egal?
S: Diese Arbeit dient dazu, Geld zu verdienen, nichts anderes. Und halbwegs zufrieden oder halbwegs ein vernünftiges Team zu haben, ist natürlich sinnvoll, sodass man sich wohlfühlt, dass es auch ein bisschen Spaß macht, auf die Arbeit zu gehen. Auch der Inhalt ist mir jetzt nicht fremd. Ein „was-ich-mal-werden-wollte" gibt's nicht. Ich erinnere mich nicht an das, was ich mal werden wollte. Zu Zeiten nach dem Abi wusste ich es auch nicht. Dass ich mich fürs Wirtschaftsingenieurstudium entschieden habe, hat damit zu tun, dass das Studium dir mehr oder weniger Technik und zugleich die wirtschaftliche Seite nahebringt. Aber es war auch so, dass man wusste, damit kann man ganz gute Jobs bekommen und ganz gut verdienen. Wenn man schon nicht weiß, was man machen will, dann ist halt die zweite Prio: man guckt nach dem, womit man Geld verdient. Ich hätte auch heute noch keine Idee, was ich denn machen möchte. Vielleicht doch, manchmal denke ich mir: Automatisierungstechnik wäre ganz nett gewesen. Roboter entwickeln oder so etwas. Aber es nicht so, dass ich sagen würde, mein Wunsch wäre, das jetzt zu lernen und danach in irgendeinem Standort zu arbeiten, der nicht hier ist und dafür dann alles aufzugeben – darüber denke ich nicht einen Moment lang nach.
CG: Für dich ist „Arbeit" also tatsächlich vor allem Geld-Verdienen. Auch wenn du dir was anderes vorstellen könntest, bist du mit dem zufrieden, was du machst? Abteilungen zu wechseln scheint für dich auch kein großes Problem zu sein, oder? Du hast die Optionen zu sagen: Ich möchte lieber da bleiben, wo ich im Moment bin, oder du kannst dir auch vorstellen, was anderes in dem großen Bereich Bosch zu machen?
S: Bevor ich die Lea bekommen habe, war es definitiv so, dass ich ungern zurückgegangen wäre in die Abteilung, in der ich davor war, weil es einfach viel Arbeit für wenig Wertschätzung war. Und Wertschätzung, finde ich, ist schon ein sehr wichtiger Baustein, den der Bosch teilweise vernachlässigt. Das kommt auf den jeweiligen Vorgesetzten an, und da gibt's einfach viele. Und so wollte ich zu dem Zeitpunkt in eine andere Abteilung oder in einen anderen Bereich wechseln. Andererseits habe ich keine Lust mehr, lange zu fahren. Es gibt schon ein paar Grundkriterien, die erfüllt sein müssten, um noch einmal zu wechseln. Wenn ich es mir aussuchen könnte und der Bosch einen Standort in Tübingen hätte, dann würde ich dahin wechseln, weil ich dann mit dem Fahrrad hinfahren könnte. Aber sonst bin ich momentan ganz zufrieden mit meinem Vorgesetzten. Und kann auch gute Sachen einbringen, die dem Team und mir zugutekommen. Wir haben jetzt auch wieder einmal ein Teamevent oganisiert. Dabei machen wir zum Beispiel vormittags einen Workshop und nachmittags einfach eine Spaßveranstaltung wie Quad fahren oder solche Sachen. Was ich eine gute Sache finde für Team-Zusammenführungen, dass das Team auch immer mal wieder was „Außerberufliches" zusammen macht. Und das gab es vor meiner Zeit nicht. Als ich dann während meiner zweiten Schwangerschaft und danach wieder weg war, gab es das wieder nicht, und jetzt, nachdem ich zurückkam, war gleich die erste Ansage von allen, dass wir das doch wieder organisieren sollten. Und das haben wir auch gemacht. Jetzt habe ich

auch meinem Chef schon gesagt, dass wir das jedes Jahr machen sollten, und er war auch sehr davon angetan. Und er ist in der Hinsicht schon ein ganz Geschickter, aber man muss ihm diese Arbeit ein bisschen abnehmen. Das heißt, er kann das zwar entscheiden, aber er hat keine Zeit, sich darum zu kümmern. Beziehungsweise es ist ihm nicht so wichtig, dass er sich selber drum kümmern würde. Aber er ist eigentlich sehr froh, wenn man's macht und das Team das auch annimmt ...

CG: Und du hast also ein Wirtschaftsingenieurstudium absolviert, um Geld zu verdienen, und weil du nicht genau wusstest, was du wolltest, und es dir vielleicht auch mehr lag als was anderes? Hat denn eine Rolle gespielt, was zum Beispiel Menschen aus deiner Familie gemacht haben, also Mutter, Tante, Nachbarsfrau, oder hat das gar keinen Einfluss gehabt auf das, was du dann gearbeitet hast? Im Sinne von „Das mach ich aber nicht" oder „Ich mach's anders" – oder hat das schlicht keine Bedeutung gehabt?

S: Kann ich mich nicht dran erinnern. Das Einzige, worin ich Einblick hatte, wäre der Verlag gewesen, und Verlag war nicht meins. Deutsch war ja auch nie meins, Texte sind nicht meins. Das hat jetzt nichts mit der Familie per se zu tun, sondern nur, dass ich zufällig in diesen Berufszweig etwas Einsicht hatte. Ich weiß schon ein paar Sachen, die mir nicht liegen. Ich war nie gut im Aufsätze-Schreiben oder beim Diktat. Klar, Bücher lesen, das mache ich schon gerne, vor allem Autobiografisches ... Was ich ja jetzt viel mache, ist mit Excel-Tabellen zu arbeiten. Ich hatte schon immer eher ein mathematisches Verständnis für viele Sachen. Etwas sachlich, mathematisch zu analysieren, fiel mir immer leicht. Und deswegen lag mir ein Studium in die Richtung auch besser. Auch Informatik fand ich in der Schule immer interessant, deswegen stand auch das fürs Studium im Raum. Vielleicht wäre es also auch was gewesen, in dem Bereich Sachen zu entwickeln. Auch Biologie fand ich immer interessant, hatte das auch als Leistungsfach, war aber nie gut darin, weil man so viel auswendig lernen musste. Aber interessant fand ich's trotzdem. Erst später habe ich erfahren – das wusste ich zum Zeitpunkt, an dem ich überlegte, was ich studieren möchte, nicht –, dass es so was wie Bioinformatik gibt. Damit werden zum Beispiel diese ganzen Virensachen erforscht. Im Nachhinein könnte ich mir vorstellen, dass mir das auch Spaß gemacht hätte. Die Familie hatte eher keinen Einfluss, nur dass ich halt vielleicht in ein paar Sachen Einblick bekommen habe, die ich nicht machen wollte. Verlag. Oder was die Mama gemacht hat, Arbeit im sozialen Bereich, mit Migranten oder in der Altenbetreuung.

CG: Wolltest du mal selbstständig sein, oder war dir immer eher klar, ich will angestellt arbeiten?

S: Die Frage hat sich mir gar nicht gestellt. Ich finde es eigentlich nicht schlecht, wenn es etwas gibt, was einem liegt, und wenn die oder der sich damit selbstständig macht und davon leben kann. Dann finde ich, ist das okay. Aber zum Zeitpunkt meines Studiums war es nicht sehr verbreitet. Und das hat schon Einfluss. In Amerika dagegen scheint es fast so, als würden alle „Entrepreneurs". Was ist dein Ziel? Ich werde Entrepreneur.

CG: Was ist das bitte sehr?

S: Unternehmer. Sie werden einfach Unternehmer. Sie machen ihr eigenes Ding. Alle irgendwas Kleines. Da fangen Kinder an mit einem Limonadenstand, sie machen die Limonade selbst, und dann verkaufen sie plötzlich die Limonade übers Internet, und plötzlich werden sie eine große Marke, und dann dürfen sie im Supermarkt verkaufen

– in Amerika. Die machen's dann einfach. Was weiß ich, Kettchen flechten oder was auch immer, sie fangen klein an, und dann wird's plötzlich immer größer, und sie kriegen einen Markt dafür. Die einen bleiben halt klein, andere schaffen es, sich weiterzuentwickeln, andere werden größer und größer oder bleiben auf einer gewissen Größe. Ich habe das Gefühl, da ist es eher „normal", weil es viele machen. Und hier in Deutschland ist das nicht so. Das kommt jetzt vielleicht wieder in der Generation nach meiner, mit den YouTubern … Die machen teilweise ja auch Schweinegeld, einfach mit irgendwelchen Videos, und sind dann „Influencer". Der neue Beruf schlechthin. Ich denke schon, dass das Umfeld, das, was im Umfeld passiert, Einfluss hat – nicht unbedingt das nahe Umfeld, sondern allgemein das deiner Generation, das, was gerade in der Kultur angesagt ist. In Amerika, habe ich das Gefühl, ist das kulturell schon anders. Die machen einfach von vornherein ihr eigenes Ding. Nicht alle, klar, aber gefühlt viele. Man hat viel mehr Mut, einfach mal auszuprobieren. In Deutschland sind alle Sicherheitsfanatiker – also inklusive mir. Ich habe ja tausend Millionen Versicherungen, um gegen alles abgesichert zu sein, was völliger Quatsch ist. Und in Deutschland sind ganz viele so. Brauchen ihr Haus und ihr festes Einkommen und ihre Absicherung für alle Eventualitäten, die nachher doch nie passieren, und das, was passiert, dafür ist man meistens doch nicht abgesichert. In anderen Ländern ist das nicht so. Nur hier ist das Sicherheitsdenken so extrem, woher auch immer, aus welcher Generation es entstanden ist. Krieg und Hunger und Armut oder keine Ahnung, auf jeden Fall ist es hier, finde ich, extremer als in anderen Kulturen.
CG: Du bist in einer sehr großen Firma, in die du lange Zeit wolltest, vorher hast du ja auch schon woanders gearbeitet. Welche Vorteile hat diese große Firma – oder auch Nachteile?
S: Die Vorteile sind einfach, dass sie dein Sicherheitsbedürfnis komplett erfüllen. Du bekommst sehr viel, also gutes Geld. Du arbeitest dafür natürlich auch, aber für die vergleichbare Arbeit in kleinen Firmen erhältst du deutlich weniger Geld. Und bist völlig abgesichert über die IG Metall. Das ist in den ganzen größeren Firmen so, auf jeden Fall bei Bosch, Daimler und anderen Autofirmen. IG Metall ist so eine starke Gewerkschaft, dass du quasi jedes Jahr, ohne etwas zu tun, mehr Geld bekommst. Der Sinn dahinter: Die Inflation auszugleichen. Wir haben als Mitarbeiter und als Menschen mehr Ausgaben, also ist es auch gerechtfertigt, dass wir mehr verdienen. Aber natürlich ist es ein Hin und Her, denn auch das Unternehmen muss gucken, dass es überlebensfähig bleibt. Aber mit einer so großen Gewerkschaft ist man gut abgesichert. Wir müssen nicht mal eintreten, sondern wir sind einfach durch den Tarifvertrag drin, mit dem wir angestellt sind. Und das ist natürlich ein sehr großer Vorteil. Von den großen „Gewerkschafterfirmen" habe ich Bosch favorisiert, weil der am nächsten zu meinem Wohnort liegt. Und der wird da auch bleiben, er hat zwei Werke in Reutlingen. Wenn's hart auf hart kommt, wird maximal ein Werk schließen, da wird man immer noch in Reutlingen unterkommen. Es gibt auch die Sicherheit, wenn ein Werk schließt, dass du innerhalb von Bosch woanders hinkommen kannst … du kannst nicht einfach rausgeschmissen werden. Sie müssen erst mal gucken, wie sie einen auffangen, und klar, es gibt auch Abfindungsmodelle. Aber du wirst nicht einfach auf der Straße landen. Das ist bei kleinen Firmen, wenn's denen nicht gut geht und sie schließen müssen, anders. Dann ist es Pech für

die Mitarbeiter. Da ist dann nichts mehr mit Abfindung oder anderswo unterkommen. Die Leute müssen dann selbst sehen, wie es weitergeht. Und bei Firmen wie Bosch macht man sich keine Sorgen, dass man nicht bis zum Lebensabschnittsabend versorgt ist, finanziell. Also eine Sorge weniger bei den vielen Sorgen des Lebens.

CG: Damit wären wir bei deinen anderen Arbeiten. Du hast es ja am Anfang angesprochen. Das bei Bosch ist die bezahlte Arbeit, aufgehoben in der Struktur dieser großen Firma, du bist ein kleiner Bestandteil in dieser riesigen Struktur. Doch noch eine Frage zu Bosch. Dein Lebenspartner ist auch dort. Bringt das auch Vorteile?

S: Vorteile gibt es wieder wegen der finanziellen Sicherheitsaspekte. Wir haben jetzt beide diese Sorge nicht. Davor hatte Dirk auch nicht schlecht verdient, hat sich weitergebildet, aber er hat einfach auch sehr viel dafür arbeiten müssen. In seiner vorigen Arbeit – in einer kleineren Firma, die Brandschutzmauern etc. baute – war er dazu viel unterwegs. Die Arbeit war für ihn schon interessant, aber es ist einfach viel zu viel Zeit auf den Fahrtstrecken verlorengegangen. Und mit Familie will man ja eigentlich nicht zu viel Zeit im Auto und in der Arbeit verbringen. Was in einer großen Firma noch wichtig ist: Es ist nicht so schlimm, wenn du mal krank bist, mal einen Tag ausfällst oder wenn du deine Arbeit an einem Tag mal nicht so gut leisten kannst, weswegen auch immer. Es gibt viele Gründe dafür, sei es Familie, seien es psychische Themen, das ist ja für jeden individuell. Es ist nicht so, dass das Unternehmen davon gleich zusammenbricht, weil man eben nur ein kleines Zahnrad ist. Man ist schon ein wichtiges Zahnrad, aber es ist nicht so schlimm, wenn es mal kurz ins Stocken gerät und dann in absehbarer Zeit wieder weiterläuft. Das ist anders, wenn man ein Teil einer kleinen Firma ist.

Denn dort ist das Zahnrad, das man ist, viel größer und existenzieller. Wenn das ins Stocken gerät, gerät alles ins Stocken, und dann wird es schwierig. Es folgt der ganze innere Stress, wenn man mal nicht kann. Dass man dann das Gefühl hat, man muss trotzdem, und so geht man noch mehr über seine eigenen Grenzen – und das produziert ja nur Stress in jeglicher Beziehung, für sich, für die Familie, für das Leben, für den Körper, für alles.

CG: Dann haben wir Bosch jetzt abgehakt. Du hast am Anfang von deinen anderen Arbeiten gesprochen, den nicht bezahlten. Dazu gehört Ehrenamt und Care-Arbeit als Mutter. Wie siehst du diese Bereiche für dich persönlich?

S: Die sind ganz schön anstrengend. Sie machen Spaß, aber sie sind beide echt anstrengend. Und das muss man wirklich wollen, weil man nichts dafür bekommt. Klar, es gibt schon etwas dafür, das Emotionale, Anerkennung, und dass wir einen so schönen neuen Kindergarten schaffen konnten. Ich habe das Ehrenamt im von uns neu gegründeten Kindergarten, ich habe ein tollen Kindergarten, eine tolle Leitung, und mein Kind hat einen tollen Kindergartenplatz. Ich kriege also schon was dafür, aber ...

CG: Vielleicht ein paar Sätze dazu, was du dort gemacht hast?

S: Es gab schon länger Probleme mit Kita-Plätzen im vorhandenen Kindergarten im Ort. So habe ich mich zusammen mit zwei anderen Müttern relativ spontan entschlossen, etwas für mehr Plätze zu unternehmen ... Ich hatte von einer Initiative erfahren, die hier einen Waldkindergarten gründen wollte, und dachte zuerst, das wäre eigentlich voll die coole Sache, da mache ich mit. Dann habe ich mich hineingehört. Sie suchten hier nur ein Grundstück, wollten aber sonst nicht mit dem Ort verbunden sein. So macht das keinen Sinn, dachte ich, wenn sie hierherkommen und der Ort davon nichts hat. Ich war mir sicher, in diesem Ort, mit den Menschen hier, lässt sich ganz viel auf die Beine stellen. Diese Idee habe ich dann mit zwei anderen Müttern geteilt, die ich davor kaum kannte. Nur flüchtig, die eine, weil sie ein Kind in der Spielgruppe hatte, in die wir auch gegangen sind. Beide hatten wir ein Problem mit dem Kindergarten hier und wie die Stadt mit den Betreuungsplätzen verfahren ist. Und die andere hatte ich öfter auf dem Spielplatz getroffen. Wir hatten das Gefühl, wir kommen auch privat gut miteinander aus, aber hatten nie die Zeit, uns zu treffen und auszutauschen. Den beiden habe ich die Idee kundgetan. Und sie haben beide sofort gesagt, ja, doch, das sollten wir versuchen. Komm, sagte die eine, wir fragen einfach bei der Stadt an, und wenn die Stadt uns unterstützt, dann können wir ja weitergucken. Und auch die andere war sofort von der Idee begeistert, und wir verstehen uns sehr gut, das hat sich auch bei dem ersten Treffen schon bestätigt. Sie hat einen naturpädagogischen Hintergrund, den ich und die andere Mutter nicht hatten – weswegen ich anfangs dachte, ich kann keinen Waldkindergarten gründen. So war diese Kombination tatsächlich perfekt, und wir haben gesagt, wir machen das jetzt einfach. Das Grundstück stellten Nachbarn, auf einem Teil wachsen Walnussbäume, die Nüsse müssen wir sammeln und abgeben als „Pacht", wir können mit den Kindern zu Betrieben im Ort, Schäfer, Hühner, kleiner Bauernhof, Bäcker, Metzger und was es sonst noch alles hier gibt. Das Grundstück liegt schön, am Waldrand, weit genug weg von der Straße.

Und dann haben wir das Projekt auf die Beine gestellt. Wir haben alle drei an unseren persönlichen körperlichen Grenzen gearbeitet. Ich oft bis zwei, drei, vier Uhr nachts. Die Anträge, Papiere, Verhandlung mit der Stadt, Organisation, Suche nach Mitarbeiterinnen, einen schönen Bauwagen entworfen, bestellt und aufgestellt, in den sie sich bei Regen auch mal zurückziehen können, sonst heißt Waldkindergarten ja: Immer draußen. Auch Dirk hat viel geholfen, als es um die konkrete Einrichtung des Platzes ging. Und so haben wir es in einem halben Jahr geschafft, diesen Naturkindergarten in Hagelloch aufzumachen. Was quasi Rekordzeit ist.

CG: Jetzt ist die Hauptarbeitsphase vorbei, oder ist es immer noch so viel?

S: So viel ist es natürlich nicht mehr. Die anstrengende Phase ist so gut wie vorbei. Also die Zeit, bis endlich alle Genehmigungen da waren und alles läuft, sodass man sagen kann, jetzt ist es wirklich offiziell ein Kindergarten, und es ist offiziell eine Betriebserlaubnis und alles, was man braucht, da. Jetzt fehlt nur noch ein bisschen des letzten Teils vom Bau, denn im Moment wird noch die Terrasse vom Bauwagen gebaut. Und es ist schon immer wieder so, dass man denkt, jetzt wird die Arbeit weniger, was tendenziell auch stimmt, aber dann ist es immer doch noch viel mehr, als wir vielleicht gedacht hätten. Man hätte gedacht, es läuft halt einfach, aber es ist schon wie ein kleines Unternehmen, das wir jetzt führen. Ohne dass man dafür Geld bekommt. Die Mitarbeiter sind bei uns angestellt. Wir haben zwar eine pädagogische Leitung, die dann koordinieren muss, wer kommt, wenn jemand krank ist. Aber am Ende sind wir es, die angesprochen werden. Wir sind quasi ja die Chefinnen der pädagogischen Mitarbeiterinnen und Mitarbeiter. Wir entscheiden, was sie zu tun haben, wir entscheiden, wie viel Geld sie kriegen, wir entscheiden über den Arbeitsvertrag. Aber sie kriegen Geld und wir nicht. Das ist für die Stadt eine sehr elegante Lösung, Betreuungsplätze zu

schaffen. Sie müssen sich nicht kümmern, die Menschen, die sich kümmern, kriegen nichts dafür.
CG: Ohne ehrenamtliche Arbeit würde vieles in der Gesellschaft nicht mehr funktionieren. Mangel an Kitaplätzen, Betreuungsplätzen ist ja in der ganzen Stadt, im ganzen Land ein großes Problem.
S: Aber ich hätte nie gedacht, dass ich einmal im Ehrenamt so viel arbeiten werde. Ehrenamt ist ja schon immer unbezahlt. Doch das hätte ich nie gedacht, dass ich mich mal so arg engagiere für was. Aber jetzt ist es so: Ich bin da erste Vorstandsvorsitzende. Das heißt, im Falle des Falles entscheide ich über alles. Somit ist es schon wie ein Unternehmen, und ich versuche natürlich auch, das bestmöglich zu führen, mich bestmöglich darum zu kümmern. Hoffe, dass wir das auch so beibehalten können, wir wollen ja gar nicht zwingend zu viele Menschen im Verein, weil man dann sehr viele Meinungen bedienen muss und die Diskussionen immer länger werden. Es müssen ja nicht so viele im Verein sein, damit der Kindergarten weiter gut läuft. Der Kindergarten läuft ja trotzdem, und die Eltern sind die Eltern, die müssen nicht im Verein sein. Es gibt andere Modelle, wo die Eltern quasi mit Teilnahme des Kindes automatisch im Verein sein müssen, weil natürlich auch die Vereinsmenschen irgendwann mal keine Lust mehr haben auf die Ehrenamt-Arbeit. Und das kann natürlich auch sein, dass quasi meine Mit-Mütter, wenn ihre kleinen Kinder draußen sind, selbst auch spätestens dann raus sind. Was ich dann mache, weiß ich noch nicht. Ich hoffe einfach, dass, wenn ich wirklich irgendwann nicht mehr will, jemand da ist, der das gut übernehmen kann.
CG: Das sollte ja schon ein Langzeitprojekt sein. So schön, wie das geworden ist. Empfindest du es als Befriedigung, wenn du Lob kriegst wie neulich bei der Eröffnung, wo der Bürgermeister gesprochen hat, und Ähnliches?
S: „Befriedigung" finde ich ein schwieriges Wort, damit kann ich persönlich nicht viel anfangen.
CG: Okay, dann sag mir ein Wort, das besser passt.
S: Wertschätzung.
CG: Empfindest du das als schön, wenn es wertgeschätzt wird?
S: Definitiv ist das natürlich schön, und ich finde es ganz wichtig, dass die Wertschätzung da ist für uns alle, die Macherinnen und die Mitarbeiterinnen.
CG: Es geht ja auch um eine Balance von Arbeit und Leben. Du hast auch noch die Kinder, für die du da sein willst. Für die du gut und nicht gestresst da sein willst. Wie lässt sich das vereinbaren, die bezahlte Arbeit, die Ehrenarbeit, die Arbeit mit der Familie?
S: Das ist das Einzige, was wichtig ist. Die Kinder. Die Kinder werden größer und größer und dann war's irgendwann zu spät. Und die bezahlte Arbeit ist die Arbeit, in der es nicht auffällt, wenn du gerade mal nicht fit bist, das funktioniert am nächsten Tag noch genauso gut. Und dann muss diese Arbeit manchmal hintanstehen. Und das Ehrenamt ist momentan noch zu sehr Herzensprojekt, als dass das hintanstehen könnte. Und auch da ist es natürlich so, dass es viele Sachen gibt, die erst einmal nicht gleich bearbeitet werden. Trotzdem, auch wenn immer viel liegenbleibt, werden in beiden Bereichen – Ehrenamt und bezahlte Arbeit – die wichtigsten Sachen erledigt. Das ist mir schon auch wichtig: Wenn ich weiß, da steht jetzt was Dringendes an, dann muss ich es halt irgendwie geregelt kriegen. Aber ich muss nicht unbedingt die acht Stunden am Tag geregelt kriegen, wenn es zum Beispiel zwei wichtige Sachen sind. Wenn ich die schneller

mache, dann mache ich sie eben schneller.
CG: Man kann ja auch schneller arbeiten und langsamer, also eigentlich sollte man die Arbeit so regeln, dass das bezahlt wird, was man schafft, nicht nur die Stunden.
S: Und so ist das. Es ist zwar nicht so geregelt beim Bosch, aber durch die Gleitzeit und das mobile Arbeiten ist das Vertrauen schon da, und den meisten Chefs, auch meinem Vorgesetzten, ist es wichtig, dass die Sachen laufen. Man muss versuchen, seine Balance so hinzukriegen, dass man nicht überladen wird. Und das wissen die Chefs auch, dass, wenn sie einen überladen, es dann auch schwierig werden kann. Die Menschen gehen dann einfach irgendwann. Und dann stehen sie da, die Chefs, und am Ende müssen sie es alleine machen. Das Gleiche ist übertragbar auf den Kindergarten. Deswegen ist mir sehr wichtig, dass das Team sich wertgeschätzt fühlt, deswegen werde ich jetzt auch zum Beispiel wieder ein Abendessen organisieren. Wo man sich einfach bedankt mit einem kleinen Geschenk, was auch gleichzeitig vielleicht ein Mini-Vorweihnachtsessen ist. Solche Sachen wird's immer mal wieder geben, weil das einfach dazugehört ... und auch ein alltägliches Dankeschön. Das ist enorm wichtig, dass sie wissen, wir schätzen, was sie leisten. Das kommt einfach zu kurz. Und wenn das zu kurz kommt, dann gehen die Leute schneller. Man kann nicht verhindern, dass Leute gehen, weil sie sich ja weiterentwickeln wollen oder auch mal was anderes machen, aber so tendenziell kann man sie natürlich über Wertschätzung einen Tick länger halten, als wenn man sie nicht wertschätzt. Und wenn man sie gar nicht wertschätzt und sie komplett verbrät, dann gehen sie halt noch schneller, als sie sonst gegangen wären. Ich würde sagen, es gibt ein Mittel: Wenn man die Leute wertschätzt, bleiben sie länger.

CG: Hast du manchmal das Gefühl, es ist dir zu viel, oder hält sich das in Grenzen und du schaffst es, gut zu organisieren?
S: Es gibt immer wieder Momente, wo's einem zu viel ist. Man merkt, wenn's eskaliert zu Hause, dass man sich selber wieder zu sehr vergessen hat. Weil das ja genauso wichtig ist. Man hat nicht nur Arbeitsleben und Ehrenamt und Care-Arbeit, sondern man hat auch sich als Person. Man hat auch sich als Paar. Man ist ja ein Mensch in verschiedensten Bereichen, und in allen Bereichen müssen wir versuchen, die Balance zu bedienen. Und das funktioniert nicht immer. Das geht auch nicht, dass es immer funktioniert. Wir sind nur Menschen, und Menschen machen Fehler, das ist normal. Aber summa summarum funktioniert das schon. Es funktioniert und ich reflektiere ja auch immer viel und achte schon darauf und denke, wenn es jetzt wieder zu viel war, dann muss ich mehr darauf achten, dass ich – so wie heute – auch mal einen Abend mit einer Freundin weggehe. Oder nächstes Wochenende, da bin ich das ganze Wochenende mit einer Freundin weg und solche Sachen. Braucht man einfach auch, Zeit für sich.
CG: Das macht ihr ja auch abwechselnd, Dirk ist ja auch manchmal weg.
S: Er ist auch manchmal weg. Nur zusammen sind wir nicht so oft weg, aber wenn die Kinder größer werden, dann wird das wieder mehr.
CG: Die Zeit geht ja auch so schnell rum. Das bedauert man dann ja auch, wie schnell das rumgeht, dass man jetzt schon wieder das und das verpasst hat. Jetzt sind sie wieder zwei Jahre älter und so, ruckzuck.
S: Ja, und umso älter man selbst wird, umso schneller geht es, das ist einfach so. Ist auch Teil des Lebens.
CG: Und nun noch etwas zur „Care-Arbeit".
S: Darüber habe ich noch nicht viel erzählt, aber sie ist die am meisten unterschätzte

Arbeit schlechthin. Das ist auch ein Gesellschaftsproblem. Weil das einfach in der Gesellschaft, in dieser Kultur so eingeprägt ist über die Generationen. Vor vielen Generationen war es der Standard hier, die Mutter ist Hausfrau und hat sich um Kinder zu kümmern, fertig. Und der Mann verdient das Geld. Und es wurde nie gesehen, wie viel Arbeit das ist, was die Frau mit den Kindern macht. Die Einzigen, die einen an die eigenen Grenzen führen können, ohne dass man das möchte, sind die Kinder. Das merken ja auch viele einfach gar nicht, weil sie sich nicht reflektieren. Aber wenn man anfängt, das zu reflektieren und daran zu arbeiten, zu überlegen, wo kommt was her und welche Reaktion kommt woher, das sind viele Sachen, die einen selbst geprägt haben in der Kindheit, der Jugendzeit, viele Glaubenssätze, die in einem drin stecken durch das alles, was man erlebt hat und wie man's erlebt hat. Es ist nicht so, dass Eltern bewusst ihre Kinder von oben herab behandeln – aber es ist einfach Standard, und das kann Probleme und sogar Traumata erzeugen. Standard ist, dass Kinder „erzogen" und verändert werden müssen. Und das Wesen, was auf die Welt kommt, wird nicht angenommen so, wie es ist, sondern muss sich anpassen, damit es so wird, wie man es möchte. Und das ist total schwierig, weil man diesem Menschen, der eigentlich seinen eigenen Charakter mitbringt, immer wieder dadurch bewusst macht, dass er falsch ist, so, wie er ist, und sich verändern muss für andere. Und das ist ganz fatal, weil man dadurch im Erwachsenenalter immer noch nicht genau weiß, wer man eigentlich ist. Und sich verstellt für andere oder zu sehr aufopfert und lauter solche Sachen. Ich vereinfache jetzt vielleicht, aber es ist so. Es gibt andere Kulturen, da ist es schlimmer mit dem „Formen", „Ändern", und es gibt auch Kulturen, da ist es in meinen Augen besser (ich denke an manche indigenen Gruppen). Und es wird ein langer Prozess, bis Kinder als Menschen wahrgenommen werden und nicht als unfertige Wesen, die man formen muss.

CG: Und das versuchst du in deiner „Erziehungsarbeit", die du Care-Arbeit nennst?

S: Die nennen ja nicht viele Care-Arbeit, weil auch das noch nicht so anerkannt ist, dass es wirklich Arbeit ist. Es ist einfach wirklich anstrengend, jeden Tag eng mit Menschen zusammen zu leben, also für alle Personen anstrengend. Der Charakter ist da, der Mensch formt sich von alleine in irgendeiner Art und Weise. Kinder sind das Gegenteil von emotionslos, weil sie so viel durcherleben und sich entwickeln, und dann passieren im Körper Dinge, bei denen sie noch nicht wissen, wie sie damit klarkommen sollen, das können sie ja noch gar nicht begreifen. Die Worte gibt es noch nicht mal dafür. Selbst wir Erwachsenen können es ja oft nicht begreifen. Wir erwarten aber immer so viel von ihnen, was sie alles schon können sollen und müssen und ... Da hören und da kooperieren und dies und jenes. Ich versuche, gar nicht zu „erziehen". Natürlich gehen bestimmte Dinge nicht, als Regel des Zusammenlebens, das wird angesprochen, ausgesprochen. Aber „Erziehen" ist eine Machtgeschichte. Der Erwachsene ist per se schon mächtiger als das Kind. Das ist einfach so. Wir entscheiden darüber, was sie essen, wann sie essen, wo sie aufs Klo gehen, wann sie aufs Klo gehen, ob sie in die Windel machen oder nicht. Wie sie was zu tun haben, diese Grundbedürfnisse eines menschlichen Wesens entscheiden wir ja schon von vornherein. Aber man muss sich das auch bewusst machen und gucken, wo ist das wirklich sinnvoll oder wo tu ich das für mich und meine Familie, und wo tu ich das nur, weil diese Gesellschaft es verlangt. Und dann muss ich darüber vielleicht noch mal nachdenken: Ist das jetzt wirklich so wichtig, ist die Gesellschaft wichtiger als die Beziehung zu meiner Familie, zu meinem Kind oder zu mir. Und das muss jeder für sich selber beantworten. Ich versuche das im Umgang mit unseren Kindern zu leben. Es erschwert mir aber alles, weil auch ich ja viele „Glaubenssätze" in mir habe, die dann rauskommen, wenn ich, und das bin ich auch oft, müde bin und fertig und kaputt und auch nicht mehr kooperationsbereit bin und die Kinder aber in dem Moment auch nicht kooperationsbereit sind. Und dann kann es nur schwierig werden. An sich sind alle Emotionen erlaubt. Natürlich darf ein Mensch wütend sein. Natürlich darf ein Mensch traurig sein. Aber früher durfte man das halt nicht. Man musste ruhig sein oder sich zurückziehen. Vor vielen Generationen hatte man zu gehorchen und bitte und danke zu sagen und sehr höflich zu sein, sonst war man ein sehr missratenes Wesen. Die Generationen wurden geprägt. Und das trägt sich halt weiter. Ich merke im Nachhinein: Ich werde wütend, wenn meine Ressourcen erschöpft sind, dann schaff ich's nicht, ruhig zu bleiben. Wichtig ist aber, danach auch zu sagen, es ist in Ordnung, wütend zu sein, auch ich darf wütend sein. Auch ich darf laut werden, das ist nicht per se schlecht oder falsch. Aber man muss halt lernen, dass man es nicht so macht, dass man Menschen dabei verletzt oder beschämt, sondern Strategien findet, wie man anders damit umgeht. Und ich habe diese Strategien nie gelernt und hoffe, dass meine Kinder es irgendwann lernen. Aber ich kann's ihnen schlecht vormachen, weil ich sie auch nicht kenne. Ich kann sie nur gemeinsam mit ihnen erarbeiten. Einfach ist das nicht. Aber es ist auch nicht ständig schwierig. Es gibt genug Momente, wo alles entspannt ist. Von außen betrachtet, sehen mich viele immer als sehr entspannte Mutter. Und viele glauben, vermute ich, dass wir sehr frei sind, unsere Kinder frei erziehen. Aber es ist ja gar keine freie Erziehung in dem Sinn, sondern es ist eher ein Bewusst-Machen des Umgangs miteinander. Und trotzdem dabei nicht zu vergessen, dass man selbst Bedürfnisse hat und die eben auch erfüllt werden müssen. Und dafür muss man aber erst mal wissen, was die eigenen Bedürfnisse sind. Zu meinen Bedürfnissen gehört zum Beispiel Ruhe. Das Wort „hochsensibel" habe ich erst bei meiner Tochter kennengelernt, aber ich bin wie sie. Und man hätte vielleicht früher anders mit mir umgehen können, wenn das bekannt gewesen wäre – aber vielleicht auch nicht. Man braucht ja auch nicht für alles einen Namen finden. Aber es ist typisch, dass ich oft einfach nur Ruhe brauche. Einfach nicht irgendein Gedudel nebenher. So, wie ich auch nicht einparken kann, wenn noch das Radio läuft. Manchmal braucht man einfach Ruhe und Selbstbestimmung. Selbst entscheiden zu können, wann man aufs Klo geht, selbst entscheiden zu können, wann ich aufstehe, wann ich hinsitze, wann ich rausgehe, wann ich reingehe, wann ich esse, wie lange ich esse. Und das kommt natürlich zu kurz beim Zusammenleben mit kleinen Kindern. Aber man kann sich das natürlich holen, indem man einfach anfängt, nach Betreuungsmodellen zu schauen, bei denen man selber Zeit für sich findet. Früher ist man in einem Dorf oder einem größeren Familienzusammenhang groß geworden, und die Kinder sind in der Gruppe aufgewachsen. Es war für sie völlig normal, auch mal bei Tante und Cousine und Cousin zweiten, fünften Grades zu sein und nicht nur Mutter, Vater, Kind zusammen. Und das ist in der Gesellschaft hier nicht mehr so. Das ist zum Beispiel in den südlichen Ländern Europas besser. In La Palma sah man's ja, in der Nachbarsfamilie. Wie viele Generationen da zusammenleben, Geschwisterfamilien im gleichen Gelände und so weiter, die Kinder sind frei, zwischen allen unterwegs und nicht nur mit ihren Eltern. Das ist was ganz anderes. Den Stress in engen Konstellationen muss man ja erst mal verstehen. Was möchte man eigentlich und wie kommt man dahin. Und nicht nur: Das machen alle so, also muss ich auch so sein. Die sind alle streng mit den Kindern, also muss ich auch streng sein. Man muss selbst anfangen zu hinterfragen und nachzudenken. Dadurch machen wir's nicht perfekt, geht halt nicht, weil wir selber, wie gesagt, auch oft belastet sind, aber auch wenn wir jetzt gar nichts anderes als Leben mit Kindern zu tun hätten: Es wird immer Momente geben, wo man streitet. Es wird immer Momente geben, wo man auch mal eine stärkere Emotion hat. Das gehört zum Mensch-Sein dazu. Klar gibt's ein paar Grenzen, aber im Grunde ist immer wieder aufs Neue zu gucken, dass man selbst nicht zu kurz kommt und dann, wenn es zu einer Streitsituation kam, hinterher zu reflektieren und darüber zu reden und zu kommunizieren, das ist schon viel wert.

CG: Das klappt auch mit Kind, das Hinterher-darüber-Kommunizieren?

S: Natürlich. Das kann man auch mit Kindern. Kinder verstehen viel mehr, als viele Menschen denken. Und wenn sie die Worte nicht verstehen, verstehen sie doch die Emotionen dahinter. Kinder sind feinfühlige Wesen. Deswegen ist es meiner Meinung nach ein fataler Fehler, wenn irgendwas war, Streit, eine Situation vor den Kindern, schwierige Stimmung, irgendwas, wenn man das nicht auflöst, indem man es ihnen versucht zu erklären. Selbst wenn sie nicht davon betroffen sind im Sinne von dass sie angeschrien werden. Aber wenn Eltern sich anschreien. Und Kinder mit der Emotion alleingelassen werden. Sie spüren die Emotion, spüren, da ist was los, und wenn sie nicht aufgeklärt werden, fangen sie wahrscheinlich erst mal bei sich an, die Schuld zu suchen und zu überlegen, was ist hier eigentlich falsch, bin ich falsch? Das kann man nur verhindern, indem man redet, kommuniziert. Kommunikation ist sehr wichtig. Nicht nur reden, auch gefühlsmäßig. Es reicht auch manchmal nur, jemand in den Arm zu nehmen.

CG: Das alles ist auch Arbeit, das Bewusst-Werden, das Reflektieren?

S: Arbeit mit sich selbst ist eine schwierige Arbeit, weil man sich ja auch seiner eigenen Fehler bewusst werden muss, was Menschen nicht gerne tun. Und dann lernen muss, sich nicht dafür zu schämen, sondern zu akzeptieren und anzunehmen und einfach zu schauen, okay, was ist der nächste kleine Schritt, wie kann ich was ändern.

CG: Jetzt haben wir die wichtige Care-Arbeit noch im Gespräch drin. Danke!

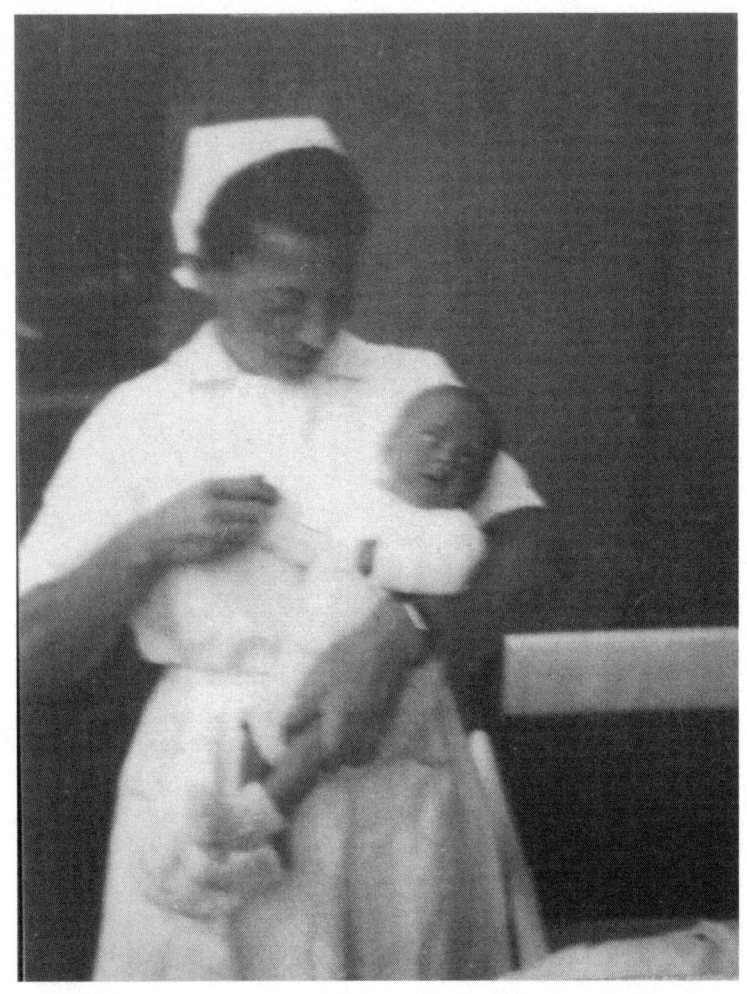

Elisabeth Richter
Labour Day

Die Neue kommt, mit verheulten Augen und dickem Bauch. Breitbeinig watschelt sie in den Raum und blickt starr ihrem Arbeitsplatz entgegen, dem Bett neben meinem. Hinter ihr schiebt sich ein Mann durch die Tür, er hält eine Reisetasche in der Hand und reckt das Kinn.

„Guten Tag", sage ich.

Sie nimmt mich nicht zur Kenntnis. Er nickt knapp in meine Richtung, eine Art zerstreutes Geschäftsführernicken wie für eine Unbekannte aus der Belegschaft.

Die Krankenschwester erscheint mit einer Packung Betteinlagen und vertröstet auf später, wenn der Doktor Zeit haben wird.

Die Frau sinkt auf den Bettrand. „Das Nachthemd mit den Pünktchen", verlangt sie. Ihre Stimme ist schwach und anklagend.

Der Mann kramt in der Reisetasche.

Sie bewegt die Schultern vor und zurück und ächzt.

Er fährt herum und starrt sie an. „Hast du eine Wehe?"

Sie heult los. „Nein! Aber ich kann nicht mehr! Zehn Tage über die Zeit, ich kann einfach nicht mehr!"

„Ja, höchste Zeit, man darf nichts riskieren." Der Geschäftsführer spricht mit markiger Stimme. Er reicht seiner Frau das Gepunktete, und sie watschelt damit ins Bad. Er schaut aus dem Fenster und wippt auf den Zehen auf und ab, ein werdender Vater, der der Geburt entgegensieht. Was denkt er? Dass es Puff und Flutsch macht und das Kind da ist?

Sie kommt zurück in ihrem Gepunkteten und wälzt sich aufs Bett. Er streichelt ihren Arm. „Heute geht es los, Bine."

Sie hat die Augen geschlossen und antwortet nicht.

Neben mir liegt mein neugeborener Sohn, er ist jetzt einen Tag alt, also von gestern und ebenso uninteressant für andere Leute wie die

Zeitung von gestern. Er rührt sich, jetzt streicht er mit der Wange übers Laken, sein Mündchen öffnet sich auf der Suche nach Futter und gibt ein leises Meckern von sich. Ich hebe ihn aus seinem Bettchen, die kleinen Hände fuchteln, es sind an ihnen auf wundersame Weise je fünf Fingerchen mit winzigen rosa Nägeln gewachsen. Sein Mund ist verzogen, ein kleiner gieriger Mund, der schreien und saugen kann. Ich staune, dass er schon weiß, wie das geht.

Die Tür wird aufgerissen, die Schwester posaunt: „Sie können jetzt zum Arzt!"

Frau Bine lässt sich in den Morgenmantel helfen, am Arm ihres Mannes schiebt sie sich zur Tür hinaus.

Ich dämmere dahin, mein Kind im Arm, und tauche in einen Halbschlaf, in dem ich träume, mein Kind im Arm zu halten.

Ich werde wach, als es an die Tür klopft. Meine Freundin Rosi streckt den Kopf um die Ecke.

„Meinen Glückwunsch!", sagt sie und küsst mich dreimal auf die Wange, links, rechts, links. „Ist alles gut gegangen, ja?"

Sie hat keine Kinder. Was könnte ich ihr erzählen? Ich nicke und präsentiere ihr meinen schlafenden Sohn, sein Körper steckt in einem Strampelanzug der kleinsten Größe, die Füßlinge baumeln trotzdem leer herunter.

„Mann, ist der klein!", sagt Rosi.

„Zweiundfünfzig Zentimeter, gar nicht klein."

„Süß", sagt sie.

Ich höre nicht die rechte Überzeugung heraus.

„Langweilst du dich nicht?", fragt sie.

Ich lache auf, so absurd finde ich die Frage. „O nein!"

„Ach so, Stillen und Wickeln und so", sagt sie.

Ich kann ihr nicht erklären, dass ich mit Betrachten zu tun habe, mit dem Gewöhnen an das Werk, das ich der Welt geschenkt habe. Ich habe die Welt neu geordnet, sie muss jetzt Platz machen für mein Kind.

„Ich hab dir was mitgebracht, zum Angucken", sagt Rosi und zieht eine Brigitte aus der Tasche. Sie plaudert noch ein wenig über ihre Arbeit und dass der Pfirsichbaum im Garten Früchte angesetzt hat. Ich wünsche mir, dass sie geht. Dabei mag ich sie gern, aber jetzt gerade stört sie mich beim Begreifen der neuen Weltordnung. Irgendwann verabschiedet sie sich mit Küsschen links, rechts, links.

Ich lege mein Kind in sein Bettchen und schlage die Brigitte auf. Die ferne Welt da draußen: Sommerliches Gelb, glänzende Accessoires, schick im Büro, mein Mann hat eine Andere, mehr Mut zu Aktien, warum Tränen so wichtig für uns sind, himmelblaue Landschaften, essen Sie sich schlank. Ich lese alles mit wohlwollendem Gleichmut. Nichts davon geht mich an: Es gibt ja nur Mein-Kind-und-ich und Ich-und-mein-Kind. Ich lege die Brigitte zur Seite und lächle die Wand gegenüber an. Sie lächelt heiter und sonnig gelb zurück.

Da kommen sie zurück, die beiden, angeführt von der Schwester, die eine baldige Geburt in Aussicht stellt, „jetzt nach dem Zäpfchen und dem Treppensteigen."

Ah, ein Zäpfchen für das wehenfaule Mädchen. Das Zäpfchen ist die Stechuhr. Ab jetzt wird geackert.

Frau Bine lässt sich aus dem Morgenmantel schälen und aufs Bett helfen. Ihr Mann setzt sich neben sie, neben den Bauch mit dem Kind drin, dann fangen sie an zu flüstern. Das Zischeln ist wie Mückengesirr, ich möchte scht-scht rufen und nach dem anfliegenden Gezischel schlagen.

Dann kommt das Abendessen. Trinken. Stillen. Trinken. Allmählich wird es dämmrig. Draußen ist Mai, hier drinnen wird es Nacht. Die Schwester rollt mein Kind ins Säuglingszimmer, irgendwann wird sie es mir wiederbringen, weil es Hunger hat.

Die beiden flüstern. Auf einmal zieht sie scharf die Luft ein: „Uuufff! Das war eine Wehe!"

Er tätschelt ihren Arm. „Sollen wir die Schwester rufen?"

Sie hat wohl genickt, er drückt die Klingel. Die Schwester kommt und geht gleich wieder. Pause. Ich schlafe ein.

„Fuuuh!" Pause. Lange Pause. „Fuuuh!" Stille. Ich dämmere weg. Ein spitzes Gejammer im grellsten Diskant reißt mich an die Oberfläche. „Das hat tierisch wehgetan!"

Er klingelt nach der Schwester, die die Hebamme mitbringt. Und die wendet sich nach einem Blick auf Frau Bine wieder zum Gehen.

„Aber sie hat Wehen!", begehrt der Mann auf.

„Das sind Kontraktionen, keine Wehen."

„Woher wollen Sie das wissen?"

„Ich schaue, wie die Frau sich verhält."

Aber er besteht auf einem objektiven Beobachter, dem Wehenschreiber.

Ich sacke in eine Vorstufe zum Schlaf, ein Dämmern bei vollem Körperbewusstsein, aus dem mich das Ächzen aus dem Bett nebenan an die Oberfläche reißt, immer wieder, bis ich ganz und gar wach bin und weiß, dass ich den Rest der Nacht nicht mehr einschlafen werde.

„Guck mal, da kommt eine Wehe", sagt der Mann, „der Zeiger schlägt schon weiter aus als vorhin."

Leises Ächzen. Lange Stille. Ich linse mit einem Auge zum Nachbarbett. Sie hat sich auf die Seite gerollt und er drückt ihr im Kreuz herum.

„Nicht da! Hier!", verlangt sie. Ächzen, leises Schreien. Er rubbelt. Dann muss sie aufs Klo. Er bleibt vor der Tür zum Bad stehen und dreht sich plötzlich zu mir um.

„Das ist ja entsetzlich! Das mutet man keiner Kuh zu, aber den Frauen."

Ich ziehe scheinheilig bedauernd die Schultern hoch, und dann kann ich meiner Boshaftigkeit nicht widerstehen und sage: „Das ist doch erst der Anfang."

Er schüttelt den Kopf. „Schlimmer kann's ja kaum werden."

Ich gucke gönnerhaft.

Die Nacht ist lang. Irgendwann klingelt er wieder nach der Schwester.

„Machen Sie weiter so", sagt sie und geht.

An Schlaf ist nicht zu denken, ich ergebe mich und hole mir meine heimliche Flasche Malzbier aus dem Nachtschränkchen. Ich trinke langsam und mit kleinen Schlucken und stelle mir vor, wie das Malz die Milchbildung fördert, während ich dem Winseln und Flüstern zwischen den Wehen lausche, den lauter werdenden Schreien und dem rhythmischen Klatschen, wenn er ihr das Kreuz massiert. Nach hundert Stunden wird endlich ihr Bett aus dem Zimmer gerollt und ich falle in tiefe Bewusstlosigkeit. Aber schon wird mein brüllender Sohn hereingetragen, er verschluckt fast seine kleine Faust. Ich rappele mich im Bett hoch und lege ihn an die Brust, obwohl noch keine Milch kommt. Sein Kiefer schnappt zu. Es tut weh. Am Ende nuckelt er sich in den Schlaf, und die Schwester trägt ihn zurück ins Säuglingszimmer.

Ich erwache mit Beton in den Brüsten. Es ist schon hell, aber ich habe kein Gespür dafür, ob es an der Zeit ist für einen neuen Tag, sie vergeht nicht gleichmäßig, sie springt ruckartig zwischen Schlafen, Stillen, Trinken, Stillen, Schlafen. Das Kinderbettchen wird hereingerollt. Die Schwester sagt: „Wir mussten ihm gestern Nacht zusätzlich eine Flasche geben, er hatte solchen Hunger, und er hat sie ganz ausgetrunken, hundert Milliliter."

Sie sieht meinen bestürzten Blick. „Machen Sie sich keine Sorgen, er wird trotzdem die Brust nehmen."

Ich habe versagt. Die Flasche war besser als ich. Und jetzt ist das Kind satt und schläft. Statt zu frühstücken trinke ich trotzig die zweite Flasche Malzbier, wecke meinen Sohn auf und lege ihn an die Brust, es beginnt zu fließen. Der Kleine schluckt, ruhig und geradezu systematisch.

Ich schaue auf sein Köpfchen und versuche, die Zuversicht von gestern aufzurufen. Das Leben fühlt sich heute anders an. Ich bin schwer und bang und weiß keinen Rat, dabei ist doch alles gut, ich habe Milch, das Kind trinkt. Aber gestern war ich im Himmel, und heute stürze ich auf die Erde und habe Angst.

Die Tür geht auf, und sie kommen selbdritt: Mutter, Vater, Kind. Das muntert mich auf.

„Haben Sie's geschafft …! Herzlichen Glückwunsch!", sage ich. Er nickt knapp in meine Richtung, der Geschäftsführer. Frau Bine sagt auch nichts. Sie schaut auf ihr Kind in seinem Bettchen.

„Ich will das nie wieder!", sagt sie. „Hörst du, nie, nie, nie wieder!"

„Jetzt haben wir ja unseren Frederik", sagt er, „du hast das so toll gemacht."

„Du hast keine Ahnung, wie weh das getan hat. Das war tierisch. Das vergesse ich nie!"

„Ja, ja", murmelt er und streichelt ihren Arm.

„Das sind Schmerzen, die kannst du dir gar nicht vorstellen!"

Mir geht ihre anklagende Stimme auf die Nerven, aber in einer Aufwallung von Gebärenden-Solidarität sage ich: „Wehen sind wie Presslufthammer und Schraubstock gleichzeitig, nicht?"

Sie schaut zum ersten Mal mit Interesse zu mir herüber.

„Genau!", ruft sie. „Ganz genauso fühlt es sich an!" Dann fragt sie: „Ist das auch Ihr erstes Kind?"

Ich brauche einen Augenblick, um eine bescheidene Miene zu heucheln, und dann sage ich, so lässig wie ich es nur eben schaffe: „Nein, das vierte."

Sie sperrt den Mund auf: „Das haben Sie viermal mitgemacht? Vier! Mal!"

Ich zucke mit den Schultern, als sei mir die Erhebung zur Heldin schnurz, als sei diese Normübererfüllung keine Tapferkeitsmedaille wert. „Nun ja", sage ich und, zu ihrem Mann gewandt: „Aber es tut jedes Mal gleich doll weh!" Er soll bloß nicht glauben, man könne sich daran gewöhnen. Prompt reicht es ihm mit meiner Einmischerei. Er dreht mir den Rücken zu und holt aus seiner Brusttasche ein kleines Etwas.

„Für meine Bine", sagt er und steckt ihr ein Ringlein an den Finger, sie lässt es gnädig geschehen und haucht ein erschöpftes Danke.

Mein wackelndes Selbst bekommt einen Vernichtungsschlag. Ich habe noch nie einen Ring gekriegt außer dem Ehering. Fürs Kinderkriegen wird man sowieso nicht bezahlt, aber offensichtlich werden hier und da Boni verteilt. Nur nicht an mich! Mir geht auf, dass ich viel zu wenig Trara gemacht habe um geschwollene Knöchel, Sodbrennen, wunde Brustwarzen und Milchstau, um Möhrenpamps und Grießbrei kochen und den angebrannten Grießbreitopf ausscheuern und auf Beulen pusten und Abendliedchen singen und Kaka ins Klo machen üben und tagein, tagaus das Gleiche, und dann kommen sie in die Schule, und dann machen sie Zicken und sind unerträglich, und dann sind sie weg, und bald danach bin ich tot, und die Kinder sind alt, und dann sind sie auch tot. Und wozu das Ganze.

Ich beneide die beiden neben mir, weil sie das noch nicht wissen.

Die Schwester kommt mit einem Fläschchen für den neugeborenen Prinzen. „Der Doktor würde gern noch mal mit Ihnen übers Stillen sprechen", sagt sie.

Frau Bine winkt ab. „Ich will nicht stillen. Wir haben ein Geschäft, und ich muss anwesend sein."

Der Ring an ihrer Hand ist blau mit viel Glitzer drumherum, so wie Lady Dianas Verlobungsring.

Am Nachmittag kommt mein Mann mit den Kindern. Er umarmt mich, und gleich darauf beglückwünscht er Frau Bine. Das sind hier nicht die Spielregeln, du wohlerzogener Arsch, denke ich, du sollst dich um mich kümmern, nur um mich! Ich gucke ihn aufsässig an, wie er auf meinem Bettrand sitzt und auf unseren Sohn herabgrinst. Die Kinder interessieren sich mehr für den Inhalt meines Nachtschränkchens als für ihren neuen Bruder, und schon streiten sie sich um den Besitz einer schönen weißen Damenbinde. Frau Bine schaut genervt herüber. Soll sie doch, die dumme Nuss! Sie hat mich gestern Nacht nicht schlafen lassen.

Mein Mann schickt die Kinder auf den Flur. „Aber leise sein!"

Die Schwester steckt ihren Kopf zur Tür herein und sagt: „Sie kommen besser ohne die Kinder auf Station."

„Dann sollte ich wohl los", sagt er.

Ich halte ihn am Ärmel fest. „Kannst du nicht … ich meine, es wär doch schön, wenn du …" Er soll etwas wollen, mir etwas Schönes schenken, etwas Überflüssiges, und zwar soll er es von allein wollen, ohne meine Nachhilfe. Ich fange an zu weinen.

„Ach", sagt er, der abgebrühte Erzeuger und Vater und Ehegatte, „Heultag? Hattest du jedes Mal. Geht vorüber, weißt du doch."

Er beugt sich herab und gibt mir einen Kuss. Auf die Wange. Passend für eine Mutter. „Bis morgen." Dann flüstert er mir ins Ohr: „Hab dich lieb."

Mein Sohn hat Hunger. Er liegt an meiner Brust und saugt und sieht dabei aus wie ein kleiner Seehund, nur Kopf und Bauch. Er braucht mich, um zu leben, und ich brauche ihn, damit er mich austrinkt. Ich weiß nicht, ob es mich darüber hinaus noch gibt.

Frau Bine verabreicht ihrem Kind ein Fläschchen, der Kleine ist nicht besonders hungrig, er döst bald ein, und seine Mama legt ihn zurück in sein Bettchen. Sie schaut zu mir herüber und räuspert sich: „Sie haben doch da eine Brigitte auf dem Nachtschränkchen liegen. Dürfte ich die wohl mal kurz ausborgen?"

Anton G. Leitner

**De Kinda vo de gscheadn Äiddan
wean oiwei no gscheida**

„I teil nua no Oansa aus",
Sogd da Leera,
„Nachad gibds koan Eaga mea
Mid de Rechdsvadrea
Vo de Äiddan, und de Schüla
Gem mia aa a guade Nodn."

**Die Kinder von den Eltern der Generation
Ich-Ich-Ich werden immer noch schlauer**

„Ich verteile nur noch sehr gute Zensuren",
Sagt der Lehrer,
„Dann erspare ich mir den Ärger
Mit den Rechtsanwälten
Der Eltern, und meine Schüler
Benoten mich dafür mit Zwei plus im Evaluierungsbogen."

Anja Müller

Anja Müller

Claudia Grothus
Boomer-MeToo

Ich war einundzwanzig, als ich wirklich dringend Geld verdienen musste. Das Bafög reichte so gerade, aber ich schuldete meinem Freund, der mich verlassen hatte, noch fünfhundert Mark. Scheißsituation, denn ich liebte ihn natürlich noch, und er brauchte die Kohle zurück. Also suchte ich mir einen Job, was nicht einfach war, denn in der Generation Boomer war es völlig egal, was man wollte – tausend andere hatten es schon vor einem gewollt.

Über die Studenten-Jobvermittlung landete ich dann für drei Wochen in einer Druckerei. Das hieß: Fünf Uhr aufstehen, Viertel vor sechs losgehen, fünf nach sechs in den Bus steigen, sieben Uhr anfangen, bis halb zwei arbeiten und um vier wieder zu Hause.

Aufstehen vor sieben Uhr war für mich eigentlich Körperverletzung. Alles sträubte sich dagegen, besonders mein Magen. Aber es gab satte 90 Mark pro Tag. Das war viel Geld.

Meine Aufgabe war, stundenlang mit einem feuchten Schwamm in der Hand an einer riesigen Druckmaschine zu stehen und jedes Mal, wenn die Walze zurückgefahren war, einmal mit dem Schwamm über die Platte zu wischen. Das war so ein ganz neues Spezialverfahren für Werbeplakate, die von hinten beleuchtet werden konnten. An den modernen Bushaltestellen konnte man das jetzt überall sehen.

Also: Walze hin, Walze her, wisch, wisch. Unfassbar langweilig. Der Drucker, dem ich zugeteilt war, war gleichzeitig der Vorarbeiter in der Halle. Er war so Mitte vierzig mit einem runden Gesicht und roten Haaren, wirkte ziemlich seriös, war höflich und distanziert. Die Drucker an den anderen Maschinen in der Halle waren viel netter. Egal. Walze hin, Walze her, wisch, wisch.

Wenn unsere Walze mal stillstand, weil eine neue Platte draufkam, dann bekam ich andere Aufgaben. Zum Beispiel wurde ich durch das breite, verglaste Terrazzo-Treppenhaus nach oben in die „Entwicklung" geschickt. Das war ein Großraumbüro mit einzelnen

Parzellen, und da arbeiteten die besseren Leute. Die hatten Anzughosen und Hemden an und fanden sich rasend toll. Sie waren die Kings, sie waren die in der oberen Etage! Aber in erster Linie waren sie die totalen Schweine. Ich hatte nämlich in jeder Parzelle den Müll einzusammeln.

Da stand neben jedem Schreibtisch ein Papierkorb, der nur halb gefüllt war, aber überall drumherum lagen zerknüllte Blätter, Bananenschalen, abgegessene Äpfel, Schokoladenpapier, Bäckertüten und leere Zigarettenschachteln. Anscheinend ereiferten die sich alle in einem vollkommen talentbefreiten Zielwerfen auf die Mülleimer und fühlten sich umso cooler, wenn die Aushilfs-Studentinnen ihren Müll aufsammeln mussten.

Sie machten sich einen Spaß daraus, mich auf meiner Runde mit Kommentaren, Pfiffen, weiteren misslungenen Zielwürfen auf ihre Mülleimer und widerlich anzüglichem Grinsen zu nerven.

Ich war, glaube ich, damals schon ganz gut darin, ein Pokerface aufzusetzen. Ihr blöden Wichser, dachte ich die ganze Zeit nur und sammelte stoisch den Müll auf. Dass ich weder rot wurde noch mich sonst wie aus der Fassung bringen ließ, schien diese Typen aber nur noch mehr anzustacheln.

Total abgenervt kehrte ich zu den Underdogs in der Arbeiterabteilung zurück. Als ich durch eine Halle mit meterlangen Regalen ging, die irgendetwas lagerten, was mich für die paar Wochen jetzt auch nicht weiter interessierte, saß da an einem Behelfsschreibtisch mein Vorarbeiter auf einem Drehstuhl, hielt einen Telefonhörer an sein Ohr und säuselte: „Ich liebe dich auch, mein Schatz!"

Hä? Ey, der war älter als vierzig, und soviel ich wusste, hatte er erwachsene Kinder! Aber als ich mich umdrehte, stand da Peter, der verschmitzte Drucker der Nachbarmaschine. Er sah meinen Gesichtsausdruck, winkte mich zu sich in die Halle und sagte, das Geräusch der Walzen übertönend: „Der telefoniert mit seiner Geliebten. Kann er ja von zu Hause aus nicht."

So war das also. Der Vorarbeiter, der immer so seriös war, betrog seine Frau. Als ich wieder mit dem Wisch-wisch beschäftigt war, betrachtete ich heimlich meinen temporären Vorgesetzten. Der sah echt nach nix aus! Gut, mit einundzwanzig hat man sehr spezielle Vorstellungen von einem angesagten Typen, aber dass so ein spackes Männchen mit Mondgesicht, vollen Lippen, roten Haaren und der langweiligsten Brille der Welt eine Geliebte haben könnte, das ging mir nicht in den jugendlichen Kopf.

Manchmal, wenn ich die Kannen mit dem Lösungsmittel nachfüllen musste, kam ich bei Peter an der Maschine vorbei. Peter war nicht die hellste Kerze auf der Torte, das merkte man sofort an seiner Sprache und seinen Themen. Aber er war ein total lieber Kerl. Er hatte eine kleine, schwerbehinderte Tochter, und er tat alles für sie. Außerdem war er nach Feierabend Künstler. Er tropfte übriggebliebene Druckerfarben auf übriggebliebenes Papier, legte ein anderes Papier drauf und zog es dann in eine Richtung ab. Die Bilder sahen wirklich toll aus. Der Direktor schmückte sogar sein Büro damit. Und Peter war total stolz drauf, obwohl er nie auch nur eine Mark dafür gesehen hatte. Er schenkte mir eins seiner Bilder, das lange in meiner Studentenwohnung hing und mich daran erinnerte, wie Chefetagen mit der Handwerkskunst ihrer Arbeiter so eine gönnerhafte Scheinsolidarität demonstrieren.

Was mir wirklich schwerfiel, war das mit dem Essen. Früh morgens brachte ich nichts runter. In der Druckerei gab es in der Frühstückspause nur so einen kleinen Stand mit fettigen Teilchen und fettigen belegten Brötchen. Davon wurde mir oft schlecht, besonders, wenn ich vorher mit leerem Magen Lösungsmittel umgefüllt hatte. Aber irgendwas musste ich essen. So organisiert, mir morgens ein paar Brote zu schmieren, war ich noch nicht.

Einmal wurde ich für ein paar Tage an eine andere Druckmaschine versetzt. Der Drucker dort war sympathisch und locker, und er flirtete mit mir. Also auf die Nette, nicht wie diese Vollidioten oben in der Entwicklung. Ralf war ein Kumpel, witzig, gut gelaunt. Er hatte Frau und Kind. Wir kamen in unserem Geplänkel irgendwann auf Figur und Frauen. „Meine Frau redet immer nur vom Abnehmen", sagte er. Ich, total welterfahren, wie ich glaubte zu sein, sagte:

„Dabei hat sie das bestimmt gar nicht nötig, oder?" Ralf verzog den Mund. Später erfuhr ich von Peter, dass Ralfs Frau extrem dick war und einen Deko-Tick hatte.

In der zweiten Woche bekam ich zwei Kolleginnen. Auch Studentinnen und total lustige, hellblonde Mädels. Wir hatten viel Spaß zusammen, wenn wir die Druckwalzen mit Lösungsmittel schrubbten oder draußen im Container springend und hüpfend den Papiermüll zusammenstauchten, damit noch mehr reinpasste. Die anderen Mädels bekamen es beim Müllsammeln in der Entwicklung noch dicker als ich und hatten regelrecht Panik vor dieser Aufgabe.

Manchmal traf ich in dem gläsernen Treppenhaus so einen Schnösel, der wohl kurz unter dem Chef stand. Er trug immer einen kompletten Anzug mit Krawatte und allem, und die Pfeifen aus der Entwicklung katzbuckelten vor ihm.

Einmal ging dieser Lackaffe – was mir sehr unangenehm war – zwei Meter hinter mir die Treppe rauf. „Haben Sie mal Ballett gemacht oder so was?", sprach er mich an. Spinnt der?

„Nein", antwortete ich, so kühl ich es eben hinbekam. „Ich bemühe mich nur um eine aufrechte Haltung."

Meine Doppeldeutigkeit war natürlich vollkommen an diesem Schwachmaten vorbeigegangen, er laberte nur irgendwas von einem „edlen Gang". Kotz!

Jedenfalls begann dieser Typ, mir nachzustellen. Beorderte mich in sein Einzelbüro, um den Papierkorb zu leeren und Flecke vom Schreibtisch zu wischen. Er versuchte, bescheuerte Gespräche mit mir anzufangen, und schlug mir tatsächlich vor, für das doppelte Geld seine persönliche Aushilfe zu werden.

Ich wich aus. Nie, NIE! würde ich für so einen Schmierlappen irgendetwas tun. Da konnte er mir so viel Kohle bieten, wie er wollte. Ich lehnte also höflich ab.

Aber wie das in Schmierlappen-Kreisen so ist, stachelte ihn das nur noch mehr an.

Eines Tages, kurz vor meinem letzten Arbeitstag, wurde ich, aus der Frühstückspause heraus, wieder in sein Büro beordert. Ich hatte gerade ein Brötchen mit einer ein Zentimeter dicken Butterschicht gegessen.

In dem Büro war überhaupt nichts zu tun, außer dem obligatorischen Mülleimerleeren. Als ich unter dem Schreibtisch zusammengeknüllte Papiere aufsammelte, lehnte dieser Typ sich von seinem Bürostuhl aus über mich und sagte: „So, jetzt wollen wir mal zur Sache kommen, Schätzchen!"

Es war mein Magen, der nicht abgewartet hat, was genau der Typ damit meinte. Ich kotzte im Strahl in den Mülleimer. Schmierlappen sprang mit einem entsetzten Ausruf auf, sodass sein Bürostuhl richtig mit Speed gegen die Wand rollte. Und während ich merkte, dass da noch ein Schub kommen würde, fühlte ich schon so ein Frohlocken. Als alles raus war, stand ich auf, nahm den Mülleimer und knallte ihn auf seinen Schreibtisch.

„Und das ist meine Antwort, Schätzchen!", sagte ich.

Während der Busfahrt zurück nach Hause bekam ich das Grinsen nicht mehr aus dem Gesicht und liebte mich krass dafür, dass mein Körper seine ganz eigene Sprache gefunden hatte.

Verhasste Jobs
und schlecht behandelt

Petra Stabenow
Dienstleistung

Arbeit macht weder frei noch das Leben süß. Wer auch immer sich diesen Quatsch ausgedacht hat, bezog sich jedenfalls nicht auf eine Tätigkeit zum Broterwerb, weil Butter aufs Brot, das Salz in der Suppe und Zucker im Tank uns bis zum bitteren Ende in einem Hamsterrad gefangen halten. Arbeit muss sein, und obendrein macht es am besten noch Spaß.

Ich leiste Dienste. Nicht solche, aber welche. Gemeinsam ist beiden, dass die moderne Gesellschaft Service ohne Muskelkraft nicht unter Arbeit subsumiert, sondern auf der Vergnügungsebene einzuordnen scheint.

Mein Vergnügen ist es, in einem Büro zu sitzen, Fragenkataloge zu beantworten und mit Informationen zu glänzen. Eigentlich sollte ich maßgeschneiderte Transportlösungen nicht nur anbieten, sondern auch organisieren und managen, aber dank vermeintlich kostenfreier Onlineversender tritt dies immer mehr in den Hintergrund. Zum Hintergrundwissen gehört, dass es da einen gesalzenen Zusammenhang zu Hungerlöhnen, Ausbeutung und Arbeitslosigkeit gibt, den sich niemand gern aufs Brot schmiert. Man ist so frei, nur zu wissen, was man wissen will. Im digitalen Zeitalter überholt gefühltes Wissen schnell die Realität. So ist bei mir vor allem Hilfe zur Selbsthilfe gefragt. Was die Politik in puncto Entwicklungshilfe nicht auf die Reihe kriegt, wird bei mir quasi vorausgesetzt. Erklären, beraten, verraten. Meist gegen die Wand, denn der Frager weiß in der Regel schon, was er hören will, und zieht erbost von dannen, wenn meine Worte daneben liegen. So rede ich mich um Kopf und Kragen, biete dieses, biete jenes, überzeuge, oder auch nicht, arbeite im Schweiße meines Angesichts. Dieses Bild ließ noch nie Gutes erahnen, und tatsächlich halse ich mir durch meine Arbeit nur weitere auf. Je mehr meine Informationen enttäuschen, desto öfter werde ich konsultiert. Als führte allein genügend Penetranz zum gewünschten Ergebnis. Danach gilt es, Massagetermine zu vereinbaren, um das Rückgrat milde zu stimmen, sich mit Fitnesskursen dem Sitzfleisch entgegenzustellen, Entspannungsmusik fürs Gemüt und Flüssiges gegen Fusseln im Mund zu erwerben. Ich wische die Spuren der Kunden vom Tisch, repariere, formatiere, schaffe an. Nicht so, sondern anders. Es kostet und bringt nichts ein. Würde ich nicht arbeiten, könnte ich mir die ganze Arbeit sparen. Leider wird Nichtarbeit in unserem Zeitalter geächtet. Der Charakter von Arbeit hat sich in den letzten Jahrhunderten nicht nur inhaltlich, sondern vor allem bezüglich der Wertigkeit verbogen. Im 19. Jahrhundert war niemand höher angesehen als ein Arbeitsloser. Wohl dem, der sich den ganzen Aufwand sparte. Heute kann einem nichts Schlimmeres widerfahren, um von der Gesellschaft ins Abseits gedrängt zu werden. Paradoxerweise, denn mit zunehmender Digitalisierung führen wir das, was wir unter Arbeit verstehen, ad absurdum und werfen uns selber aus dem Spiel. Wenn die aktuelle Entwicklung weiterhin so schnell voranschreitet, gelangen wir voraussichtlich in zweihundert Jahren zum Ausgangspunkt zurück. Bis es so weit ist, geht es täglich um die Wurst. Schnell, schneller läuft das Netz, kostet keine Zeit. Alles umsonst. Wikipedia und Co. wissen und geben alles, kostenlos und ohne Widerspruch. Wiki hat keinen Hunger und zahlt keine Miete. Sie wohnt auf einer Wolke und frisst höchstens Strom. Gespendet von Wasser, Wind und Sonnenschein. Das virtuelle Warenhaus verabreicht den Kick per Click. Eins-Zwei-Drei-meins. Doch was der Werbetext verspricht, hält die Wirklichkeit noch lange nicht. Deshalb sind meine vergnüglich verabreichten Dienste weiterhin gefragt. Die Mensch gewordene Plattform macht Unmögliches möglich, denn wehe, wenn nicht. Karierte Maiglöckchen auf dem Silbertablett? Ich serviere. Service ist mein Job. Es ist mir ein Vergnügen!

Alf Mayer
Das Glück beim Händewaschen – eine autobiografische Erzählung

Jahre später, als er 17 oder 18 war und am Bahnhofskiosk der nächstgrößeren Stadt – es war Memmingen im Allgäu – immer die Zeitschrift „twen" kaufte, las der Junge ein schmales Buch. Es hieß: „Früher begann der Tag mit einer Schusswunde." Auch der nächste Titel dieses Autors blieb hängen. „Ein Bauer zeugt mit einer Bäuerin einen Bauernjungen, der unbedingt Knecht werden will." Da war es schon klar, dass er nie Knecht werden würde. Und wohl eher auch kein Bauer. Das mit dem Gezeugtwerden aber stimmte, von dem Bauern und der Bäuerin. Das mit dem Knecht. Mit der Kinderarbeit. Der Sklaverei. Und auch das mit der Schusswunde.

Die gab es jeden Tag. Vom Frühjahr bis zum Herbst, jeden Morgen um Viertel vor fünf. Außer am Sonntag, weil da die Bauern nicht aufs Feld durften.

Seine Schusswunde, das war die ganze Kindheit lang das morgendliche Fluchen seines Vaters. *Wo isch'r, der nixige Hond? Den schlag i doat. O'g'spitzt in Boda. Himmelherrgottsakrament! Kruzefixsakrament!*

Da half dann nichts mehr, dann musste er aus dem Bett. Wirklich aus dem Bett. Schnell anziehen, und raus mit dem Vater auf die Wiese. „Im Frühtau zu Berge ..." Gras holen, damit die Kühe beim Melken ruhig standen. Tägliche Arbeit. Ritual. Bauernhof.

Die Mutter kam jeden Morgen zuerst an sein Bett. Rüttelte ihn wach. *Komm steh' auf. D'r Vatter schimpft sonscht bloß.* Widerstand, Würde, der eigene Wille oder was immer hielten ihn dann immer noch eine Weile im Bett. Bis der Vater unten zu wüten begann. Bis es keinen Aufschub mehr gab. Bis der Traktor lief und der Ladewagen schon angehängt war.

M E N G E L E stand bei dem groß an jeder Seite. Weiß auf Blau. Riesige Lettern. Erst Jahre später, mit „twen" und der sich öffnenden Welt, verstand er, was MENGELE wirklich bedeutete. Was er getan hatte. Wofür er stand. Und was das für ein Land war, in dem die Landmaschinenfabrik seines Bruders ihre Produkte ungeniert und unübersehbar signieren konnte, von jedem Landwirt als *product placement* durch die Gegend gefahren. Noch einmal Jahre später verbrachte er das sogenannte Lokaljahr als Zeitungsvolontär in Günzburg. Dort nahm es sogar die antifaschistische IG Metall übel, wenn die Zeitung wieder über das neueste Josef-Mengele-Gerücht berichtete oder dass der Kriegsverbrecher heimlich bei einer Familienfeier dabei gewesen sei.

MENGELE also, und davor der rote Porsche-Traktor. Damit ging es jeden Morgen hinaus auf eine der hofeigenen Wiesen, egal bei welchem Wetter. Die Mutter brauchte ruhige Kühe fürs Melken, die Kühe brauchten dafür das frische Gras. Nur am Sonntag gab es Silage. Und der Vater brauchte den Jungen, damit er die gemähten Bahnen mit einem Rechen zu einem einzigen Strang zusammenzog. So musste der Vater mit dem schweren MENGELE nur einmal auf die Wiese. Um keine Furchen in die Wiese zu ziehen, wurde der Ladewagen vor dem Mähen abgehängt und am Wegrand, nicht auf dem weichen Wiesenboden, abgestellt. Je nachdem, wie hoch und dicht das Gras schon stand, mähte der Vater drei oder fünf Bahnen. Die Aufgabe des Jungen war es, sie zur Mitte hin Bahn um Bahn zu einer einzigen zusammenzurechen. Eine von links, eine von rechts, oder je zweimal zwei, oder manchmal sogar jeweils drei. Beim ersten, noch niedrigen Schnitt im Frühjahr und dem letzten im Herbst waren es sogar sieben Bahnen.

Auf dem Weg zur Wiese war der Vater oft wie ausgewechselt. Er kannte jeden Meter der Flur, redete zum Jungen wie zu einem Hoferben. Das sei ein guter Boden dort drüben. Da auf dieser Seite, da sei es nass oder zu trocken, „a Glomp". Dort dürfe man nie etwas pachten. Manchmal schnaubte er noch vor sich hin. Grummelte. Nannte einen Namen, einen aus dem Dorf, verfluchte ihn. Seine Stimmung wechselte, schnell wie die Wolken. Der Junge war es gewohnt. Besser, den Vater nicht weiter zu reizen, wenn er am Toben war. Lachen war falsch. Ein Küchenstuhl war deswegen einmal an seinem Rücken zerbrochen. Einmal konnte er zwei Tage nicht in die Schule.

Wenn auch jeder seiner Tage mit einer Schusswunde begann, so tat sie doch nicht immer gleichermaßen weh. Es war schon länger her, dass er dachte, er sei gar nicht der Sohn, sondern ein fremdes Kind, das die Mutter im Bastkörbchen angeschwemmt gefunden habe wie Moses. Und dass der Vater ihn als Fremden eben nicht so richtig lieben könne.

Was Kinder halt so denken.

Irgendwann begann er zu verstehen, dass er unmöglich selbst und alleine die Ursache all dieses Fluchens sein könne. Dass innen in seinem Vater eine viel größere, tiefere Glut am Brodeln war. Der Krieg wahrscheinlich, immer noch, von dem sein Vater so oft erzählte. Die Narben, die er zeigte. Und immer noch Granatsplitter im Leib. Der Nachbar hatte ein Holzbein, das quietschte und das er am Küchentisch abnahm. Aber der Hagmann war sanft, der fluchte nie.

Oft waren Störche auf den Wiesen. Manchmal ganz frech, wenn es nass war und die kleinen Frösche aus dem gemähten Gras hüpften. Sie wurden ebenso angeschrien wie der Junge, wenn er mit dem Rechen zu langsam war. *Dir mäh' ich die Haxen ab. Du nichtsnutziger Hund. Dich schlag ich in den Boden, ungespitzt. Dich bring ich um.*

Jahrelang, Morgen um Morgen, lernte der Junge, mit dem Rechen noch flinker zu werden. Vor dem Mähbalken her. Zwei Reihen, vier Reihen, sechs. Nicht selten die Hände mit Blasen. Aber ab irgendwann hätte der Vater auch zehn Reihen mähen können. Der Junge war mit seiner Sklavenarbeit fertig, noch ehe der MENGELE wieder angekoppelt war. Und dann schaute er seinem Vater zu. Flog mit den Störchen weg. Träumte mit offenen Augen.

Ja, manchmal auch Mordgedanken. Die aber gab es eher nachts. Wie den Vater umbringen? Wie am besten? Das ging jahrelang. Ging mit dem Stärker- und mit dem Rechen Schneller-Werden einher. Bis ihm, mit zwölf oder so, schlagartig klar war: Die Mutter würde das nicht wollen. Die würde ihm das nie verzeihen. Eine Nacht oder zwei überlegte der von einem Bauern mit einer Bäuerin gezeugte Knecht, ob er dann eben auch die Mutter umbringen müsse, damit Ruhe sei – und Friede am Morgen.

Dann war das gegessen.

Nur das Eine blieb. Der Moment, an dem man nach der Arbeit in die Küche tritt. Und sich auch als Junge, als Knecht die Hände waschen darf, bevor es an den Küchentisch geht.

Das Glück beim Händewaschen.

Alf Mayer vermutet, dass sein Affekt für Kriminalliteratur wohl etwas mit einer nicht ganz gewaltfreien Kindheit zu tun haben könnte. Die Jahre der Kinderarbeit ließen ihn die Beschwernisse der Arbeitswelt sowie die Strapazen und schreiende Vorgesetzte bei der Bundeswehr recht gelassen ertragen. Für eine echte Schusswunde, direkt über dem Herzen und tatsächlich an einem Morgen, sorgte bei einer Schießübung der Querschläger einer NATO-Gewehrpatrone G 3. Seine Ausbildung als Einzelkämpfer, Deutschland „unbrauchbar" zu machen – „falls Rot gewinnt" –, kam außerhalb von Truppenübungsplätzen nie zur Anwendung. – „Das Glück beim Händewaschen" ist ein Roman von Joseph Zoderer aus dem Jahr 1976, von Werner Masten 1982 in wunderbar sprödem Schwarzweiß als „Kleines Fernsehspiel" verfilmt, beim Bundesfilmpreis 1983 damals leider vergeblich von AM plädiert. Und in Wolf Wondratscheks Erzählband mit der Schusswunde (Hanser, Gelbe Reihe, Band 15, 1969) findet sich auch ein Text mit der Überschrift: „Über die Schwierigkeit, ein Sohn seiner Eltern zu bleiben."

Gudrun Sonnenberg
Straßenmusik

Es war der Sommer nach dem Abitur, und Lisa erzählte lieber nicht, dass Theo und sie jeden Morgen mit ihren Geigen in die Stadt aufbrachen, dort aber nicht blieben, sondern umstiegen und mit einem anderen Zug wieder herausfuhren in einen jener kleineren Orte, in denen es nur ein paar Geschäfte gab. Und Parkhäuser. Und im Zentrum eine Fußgängerzone, in die sich außer ihnen nie ein Straßenmusiker verirrte. Wenn die Läden öffneten, schraubten Lisa und Theo ihren Notenständer auseinander und stimmten ihre Geigen. Sie legten Lisas mit rotem Fellimitat ausgeschlagenen Instrumentenkoffer geöffnet auf die Straße. Dann hofften sie, dass der Tag grau und wolkig würde, und fingen an zu spielen.

Sie stellten sich dabei lieber nicht auf einen Platz, vor ein Denkmal oder einen Brunnen. Lisa und Theo stellten sich überhaupt nie mitten irgendwohin. Dafür waren ihre Instrumente zu zart. Geigenklänge auf sich gestellt zerstreuen und verlieren sich einzeln und dünn im Wind. Lisa und Theo musizierten deshalb immer am Rand, vor den Schaufenstern. Daraus glotzten hässliche Puppen in lila Bikinis oder geblümten Kostümen ihnen über die Schultern. Aber die Glasscheiben fingen die Töne der Geigen auf, verliehen ihnen Kraft und warfen sie zurück, sodass sie sich warm und ineinander verschmolzen in das Treiben auf der Straße ergossen.

Die meisten Menschen eilten jedoch achtlos vorbei. Blieb einmal jemand nah vor Lisa und Theo stehen, dann um zu beobachten, wie sie mit den Bögen über die Saiten strichen. Bei den Geigen ist zu sehen, wie der Klang entsteht; was Blasinstrumente oder Klaviere dunkel in sich verschließen, das Innerste, liegt bei den Streichinstrumenten außen. Manche Menschen verlangsamten den Schritt. Gelegentlich stellte sich jemand ein paar Meter entfernt neben sie, lehnte sich an eine Hauswand gegenüber oder setzte sich auf eine Bank in die Nähe. Doch niemals versammelte sich eine Gruppe um Lisa und Theo herum. Wer sich anhörte, was sie spielten, lauschte heimlich und wollte dabei nicht beobachtet werden.

Vielleicht, weil ihre Lieder so aus der Zeit fielen. Es waren Volkslieder. Alte, deutsche Volkslieder. Nirgends sonst hörte man sie. Jedenfalls hatten Lisa und Theo sie nicht gekannt, hatten nie etwas von einem „Ännchen von Tharau" gehört oder von zwei frustrierten Königskindern, und sie hatten sich auch nie gefragt, was es bedeuten solle, dass jemand traurig sei wegen eines „Märchens aus uralten Zeiten", in dem eine langhaarige Blondine Bootsmänner paralysierte. Lisa, die lieber für sich behielt, wie sie die Tage in diesem Sommer nach dem Abitur verbrachte, nuschelte nur „ein paar Lieder", wenn sie doch einmal etwas erzählte. Die Noten hatte ihnen ein befreundeter Trompeter gegeben. Er prophezeite: „Läuft" – und hatte recht. Es waren auch die Zweitstimmen in den Liedern sehr schön gesetzt. Immer wieder ließ im Vorbeigehen jemand etwas in den Koffer fallen. Vor allem vormittags, umso öfter, je wolkenverhangener der Himmel und je kleiner die Stadt war. Oft war es Silbergeld. In den größeren Städten gaben die Menschen auch etwas, teils sogar mehr. Aber es waren vor allem Kupfermünzen, kleines Geld. Deshalb fuhren Lisa und Theo nicht mehr hin.

Sie musizierten ja nicht, um Menschen zu verzaubern. Lisa hütete sich, jemandem zu erzählen, wie viel sie einnahmen. Es sollte Jahre dauern, bis sie wieder so gut verdiente. Als sie einem Freund doch einmal eine Summe nannte, wurde er, der sein Geld mit dem Austragen von Anzeigenblättern verdiente, sehr wütend. „Was! So viel!", rief er. Lisa konnte ihn verstehen. Er sah ja all die Stunden nicht, die sie geübt hatten. Die Straßenmusik entschädigte sie dafür, aber der Freund rief: „Nie wieder gebe ich einem Straßenmusiker auch nur einen Cent!"

Einmal, es war ein sehr heißer und sonniger Tag, spielten sie unter dem großen, Schatten spendenden Vordach eines Kaufhauses. Junge Leute mit Sonnenbrillen schlenderten vorbei, redeten und lachten, ältere suchten nach Schatten und Eiscreme. Das Geschäft lief mäßig. Die Lieder waren zu traurig für Sonnenschein. Theo blätterte die Noten um und stupste Lisa mit dem Ellbogen an. „Hier", sagte er, „jetzt nehmen wir das", und tippte mit der Spitze seines Bogens auf ein Weihnachtslied, das sie üblicherweise übersprangen. Lisa grinste. Sie setzten die Instrumente an und legten los. Laut und voller Pathos schmetterten sie in die Sonne: „Sti-hi-le Naaacht ..." Ernst und würdevoll, ohne eine Miene zu verziehen, gaben sie die irritierten Blicke der Vorbeigehenden zurück. Zwei Leute lachten, einer schüttelte scherzhaft den Zeigefinger. Andere schauten sie fragend an. Ein beleibter, schwitzender Mann trat, als sie fertig waren, zu ihnen unter das Dach.

„Was war das für ein Lied", schnaufte er, „ich kenne das doch."

Theo beugte sich über den Koffer, um nach dem Geld zu sehen. Wenn zu viel drin lag, gaben die Leute nichts mehr. Lisa öffnete den Mund, um dem Mann zu antworten, doch der rief: „Nein, sagen Sie nichts, ich komme drauf!"

„Ich kenne das auch", sagte eine Frau, die dazugekommen war, „gleich fällt es mir ein."

Während der Mann „ich kenne das, ich komme noch drauf" murmelnd sich wieder entfernte, dachte sie angestrengt nach und gab dann auf: „Verraten Sie's mir."

„Stille Nacht", sagte Theo und verscheuchte eine Wespe.

„Aber das ist ja ein Weihnachtslied!" Die Frau schüttelte den Kopf. „Mitten im Sommer, das gibt es doch nicht." Empört suchte sie das Weite.

Das peinliche Publikum gehörte auch zu den Gründen, die Lisa davon abhielten, von der Straßenmusik zu erzählen. Fast alle, die etwas in den Koffer warfen, waren Männer und Frauen in der zweiten Lebenshälfte. Mindestens im Alter ihrer Eltern. „Schön, dass ihr nicht rumhängt und Bier trinkt wie die anderen arbeitslosen Jugendlichen", lobten sie.

Einmal, als Lisa und Theo ihre Sachen schon zusammenpackten, sprach eine Mittsiebzigerin sie an. Sie sagte erst: „Wie schön, dass ihr diese Musik spielt", und dann sagte sie: „Hitler hatte es nicht leicht."

Lisa und Theo versuchten so zu tun, als hätten sie nichts gehört.

Doch die Frau zupfte Theo am Ärmel und rief: „Er wollte die Juden eigentlich nicht umbringen! Aber die Engländer wollten sie ihm ja nicht abnehmen! Wo sollte er mit ihnen hin? Was blieb ihm übrig?"

Sie packten sehr schnell zusammen.

„Das wollt ihr nicht hören. Das ist typisch!", zeterte die Frau hinter ihnen her.

„Wir haben die falschen Fans", sagte Lisa zu Theo.

Der zuckte die Schultern. „Lass dich nicht verunsichern."

‚Und denk ans Geld', fügte Lisa innerlich hinzu und schämte sich.

Sie wusste gar nicht, ob Theo auch so ungern von ihren Tagen auf der Straße erzählte. Sie hatte ihn bis zu diesem Abi-Sommer nur vom Sehen gekannt. In den Zügen und in den Mittagspausen, wenn sie Fastfood aßen und die Münzen in das mitgebrachte Zählpapier einrollten, erzählte er von grässlichen Streiten mit seinen Eltern und von Auszugsplänen, für die er das Geld brauchte. An manchen Tagen, wenn es so gut lief, dass Lisa eine Stunde eher aufgehört hätte, bestand er darauf, erst recht weiterzuspielen. „Jeder Cent zählt", sagte er und versuchte dabei zu grinsen, um witzig zu wirken.

Später an dem Tag, an dem sie in der Sommerhitze das Weihnachtslied spielten, legten sie eine Pause ein, in der Theo in den Supermarkt gegenüber ging, um kalte Getränke zu holen. Lisa legte die Geige auf ihren Rucksack hinter sich und sammelte das Geld aus dem Koffer. Als sie sich aufrichtete, stand ein alter Mann mit einem rosafarbenen Hemd vor ihr. Er war ein bisschen kleiner als sie, sehr dünn, und sein Haar war weiß und fein.

„Entschuldigen Sie bitte", sagte er. „Ich habe Ihnen zugehört. Ich stand da drüben." Er deutete vage hinter sich mit zittriger Hand. „Was Sie da spielen", hob er an.

Lisa straffte sich ein wenig, um sich zu wappnen für das, was nun kommen würde.

„Wissen Sie, Sie erinnern mich an meinen Bruder", sagte der Mann.

„So", sagte Lisa.

„Diese Lieder habe ich so lange nicht mehr gehört."

Im Hintergrund lachten ein paar Jugendliche, und ein Mädchen kreischte. Lisa hielt das Geld in der Hand.

„Diese Musik", sagte der Mann. „Wissen Sie …" Er blinzelte. „Wir haben das früher alles gesungen. In der Jugend. Mein Bruder hat auch mit uns gesungen, wissen Sie."

Lisa wusste nicht. Sie musterte den Mann. Er war sehr alt. Wie lang würde diese Geschichte werden? Zurückhaltend sagte sie: „Aha."

„Entschuldigen Sie. Ich erzähle Ihnen das, weil Sie Geige spielen", sagte der Mann, „und diese Lieder." Er fuhr fort: „Zuerst hat mein Bruder auch nur gesungen, wissen Sie, wie ich. Aber später hat er uns auf der Geige begleitet!"

„Später?"

Der Mann lächelte traurig. „Er musste ja erst lernen zu spielen", sagte er. „Das hat ein paar Jahre gedauert. Das wissen Sie ja. Er musste üben. Er musste immer viel üben. Aber wir haben gesungen. Er und ich, mit unseren Freunden ..."

Wieder einer aus der Hitlerjugend, dachte Lisa. Diese verdammten Lieder. „Und dann ist er Musiker geworden?", versuchte sie die Geschichte abzukürzen.

„Nein, nein, er ist kein Musiker geworden", sagte der Mann. Er stockte, das Zittern aus seinen Händen bebte nach oben in seine Schultern. Seine Lippen verzogen sich. „Er musste in den Krieg. Er konnte richtig gut spielen. Dann wurde er eingezogen."

Im Hintergrund lachten die Jugendlichen laut auf und klatschen. Lisa beugte sich vor.

Der Mann sagte leise: „Er ist nicht zurückgekommen. Mein Bruder ist im Krieg geblieben. Ich habe ihn nicht mehr wiedergesehen."

„Oh", sagte Lisa betroffen. „Sie müssen ihn sehr vermissen."

Wie um etwas abzuwehren, hob der Mann die Hand. Er schüttelte den Kopf. „Ich habe ja gar nicht mehr an ihn gedacht", stieß er hervor. „Ich habe so furchtbar lange nicht an ihn gedacht. Aber heute ... Sie stehen hier und spielen ... Unsere Lieder ..."

„Es tut mir leid", sagte Lisa hilflos.

Der Mann holte ein Portemonnaie aus seiner Hosentasche.

„Nicht doch", rief Lisa.

Doch er nahm eine Handvoll Münzen aus der Börse und warf sie auf das rote Fell in dem Geigenkoffer. Sie klirrten grell. „Spielen Sie weiter", sagte der Mann. Dann kramte er ein Taschentuch hervor und schnäuzte sich. Er trat unter dem Vordach heraus und lief in die Sonne zurück.

Katharina Körting
Im Job wirst du nicht geliebt
Eine Aufzählung.

Die Ministerin sagt: Ich brauchte lange, um zu verstehen, warum die Tür geschlossen bleibt. Dass die Lichtschranke nie auf meinen Körper reagiert hat, sondern immer nur auf den Körper des Mannes vor mir. (Ministerium für Mitgefühl)

- Die Frau ist hochqualifiziert, arbeitslos, alleinerziehend. Sie schreibt über 100 Bewerbungen.
- Endlich lädt ein gemeinnütziger Betrieb, der viel auf Umgangsformen gibt und sich durch staatliche Förderung und Spenden finanziert, die Akademikerin zum Vorstellungsgespräch.
- Die Atmosphäre ist angenehm. Die Frau, sprachgewandt und prüfungsgestählt, überzeugt. Noch am selben Abend sagt man ihr zu.
- Man fragt nach ihrer Gehaltsvorstellung. Die Frau will nichts riskieren. Sie nennt eine Zahl, die für ihre Qualifikation als Promovierte unangemessen ist.
- Man schlägt ein geringeres Gehalt vor: Mehr als der Lohn einer Sekretärin sei nicht drin.
- Die Frau braucht diese Stelle und das Gefühl, gebraucht zu werden. Sie redet sich ein, ein gutes Betriebsklima sei wichtiger als eine angemessene Bezahlung.
- Die Frau engagiert sich, bringt mehr als gefordert, macht Überstunden.
- Sie hat das Gefühl, es gehöre zu ihren Aufgaben, zur guten Stimmung und Harmonie beizutragen.

- Der Vorgesetzte lädt sie zum Essen ein und sagt ihr, dass er zufrieden sei. Er bringt es fertig, diese Anerkennung so auszudrücken, als müsse sie ihm dafür dankbar sein, dass sie so gute Leistung bringt.
- Er sagt, man würde sie gern über die Befristung hinaus beschäftigen. Die Frau fragt nach der Kollegin, die sie in Elternzeit vertritt. Der würde dann gekündigt, erklärt man ihr.
- Die schlägt Optimierungen für den Arbeitsablauf vor, erhält dafür jedoch wenig Feedback.
- Der Vorgesetzte schickt ihr auch nach Dienstschluss E-Mails und Termine. Die Frau fühlt sich geehrt durch das Vertrauen und den Einblick in innere Angelegenheiten. Sie engagiert sich nun noch mehr.
- Die Frau bemüht sich, alle Anforderungen, auch die unausgesprochenen, zu erfüllen. Sie bringt auch Ideen und kritische Gedanken ein, erhält dafür mal ein Lob, mal einen Tadel.
- Der Vorgesetzte ist launisch, gibt ihre Ideen für seine eigenen aus. Er erinnert sie an ihren Rang: Nun sei es mal gut, Frau Referentin.
- Die Sekretärin erkrankt schwer. Es ist unklar, wann sie wiederkommt. Der Vorgesetzte kündigt ihr in die Krankheit hinein und gibt vor, selbst darunter am meisten zu leiden. „Es fällt mir sehr schwer …" Die Frau hat Mitgefühl mit ihm und mit der Sekretärin.
- Die Frau hört verständnisvoll zu, wenn der Vorgesetzte ihr sein privates Leid klagt: mit einer pflegebedürftigen Angehörigen, bei der Organisation von Reisen oder anderen praktischen Dingen. Ihr fällt nicht auf, dass er seinerseits kein Interesse an ihren Problemen zeigt.
- Seine Reisen, auch die privaten, organisiert die neue Sekretärin.

- Bei einer Besprechung teilt der Vorgesetzte eine Liste aus, auf der die Gehälter aller Beschäftigten aufgeführt sind. Die Frau sieht, dass sie das geringste Gehalt bekommt, obwohl sie formal die höchste Qualifikation hat, während der Vorgesetzte, „Vorstand" genannt, der seine Arbeit suboptimal organisiert und keinen Hochschulabschluss hat, dreimal so viel Einkommen hat wie sie.

- Die Frau fragt sich, ob sein Status als „Vorstand" und die Ungleichbehandlung dem Projekt nützen, und zweifelt.

- Die Frau begreift, dass ein Status eine Höherwertigkeit und bessere Leistung vortäuscht, ohne dass es dafür eine reale Grundlage gibt. Ein Status ist dazu da, den Nachweis seiner eigenen Existenz überflüssig zu machen und so die Hierarchie zu rechtfertigen. Jede Unterordnung, kritiklos ausgeführte Anweisung und Gehaltsauszahlung rechtfertigen und zementieren den Status.

- Die Frau beobachtet, wie der Vorgesetzte den Status und die Hierarchie zusätzlich schützt, indem er sie so wenig wie möglich zur Sprache bringt und vorgibt, es wären alle gleich. Sie spielt das Spiel der Nichthierarchie mit – wie alle anderen.

- Gleichzeitig fordern die Statusinhaber („Vorstände") mit ihrem Verhalten eine Höherwertigkeitsbehandlung ein: den Beweis, dass sie den Status zu Recht haben, etwa zu spät zu kommen.

- Die Frau kann diese behauptete Höherwertigkeit nicht erkennen. Sie spürt, wie ihr die Loyalität abhandenkommt. Sie hat keine Lust mehr, dieses selbstreferentielle System zu füttern.

- Die Frau erfährt, dass ihre Vorgängerin, die jünger und deutlich geringer qualifiziert ist, dennoch deutlich mehr Gehalt erhielt, obwohl angeblich nicht mehr drin war. Die Frau begreift, dass man sie angelogen hat. Sie versteht:

In der Wirklichkeit, auf dem Anerkennungsmarkt, zählen keine guten Worte, sondern nur mit hohem Energieaufwand behaupteter Status und Gehälter.

- Die Frau spricht an, dass eine Kollegin ebenfalls zu wenig verdient, und erwirkt für diese eine Gehaltserhöhung. Es fällt ihr leichter, für andere etwas zu verlangen als für sich selbst.
- Dann überwindet sich die Frau und bittet für sich um mehr Geld. Sie begründet ihre Bitte mit ihrer Qualifikation als promovierte Akademikerin.
- Der Vorgesetzte, der formal deutlich geringer qualifiziert ist, reagiert angegriffen, als hätte sie ihn kritisiert.
- Um das „Missverständnis" auszuräumen, sieht sich die Frau genötigt, sich zu entschuldigen, dass sie ihren Doktortitel erwähnt hat. Sie habe niemandem seinen Platz streitig machen wollen, das stehe ihr gar nicht zu.
- Die Gehaltserhöhung wird nicht gewährt. Man sagt ihr, eventuell sei eine Erhöhung um „100 oder 150 Euro" drin.
- Ihr nächster Gehaltszettel weist keinen Unterschied aus.
- Die Frau sucht den Fehler bei sich selbst, weil sie es unklug angestellt habe, zu fordernd aufgetreten sei, zu offen und direkt und *unweiblich* Dinge anspreche etc.
- Die Frau erhält nun weniger Einblicke in Interna und mehr Zurecht- sowie Anweisungen, die nichts mit ihrem Arbeitsbereich zu tun haben (Aktenzählen, Verwaltungstätigkeiten u. Ä.) Weiterhin gibt man vor, dass alle auf gleicher Ebene an einem Strang ziehen.
- Die Frau versucht trotz ihrer wachsenden Zweifel weiter, es allen recht zu machen. Doch ihr Chef weist sie nun bei jeder Gelegenheit auf tatsächliche oder vermeintliche Fehler hin. Seine latente Aggressivität quält sie.

- Die Frau begreift, dass sie es nicht recht machen kann, weil es darum gar nicht geht.
- Die Frau bekommt Magenschmerzen und Angstschlaf, fehlt aber keinen einzigen Tag. Sie bemüht sich weiter und rechtfertigt sich ausführlich für jeden Fehler.
- „Sie reden wie ein Maschinengewehr", wirft ihr der Vorgesetzte vor, ohne inhaltlich auf das Gesagte einzugehen.
- Der Frau kommt der Respekt für ihren Vorgesetzten abhanden. Der Handschlag für Begrüßung und Abschied morgens und abends, der in dem Betrieb üblich ist, widerstrebt ihr nun.
- Die Frau begreift, dass die leistungs- und geschlechterungerechte Vergütung der Arbeit nicht an ihr, ihrem Verhalten oder ihrer Arbeitsleistung liegt. Es ist auch kein *Versehen* oder betriebswirtschaftliches *Pech*, dass sie bei höherer Qualifikation einen niederen Posten hat. Es ist im Gegensatz strukturelle Absicht, dass Männer besserbezahlt auf höheren Posten sitzen als Frauen und diese Tatsache nicht thematisiert geschweige denn in Frage gestellt werden darf – nicht mal durch die Bitte um eine Gehaltserhöhung.
- Die Frau versteht zu spät, dass sie nur dann geschätzt wird, wenn sie dieses Grundprinzip nicht in Frage stellt. Sie begreift: Im Job verdient eine nur das, was ein höherbezahlter Mann für richtig hält. Es muss weniger sein, als er bekommt, und darf seinen Status nicht gefährden.
- Die Frau kündigt.
- Zum Abschied überreicht man ihr eine mickrige Rose im Topf und spielt auf ihre „Stachelichkeit" an, bevor man zum harmonischen Teil übergeht, der genauso gelogen ist.
- Überstunden werden ihr nicht ausgezahlt.

Matthias Santiago Staehle
Arbeit, Macht, was?

0.

Meine antrainierte Vernunft sagt, Arbeit muss sein, aber wie wahrhaftig ist dieses Sein, wenn es vom Müssen kommt? Kunst kommt von Können, sagt mir meine akademische Herkunft, aber wenn jeder ein Künstler ist, wie Josef Beuys sagt, ist dann die Unterscheidung von Beruf und Berufung oder Leid und Leidenschaft hinfällig? Wir sind alle in irgendetwas Spezialisten und sei es, im Pro- und Kontra-Listen führen. Arbeit, Macht, Bereitwilligkeit?

1.

Arbeit hat Tradition, aber welchen Ton für dieses Brauchtum anstimmen, über das ich gerne abstimmen lassen würde, in welcher Art wir es brauchen und in welcher Form es in der Pfeife zu rauchen ist? Ich pendle zwischen kalter Not und wärmender Nostalgie, nicht wissend, wie ich integrieren soll meine indifferenten Zustände – oder sind es Aufstände? Das Konzept der entfremdeten Arbeit von Marx hat meine Berufswahl und Arbeitsmoral geprägt, aber wo beginnt Fremdeln und wie weitreichend ist Entfremdung im modernen Kontext? Manche kontern, der Contest ist Teil unserer Natur, aber finden die, mehr der tierischen oder menschlichen, und womit verbinden die Kultur? Arbeit, Macht, Kulturgut?

2.

Was ist in Bezug auf Arbeit Norm und gehe ich, du und die Mehrheit damit konform?

Ich frag mich, wann wird der Freitag endlich seinem Namen gerecht und ein komplett freier Tag? Also nicht erst zum Abendrot oder Abendbrot, wo noch das Ende der Woche beginnt, bis zum

Sonntag, wo mit Sonnenuntergang die Uhr wieder dem Wecker entgegentickt, Nachbeben und Nachtleben Ende.
    Arbeit, Macht, gute Nacht?

3.

Der Montag steht für Aufstehen und Arbeit, damit der Mondschein voll neuer Scheine ist. Jeder Tag mästet das Sparschwein, und am Dienstag steht die Mondmacht im Zenit, zumindest für mich, weil ich mir eine Vier-Tage-Woche ausgehandelt habe.
    Der Mittwoch ist für mich deshalb schon mehr als die Mitte, wenn saubere Arbeit geleistet. Prost, Mahlzeit und was für eine schöne tägliche Halbzeitpause, die neue Kraft gibt für den Weg zur Feierabendsause. Arbeit, Macht, Zuhause?

4.

Die Sterne in der Nacht ignorieren die Macht der Wochentage und verkünden mir täglich, das Wochenende liegt nicht mehr in weiter Ferne. Alles eine Sicht der Dinge, wie man die Antenne ausrichtet und über die alltäglichen Lügen richtet. Donnerstag ist jedenfalls mein Richtfest, inklusive Blitzen in den Augen. Um nicht zu sagen, ich donner jetzt schon ins Wochenende. Mit dem ehemals falschen Freund Freitag bin ich somit versöhnt und wiederhole da das Aufdonnern. Arbeit, Macht, Donnerwetter?

5.

Befreit vom Arbeitsklima, geht es mir prima, aber wie zynisch (oder pervers) ist es, ein Arbeitslager zu überschreiben mit Arbeit macht frei? Dünnes Eis, Konzentration, jetzt bedingungslos den richtigen Ton treffen, weil das Thema ist immer noch heiß. Zum Beweis, jeder weiß noch heute, höre nicht auf die falschen Leute, und nicht Bescheid zu wissen, ist nicht gleich weiße Fahne hissen. Wissen ist Macht, aber ist sich mit Alkohol zu begießen Ohnmacht? Tagsüber von Freiheit träumen und am Abend die Freiheit leben, so sieht mein Leben aus, und erzähl mir nichts vom Aufräumen, weil mit Aufbäumen gegen Ungerechtigkeiten bin ich schon genug in Bewegung. Arbeit, Macht, Widerstand oder zumindest widerstandsfähig?

6.

Am Samstag treibt die Mehrheit im Meer aus Gleichheit, weil die Freizeit ist für alle gleich oder haben die Reichen mehr davon? Wer weniger arbeitet, hat mehr Freizeit, also darf wer mehr arbeitet auch mehr Geld haben. So weit, so gut, aber wer sind die wahren Gewinner und Freischwimmer im See der Wochenende-Glut? In diesen windigen Zeiten, frage ich mich, wie viel Geld ist notwendig, damit das Wochenende funkelt? Ein linker Freund von mir munkelt, Arbeit macht uns alle zu anspruchsvoll gegenüber dem, was wir Freizeit nennen, weil wir verkennen, weniger Geld brauchen, bedeutet mehr Zeit haben, und das ist in seinen Augen das höchste Gut. Arbeit, Macht, Zeiterfassung?

7.

Holy sunday, some day, one day, halt ich die Zeit an und feier dann am Sonntag immer noch mal Samstag. Täglich grüßt das Partytier, und am siebten Tag lasst die Arbeit ruhen, bis in alle Ewigkeit. Arbeit, Macht, Auszeit? Wolfgang Herrndorf schrieb in den letzten drei Jahren vor seinem frühen Tod ein digitales Tagebuch mit dem Titel: Arbeit und Struktur. Ich frage mich, wann die Medizin endlich das nächste Kapitel aufschlägt, in dem niemand mehr vor der Rente + X sterben muss? Oder ist dieses X die Ente, die man vorher schon ausleben muss, weil was weiß man schon über das Ende? Melodramatisch gesehen, sind viele Workaholics, die ich schätzte, jung oder vielmehr zu jung gestorben, angefangen bei Roberto Bolaño, über Christoph Schlingensief bis eben Herrndorf. Arbeit, Macht, Struktur?

8.

Am Montag wieder der alte Gedanke, das Wochenende kann unmöglich schon wieder rum sein, sprich die Uhr muss kaputt sein und zur Reparatur. Aber wer ist für die innere Uhr zuständig und wie mein Sehnen verständlich erklären? Es ist, als ob meine Uhr anders tickt oder wie viele sind wir, die verklären die Freizeit zum höchsten Gut? Auf kurz oder lang werde ich den Hut nehmen und wandern bis zum Auswandern. Mein Sombrero spricht schon mit mir, aber noch bin ich nicht der Matador meines Arbeitsverhältnisses, sondern ein flüchtiger Torero, der sich fragt, wie viele (Arbeits-) Schritte sind es vom Aufbruch bis zur paradiesischen Bucht?

Die Sehnsucht funkelt und flunkert, wie die Augen meines Therapeuten, oder tauscht er nach Feierabend sein Einleuchten wieder gegen das einfache Leuchten für Frau und Kind ein? Arbeit, Macht, Gutachten?

9.

Man liebt sich als Paar und wenn nicht, ist der Apparat hinfällig. Am Dienstag ist auffällig, dass jeder einen Spruch parat hat zum akkurat Arbeiten, aber was, wenn der Akku konstant leer ist und sich nicht mehr aufladen lässt? Den Kreislauf aus Produzieren und Konsumieren halte ich für nicht zukunftsfähig, mit den immer wieder blamierenden Diagnosen: arbeitsunfähig, arbeitslos, Arbeit – Gott behüte?

An welcher Stelle werden Freiheiten zu Frechheiten und umgekehrt? Richtig verkehrt finde ich die Arbeit zu heiraten, weil dadurch geht die emotionale Heimat flöten, zugunsten für nichts als Kröten? Arbeit ist eine Tätigkeit und der Rest Trägheit? Trügerisch ist jede Unterteilung, und einzig das Teilen verdient Untertitel in der Sprache der Liebe, die alle verstehen, sogar die Diebe der Zeit. Ich halte eigentlich nicht viel vom Aussieben, aber was sind die sieben Sachen, die wir wirklich brauchen? Arbeit, Macht, Konsum?

10.

Ein Hoch auf den Mittwoch, aber soll ich jetzt vertrauen auf den goldenen Schnitt oder die goldene Mitte? Ich habe aufgehört, meine Schritte zu zählen, aber warum nicht die Zeit von jedem gleich zählt und bezahlt wird, frage ich mich schon, weil grundsätzlich stehen doch alle hinter Zeit = Geld. Es wird mehr Mittelstand gefordert, aber Mittelmaß wird nicht verordnet, und Umordnen oder Gleichsetzen löst Entsetzen aus, weil das an Sozialismus erinnert, und gleich sein müssen ist halt für viele ein Graus. Arbeit, Macht, Saus und Braus?

11.

Auf dem Weg zum Exit duftet es nach Existenzsicherung, und dafür schuftet man? Ich bin morgens voller Energie und abends leer von der ehrlichen Arbeit im unehrlichen System, aber wie sähe ein bequemeres aus? Oder würde schon reichen, wenn die Reichen mehr Benehmen gegenüber den Ärmeren zeigten? Schaffe, schaffe für den Traum vom eigenen Häusle, oder weniger schaffe und dafür weniger Raum mein temporäres Eigen nennen? Ich bekenne zu taumeln zwischen Schöpfergeist und einfach nur erschöpft. Dieser Drang nach Besitz erscheint mir mit der Zeit immer mehr als Witz, verschwitzt klebend wie eine Klette. Arbeit, Macht, Wertschöpfungskette?

12.

Ich unterstütze Fridays for future, weil Arbeit macht Wetter oder ist die Weltwirtschaft nicht schuld am Weltklima? Trotzdem wird dieses Wettern kritisiert, von den Anhängern des Mantra: wenn es der Wirtschaft gut geht, geht es uns allen gut. Aber wer sind in diesem Fall bitte alle, und was bedeutet gut? Manchmal packt mich die Wut, aber dann fehlt mir wieder der Mut für wirkliche Veränderung, also lebe ich einfach weiter, hoffend auf das große Vergeben im Übermorgen oder an einem zukünftigen Freitag. Arbeit, Macht, Überleben?

13.

Jetzt schlägt es dreizehn, weil zwölf hat es schon geschlagen, und trotzdem sieht keiner sein eigenes Versagen. Ich arbeite mit Kindern, und wer jetzt denkt an Kinderarbeit, der soll mal seinen Kindern die Dritte Welt erklären und was es damit auf sich hat.

Als überzeugter Kindergärtner sage ich, Spielen ist die Arbeit der Kinder, und die ganze Erziehung nach der Kita gehört gründlich überdacht. Wetterfest mit Werten, die uns als Gesellschaft weiterbringen, weil wenn wir weiter auf noch mehr Wachstum für die Wirtschaft bauen, werden wir bald endgültig im Regen stehen. Also wann enden lassen dieses Mysterium Kindheit und womit belegen das tägliche Brot der Adoleszenz? Kinder an die Macht, singt Herbert Grönemeyer und ich mach mir die Arbeitswelt so wie sie mir gefällt, ist frei nach Pippi Langstrumpf, weil die Arbeit habe ich untergeschoben. Oder vorgeschoben, während ich mich frage, in welchem Verhältnis zu Kindheit und Blindheit steht die Moral? Ist genügend für die Ethik und Poetik getan, wenn wir uns begnügen mit erst die Arbeit und dann das Vergnügen? Peter Pan müsste man sein können und wollen. Arbeit, Macht, Erwachsen?

14.

Für immer Punk wollte ich sein, aber für immer jung konnte ich nicht bleiben, weshalb ich nunmehr eine Art Berufsjugendlicher bin und noch heute manchmal spinn. Für immer ein Stück weit Kind sein und bleiben sollten alle mehr wollen und beinhart einstehen gegen das „Ich kämpfe alleine für mich". Meins ist ein frühes Kinderwort, aber ausgerechnet diese Selbstbezogenheit überlebt den Kindergarten, während ich mich frage, was ist los mit der schön eingeübten Sozialkompetenz? Arbeit, Macht, was?

15.

Meine Arbeit macht mir Spaß, aber ist es weise, das zu sagen, und wird meine deshalb so schlecht bezahlt? Bei aller Liebe zum aktuellen Gemeinschaftsspiel sind mir zu viele Asoziale in der egomanisch freien Wirtschaft, während die in sozialen Berufen mit einem lächerlichen Lohn abgespeist und in Gesellschaftsfragen auch noch belächelt werden. Arbeit, Macht, Zukunft – der allzu oft die Vernunft fehlt, oder liegt es an unser aller Herkunft? Ich bin ein Landei, war lange eine Großstadtpflanze und finde schlimm, was die Kinder mal erben. Oder sollte man hoffen auf Scherben bringen Glück, nach all den Wirtschaftskrisen und Umweltkatastrophen? Irgendwann gibt es die Natur nimmer, und wir werden generationenübergreifend leben in alten und neuen Kinderzimmern.

Das Homeoffice lässt grüßen. Arbeit, Macht, Spaß?

16.

Studien belegen, Arbeit macht glücklich und anscheinend Leute, die studiert haben, noch mehr. Gleichzeitig liegt die Wortherkunft von Arbeit in der Mühsal, was ist also nunmehr der Wartesaal der Erfüllung? Die Arbeit oder die Ausgelassenheit? Die Maloche oder der Moloch der Nacht? Arbeit, Macht, Dualität? Die moderne Welt ist mehr als binär, aber wie viele Welten existieren neben der Arbeitswelt?

Wir leben alle unter einem Himmelszelt, aber ist mehr Geld haben zu wollen ein Traum oder ein Albtraum für unseren Lebensraum? Die Normalität braucht mehr Teamwork, weniger work hard, play hard und eine Annäherung von Wissen und Gewissen. Vielleicht kontrovers, aber kann und darf die zu erbringende Arbeitsleistung divers sein? Ich bin anders, du bist anders, Zeit für ein Märchen von Andersen? Der Arbeitsmarkt liegt genau genommen im ursprünglichen Zauberwald. Arbeit, Macht, Identität?

Anton G. Leitner

Voiggsvadredda

Dea scheissd se nix
Und sogd bloos

Säiddn grod raus,
Wos ea wiaggli

Dengd, awa ea
Dengd dadengld

Und reed sonsd
Olle nochm Mai,

De aa dadengld
Denga, und laud

Dazua. Deshoib
Wäinsn oiwei

Wieda und eagan
Se danoch, dassn

Wiedagwäid ham,
Weis ja mid eam

Im Grund gnomma
Säiwa gwäid woan

San, awa goa need
Gwäid wean woiddn,

Weis dann auf amoi
Middoa miassadn,

Obs woin oda
Need, und sie woin

Ja nua song, wos
Need woin, dass des

Need no oana doa
Daad so gschwind.

Volksvertreter

Der hat sich ein dickes Fell zugelegt
Und sagt nur

Selten geradeheraus,
Was er wirklich

Denkt, aber er
Denkt verquer

Und redet sonst
All jenen nach dem Mund,

Die auch verquer
Denken, und laut

Dazu. Deshalb
Wählen sie ihn immer

Wieder und ärgern
Sich hinterher, dass sie ihn

Wiedergewählt haben,
Weil sie ja mit ihm

Im Grunde genommen
Selbst gewählt worden

Sind, aber gar nicht
Gewählt werden wollten,

Weil sie dann auf einmal
Verantwortung übernehmen müssten,

Ob sie nun wollen oder
Nicht, und sie wollen

Ja nur sagen, was sie
Nicht wollen, nicht dass das

Am Ende noch einer politisch
Umsetzen würde über Nacht.

Harte Jobs

Elna Birner Romero
Endstation

Im Pflegeheim streife ich mir den weißen Kittel über. Zuerst müssen die Betten von den Bewohnern gemacht werden, die es nicht mehr alleine können. Einigen muss Blut abgenommen werden. Die Leute haben schon Hunger. Im Dienstzimmer muss ich die Medizin in Gläser verteilen und mit dem Frühstück den Bewohnern bringen. Wunden warten aufs Verbinden. Es klingelt, einer braucht den Topf, kommt nicht mehr allein zur Toilette. Angehörige wollen informiert werden. Auf dem viel zu langen Flur tackert ein Stock entlang. Und jetzt noch das Telefon im Dienstzimmer. „Vermissen Sie wen?" Jemand ist gefunden worden. Zwei Straßen weiter ist eine Frau gestolpert und hat ein Loch im Kopf. Die Oberin muss angerufen werden. In der Küche sind Tassen und Teller noch gestapelt. Ich greife nach Brett und Broten. Da öffnet sich die Tür, der Mann mit dem Stock kommt herein. Ich erschrecke, nicht schon wieder! Ungefähr viermal im Jahr schlägt er um sich, und da legt er auch schon los. Der Stock fegt in die Tassen und Teller, es scheppert und klirrt, zerspringt in Scherben Die Zunge lallt, die Beine knicken stärker ein, noch hält sich der Körper aufrecht. Wut brandet aus der Kehle. Ich wage mich nicht in seine Nähe, aus der Ferne spreche ich beruhigend auf ihn ein. Meine Stimme singt durch den Alkoholnebel, der Stock dreht sich, rutscht über den Boden, fällt. Schwer ächzt der Körper hinterher, begräbt seine Arme unter sich. Jetzt hebe ich schnell den Stock auf und verstecke ihn im Besenschrank auf dem Flur neben der Küche. Schon schnarcht der Mann in seine Schnapsfahne gehüllt. Er krümmt sich, gleich muss er kotzen. Pisse frisst sich ins Hosenbein. Morgen wird er vor sich hinstumpfen, wie immer nach dem Delirium, jetzt muss ich Hilfe holen, ich schaffe diesen Alkoholkörper nicht allein weg. Pfleger kommen und bringen ihn in die Dusche und danach ins Bett. Zum Glück sind nicht alle Tassen und Teller kaputt, aber was fehlt, muss neu dazugestellt werden. Die Putzfrau muss sich leider um Scherben und Fußbodenreinigung kümmern.

Der Gehirnschlag schreit und schreit. Er darf nicht verhungern, die Ärztin lässt einen Magenschlauch durch die Nase nach unten gleiten. Ich muss Sondennahrung besorgen, angewärmt füttern, Tag und Nacht, dreistündlich muss man sie ihm eintrichtern. Er reißt sich die Sonde heraus. Die Ärztin schiebt eine neue durch die Nase. Er wehrt sich und ich halte seine Hände fest. Da entfährt mir die Frage: „Muss das denn wirklich sein?" Für die Ärztin ist es klar, bis zum letzten Atemzug wird sie jede mögliche Behandlung einsetzen. Ich sehe das anders: „So will ich nicht sterben, so nicht." Die Ärztin wird wütend: „Es steht Ihnen überhaupt nicht zu, über Leben und Tod nachzudenken." Für jeden stellen sich die Fragen anders. In Zukunft gehen wir uns höflich aus dem Weg.

Dem Bewohner, der sich nicht mehr bewegen kann, drücken die Knochen auf die Matratze, und blaulila Flecken laufen unter der Haut zusammen. Die platzt auf, Gestank verschmilzt mit der Luft im Zimmer, Schmerzen stechen durch die Schmerzmittel. Ich muss den Tod verbinden. Am Hintern fängt groß, dunkel, hart das abgestorbene Gewebe an sich zu lösen. Behutsam ziehe ich mit der Pinzette an der schwarzen Fäulnis, tiefrote Tropfen quellen hervor, rosa Fasern verbinden mit dem Lebenden, die Schere trennt. Der süße Faulgeruch steigt mir in die Nase. Hellrotes Blut rinnt in dünnen Spuren über gelbweiße Haut, der Steißknochen schimmert heraus. Ich ertappe mich dabei, wie sich meine Gedanken in den Feierabend retten.

Heinrich Beindorf

Innerer Widerstand

Der neue Personalleiter
will meine Seele haben
aber die kriegt er nicht.

Nennt sich frech
HEAD OF HUMAN RESOURCES
und unser Team wird
SHIPPING DEPARTMENT
womit er wohl mich und
den Gabelstapler meint:

die neuen Schilder fliegen schon herum –
da hat er Spaß dran.

Es gälte jetzt, tönt er vibrierend,
nicht nur die richtigen Dinge,
sondern die Dinge richtig zu tun
COMMITMENT TO EXCELLENCE
beginne in den Köpfen
SYNERGIE VIA TEAMWORK
QUALITÄT DENKEN
laute die Herausforderung
WE DRIVE PERFORMANCE
sei die Haltung, die zählt
ich kriege einen affenbraunen Anzug
wo das draufsteht
soll zu einer Schulung
nächste Woche.

In der Halle aber denke ich mir
ich mache mit dem
meine eigene Schulung
auch wenn er mir reinschreibt
AUFSTIEGSPOTENZIAL ERSCHÖPFT
der wird lernen, was schon andere
rauszufinden nicht umhin kamen,
als der Stapler und ich noch
die Versandabteilung waren:

Nämlich, dass meine Seele
für Pfarrer, Direxe und
Unteroffiziere vom Dienst,
für Baumesel wie den da
nicht zu haben ist.

Ich habe ja nur die eine,
sage ich zu dem Stapler,
und was mach ich
wenn die weg ist.

Schatten

Von den Lagerhallen
Mittersendlings
bis zum Teersand von Drumheller
von Erzurum bis Rheinberg
Gott, wo habe ich nicht überall
malocht.

Scheint mir mitunter,
als kennte ich alle
Verladerampen in der Dämmerung
Abfüllanlagen Raupenschlepper
als hätte ich sämtliche
Baugruben Hubwagen
Gerüste gesehen
steif und frierend
stockschwarzen Kaffee
in jeder Lage gekippt
von Ladebordwänden Heizkörpern
Stahlträgern Werkbänken
alles, was es gibt, geschraubt, gefahren,
serviert, gegossen, geschleppt
bis zum Schreien bis zum Umfallen
und dazwischen immer wieder
die Fließbänder.

Noch heute, sitzend
wittere ich Zement Diesel
schlägt im Geiste die Schaufel
Funken im Kies
zieht mir die Kälte in
Sicherheitsschuhe
sehe ich die trüben

Funzeln am Werktor
diesen oder jenen Vorarbeiter
ein Meer aus Stundenzetteln
Stechuhren
Unfälle.

Erinnere mich dann, sitzend
dass ich mal der vierte
oft der sechsundzwanzigste
in der Schlange vorm
Personalbüro war
aber nie der
tausenddreihundersechste

und der einzige Fehler,
dessen ich mir bewusst bin,
dürfte sein
dass ich deswegen
dankbar war
aber nicht genug.

Gemeinschaftsprojekt

Im Besprechungszimmer 23/II
in der vierzehnten Etage
dampft Kaffee auf Edelholz
flutet Sonnenwärme durch
Lamellen aus Leichtmetall
werden Jacketts abgelegt
Traglasten erörtert
im gedämpften Schein
der Flachbildschirme
Achsraster optimiert

doch tief drinnen eint
die Herren Bauleiter und
beratenden Ingenieure
Architekten Anwälte
Vertreter des Stadtbauamts
genau wie unten die
verzweifelten Poliere
die triefnass geschwitzten
Maschinenführer
Fahrer Pförtner und
albanisch fluchenden
Betonierer

heute Morgen
alles bestimmend
nur der einzige
durchdringende
Gedanke

wenn ich Knete hätte
wäre ich nicht hier.

Alf Mayer
Ausbeutung einkalkuliert
Aus meinen Begegnungen mit dem Prekären

Der fassungslose Blick des jungen polnischen Poliers, als wäre sein aus Ersparnissen mühsam aufgebautes Haus gerade direkt neben ihm eingestürzt.

Die beiden vor meinen Augen mit der Kneipentapete verschmelzenden Akademikerinnen, zweifache Doktorin der Literaturwissenschaft die eine, die andere einfache Doktorin, als ich sie frage, ob ich ihre Namen nennen kann.

Die Putzfrau bei der Deutschen Bank, der bei ihrer Entlassung keine Torte hilft, die sie je für einen der Direktoren im 19. Stock gebacken hat.

Der berufsunfähige Lackierergeselle in seinem von der Tante geschenkten kleinen Haus, die Hälfte der Räume zugemauert, weil er sonst für die Erwerbsminderungsrente (eh eingeschränkt) über der Bemessungsgrenze wäre und es verkaufen müsste.

Der trotz Schwerbehinderung zur Arbeit gezwungene Lagerarbeiter, der ein liebevoll ausgestattetes Zimmer für seine Tochter bereithält – wenn sie ihn denn einmal im Jahr besucht.

Der Paketbote, der mit seinen 53 noch ganze zwei in seinem Alter im Verteilzentrum hat. Die andern beiden humpeln nur noch, haben geschwollene Gelenke.

Der schallend lachende Taxifahrer in Dresden, der mich anschaut wie vom Mond bei der Frage, wie viel Prozent der Beschäftigten in Dresden wohl Tariflohn erhalten. „Null", sagt er. „Hier kann man froh sein, wenn man Mindestlohn hat."

Prekäre Arbeit habe ich in meinen 20 Jahren prekärer Arbeit für „die Gewerkschaften" viel gesehen und erlebt. Auch ich selbst war dabei (nur) ein Subunternehmer, nicht direkt beim Auftraggeber beschäftigt, wohl aber dessen Weisung, Gnade und Willkür unterworfen. Meinen im Lauf der Jahre stets schrumpfenden Pauschalpreis pro Seite stellte ich einer Full-Service-Agentur in Rechnung, die – in meinem Fall für die IG BAU – bis heute jeden Monat ein druckfertiges Mitgliedermagazin erstellt. „Der Grundstein/Der Säemann" heißt das traditionsreiche Blatt, aus den Zeitschriften der Baugewerkschaft IG Bau-Steine-Erden (IG BSE) und der 1996 fusionierten Gewerkschaft Gartenbau, Land- und Forstwirtschaft entstanden. 1888 erschien „Der Grundstein. Wochenblatt für die deutschen Maurer und diesen verwandten Berufsgenossen" zum ersten Mal. Aufmacher der Nummer 1 des 1. Jahrgangs war der Leitartikel „Richtige Würdigung der menschlichen Arbeit". Textauszug:

„Nicht nur unterdrückt, sondern auch grundsätzlich verachtet zu sein, war Jahrtausende hindurch das traurige, aller Gerechtigkeit, Vernunft und Moral Hohn sprechende Loos der Arbeit. Das lehrt die Geschichte. Menschenwürde, Liebe zum Menschen und Achtung der lebendigen, in ihm wirksamen Kraft – die Achtung der Arbeit – haben da keine Geltung, wo das Menschenrecht nichts gilt. Der Sklave des Alterthums, der Leibeigene des Mittelalters war nur eine Sache, ein Vermögensobjekt, das man gebrauchte und mißbrauchte nach Gefallen und Laune ...

Daß die Arbeiter selbst ihr eigenes Element, die menschliche Arbeit, sehr wohl zu würdigen wissen, das beweisen sie deutlich genug durch ihr Bemühen, ihr Arbeitseinkommen zu erhöhen, ihre Lebenserhaltung zu verbessern, sich der Unsicherheit der Existenz, der Noth und dem Elend zu entwinden. Wenn sie höheren Lohn, Verkürzung der Arbeitszeit, anständige Behandlung, Schutz und Förderung berechtigter Interessen von Seiten der Gesetzgeber etc. etc. fordern, so fordern sie damit nichts Anderes, als ‚richtige Würdigung der menschlichen Arbeit', nämlich die richtige Erkenntnis des Satzes, daß die Arbeit adelt."

So viel 1888. Im Jahr 2022 sind wir damit noch kaum einen Deut weiter.

Nur fünf andere europäische Länder haben einen noch größeren Niedriglohnsektor als Deutschland. Wir liegen damit zwischen Rumänien und Bulgarien. Kroatien, Slowenien, Tschechien oder Malta sind besser, von den Niederlanden, Spanien, Frankreich, Ungarn, Belgien, Dänemark, Italien oder Portugal zu schweigen. Gut jede und jeder fünfte abhängig Beschäftigte (21 Prozent) in Deutschland arbeitet im Niedriglohnsektor. Der EU-Durchschnitt liegt bei 15,5 Prozent. (Stand der Statistik, die immer ihre Zeit braucht: April 2021.) Damit werden bei uns rund 7,8 Millionen Jobs unterhalb der Niedriglohnschwelle von 12,27 Euro brutto je Stunde entlohnt. Ein Mindestlohn von 12 Euro würde bei über 80 Prozent von ihnen den Verdienst verbessern, das heißt sie verdienen weniger als 12 Euro.

Jeder fünfte Job in Deutschland liegt im Niedriglohnsektor, in den neuen Bundesländern ist es fast jeder dritte. Junge Erwerbstätige kommen überdurchschnittlich häufig nur auf Niedriglohn (48,3 Prozent aller abhängig Erwerbstätigen unter 25 Jahren). Besonders viele Niedriglöhner gibt es im Einzelhandel und in der Gastronomie: an Verkaufsständen und auf Märkten (80,5 Prozent), bei Taxifahrer/-innen (77,5 Prozent), beim Ausschank von Getränken (76,5 Prozent). Aber auch an Tankstellen (75,6 Prozent), im Obstbau (78,5 Prozent) und der Landwirtschaft gibt es besonders viele Beschäftigte mit Niedriglohn.

Einer, der dabei besonderen Stolz verspürt (und dessen Arbeitsminister Clement mit einer Zeitarbeitsfirma reich wurde), ist Gerhard Schröder, der sich 2005 beim World Economic Forum in Davos rühmte: „Wir haben unseren Arbeitsmarkt liberalisiert. Wir haben einen der besten Niedriglohnsektoren aufgebaut, den es in Europa gibt. Ich rate allen, die sich damit beschäftigen, sich mit den Gegebenheiten auseinanderzusetzen, und nicht nur mit den Berichten über die Gegebenheiten. Deutschland neigt dazu, sein Licht unter den Scheffel zu stellen, obwohl es das Falscheste ist, was man eigentlich tun kann. Wir haben einen funktionierenden Niedriglohnsektor aufgebaut, und wir haben bei der Unterstützungszahlung Anreize dafür, Arbeit aufzunehmen, sehr stark in den Vordergrund gestellt."

1995 erhielten 70 Prozent der Beschäftigten im Westen Tariflohn. Heute sind es unter 50 Prozent. Im Osten hat sich die Tarifbindung fast halbiert. Die Löhne in Ost und West sind mehr als 30 Jahre nach der Wiedervereinigung immer noch nicht angeglichen.

Die Realeinkommen sinken und die Arbeit wird unsicherer. Niedriglöhne beuten die Arbeitskraft aus – und zugleich das Sozialsystem. Leiharbeiter gehen mit deutlich weniger Geld nach Hause als ihre Stammkollegen, „atypische Beschäftigung" macht 22 Prozent aller Arbeit in Deutschland aus. Das sind 7,7 Millionen Menschen, um die Dimension klarzumachen. Immer mehr Befristungen, Zeitarbeit, geringfügige Beschäftigung, Dumpinglöhne – und am Horizont die zunehmende Altersarmut.

Arbeitsmärkte und Arbeitsverhältnisse wurden in den letzten 20 Jahren immer mehr flexibilisiert. Eine Belohnung für Mobilität und Unsicherheit aber gibt es nicht, stattdessen nur die Angst um den Arbeitsplatz als Zulage. Beschäftigte werden eingeschüchtert, zum Kuschen gebracht. Der Schriftsteller Günter Wallraff spricht von „psychologischer Kriegsführung" und zählt auf: „Urlaubsgeld, Krankengeld, Rentenzahlungen: alles überflüssige Kosten, der reinste ‚Sozialklimbim'. Nicht einmal Heuern und Feuern ist mehr nötig. Nein, das Menschenmaterial wird einfach zeitnah und konfliktfrei angemietet, wie ein Presslufthammer, eine Hebebühne oder ein Kleinlaster." Diese Sätze stehen in Wallraffs Vorwort zu dem erschütternden Buch „Arm durch Arbeit. Ein Undercover-Bericht" (von 2008), für das sich Autor Markus Breitscheidel eineinhalb Jahre am Existenzlimit durchschlug.

Langjährige Mitarbeiter werden wegen Bagatellen wie Brötchen, Flaschenpfand, Maultaschen oder Essensmarken gefeuert, während Milliarden-Pfuscher hohe Abfindungen erhalten. Die Politik schaut zu, wie Firmen die Minijob-Gesetze ausnutzen, um reguläre Stellen in schlechter bezahlte Job aufzusplitten. Ein Arbeitsleben mit Niedriglohn reicht nicht für die Rente, das wissen alle. Dennoch wird dieser Sektor weiter ausgebaut, und der Präsident des Bundesverbands Zeitarbeit darf sich über „neue Rekordzahlen in greifbarer Nähe" freuen.

Die Mottenkiste des Kapitalismus aus dem 19. Jahrhundert ist wieder geöffnet. Neu sind nur die Namen. Rechtlose Lohnsklaverei heißt heute Flexibilisierung, Scheinselbstständigkeit, Leiharbeit oder befristete Beschäftigung. Hungerlöhne liegen neutral im Niedriglohnbereich, und die sozial ungeschützten geringfügig Beschäftigten sind Minijobber. Die fast kostenlose Zwangsarbeit von Erwerbslosen klingt harmlos als 1-Euro-Job. Qualifizierte junge Menschen schuften in überlangen, oft unbezahlten sogenannten Praktika. Fast ein Viertel der jungen Erwachsenen lebt mittlerweile unterhalb der Armutsgrenze. Sie können keine Familien gründen, keine Häuser bauen, keine Zukunft planen, für kein Lebensrisiko vorsorgen. Nur noch jede dritte offene Stelle ist heutzutage eine unbefristete Vollzeitstelle (ganze 36 Prozent). Die neuen tollen Namen ändern nichts an der alten Tatsache: Hier wird die Arbeitskraft von Menschen ausgebeutet. Hier werden reguläre, sozial abgesicherte Arbeitsverhältnisse vernichtet – und die Sozialsysteme ausgehöhlt.

In 53 Handwerksberufen wurde 2004 die Meisterpflicht abgeschafft. Seither kann jeder einen Betrieb eröffnen, sogar ohne Ausbildung. Bei den Fliesenlegern zum Beispiel führte das zu einer enormen Wettbewerbsverzerrung. Im Bereich der Handwerkskammer Saarland etwa gibt es jetzt die fünffache Zahl von Fliesenleger-Betrieben. Scheinselbstständige als Ein-Mann-Betriebe bilden nicht aus. Ein Handwerk verkommt.

Sich in die Hängematte legen, das kommt für viele Menschen nicht in Frage. Sie kellnern am Abend, tragen frühmorgens Zeitungen aus, fahren als Kurier, jobben als Autowäscher, räumen Supermarktregale ein, haben zwei oder gar drei Putzstellen. Sie schuften und schuften, haben Zweit- und Drittjobs, und trotzdem reicht es vorne und hinten nicht. „Arme Arbeitende" nennt man sie, in USA „working poor". Der Verrat an der Arbeit („The Betrayal of Work") heißt ein 2005 erschienenes Buch von Beth Shulman über den amerikanischen Niedriglohnsektor. Deutschland hat inzwischen mit solchen Verhältnissen gleichgezogen.

Soziales Gewissen bei Regierenden und Wirtschaft, das ist, man muss es sagen, mancherorts schon bis ins Mark angefault. Im Bundestag und im Abgeordnetenhaus zu Berlin wurde (gerichtsnotorisch) zu Skandallöhnen geputzt. Wegen der Beschäftigung von scheinselbstständigen Mitarbeitern im Besucherdienst des Bundestages, der Gästen „die Demokratie" vorführt, musste der Bundesrat im Sommer 2009 an die gesetzliche Sozialversicherung nachzahlen – auf einen Gerichtsbeschluss hin. Die Länderkammer hatte erfolglos gegen eine solche Nachzahlung geklagt.

Prekäre Arbeit, so genau will man das auch bei der Gewerkschaft nicht wissen. Lieber in homöopathischen Dosen. 2005 drehte ich für eine der IG BAU affiliierte Stiftung den Film „Ausbeutung einkalkuliert. Arbeitsmigranten auf dem Bau". Weltweit gibt es mehr als 200 Millionen Arbeitsmigranten. Um Arbeit zu haben, müssen sie ihr Land und ihre Familie verlassen. Diese Not wird oft skrupellos ausgenutzt. Auch in Europa sind sie ein wichtiger Teil der Wirtschaft. Ihre buchstäblich grenzenlose Ausbeutung hat System. Sie wird auch in Deutschland „billigend in Kauf" genommen – im wahrsten Sinne. Zum Beispiel in der Bauwirtschaft.

Ich fand, keine 250 Meter Luftlinie vom Bundesvorstand der IG BAU entfernt, Zugang zu einer Containersiedlung mit osteuropäischen Wanderarbeitern, sie waren beim Bau des Riedberg Campus eingesetzt, des neuen naturwissenschaftlichen Bereichs der Goethe Universität Frankfurt. Eine Baustelle des Landes Hessen also. Europaweite Ausschreibung, das günstigste Gebot, das Übliche. – Und dann schaute niemand mehr so genau hin.

Ich hatte Verbindungen zur Gewerkschafts-Basis, dahin, wo die Notrufe ankommen. So wusste ich von dem polnischen Polier (siehe ganz oben), der bei Glatteis seinen Mannschaftsbus an eine Mauer gesetzt hatte und jetzt angebliche 5000 Euro Reparatur von seinen 1200 Euro Lohn abgezogen bekommen sollte. So wusste ich von bulgarischen Arbeitern, deren Chef sie (bei der Arbeit kaputt gegangene) Werkzeug ersetzen ließ. Ein Schraubenzieher 100 Euro, ein Hammer 150 und so fort. Sie alle wohnten in jenen Containern, ganz nah bei der gewerkschaftlich so schützenden Hand. Aber sie bekamen keine Hilfe. Ich drehte dort drei Abende lang, sammelte viele Interviews. Erschütternde, illustrative Sachen. Ich versuchte, hochrangige Mitarbeiter des Bundesvorstands in die Container zu bringen, einfach auch, damit man solche Wohnverhältnisse auch einmal aus der Nähe sähe, sich ein paar Geschichten anhören könne. Ich stieß auf eine Wand aus erbarmungslosem Granit. Das sei Basisarbeit und Sache des Kreisverbandes Frankfurt, der sei zuständig. Nicht die Bundesebene.

Als ich meinen fertigen Film vorführte, dem IG BAU Bundesvorsitzenden Klaus Wiesehügel und seinem engsten Beraterstab höchstselbst, herrschte eisiges Schweigen. „Das geht nicht ... Das können wir nicht zeigen ... Das ist zu depressiv." Und, noch falscher: „Da kommt zu wenig Gewerkschaft vor." Nun, dort vor Ort, in den Containern, oder im Internet-Café auf dem Wohnheimgelände in Frankfurt-Griesheim – früher zum Baukonzern Philip-Holzmann gehörend, einstmals für 250 Betten ausgelegt, zur Zeit meines Drehs zu horrenden Mieten mit über 700 Wanderarbeitern belegt –, war weit und breit nie Gewerkschaft in Sicht. Wie hätte sie also in den Film kommen sollen?

Ich hatte vor Ort gedreht und das für meinen Auftrag gehalten. Etwa die Atmosphäre im Internet-Kiosk zu dokumentieren, wo in 15 provisorischen Kabinen tränenerstickte Bauarbeiter mit Frau und Kindern videotelefonierten. Wo der Kioskbetreiber, ein bulliger, abgebrühter alter Türke, mir in die Kamera sagte: „Sie müssen das filmen, wie es den Leuten hier geht. Das ist Sklaverei, mitten bei uns in Europa."

Ich hatte vor Ort gedreht, vor Ort auch beim Zoll (für die Bekämpfung von Schwarzarbeit zuständig, der korrekte Name: Hauptzollamt Darmstadt/Finanzkontrolle Schwarzarbeit, Standort Wiesbaden). Zolloberamtsrat Claus-Peter Möller hatte dort für mich in einem 80-qm-Konferenzraum die Akten eines seit Jahren verfolgten Falls aufgebaut, 260 Ordner an der Zahl: Sub-Sub-Sub-Firmen, Geflechte, deutsche Gesetze zu umgehen, Sozialabgaben zu vermeiden, Beschäftigte auszubeuten. Die „Papierlage" oft bestens, akkurate Stundenzettel, nie Überstunden, Lohnquittungen, blanko unterschrieben, Anwaltskanzleien darauf spezialisiert, für eine saubere Fassade zu sorgen. „Wir haben es klar mit organisierter Kriminalität zu tun", sagte mir Herr Möller ins Mikrofon. (Der für mich dokumentierte Fall betraf ebenfalls eine Landes-Baustelle.)

Menschenverachtung lässt sich steigern, lernte ich bei Wolfgang Leihner-Weygandt vom Staatlichen Arbeits- und Gesundheitsschutz im Regierungspräsidium Darmstadt. Er erzählte mir, wie Arbeitsunfälle verschleiert und vertuscht werden, wie Verletzte schnell außer Landes, zurück nach Polen oder Rumänien, gebracht werden, oder man sie im Wald verbluten lässt – nur auf jeden Fall schnell weg von der Baustelle, die sonst tagelang stillgelegt würde. Der besonnene Arbeitsschützer, schon viel gesehen, sagte in die Kamera: „Für die Ausbeutung gehen die auch über Leichen."

Am vierten Abend, als ich mit Kameramann Bahman Kormi, Tonfrau Britta Kasten und Übersetzer Mihai Balan wieder in den Container am Riedberg kam, war der polnische Polier weg. Er hätte am nächsten Morgen von einem Team für „frontal" (ZDF) interviewt werden sollen. „Besser, du raus ... weg du", sagte mir einer der Arbeiter. Andere, die uns noch am Abend zuvor ihre Geschichten erzählt hatten, sahen durch uns durch oder zu Boden. Niemand wollte mehr mit uns reden. Schotten dicht. Es war nicht zum ersten Mal während meiner Recherchen, dass irgendein Spitzel gesungen, irgendein Informant sich einen Zwanziger verdient hatte, indem er Kollegen verpfiff, die mit Journalisten oder Gewerkschaftern geredet hatten. Das mit Piotr ist jetzt 17 Jahre her, ich denke immer mal wieder an ihn. Es belastet mich.

P.S. Mein Film bekam drei zusätzliche Auftritte: einen IG BAU-Regionalleiter, den Leiter der Abteilung Internationales, einen Gewerkschaftssekretär. Natürlich fielen dafür O-Töne und Bilder heraus. Gemessen an den Reaktionen beim Gewerkschaftstag war der Film immer noch zu depressiv. So genau will man es auch dort nicht wissen.

P.P.S. Zwölf Jahre später, 2017, stieg ich für den DGB noch einmal tief ins Prekäre. Für ein „Schwarzbuch Rente mit 70" hatte ich vorgeschlagen, Beschäftigte zwischen 40 und 50 zu interviewen, des Alters also, in dem die Knochen anfangen, den Verschleiß zu spüren, und es noch ewig weit zur Rente ist. Erst recht zu einer mit 70. So entstanden insgesamt 50 „Porträts aus der Arbeitswelt", quer durch die Republik und quer durch die Arbeitswelt. Hier traf ich die Putzfrau Maria Watt, den Paketboten Harry Schäfer, den Staplerfahrer Ralf Klose, den Malergesellen und Frührentner Waldemar Emmerich in seinem zugemauerten Haus (siehe oben) und die Sprachlehrerin Dr. Antonia S. von der VHS Stuttgart. Mein Anspruch war es, alle meine Interviewpartner mit Namen und Bild ins Buch zu bringen. Die zwei VHS-Mitarbeiterinnen (eine wurde von mir ganz und gar unsichtbar gemacht) waren die Einzigen, die es nicht wagten, mit Namen für die Schilderung ihrer Arbeitsverhältnisse einzustehen. Zu groß erschien ihnen das Risiko, keinen neuen befristeten Vertrag zu erhalten.

Weil ich im Bereich aller DGB-Gewerkschaften recherchiert hatte, war meine Erwartung eigentlich, dass einige Porträts nachgedruckt würden. Reaktion der Chefredakteure der Gewerkschaftsmagazine auf das Buch aber: Null. Bei ver.di und der IG Metall gab es eine Besprechung unter ferner liefen. Auf dem Buchtitel „Rente mit 70. Ein Schwarzbuch" (Christoph Links Verlag, 2017) stehen drei Namen. Die der Herausgeberin/Herausgeber, alle im DGB-Bundesvorstand. Ihr gemeinsames Vorwort umfasst sieben Seiten. Meine insgesamt 50 Porträts machen 166 Seiten aus. Aber, so ist das als prekär beschäftigter Freier, für den Namen auf dem Buchtitel reicht das nicht.

Sabine Eberts-Wahlen

Akrostichon 1 – Arbeitsamt

Arbeitslosigkeit

Ratsuchender

Berufsberater

Erwerbstätigkeit

Informationsveranstaltung

Teilzeitbeschäftigung

Sozialgesetzbuch

Arbeitssuchender

Mitarbeiterin

Teilhabe

Akrostichon 2 – Berufsberater

Berufsinformationszentrum

Eltern

Ratsuchender

Unversorgter Jugendlicher

Fähigkeiten

Schule

Bewerber

Entscheidung

Ratlosigkeit

Ausbildungsbegleitende Hilfen

Testverfahren

Erkundungstool

Richtungsweisend

Akrostichon 3 – Mindestlohn

Minijob

Industrie

Niedriglohn

Dienstleister

Entlassung

Sozialversicherungsabgaben

Teilzeit

Lohnerhöhung

Ostdeutschland

Hartz IV

Niemand

Silke Andrea Schuemmer
HOPE

Du bist alle vier Wochen im *Paradise*. Du kannst dir nicht jeden Monat ein neues Kleid kaufen, aber jeden Monat bei der Maniküre zu sitzen, das geht schon. Ein paar Mikrogramm Glitzer für ein schöneres Leben, damit wenigstens deine Hände so aussehen, als würden sie etwas Glamouröses erleben. Als hätten sie nichts zu tun. Der Rest ist Kaufhaus, aber die Hände die eines Filmstars. Und als gehörten sie nicht zu dir, als hättest du sie dir nur aufgesteckt, hältst du sie der Mitarbeiterin auch hin.

Einmal sitzt am Tisch neben dir eine alte Frau, die Haut runzlig wie zu große Handschuhe. In der großen Plastiktüte unter ihrem Stuhl, die sie manchmal mit den Füßen berührt, klirren Gläser. „Herbst ist Einmachzeit in Deutschland", sagt sie und dass sie Brombeerbüsche im Garten habe und dass die Pflaumen bald reif würden. Die Tomaten hätten dieses Jahr nicht gewollt. Das alles sagt sie dir, zurückgelehnt auf ihrem Stuhl, damit sie um die Plastikwände herum, die seit Corona zwischen den Tischen angebracht sind, mit dir sprechen kann. Sie sagt es nicht der Mitarbeiterin, denn die lächelt nur, die lächelt immer, ob man sie etwas fragt oder ihr eine Anweisung durch die Plastikscheibe gibt. Langsamer als normal und lauter, lauter immer schon, auch als es die Trennwände noch nicht gab.

„Vorn nicht so spitz. Runder. Nein, runder. Da vorn. Rund." Und die Mitarbeiterin lächelt. Die alte Frau lässt sich die Nägel knallrot lackieren und hält dir am Ende die fertigen Hände hin. Du nickst und sagst „schick", und sie sagt: „Für die Erotik." Und dann geht sie auf ihren Stock gestützt mit der Plastiktüte zur Kasse. Die Gläser in der Tüte klirren, bis sie zur Tür raus ist. Die Mitarbeiterin nebenan desinfiziert den Tisch und nickt der nächsten Kundin zu.

Du weißt nicht genau, wie die richtige Berufsbezeichnung der Mitarbeiterinnen ist. Nageldesignerin vielleicht. Aber hier wird wenig designt. Das *Paradise* ist ein grell ausgeleuchteter, bonbonfarbener Laden in einer Einkaufspassage. Hinter Paravents stehen zwei erhöhte Sessel mit Wannen davor für die Pediküre. An den Wänden hängen große Transparente von faltenfreien bis zu den Brauen bewimperten Frauen, die sich lange Fingernägel mit Orchideen darauf vor die porenlosen Wange halten.

Du hast in all den Jahren, in denen du herkommst, erst einmal gesehen, dass eine Kundin genau die verlangt hat. Und die Mitarbeiterin lächelte und lief hektisch herum und diskutierte mit ihren Kolleginnen. Erst später wurde dir klar, dass das Problem nicht die Airbrushtechnik war, mit der die Orchideen aufgesprüht werden, sondern die Zeit. Eine Orchideenkundin blockiert einen Arbeitstisch mehrere Stunden lang. So müssen Kundinnen, die ohne Termin kommen, weggeschickt werden, und weggeschickte Kundinnen kommen nie wieder. Die gehen ins Dreamland of Nails an der Ecke oder ins Luxury Nails and Lashes neben dem Backshop.

Deine Mitarbeiterin lächelt dir zu, und du setzt dich ihr gegenüber an den schmalen Arbeitstisch. Wie jedes Mal versuchst du zu vermeiden, ihre Knie mit deinen anzustoßen.

Beim ersten Besuch hat sie dir ein Kompliment über dein Augen-Make-up gemacht, und du hast irgendwas gesagt, du erinnerst dich nicht mehr, was, aber seitdem denkt sie, dass du Kosmetikerin bist, und du hast den Moment verpasst, um es klarzustellen, und nickst, wenn sie fragt, ob du einen Salon hast oder ob du dir selbst die Haare hochsteckst, um wenigstens nicht zu lügen. Es wäre zu schwierig, ihr zu erklären, was du beruflich machst, nicht mal deine Eltern verstehen es, und in der Familie kursieren die merkwürdigsten Ideen, womit du deine Zeit verbringst. Seit du verheiratet bist, ist das aber kein Thema mehr. Alle, die bisher nicht wussten, was du arbeitest, nehmen jetzt an, dass dein Mann schon irgendwie Geld verdienen wird. Du kannst es ihnen nicht übelnehmen, denn eine korrekte Berufsbezeichnung gibt es für dich nicht wirklich. Aber für die Mitarbeiterinnen eines Nagelstudios müsste es das doch. Nageldesignerinnen nicht, Maniküre vielleicht? Aber streng genommen ist eine Maniküre etwas anderes als Gelnägel, die hier fast ausschließlich gemacht werden.

Die Frauen in deinem Freundeskreis sagen „Nageltante" oder, wenn es Asiatinnen sind, und das sind sie eigentlich immer, „Nagelmäuse". Es ist dir unangenehm, aber du sagst es selbst auch. Wenn du Mitarbeiterinnen, die alle paar Monate wechseln, wiedererkennst, gibst du ihnen Spitznamen. Eine heißt bei dir „die Fräserin", weil sie beim Abfeilen der alten Gelnägel mit ihrem rotierenden Werkzeug immer wieder deine Nagelhaut verletzt, sodass kleine blutige Stellen im Nagelbett bleiben, die erst zwei oder drei Tage später verschwinden. Du bist keine Rassistin, du gibst immer Trinkgeld. Drei Euro, das sind mehr als zehn Prozent.

Weil ihr euch während der Prozedur nicht unterhaltet, hast du Zeit, um über das *Paradise* nachzudenken, und du fragst dich, wie man mit Gelnägeln Geld verdienen kann.

Eine French Maniküre, also rosa Nagel mit weißer Spitze, dauert bei einer erfahrenen Mitarbeiterin eine knappe Stunde und kostet 28 Euro. Man kann das nicht beliebig verkürzen, weil die Aushärtungs-Zeiten eingehalten werden müssen. Selbst wenn sie ohne Pause arbeitet und acht Kundinnen am Tag hat, würde sie nur 224 Euro brutto am Tag verdienen. In machen Läden, so vermutest du, sind die Mitarbeiterinnen angestellt, in anderen werden sie wohl für den Tisch und das Material zahlen und in die eigene Tasche wirtschaften, was soll da übrigbleiben. Du hast dir darüber Gedanken gemacht und die Rabattkarte abgelehnt, denn es käme dir schäbig vor, auch noch jede elfte Maniküre umsonst zu bekommen. Die Mitarbeiterin versuchte mehrfach, sie dir trotzdem mitzugeben, und schien enttäuscht zu sein, als du nicht wolltest. Du hast dann einen Euro Trinkgeld extra draufgelegt.

Es gibt im *Paradise* kein EC-Lesegerät, die Kundinnen zahlen bar, und manchmal kommt es im Wartebereich zu Gesprächen, ob hier überhaupt Steuern gezahlt werden. „Eigentlich muss man das ja in Deutschland." Aber wirklich wissen will das keine Kundin, und solange hier kein Mädchenhandel betrieben wird (was aber natürlich schon sein kann, so sang- und klanglos, wie Mitarbeiterinnen verschwinden und plötzlich neue Gesichter an den Tischen sitzen und lächeln), solange es keine deutlichen Anzeichen gibt, interessiert es die Kundinnen nicht.

Du sitzt der Mitarbeiterin gegenüber, die Hände in Pfötchenstellung auf dem Polster abgelegt, während sie mit Desinfektionsmittel eingesprüht und begutachtet werden, ob die Gelschicht gut gehalten hat oder ob etwas abgeplatzt ist. Im *Paradise* platzt praktisch nie etwas ab, auch die Ränder sind nach vier Wochen noch tadellos.

Anfangs hast du noch versucht, ein Gespräch in Gang zu bringen, weil du dachtest, es sei vielleicht höflich, etwas über die Frau zu erfahren, die Thi-Anh heißt – so hast du es auf einer Hygieneschulungs-Urkunde mit Foto an der Wand hinter ihr gelesen –, sich aber Anna nennt.

Auf einem großen Bildschirm laufen Musikvideos, thailändische oder vietnamesische Künstler, das kannst du nicht unterscheiden. Du weißt nichts über die Musik und auch nichts über den kleinen bunten Plastikaltar, der neben der Kasse in einer Ecke steht und auf dem immer eine Opfergabe liegt, ein Stück Obst, ein eingepackter Fertigkuchen oder eine kleine Flasche Cola.

Du wüsstest gern, worum es in den Videos geht. Ein Junge und ein Mädchen fahren auf einem Motorroller, das Mädchen lacht, ein anderer Junge schnitzt traurig Vogelhäuschen, der Roller liegt im Straßengraben, das Mädchen weint und steht windumtost auf einer Klippe, der Junge trägt ein Vogelhäuschen durch eine Großstadt, Junge und Mädchen fahren lachend auf einem Fahrrad, du weißt nicht, ob es der Rollerjunge ist oder der mit den Vogelhäuschen. Am Ende liegt eines der Häuschen zerbrochen auf einer Klippe, und Wellen rauschen darüber.

Anna knipst die Nagelspitzen ab, feilt die Nägel grob runter und fräst die alte Gelschicht weg.

Du nickst in Richtung des Bildschirms und fragst: „Wovon handeln die Lieder?"

Anna sagt: „Musik." Und lächelt.

Anna feilt die Nägel in Form und zeigt sie dir. „Etwas kürzer bitte." Auch du sprichst langsamer und lauter und denkst, dass es wegen der Plexiglasscheibe zwischen euch ist.

Du zeigst auf die Kasse.

„Warum steht da ein Altar?"

Anna sagt: „Grapefruit." Und lächelt.

Anna pinselt Desinfektionslösung auf die flach gefeilten Nägel und gibt der Hand einen kleinen Stoß, damit du sie unter die Lampe hältst. Bei deinen Freundinnen nennst du die Lampe „Toaster". Wenn zu viel natürlicher Nagel weggefeilt ist oder die erste Gelschicht aufgetragen wurde, kann es sehr heiß werden. Manchmal hältst du das nicht aus, dann ziehst du die Hand für zwei oder drei Sekunden aus dem Toaster, und beim erneuten Aushärten ist es dann zu ertragen.

Du machst die Winkekatze neben der Kasse nach und fragst: „Winkt die Ihnen das Glück herbei?"

Anna sagt: „Katze winkt." Und lächelt.

Du weißt nicht, ob sie die Fragen wirklich nicht versteht, ob sie ihr zu dumm sind oder ob sie vielleicht generell nicht will, dass die Kundinnen etwas über sie wissen. Nach dem Gespräch über die Glückskatze lächelst du auch nur noch und sagst höchstens mal etwas, wenn die weiße Gelschicht wolkig ist, weil sie nicht überall exakt gleich dick aufgetragen wurde, oder dir der innere Rand nicht oval genug gemalt wurde.

Ist der innere Rand zu rund, sehen die Nägel plump aus, ist er zu spitz, wirkt es zu künstlich, er muss genau richtig oval sein, nur dann sind die Nägel elegant, so wie du sie haben willst. Im *Paradise* gibt es an jedem Tisch einen laminierten Zettel mit schematischen Zeichnungen, auf die die Kundinnen tippen können, um mitzuteilen, welche Nagelform sie gern hätten.

Die Mitarbeiterinnen sprechen kaum mit den Kundinnen, auch Anna arbeitet schweigend, während sie abwechselnd an der linken und rechten Hand Finger um Finger die weiße Gelschicht für den French-Look aufträgt und die Hand mit einem kleinen Schubs in den Toaster schickt. Während sie feilen und lackieren, unterhalten sich die Mitarbeiterinnen fast ununterbrochen miteinander. Du weißt nicht, welche Sprache das ist. Sie ist hoch und wie gesungen. Manche Kundinnen finden, dass sie wie „Eichhörnchenfiepsen" klingt, und sagen das auch. Es ist nicht böse gemeint, Eichhörnchen sind ja etwas Hübsches, Deutsche mögen Eichhörnchen.

Kundinnen und Mitarbeiterinnen duzen sich, es ist aber ein unterschiedliches Du. Die Mitarbeiterinnen sagen „du", weil sie die Sie-Form nicht können. Wenn sie eine sehr alte Kundin bedienen, versuchen sie es und sagen dann „sie kann sitzen". Das Du der Kundinnen ist das herablassende Personal-Du. Dir ist es peinlich, Anna zu duzen, immer wieder versuchst du es mit Sie, weil du möchtest, dass du respektvoll und höflich klingst, bei Menschen, die mit deinem Körper arbeiten, findest du das besonders wichtig. Aber oft versteht sie dann nicht, was du meinst, und dann landest du doch wieder beim Du. Und sprichst etwas lauter als nötig.

Die Mitarbeiterinnen kichern oft, und du überlegst dann, ob sie sich über die Kundinnen lustig machen. Nur manchmal wendet sich Anna direkt an dich, dann sieht sie dir plötzlich ins Gesicht und fragt dich etwas, das du durch den Mundschutz hindurch noch schlechter verstehst. Den Mundschutz haben die Mitarbeiterinnen immer aufgesetzt, schon vor Corona. Manchmal tragen sie eine medizinische Maske und darüber eine bunte aus Stoff, die zum Outfit passt. Ob das wirklich schützt vor dem herumfliegenden Acrylstaub, weißt du nicht. Vor den Dämpfen der Chemikalien sicher nicht. Die Tische haben zwar alle ein Abluftsystem, aber das röchelt nur und saugt kaum etwas von den Partikeln an.

Du kannst nur raten, was Anna meint, wenn sie dich anspricht, aber nach und nach erkennst du die immergleichen Fragen wieder. Was klingt wie „Mussu au?" bedeutet: „Möchten Sie auch ein Muster auf die Nägel?" – „Fü au?": „Möchten Sie auch eine Pediküre?" und „Tuda weh?" meint: „Habe ich Sie verletzt?" Die Schilderung dieser Dialoge hat dir bei deinen Freundinnen schon Heiterkeitserfolge eingebracht. Du hast den Tonfall nachgemacht, und alle haben gelacht. Hinterher hast du etwas betreten auf den Boden gesehen. Die Sache mit den Eichhörnchen hast du bei deinen Freundinnen nicht erzählt. Kulturelle Aneignung oder Ableismus – da seid ihr alle empfindlich und passt auf. Du bist keine Rassistin, du bist ja froh, dass dir Anna die Nägel so schön macht, du bist pünktlich und freundlich, du gibst Trinkgeld, und zu Weihnachten klebst du einen Schein an eine Schokoladenfigur (keinen Weihnachtsmann, du kaufst aus Prinzip nur Schokoladenfiguren, die nicht religiös und patriarchalisch besetzt sind), und du regst dich nicht auf, dass du trotz Termin warten musst.

Du musst immer warten. Denn Anna sagt zu jeder Kundin, die hereinkommt und fragt, ob Zeit für sie ist: „Bisschen warten". Und sie lächelt. „Bisschen warten" kann zehn Minuten bedeuten oder anderthalb Stunden. Anna nimmt zwar Termine an, trägt diese aber nicht jedes Mal ein. Und wenn fünf Minuten vor einem Termin eine Kundin „Babyboomer"-Nails und Füße mit Schellack haben will, dann wartet die Terminkundin fast zwei Stunden. Babyboomer sind so ähnlich wie French, aber mit verlaufendem Farbeffekt, Schellack ist ein Lack, der besonders haltbar und kratzfest ist und der ebenfalls auf flach gefeilte Naturnägel aufgetragen und im Toaster ausgehärtet wird. Auf Gespräche darüber lässt sich Anna nicht ein, sie lächelt und wiederholt immer nur „bisschen warten". Wenn mehrere Kundinnen schon längere Zeit im Wartebereich sitzen, reden sie manchmal miteinander darüber, wie man das *Paradise* effizienter führen könnte, deutscher eben, wenn ein Termin auch wirklich ein Termin wäre.

Deine weißen French-Ränder sind fertig. Jetzt trägt Anna eine rosafarbene Schicht auf, die wieder in den Toaster muss. Danach feilt sie die Nägel mit der Maschine flach, vor allem unten am Nagelbett. Sie sollen natürlich aussehen, nicht wie kleine dicke Schäufelchen, und je flacher der Gelnagel am Nagelbett ist, umso unauffälliger wächst er die vier Wochen hoch.

Nach einer weichen schwammartigen Feile drehst du die Hände um, sodass du mit den Innenflächen nach oben dasitzt und Anna mit einer spitzen Fräse die Innenseite der Nägel von Gelresten säubern kann. Dann trägt sie noch die Glanzschicht auf den Nägeln auf, wie Klarlack, auch diese letzte Schicht muss wieder in den Toaster, zweimal diesmal. Vor Corona gab es zum Abschluss noch eine Handmassage mit Crème. Die fällt weg, genau wie das Begrüßungsgetränk.

Früher roch das *Paradise* oft nach einer Mischung aus Acrylstaub, Chemikalien und grünem Tee. Jetzt zieht nur noch manchmal mittags der Duft von Jasminreis durch den Laden, wenn eine der Mitarbeiterinnen sich ihr Essen in der Mikrowelle im Nebenzimmer heiß macht und es dann auf einem der Pediküresessel sitzend isst, die Plastikschale auf dem Schoß, den Löffel in der einen Hand, in der anderen immer das Handy.

Die Mitarbeiterinnen sehen aus wie Schulmädchen, aber wenn ihr Handy während der Prozedur klingelt und der Bildschirm kurz zu sehen ist, erscheint dort ein Familienfoto mit Mann und zwei bis drei Kindern.

Anna telefoniert seltener als die anderen Mitarbeiterinnen. Ihr gehört das *Paradise*, oder sie führt es zumindest. Sie ist die Schnellste, für French Nails braucht sie gerade mal vierzig Minuten.

Ein männlicher Anfänger sitzt daran gut anderthalb Stunden. Die Kundinnen verzeihen das den jungen Männern in ihren sehr engen bunten Hemden, die alle aussehen wie die Jungs in den Musikvideos. Einmal saß eine neben dir, die dir zugeraunt hat: „Wann komme ich schon mal so nah an so einen jungen Kerl ran?"

Die jungen Männer lächeln nicht. Sie malen verbissen möglichst perfekte Ovale und zucken zusammen, wenn eine Kundin viel zu laut eine Anweisung über die Plexiglasscheibe ruft. In ihren schwarzen Haaren sammelt sich der Acrylstaub nach dem Abfräsen, das sieht dann aus wie Schuppen. Und ihr rechter Daumennagel ist viel länger als der linke. Damit trennen sie die Gelschicht von der Nagelhaut, wenn sich beides am Rand des Nagels miteinander verklebt hat. Sie brauchen so kein zusätzliches Werkzeug. Bei den Mitarbeiterinnen passiert es nicht, dass sich etwas verklebt.

Und dann fragst du Anna doch noch mal etwas. Es ist heiß, und sie trägt nur ein Tanktop unter ihrer pinken Schürze. Da siehst du auf ihrem Unterarm ein Tattoo, einen Schriftzug, blass blauschwarz und krumm wie mit der Sicherheitsnadel gestochen: HOPE. Du überlegst lange, ob du sie darauf ansprechen darfst. Du grübelst sogar, wie es wäre, wenn du einem alten Menschen mit einer eintätowierten Nummer auf dem Unterarm gegenübersitzen würdest. Deutsche denken immer an Nazis, selbst bei der Maniküre. Du griemelst in dich hinein, denn Selbstironie ist durchaus etwas, das du hast, und Empathie auch, du platzt nicht einfach heraus, du wägst ab, ob du jemandem zu nahe trittst. Körper kommentierst du nie, im Leben nicht würdest du eine fremde Frau fragen, ob sie schwanger ist, ob sie abgenommen hat, wo ihre Narben herstammen oder ob sie einen Migrationshintergrund hat. So unsensibel bist du nicht, Bodyshaming geht gar nicht. Aber ein Tattoo lässt man doch stechen, damit andere es sehen, gerade an einer so öffentlichen Stelle. Du überlegst, was hinter dem Wort HOPE stehen könnte. Das Tattoo ist auf jeden Fall schon älter, Anna war also sehr jung. Du stellst dir vor, wie sie in dieses fremde, kalte, unfreundliche Land gekommen ist, in dem die Leute so laut sprechen, so wenig lächeln, ihre Alten in Heime abschieben und sich über Verzögerungen von wenigen Minuten empören. Wie viele Träume und Hoffnungen sie hatte. Vielleicht hatte es mit einem Mann zu tun, ganz sicher mit Geld. Vielleicht finanziert sie eine Familie zu Hause, in Thailand oder Vietnam oder wo immer sie auch herkommt. Und sie hat es ja geschafft, sie hat es zu diesem Geschäft gebracht, das sie jetzt führt, ihr *Paradise*. Mit ganz viel Hoffnung ist sie gekommen und eine Erfolgsgeschichte geworden. Das ist alles positiv, danach darf man doch fragen. Du schiebst also deine linke fast fertige Hand unter der Plexiglasscheibe hindurch und zeigst auf das HOPE-Tattoo. Anna dreht es zu dir, und jetzt siehst du, dass daneben noch ein wackliger, krumm gestochener Stern steht. Was willst du eigentlich fragen? In deinem Kopf schaukeln Bilder von Schlauchbooten, auf offenem Meer, von hohen Wellen, auch von schmierigen Männern, die Kataloge voller Frauen durchblättern. Du weißt auch nicht genau, was du eigentlich wissen willst, also tippst du mit einem schon weiß geränderten Finger auf die Tischplatte und fragst: „Hope?"

Und Anna lächelt. Natürlich tut sie das. Aber dann holt sie ihr Handy hervor und entsperrt es und hält es dir entgegen. Darauf ist ein Bild von einem großen wuscheligen Hund. Eine jüngere Anna kniet neben ihm und hält eine Frisbeescheibe. Sie tippt auf das Foto, auf den Hund, lächelt und sagt: „Hope." Und weil dein Gesicht noch keinen endgültigen Ausdruck gefunden hat, ergänzt sie noch: „Hope! Hund!" Und dann lässt sie den Oberkörper ruckartig zur Seite fallen und guckt einen Moment lang mit starrem Blick an die Decke. Toter Hund.

Du lächelst.

Und sie lächelt.

Und dann schweigt ihr wieder.

Deine French Nails sind fertig, und deine Hände sehen aus, als würdest du ein besseres Leben führen.

An der Kasse gibst du Trinkgeld, natürlich tust du das.

Und du rufst etwas zu laut „Wiedersehen" in die Runde.

Die Mitarbeiterinnen sehen kurz hoch wie erschrocken, dabei fräsen sie weiter und antworten irgendwas unter ihren Masken. Der Neonschriftzug *Paradise* flackert. Du hebst noch einmal die Hand zum Abschied. Mit frischen Nägeln winkt man gleich eleganter.

Bis in vier Wochen!

Hans-Gerd Pyka
Die Näherin

Es rumpelt
In der kleinen Stube
Sitzt sie am Fenster
Ohne hinaus zu sehn. Ihr Blick
Ist in die Bläue
Des Garns gerichtet, sie
Reist, statt zur Erholung
Die Naht entlang,
Bis die Rolle runterfällt,
Stöhnt
Bückt sich
Hebt sie auf
Und die Fäden,
Die auf dem Stragula liegen.

Ihre Jungs spielen unterm Tisch, es glüht
Das Ofenrohr.
Da fällt ihr Kopf in den Ellenbogen. Auf
Dem Maschinenbrett
Liegt ihr Leben
Wie der Rock für Frau Semnet,
Die nicht pünktlich zahlen kann.

Wie schnell es wieder Abend ist.
Die Jungs spielen immer noch.
Sie rechnet
Die Pfennige zusammen.
Ob's für die Wurst reicht.
Sonst gibt's nur Butterbrot mit Zucker, dabei
Ist nicht Krieg, nur
Neunzehnhundertfünfundsechzig.

Auf dem Sofa, dem kaputten,
Liegt nicht ihr Mann,
Da blüht die Bluse der Ramsauer,
Rot und gelb,
Am Kragen grün,
Wie im Stöckser Garten.
Ist noch gar nicht lange her,
Da sang sie vom Holunderbusch.
Nun singt die Spule, wenn sie
Gefüllt wird.

An den Ärmeln wird sie den Saum rauslassen.
Die Jungs wird sie am Stuhl waschen,
Und der Weihnachtsmann war schon
Überall.

Anton G. Leitner

Klo, Frau:

Schmutzig
Nicht machen
Danke
Schmutzig
Du nicht
Danke
Schmutzig
Machen
Danke
Ich weg
Danke
Machen
Muss weg
Danke.

Anja Müller

Anja Müller

Anja Müller

Anja Müller

Thomas Luthardt
S 7 oder zufällig Fabian

Freitagmittag:
Diese Bahnfahrt
Schließt die Arbeitswoche.
Du findest Platz.
Den letzten leeren
Neben mir, genüsslich
Einen Apfel kauen –
Aus den Taschen deines Overalls
Lugen Pinsel Messer, Meter-
Maß, und alle Regen-
Bogenfarben sammeln sich
Auf deiner Arbeitskluft.
Ein schmaler Bart
Rahmt dein jung-
Männliches Gesicht.
Grüne Augen
Sammeln Sommer-
Licht –

In den Feldern
Hintern Ahrensfelde
Endet dieser Tag
Für uns
Noch lange nicht ...

Anja Müller

Anja Müller

Anja Müller

Claudia Gehrke, Stewardess auf einer Fähre. Sie sagte, sie mache ihre Arbeit sehr gerne, auch wenn sie manchmal hart sei. Täglich zweimal hin und zurück (8 Stunden und länger auf dem Boot), nicht selten starker Seegang, was viele Passagiere nicht gut aushalten.

Claudia Gehrke, Verlagsarchiv

Interview mit Dirk

Claudia: Von dir weiß ich, dass du sehr viel arbeitest. Was?
Dirk: Im Moment arbeite ich eigentlich auch. Wenn wir das Gespräch über Messenger führen, kann ich vielleicht nebenher weitermachen … Was genau meinst du mit „Arbeit"? Ich arbeite bei Bosch, manchmal auch in meinem kleinen Gartenbau, ein Einmannunternehmen, und privat. Im Moment am Umbau im Haus, auch in unserem Garten noch etwas. Was genau möchtest du denn wissen?
C: Aus allen Bereichen, die du für dich als Arbeit definierst – ist für dich alles Arbeit, oder würdest du davon etwas nicht als Arbeit definieren, sondern als „private Tätigkeiten"?
D: Nein, es ist handwerkliche Arbeit. Ich würde nichts davon als Ausleben eines Hobbys bezeichnen. Ich kann ziemlich viel Handwerkliches leisten. Das, was ich weniger kann, versuche ich mir anzueignen, und das, was ich gar nicht kann, das lasse ich dann auch. Da frage ich vielleicht Freunde, die in dem Bereich arbeiten, ob sie diese Arbeiten übernehmen. Im Austausch dann ich bei ihnen.
Ich mag es, Sachen selbst handwerklich herzustellen und nachher anzuschauen und zu denken: Cool, das habe ich selber hergestellt. Man sieht, was da gebaut worden ist. Als Hobby würde ich es auch deshalb nicht bezeichnen, weil ich irgendwann froh bin, wenn es rum ist, und ich dann einfach dasitzen und meine geleistete Arbeit in Ruhe anschauen kann.
C: Vielleicht kannst du etwa genauer erzählen, was du in deinen Arbeitsbereichen machst, z.B. bei deiner beruflichen Arbeit bei Bosch. Und was du vorher gemacht hast. Machst du deine Arbeit gerne?

D: Mein erlernter handwerklicher Beruf ist Stuckateur. Nach meiner vierjährigen Berufserfahrung habe ich eine Weiterbildung in einer Vollzeitschule zum staatlich geprüften Bautechniker gemacht. Jetzt bin ich in einer eher technisch überprüfenden Funktion bei Bosch tätig, anstatt in einer technisch ausführenden. Alles hat Vorteile und Nachteile. Das Handwerkliche, technisch Ausführende ist natürlich dahingehend schön, weil man, wie ich eben schon sagte, nachher sieht, was man getan hat. Die technisch überprüfende Funktion ist dahingehend angenehm, dass man nicht mehr schwer körperlich arbeiten muss, was man rund ums Bauen macht. Und dazu sitzt man im Büro und ist nicht mehr jedem Wetter ausgesetzt. Man sitzt drinnen im T-Shirt oder Pullover und guckt nach draußen, ohne, bei den aktuellen Temperaturen, frieren zu müssen. Nachteil bei der technisch überprüfenden Tätigkeit ist, dass du nachher nicht wirklich weißt, was du getan hast. Du hast am Morgen x E-Mails im Postfach und am Abend y Mails abgearbeitet, aber wirklich was sehen lässt sich nicht, außer dass sich die Zahl – eher minimal – verringert hat (minimal, weil du im Laufe des Tages ja immer wieder neue Mails und Arbeit bekommst). Das, was ich mache im Facility-Management bei Bosch im Bereich der Gebäudeerhaltung und des Betriebes von Gebäuden ist schon etwas, in dem ich mich wohlfühle. Es macht mir auch Spaß – denn meine Arbeit trägt dazu bei, dass Gebäudestrukturen erhalten werden und die Gebäude funktional gehalten. Natürlich gibt es in einem großen Industriebetrieb viele Regeln und vorgeschriebene Vorgehensweisen, was manchmal ein bisschen frustrierend ist, weil sich Dinge oft nicht so durchführen lassen, wie ich sie persönlich gerne machen würde. Ein Beispiel: Ich bin auch für die Dächer zuständig. Es gibt Möglichkeiten, Dächer zu reparieren, das ist ja auch in Ordnung. Aber manche Dächer haben nach einer gewissen Laufzeit ihren Zenit überschritten. Dann sollte man dieses Dach auch irgendwann ganz neu machen. Alles runter und dann alles wieder neu drauf. Das kostet natürlich Geld, und da wird gespart. So könnte man sich aber sukzessive jedes Jahr um ein Gebäude kümmern. Wenn das konsequent durchgezogen würde, wäre man in dreißig Jahren fertig – und könnte vermutlich wieder von vorne anfangen. Aber man hätte bei jedem Dach nach und nach jeweils wenigstens dreißig Jahre Ruhe. Man muss nicht mehr, wie jetzt, jedes Jahr viele Dächer flicken und wieder und wieder flicken. In solchen Angelegenheiten ist man in einem großen Betrieb eingeschränkt. Aber im Großen und Ganzen ist das Betreiben von Gebäuden schon etwas, von dem ich früher in der Arbeit beim Bau gedacht habe, dass ich gerne dahingehen würde.

C: Zusätzlich arbeitest du privat bei dir und manchmal bei Freunden. Beschreib mir diese Arbeit auch.

D: Da bei handwerklicher Arbeit am Ende des Arbeitstages oder der Arbeitszeit, die man sich eingeräumt hat, immer zu sehen ist, was man getan hat, ich wiederhole mich, setzt man sich dabei ein viel klareres Ziel als bei der anderen Arbeit. Etwa: Heute möchte ich diese Wand verputzen oder dieses Zimmer gestrichen haben – und ich habe das dann am Ende der Zeit gemacht. Das ist deutlich zufriedenstellender, als wenn ich sage, heute möchte ich die und die E-Mails abarbeiten, plakativ ausgedrückt. Dazu kommt, dass ich mich bewege, durch dieses ab und zu körperlich im Bau Arbeiten.

C: Was heißt ab und zu?

D: Das heißt, abends zwei bis drei Stunden, an einem Samstag auch mal neun Stunden, wenn es erforderlich ist. Das ist ein guter Ausgleich für den Körper, weil ich in der privaten Freizeit keinem aktiven Sport nachgehe, nicht kontinuierlich, sondern nur sporadisch Fahrrad fahre etc. Ich bewege mich sehr gerne.

C: Klingt mir nicht nach „ab und zu". Kommst du auch mal an deine Grenzen, bist überlastet? Hast du auch noch „Freizeit"?

D: Die Freizeit räume ich mir ein und möchte sie mir nicht nehmen.

C: Und läuft es in der „privaten Arbeit" meistens so, wie du es dir vorgenommen hast?

D: Es ist unterschiedlich. Im Garten, da könnte es theoretisch auch schneller vorangehen, wenn ich etwas mehr hinterher wäre. Beim Umbau im Haus habe ich einen viel größeren Ansporn, den Stock, wo früher vor der Onlinezeit deine Volontärinnen und du gearbeitet haben, fertig zu bekommen. Denn das ist einfach eine Notwendigkeit. Unten im Haus, wo wir wohnen, sind es gesamt ca. fünfzig Quadratmeter. Wir beide und zwei Kinder ohne „Kindezimmer". Wir haben die Notwendigkeit, Kinderzimmer herzustellen für die beiden. Lea geht jetzt in die Schule. Und es hängt noch viel mehr damit zusammen. Wir werden auch unser Schlafzimmer in den Stock bauen, damit wir später mal unten umbauen können und so weiter. Also im Haus ist für mich viel mehr Zug dahinter, voranzukommen, als z.B. im Garten. Der kann warten. Ja, ich arbeite auch noch für Freunde. Ich habe gerade wieder eine Sache zugesagt. Aber einem anderen Freund, der mich gefragt hat, ob ich bei ihm diverse Wände verputzen und streichen kann, habe ich tatsächlich abgesagt. Auch meine Kraft ist nicht unendlich. Momentan sind schon einige Projekte darunter, die nicht fertig werden, weil ein anderes Projekt mehr Aufmerksamkeit benötigt. Oder auch mal eines da ist, das von der Machart her interessanter ist.

C: Hast du ab und zu Zeit übrig? Für die Kinder zum Beispiel. Du betreust sie öfter außerhalb der Kindegarten- und Schulzeiten. Sarah arbeitet ja auch. Empfindest du das Betreuen eurer Kinder auch als „Arbeit"?

D: Wenn ich sagen würde, das Zusammensein mit den Kindern ist immer entspannt, würde ich lügen. Natürlich ist es in einer gewissen Art und Weise anstrengend mit Kindern, es gibt Streit und so weiter. Aber ich stelle mich relativ gut darauf ein, dass das eine Zeit mit den Kindern ist und nicht irgendwie nebenher noch was fertig werden muss. Oder dass ich daran denke, mit etwas wegen der Kinder nicht weiterkommen zu können. Früher, als Lea noch kleiner und Liam noch nicht da war, ist mir das schwerer gefallen. Wenn ich eigentlich etwas anderes hätte machen müssen, aber auf Lea aufpassen musste, war ich manchmal innerlich etwas zerrissen oder gefrustet, weil ich nicht weiterkommen konnte, nicht fertig wurde. Das war für mich in den letzten Jahren ein wichtiger Lernprozess: Kinder sind Kinder und Arbeit ist Arbeit. Es ist nicht möglich, dass man beides gleichzeitig macht. Und es ist inzwischen so, dass ich nicht an die Arbeit denke, wenn ich meine Freizeit habe und die mit den Kindern verbringe. Ich bringe ihnen was Sportliches bei, ich fahre gerne mit ihnen mit dem Rad zum Spielplatz oder wir unternehmen sonst etwas. Es gibt viele Möglichkeiten, meine Freizeit mit den Kindern zu teilen.

C: Die Zeiten, in denen du dich um die Kinder kümmerst, würdest du also nicht als Arbeit bezeichnen, sondern als etwas außerhalb der Arbeit, zu deiner „Freizeit" gehörend?

D: Wenn die Frage nur die Antwort ja oder nein zulassen würde, dann würde ich klar sagen: Nein, ich sehe das nicht als Arbeit an. Dass es manchmal auch anstrengend sein kann, hat ja damit nichts zu tun. Nein, das ist keine Arbeit.

C: Zurück zur Arbeit. Du arbeitest gerne körperlich. Begibst du dich damit manchmal auch in Gefahr? Machst du, wenn du erschöpft bist, manchmal weiter und steigerst damit die Gefahr von Unfällen? Gehst du manchmal über deine körperlichen Grenzen hinaus?

D: Ständig. Ich arbeite immer am Limit. Nein, ernsthaft: Es gibt Zeiten, wo ich körperlich so erschöpft bin, dass es so aussieht, als geht's nicht mehr, und dann motiviere ich mich selbst, um weiterzumachen, um mein Tagesziel zu erreichen. Da gehe ich tatsächlich über meine Grenzen hinaus. Und wenn dann etwas schwieriger ist, sodass man sich wirklich körperlich in den Gefahrenbereich begibt, versuche ich mir zu sagen, nee, aufhören, lieber noch mal zwei Stunden mit Überlegen verbringen, wie das nun logisch besser ablaufen kann, wie es zu schaffen ist.

C: Hast du in dem Zusammenhang auch einen Lernprozess, dass du dich seltener in Gefahr begibst als vielleicht früher?

D: Ich würde sagen, eher nicht. Ich gehe natürlich bewusst über die Grenzen hinaus, und es passieren immer mal wieder kleinere Unfälle, aber nichts, wo ich sagen würde, ich gefährde mich.

C: Und hast du Momente, in denen dir was zu viel ist, du keine Lust mehr an der Arbeit hast, oder überwiegt die Freude daran?

D: Nö, die Freude überwiegt, der Spaßfaktor ist deutlich höher als der Frust über Nicht-Fertigwerden. Die Projekte werden ja immer irgendwann fertig. Ich würde sagen, es macht mir tatsächlich viel Spaß, Sachen zu Ende zu bringen und bei komplizierten Vorgängen Lösungen zu erarbeiten.

C: Und möchtest du noch einen Blick in die Zukunft werfen? Bei Bosch bleiben? Den Umbau und andre Projekte fertigkriegen – und weiter?

D: Der Blick in die Zukunft wäre, sich mit Anfang, Mitte fünfzig in die Frührente hineinzubegeben.
Ich bin der Meinung, die Zeit, die wir mit Arbeiten verbringen, ist sicher eine berechtigte Zeit, sie ist aber auch eine verlorene Lebenszeit.
C: Du siehst Arbeit nicht als Lebenszeit?
D: Tatsächlich. Die Arbeit ist eine Notwendigkeit, die wir nutzen, um unseren Lebensunterhalt zu ermöglichen, um Geld ranzuschaffen und sich vielleicht auch mal materielle Gegenstände leisten zu können. Mehr ist es nachher nicht. Das heißt ja nicht, dass diese Arbeit keinen Spaß macht, dass ich sie nicht auch gerne mache.
C: Du meinst mit Arbeit als Notwendigkeit die berufliche Arbeit zum Geldverdienen? Die andere Arbeit mit Hausumbau, in welche Kategorie gehört die, auch in die der „verlorenen Lebenszeit"?
D: Nein, das ist etwas anderes. Alles, was man für sich selber macht oder für Freunde, für andere Menschen, die Arbeit am Wohnraum, am Garten und so weiter, das alles macht man ja für sich, für seine Kinder, für den Kreis aus nahestehenden Menschen, für die nachfolgende Generation. Wenn man diese Arbeit machen möchte, das ist natürlich eine Einstellungssache, sehe ich das nicht als verlorenen Lebenszeit. Man generiert ja was, um nachher das Leben noch mehr genießen zu können.
C: Aber eigentlich ist „Lebenszeit" doch alles inklusive – und berufliche Arbeit ist auch Arbeit für die Gesellschaft als Ganzes, die Dinge, die in Firmen produziert werden, in denen du arbeitest oder gearbeitet hast, werden ja gebraucht, um das Ganze am Laufen zu halten. Aber ich verstehe schon, wie du das meinst mit der „Lebenszeit".
D: Ich denke, man sollte irgendwann die Zeit haben, das Leben einfach zu genießen, egal wie das aussieht. Jemand sagt, ich möchte gerne im Schönbuchwald spazieren gehen, jemand anderer: Ich möchte die Welt sehen, reisen oder einfach im Garten liegen, mich bewegen, was auch immer. Man braucht ja irgendeine Grundlage, auch eine finanzielle Grundlage für das Leben. Aber möchte vielleicht nicht immer von acht bis sechzehn Uhr arbeiten für jemand anderen, eine Firma. Das heißt ja nicht, nichts mehr zu arbeiten. Aber nicht mehr des Geldes wegen. Oder, wenn was mit Geld, dann vielleicht Geld für sich arbeiten lassen. Es ist ja nicht so, dass ich jetzt keine Freiheit habe. Aber ich stelle mir eine größere Freiheit vor, wenn ein Acht-bis-sechzehn-Uhr-Job nicht mehr nötig ist.
C: Arbeitest du realistisch darauf hin, so früh wie möglich mit der angestellten Arbeit aufhören zu können? Also im Sinne von sparen?
D: Ich habe nicht vor zehn Jahren angefangen, Geld auf die Seite zu legen (was ja auch nicht übrig war), um das Ziel zu erreichen. Aber jetzt denke ich schon konkret darüber nach, wie es möglich sein könnte, obwohl es noch knapp zwanzig Jahre hin ist. Es kann noch einiges passieren in den zwanzig Jahren. Aber es bringt nichts, wenn ich sage: Da will ich hin, aber morgen muss ich da sein.
C: Noch eine andere Frage: Das Leben in einer langen Beziehung, würdest du davon auch etwas als Arbeit beschreiben oder eher nicht?
D: Darüber habe ich noch nie explizit nachgedacht. Spontan würde ich schon sagen, dass es eine gewisse Art von Arbeit ist, weil man in dem Prozess einer Beziehung natürlich an sich selbst arbeiten muss. Man muss in dem Veränderungsprozess einige Schritte gehen und sich auch selbst beobachten. Die Selbstreflektion spielt in einer Beziehung eine wichtige Rolle. Wenn man das nicht beherrscht, ist es ein deutlicher Arbeitsaufwand, es zu lernen.

C: Und zum Schluss noch mal zu deiner aktuellen Arbeit am Umbau. Wie sieht der Mittelstock jetzt aus?

D: Ziemlich leer und doch voll. Die Decken sind jetzt alle heruntergekommen. Das heißt auch, das ganze Zwischendrin ist draußen. Das Trägermaterial war Stroh, zwischen den Balken war zusätzlich irgendeine Trockenschüttung.

C: Man bricht vom Dachstock darüber aber nicht durch?

D: Nein, du kannst ganz normal da oben auf den Bodenbrettern gehen. Das Bad ist draußen, alle Heizköper sind draußen, die Wand zwischen Küche und Bad ist raus, die Wand zwischen Küche und kleinem Flur, wo der Stromkasten drin war, ist raus bzw. das Innenleben ist raus, die Fachwerkbalken sind noch da. Irgendwann muss der Statiker kommen, es bleibt spannend.

C: Danke für das Gespräch. Hast du jetzt nebenher gearbeitet?

D: Nein. Das geht nicht in der Rolle des Interviewten. Es ist ja eine Anforderung, seine Gedanken zu sortieren, um auf die Fragen antworten zu können. Andersherum, also als Interviewerin, ist es leichter. Du fragst was, dann könntest du zeitweise abschalten. Du brauchst ja nur ein bisschen Kontext, um die nächste Frage zu formulieren. Zwischendurch kannst du irgendwohin klicken, schnell eine Mail beantworten und so weiter. Du nimmst ja auf.

C: Aber die Arbeit des Transkribierens steht mir nun bevor.

Fragebogen Heinrich Beindorf

Was arbeiten Sie? Bzw. was haben Sie gearbeitet?
Vor der Zeit am Schreibtisch (als Übersetzer, Autor) war ich lange in mehreren Ländern in ungelernten bzw. prekären Jobs („Hilfsarbeiten") in Transport, Gastronomie, Lagerwesen, Gartenbau usw. tätig, die kaum Perspektive oder Stabilität boten. Diese Zeit hat mich aber klar stärker geprägt als die fetten Jahre, die danach kamen. Sie war auch für die Kunst fruchtbarer. Diese Erfahrungen haben einen gewissermaßen „kalibriert". Und man hatte nie ein schlechtes Gewissen …

Wie definieren Sie „Arbeit" für sich? Ist Arbeit zwangsläufig mit Bezahlung verbunden?
„Die Arbeit ist […] die erste Grundbedingung allen menschlichen Lebens, und zwar in einem solchen Grade, daß wir in gewissem Sinn sagen müssen: Sie hat den Menschen selbst geschaffen." *Friedrich Engels*
Ich weiß nicht, ob Engels je über Termitenhügel, Bienenstöcke, Erdmännchenkolonien usw. nachgedacht hat. Ich habe für mich geschlussfolgert, dass primär die Art der ausgeübten Arbeit den Menschen definiert: Der eine ist eben im Glyphosat-Marketing oder bei einer Rüstungsfirma tätig, der andere leistet Krankenpflege oder Sozialarbeit. Stichwort Verantwortung – der ethische Unterschied mag ein gradueller sein, lässt sich aber nicht leugnen. Irgendwann fragen die Kinder einen ja auch: Und was hast du so gemacht (habe ich meinen Vater auch gefragt). Diesen Test muss die Arbeit, die man verrichtet, bestehen …

Empfinden Sie sich hinsichtlich Ihrer Arbeit gesellschaftlich unten, irgendwo in der Mitte oder weiter oben?
Je nachdem, wer fragt, gilt man als elitärer Spinner, verdächtiger Schöngeist oder dubioses Wunderkind mit Traumberuf. Habe jedenfalls die einzige Rolle gefunden, die mir zum Geldverdienen taugt, und da macht es gar nichts, wenn heute mancher akademische Berufsanfänger mehr verdient. Die Frage ist ja: womit …

Sind Sie selbstständig? In welchem Bereich?
Übersetzer, Dolmetscher, Autor.

Wie organisieren Sie Ihre selbstständige Arbeit?
Sehr diszipliniert, immer um den Alltag herum.

Empfinden Sie Ihre Arbeit manchmal als „Selbstausbeutung"?
Nein.

Können Sie als Selbstständiger Arbeit und Freizeit trennen, oder arbeiten Sie immer und überall? Wie sieht das genau aus in Ihrem Bereich?
Man möchte beides trennen, hat aber nur den einen Kopf. Also beginnt man am Urlaubsstrand zwangsläufig schon mal, über eine korrekte Übersetzung nachzudenken, oder muss sich im Supermarkt schnell Notizen für eine Erzählung machen. Und wird streng gefragt, wo man gerade wieder mit seinen Gedanken sei …

Was fällt Ihnen zum Stichwort „Work-Life-Balance" ein?
Dass man diese „Bilanz", so nützlich das Konzept ist, auf jeden Fall über längere Zeit (d.h. nicht im Wochen- oder Monatsquerschnitt) betrachten bzw. erstellen sollte. Es gibt Phasen, wo man wie wild klotzen muss – und das vielleicht sogar genießt –, aber die müssen auch wieder aufhören.

Gibt es ein Ende der Arbeit?
Ja. Irgendwann hängt sie einem zum Hals heraus. Oder man merkt, dass die Lust/Kraft nicht mehr da ist, dann muss Schluss sein. Wer mal einen Chef (oder Zahnarzt …) gehabt hat, dessen Zeit eigentlich vorbei war, weiß, was ich meine.

Spracharbeit, Schreiben Übersetzen, Lehren ... arbeiten Sie mit Sprache, wie sieht Ihr Arbeitsalltag aus?
Ich stehe später auf als ein Betonierer oder Orthopäde, arbeite aber oft doppelt so lange. Man ist ja alles in einer Person – Hersteller, Kundenbetreuer, Buchhalter, Werbetexter, Haustechniker... Am schönsten ist es, wenn das Telefon schweigt und man in Ruhe etwas erzeugen kann, es also „läuft".
Leben Sie in einer Beziehung? Und gibt es hin und wieder Konflikte wegen der Arbeit? Welchen Einfluss hat „Arbeit" auf Ihr Liebesleben?
It's complicated.
Was ist für Sie „Beziehungsarbeit"?
Ein Unwort.
Trauerarbeit?
Dito.

Kurzes Gespräch mit Simone Eigen

Was arbeitest du?
Ich verkaufe Bücher und das aus Leidenschaft. Bis 1982 in Frankfurt am Main, seitdem auf der Insel La Palma. Zuerst in einer Markthalle, zusammen mit Lebensmitteln. Später gründeten wir den Flohmarkt, den Rastro in Argual. Das ist auch schon um die 30 Jahre her. Dort stehe ich jeden Sonntag. Neben einer großen Auswahl an Büchern gibt es eine kleine Auswahl Lebensmittel: Marmelade, Kuchen, wenn die Zeit dafür ist, Pfifferlinge etc., ich backe, koche und laufe gerne im Wald.
Jeden Sonntag viele, teils komische Begegnungen mit Kundinnen und Kunden. Wie du davon erzählst, das wäre was zum Aufnehmen als Slapstick. In der Situation selbst findest du das vermutlich nicht komisch. Erzähl doch mal vom letzten Sonntag.
Eine ältere deutsche Frau spricht Manolo (mein Standnachbar, der Pflanzen verkauft) mit einem deutschen Wortschwall von hinten an. Ich sage: „Er versteht Sie nicht, wir sind in Spanien. Sie: „Hier leben genug Deutsche, da können die doch auch mal Deutsch lernen!" Ich wieder: „Wir sind Gäste in diesem Land." Sie antwortet: „Ich bin kein Gast, ich habe ein Haus."
Ich dachte, Kolonialismus sei vorüber.
(Ich übersetze und die Frau kauft beim spanischsprachigen Nachbarn gut ein. Ihm übersetze ich nicht, was die Frau über die Sprachen gesagt hat, um seine Freude über den Verkauf nicht zu schmälern.)

Eine andere ältere deutsche Frau mit älterer Tochter hat den spanischsprachigen Reiseführer in der Hand. Sie sagt: „Da soll es doch was um Buswanderungen Erweitertes geben."
Ich: „Sie haben das spanischsprachige Buch in der Hand. Hier ist die deutsche Ausgabe."
Die Frau knallt das Buch zurück auf den Tisch und nimmt das andere Buch in die Hand, blättert, sagt: „Da sind die Buswanderungen nicht drin!"
Ich: „Das ist die neueste Auflage."
„Aber die Verlegerin hat das angekündigt. Das muss drin sein. Die ist ja eine Deutsche. Das muss da drin sein." Sie wiederholt es mehrmals. Ihr Ton wird immer giftiger. Tochter schweigt.
„Nein, ich sage es noch mal, das ist die neueste Auflage."
Die Frau: „Also wenn Sie nicht wissen, was Sie hier verkaufen..."
Ich: „Wenn Sie weiter in diesem Ton mit mir reden, dann rede ich nicht mehr mit Ihnen."

„Unverschämtheit. Sowas habe ich ja noch nie gehört.". Die Frau schmeißt das Buch zurück auf den Tisch, packt ihre Tochter am Arm und marschiert davon.

„Warum macht der denn keine Comics mehr?", fragt einer und legt den Roman von Peter Butschkow, Wo ist Emilia, empört zurück.

„Sie sind ja immer noch da. Wie lange wollen Sie das denn noch machen?"
„Was wird denn, wenn Sie das nicht mehr machen, wo kann ich denn dann hier gute deutschsprachige Literatur kaufen und mich mit Literaturtipps versorgen lassen?"

„Ich mach das so lange ich kann. Und wenn ich hier mal umkippe und man mich von hier wegtragen muss."

Ich habe ein Buch, Hardcover, „Frauen Power". Bebildert mit Frauen von früher bis heute. Nimmt so ein Dreißigjähriger es in die Hand, schaut auf, mustert mich: „Sie sind also eine der alten Sechziger."
„Nein", sage ich, „ich bin Jahrgang 46, also noch etwas älter, sofern das Rechnen nicht schwerfällt." Er zu seiner Begleiterin im Flüsterton: „Habe ich doch gewusst, bei so einem Buch, nach wie vor stur dabei." Ich dachte nur, in was für einer Welt leben wir? Jeden Sonntag eine neue Überraschung. Das dazu, Punkt. *(4.12.2022)*

Eleonore Hochmuth
Design oder nicht Design

Die Arbeit als Designerin erfüllt mich sehr. Sie erlaubt mir, mich in verschiedenste Welten einzudenken, mich den unterschiedlichsten Fragen aus immer wieder neuen Perspektiven zu stellen. Was braucht das Huhn in der Stadt? Was der Hund, die Katze im Schnee, was der Mensch im Büro, in der Wohnung, im Bett, am Körper? Welche Produkte machen das Leben schöner, einfacher? Ich kreiere Wegbegleiter für Mensch und Tier, für eine kurze oder lange Zeit. Auf dem Weg zum Produkt erfährt man sehr viel über die Kunden, die Zielgruppe der Produkte, das Umfeld des Produktes selbst. Alle Informationen werden in einen großen gedanklichen Topf geworfen, der Kopf beginnt von allein daran zu arbeiten, zu sortieren, zu entwickeln, zu gestalten, die erfragten, formulierten Aufgabenstellungen zu lösen. Hände und Augen sind die Werkzeuge, die das Vorgedachte ausführen, testen – ein wunderbarer und sehr erfüllender Prozess.

Bei manchen Kunden ist der Weg zum Produkt ein sehr schöner – klare Rahmenbedingungen, enge Absprachen, ein gutes Verhältnis zu Produktion und Marketing, wenig Reibungsverluste. Die Realität sieht jedoch oft anders aus – Ideenklau, schlechte oder gar keine Bezahlung, und das Schlimmste: je erfolgversprechender das Produkt, desto schlechter die Behandlung des Designers. Er soll verunsichert werden, dem Erfolg seines Produktes misstrauen, damit man ihm keine Nutzungsrechte bezahlen und ihn nicht am Gewinn beteiligen muss.

Oft wird auch einfach die Kommunikation abgebrochen, um die Produktidee insoweit zu verändern, dass sie dem Designer rechtlich nicht mehr zugeordnet werden kann. Doch selbst die Mühe des Veränderns macht sich der Plagiator nur selten. Bevor man selbst ein Produkt vorstellt, wird der Lieferant des Kunden ganz nebenbei gebeten, dieses und jenes doch eins zu eins zu kopieren und bitte mindestens zum halben Preis anzubieten. Jeder weiß das, fast jeder tut es und doch behaupten alle entrüstet, so etwas läge ihnen gänzlich fern. Lang ist die Liste der Vorkommnisse, die mich immer wieder fragen lassen: Design oder nicht Design?

Das Schöne am Design: Man sitzt in einer U-Bahn am anderen Ende der Welt, eine Frau steigt mit ihrem Hund in einer Tragetasche zu, die man entworfen hat. Ich muss aus Not einen Regenschirm in New York kaufen und entdecke in dem Laden ein Heftgerät und einen Klebebandabroller von mir. In Berlin das Gleiche, in der U-Bahn, am Bahnhof, im Flugzeug. Im Bürofachmarkt stehen Menschen vor meinem Produkt, überlegen, ob sie dieses oder jenes nehmen sollen. In einer Hautklinik benutzt die Schwester meinen medizinischen Abroller für das Pflaster, ohne zu wissen, dass sie in dem Moment die Erfinderin verbindet. Ein wirklich tolles und sehr erfüllendes Gefühl.

Dennoch quälen mich die Rahmendingungen der Arbeit als Designerin derart, dass ich mir oft wünsche, mich ganz meinem zweiten Standbein, dem Gesang zuzuwenden. Bis ein Produkt den Endverbraucher, die Endverbraucherin, erreicht, ist es ein sehr langer Weg und ich bin nicht dabei, wenn es zur Anwendung kommt. Beim Gesang hingegen teilt man vom ersten Ton bis zur letzten Silbe alles mit dem Publikum. Es erfüllt mich gleichermaßen, einem glücklichen Design-Kunden oder einer glücklichen Zuhörerin in die Augen zu sehen. Das Erdachte oder Gesungene zu teilen ist das höchste der Gefühle. Immer geht es ums Teilen, das gemeinsame Erleben der Inhalte, der praktischen, wie der emotionalen, ob im Produkt oder im Lied.

Einen Chansonabend gestalte ich genauso leidenschaftlich wie ein Produkt, und auch da gibt es Trittbrettfahrer, den Kampf, den alle Künstler kämpfen um Gagen, Auftrittsmöglichkeiten und das Glas Wasser auf dem Bühnentisch. Als Designerin sehne ich mich oft nach dem Gesang, im Tumult der Musiker oft nach meinem Schreibtisch. Design oder nicht Design, das bleibt vermutlich meine unauflösbare Frage.

Arbeitsbiografien

Johanna, * 1931
Arbeitsleben

Ich bin in einen Handwerksbetrieb hineingeboren worden. In eine Möbelschreinerei in Gerolstein in der Eifel, in dritter Generation. Meine Mutter hat im Laden gearbeitet. Im Haus wohnten immer mindestens sechs Gesellen und Lehrlinge mit uns, und für den Haushalt gab es eine Haushälterin und eine Helferin. Die Lehrlinge und Gesellen gehörten zur Schreinerei. Sie kamen aus den umliegenden Orten. Gerolstein war schon früh ein Knotenpunkt für die Bahn und damit auch eine Arbeitsstätte für Menschen aus der Nordeifel. Die Nordeifel ist wunderschön, war aber immer sehr arm. Die Lehrlinge, Gesellen und Mitarbeiter aus den Dörfern wohnten bei uns im Haus, über der Werkstatt, zwischen der Werkstatt und unserem Stock. Sie wurden auch mit uns zusammen beköstigt. Ich erinnere mich, als ich

ein kleines Kind war, musste ich mich an den großen Tisch in eine Ecke setzen und durfte nur nicht auffällig werden. Es gab immer eine große Menge Essen für alle, die dort am Tisch saßen: die Lehrlinge und Gesellen und die Familie und die Haushälterin und das Mädchen, die Gehilfin. Alle, die zum Haushalt gehörten, und ich, das einzige kleine Kind. Am Wochenende gab es fast immer Eintopf. Das gab es auch später noch. Und nach dem Eintopf wurden Reibekuchen gebacken. Drei Personen haben die Reibekuchen gebacken, eine hat gerieben, zwei haben gebacken. Mit so vielen Leuten am Tisch, das war eine riesige Menge Reibekuchen. Ich kann mich gut erinnern, da war immer viel los, alle waren aufgeregt. Und erst wenn das tägliche große Essen vorbei war, wenn sie abdampften und wieder in ihren Stock oder in der Woche zurück in die Werkstatt gingen, war etwas Ruhe, bevor Mutter zurück in den Laden ging. Ich bin also die erste Zeit meines Lebens in einem großräumigen Haus mitten in der Arbeit aufgewachsen. Bei Handwerksbetrieben war das früher immer so. Später nur noch auf dem Land. Die Gesellen und Mitarbeiter aus den Dörfern konnten ja nicht morgens um zwei losgehen, um zur Arbeit zu kommen, sie wohnten dort, wo sie arbeiteten. Und da alle arbeiteten, hatte man wenig Zeit für mich. Mutter war im Laden, Möbel verkaufen, der Vater in der Werkstatt, und ich musste als Kind, wie alle Kinder in solchen Betrieben, sehr selbstständig sein. Ich habe mich selbst beschäftigt und viel geguckt, in die Schreinerei, den Laden.

1936 zogen wir nach Köln. Meine Schwester wurde 1936 schon in Köln geboren. Danach arbeitete meine Mutter etwas weniger im Betrieb. In Köln war die Werkstatt in einem Extrahaus. Wir hatten acht Mitarbeiter und den Haushalt nicht mehr direkt bei der Werkstatt. Von der Wohnung zur Werkstatt ging es mit der Straßenbahn. Wenn was transportiert wurde, brauchten wir ein Auto. Wenn du in einem Handwerksbetrieb aufwächst, wächst du auch mit einem Auto auf. Wir hatten in Köln also schon vor dem Zweiten Weltkrieg ein Auto und auch ein Telefon. Damit waren wir privilegiert. Die Nachbarn kamen vorbei und telefonierten mit ihren Familien, wenn diese Telefone hatten. „Was macht die Oma", fragten sie durch unser Telefon.

Mein Vater war unangepasst. Er hat Menschen beschäftigt, die aufgrund ihrer politischen Einstellung sonst keine Arbeit mehr bekamen. Z.B. den Vater eines Lehrlings, der auf einer verbotenen Versammlung von Kommunisten aufgegriffen worden war und dann für zwei oder drei Jahre in ein KZ kam. In der Zeit gab es viele Razzien. Danach hat mein Vater ihn angestellt, obwohl er kein Schreiner war, als Hilfsarbeiter. Er war auch nicht in der nationalsozialistischen Arbeiterbewegung, wo Betriebe hätten drin sein müssen. Ich kam in die Schule. Und dann kam ja schnell auch schon der Zweite Weltkrieg. Da mein Vater verfolgte Menschen beschäftigt hatte, wurde er, obwohl er schon viel zu alt war, als der Krieg ausbrach, sofort eingezogen und kam ins Strafbataillon. Erst 1946, nach dem Krieg, sahen wir ihn wieder. Und wir, die Familie, standen immer im Fokus und mussten sehr vorsichtig sein. 1941 wurden der Betrieb und die Werkstatt von einer Bombe getroffen. Alles verbrannte, selbst die Bücher der Buchhaltung im Tresor waren verkohlt. 1943 kamen wir aus dem Luftschutzkeller, und das Haus, in dem auch unsere Wohnung war, war weg. Danach sind wir in die Eifel gezogen, nicht zu den Großeltern väterlicherseits nach Gerolstein, sondern zu den Eltern meiner Mutter in die Eifel nahe an der belgischen Grenze. Das muss im Frühjahr 1944 gewesen sein. Im Herbst 1944, als Holland befreit war und die Invasion schon monatelang lief, haben die Deutschen in dem eifelbelgischen Gebiet noch mal eine ganz große Gegenoffensive gestartet, die sogenannte Ardennenschlacht. In der Zeit mussten wir immer wieder in die Splittergräben. Die SS war auf der Straße, auf den Gleisen, alles war Kampfgebiet. Diese kleinen Orte wurden auch oft von englischen oder amerikanischen Tiefffliegern beschossen und bombardiert.

Irgendwann wurden bei Nacht und Nebel Frauen und Kinder mit ganz wenigen Habseligkeiten in einen verdunkelten Zug gesetzt, und der brachte uns als Flüchtlinge in den Westerwald. Da waren wir überhaupt nicht gerne gesehen. Denn es waren schon so viele Soldaten da und die ersten Flüchtlinge aus dem Osten, die früh genug abgehauen waren. Das Kriegsende haben wir dort erlebt. Erst waren die Amerikaner in der Gegend. Als in Zonen aufgeteilt wurde, kamen wir in die französische Zone. Es gab ja die vier Zonen, die russische, die amerikanische, englische und französische. Die russische Zone habe ich nur vom Hörensagen kennengelernt. In der französischen Zone zu leben, war hart. Die Franzosen hatten dreimal deutsche Besatzungen und deutsche Siege erlebt. Unser Vater hatte das Kriegsende in Norwegen verbracht und war im Norden, Schleswig-Holstein, in einem großen Internierungslager. Wir hatten Nachricht, wussten, wo er war. Als er aus der Gefangenschaft kam, im Winter 1946, mussten wir die französische Zone sofort verlassen und wurden in die englische umgesiedelt. Wir mussten in das vollkommen zerstörte Köln. Dort haben wir furchtbar gehaust, wir wohnten in den Trümmern. Und dann mit vielen Menschen zusammen in Baracken. Es waren einstige Baracken der Arbeitsfront. Wenn man in einen zerstörten Häuserblock kommt, in eine brennende Stadt, das prägt sich ein. Ich war inzwischen schon fünfzehn.

Die englische Zone war die, die am straffsten organisiert war. Die Engländer waren am distanziertesten, aber unheimlich gut organisiert. Nichts mit Fraternisieren und Schokolade für die Kinder. Die Engländer machten erste Zeitungen. Sie versuchten, eine Demokratie aufzubauen und die Naziverbrechen aufzuarbeiten. Ein Gesetz wurde eingeführt, dass die Bewohner der zerstörten Städte selber enttrümmern müssen.

Und jetzt komme ich wieder zum Thema „Arbeit". Alle ab fünfzehn, Frauen und Männer, mussten mitarbeiten. Wir mussten zum Beispiel unsere Schule enttrümmern. Sie lag in der Nähe vom Dom, eine Jungen- und Mädchenschule, früher noch in getrennten Teilen. Meine Mutter und ich erhielten einen Pass, hatten unsere Enttrümmerungsschilder und mussten den Dreck in Loren schippen und so weiter. Und wenn wir fertig waren, bekamen wir einen Stempel in unseren Pass. Ohne den Stempel hätten wir keine Lebensmittel bekommen. Ich weiß nicht, wie das in anderen Zonen war. Aber bei den Engländern war das sachlich und kompetent, und dass alle mitarbeiten mussten, hat dazu beigetragen, dass sich der Westen, auch das Ruhrgebiet, schnell von den Trümmern befreit hat. Die Engländer haben Druck gemacht. Es gab auch keine Rücksichtnahme und Ausnahmen, alle mussten mitarbeiten. Warum sollten die Deutschen nicht zu Arbeit verpflichtet werden. Andererseits setzte mit dieser harten Arbeit – und auch damit, dass wir wieder in der Stadt Köln waren – erst wirklich das Erleichterungsgefühl ein, das Nazi-Regime los zu sein. Endlich wieder ohne diesen Wahnsinnsdruck zu sein, wo wir als Familie so vorsichtig sein mussten, wo immer ein Gefühl der Bedrohung geherrscht hatte. Die Engländer waren zwar sachlich und streng, aber nicht bedrohlich. Und in der Stadt begann sofort die Kultur. Du konntest wieder Bilder ansehen, die vorher entartet waren, du konnten verbotene Bücher lesen, später kamen die Filme hinzu, es war ein ungeheurer Aufbruch. Ich kann mich gut an den Aufbau der Bundesrepublik und des Landes Nordrhein-Westfalen erinnern.

Mein Vater, der sein ganzes Leben lang liberal eingestellt war, hat mich in dieser Zeit auch an Politisches herangeführt. Wir konnten wieder über solche Dinge reden. Vorher hieß es immer, wir sollten nur nicht sagen, was wir denken. Auch das empfand ich als ungeheuren Aufschwung. Ein Aufschwung auch der sozialen Verantwortung, bei vielen. Der wurde erst wieder abgeschwächt durch das sogenannte Wirtschaftswunder. Als die Wirtschaft wieder anfing zu laufen und deutsche Waren immer begehrter wurden. Sie standen gut da gegen die Russen, weil der Westen das Ruhrgebiet hatte und so weiter. Man konnte wieder kaufen, da wurden auch die Nazis vergessen, da wurde alles vergessen so ungefähr. Und damit wurde wieder sehr viel Kultur untergraben, sehr viele Initiativen abgewürgt. Die Nazis haben sich in der Adenauer-Regierung wieder breitgemacht. Sie waren wieder wer.

Es kam erst wieder ein Umschwung, und das finde ich beschämend, eine große intellektuelle Rückbesinnung mit dem Eichmann-Prozess. Bis dahin hieß es, man musste das ja alles machen, ich habe es nicht gesehen, und so weiter. Nicht gesehen, wie die Synagogen brannten! Oder die Wohnhäuser von Mitschülerinnen. Oder wie die Roma zusammengetrieben wurden. Das hat man gesehen! Man wusste auch, wo sie hinkommen. Abgesehen davon wurde es ja auch immer in deren Zeitung geschrieben, dieses furchtbare Organ, das jeder kaufen musste.

Mit dem Prozess wurde begonnen, das aufzuarbeiten. Kurz darauf kam das Hochhuth-Drama „Der Stellvertreter" (das haben wir in Berlin gesehen). Und vieles kam endlich in die breite Öffentlichkeit und in die Presse. Auch wenn sich die breite Öffentlichkeit nicht dafür interessierte. Es folgte die Verhärtung nach links, die RAF – und für den Staat, der noch auf Wirtschaftswunder getrimmt war, nur vorwärts und sonst gar nichts kannte, wurde es etwas eng. Es bildeten sich andere Gruppierungen. Auch Leute, die bis dahin den Mund gehalten hatten, sprachen jetzt. Die Zeit der besetzten Häuser. Es hat sich auch im Alltag radikal viel verändert, für alle. Früher, als Heinrich, mein Mann, und ich unsere Auftraggeber ins Theater ausführten, hatte ich immer noch ein kleines schwarzes Theatertäschchen und die Männer trugen einen edlen dunklen oder graumelierten Anzug. Seit den 68er Jahren habe ich zehn Jahre jünger ausgesehen als zu der Zeit, wo ich zehn Jahre jünger war. Das kleine Schwarze war nicht mehr nötig. Das Theatertäschchen gab es nicht mehr. Nur die Schuhe waren geblieben, weil sie bequem waren. Vor 68 ging ich nach Düsseldorf in die Stadt mit Handschuhen und Hütchen. Wenn du die Bilder aus der Zeit siehst, denkst du, das ist eine andere Frau da im „Sonntagsstaat". Jetzt konnte man auch mal mit einem aufgekrempelten Ärmel ins Theater gehen und ich musste Heinrich nicht mehr zu Anzügen überreden, überall konnte er mit seinen Cordhosen hin. Der Änderungsprozess dauerte nicht lange. Das kam abrupt. Es hat sich viel verändert in der Zeit, und dann durch die sogenannte Kuba-Krise auch in der Wirtschaft.

Wir, mein Mann Heinrich und ich, haben in der Werbewirtschaft gearbeitet, wo alle dachten, das geht endlos so gut, und auch das wurde in Frage gestellt. Mein Vater war 1952 gestorben, und meine Mutter, die sehr selbstständig war, hatte sich danach mit über fünfzig noch einmal verheiratet. In dieser zweiten Ehe hat sie aufgehört zu arbeiten. Auch einen Mann aus der Eifel, ein fabelhafter Stiefvater, der aber auch bald starb.

Heinrich kam aus Berlin-Tempelhof. Sie waren vier Geschwister. Der Vater arbeitete bei der Reichsbahn, die Mutter war Näherin. Er hatte Grafik in Berlin studiert. Berlin war eine vom Westen gepäppelte Stadt. Sie war subventioniert und konnte sich viel leisten von der Kultur her, aber sie hat kaum was selbst erwirtschaftet. Heinrich und seine Mitstudentinnen und -studenten fanden dort keine Arbeit. Alle aus der Werkkunstschule sind in den Westen gegangen.

Die Werbebranche, die Grafiker bauchte, war in Frankfurt, Hamburg, Düsseldorf und Köln. Die großen Konzerne waren dort. Kaufhof war in Köln, Horten in Düsseldorf, Karstadt in Essen. Von da aus wurden die Arbeitsaufträge vergeben.

Unsere Familie musste aus finanziellen Gründen in der großen Etagenwohnung Zimmer untervermieten. Und Heinrich hatte ein Zimmer bei uns gemietet. Er hat in Köln in einer Agentur als Grafiker gearbeitet hat. Er und ich, wir waren beide nicht die oder der Erste füreinander, waren beide, wie es damals verschämt genannt wurde, schon einmal „im Unreinen verlobt" gewesen. Heinrich war wahnsinnig hartnäckig. Vor allem, wenn mein damaliger Freund, mit dem ich eigentlich schon nichts mehr anfangen konnte, kam, ging Heinrich einfach nicht weg. Wir haben uns oft sehr gut unterhalten und sind immer mal wieder zusammen ins Kino oder Theater gegangen. Wir teilten viele Interessen. Nach zwei Jahren ging er nach Düsseldorf. Und ich wollte auch mal von meiner Mutter aus Köln weg und zog mit ihm.

Nun wieder zu meinem „Arbeitsleben". Ich hatte auf einem Gymnasium angefangen, ging nach dem Krieg in eine Realschule und machte dann in einer kaufmännischen Schule meinen Abschluss. Danach bekam ich eine Stelle als Finanzbuchhalterin einer größeren Öl- und Chemiefirma. Als ich mit Heinrich nach Düsseldorf umzogen bin, habe ich weiter als Buchhalterin gearbeitet, so lange, bis wir uns selbstständig machten. Ich wurde die kaufmännische Seite unseres kleinen grafischen Unternehmens. Buchhaltung, das Kaufmännische lag mir. Ich kannte das ja alles seit Kindheit aus unserem Handwerksbetrieb. Lohnbuchhaltung, Steuererklärungen, auch Wechsel ausstellen, mal aufs Gericht gehen. Die Buchhaltung braucht einen guten Steuerberater und nach Möglichkeit auch mal einen Juristen zum Konsultieren. Auch als kleiner selbstständiger Betrieb braucht man so etwas. Als mein Vater 1952 starb und die Schreinerei aufgegeben wurde, war ich einundzwanzig. Ich war zwar noch in meiner beruflichen Ausbildung, aber ich habe damals den ganzen Betrieb abgewickelt.

1954 haben Heinrich und ich geheiratet. An einem 30. Mai. Passend zum Lied „Am 30. Mai ist der Weltuntergang, wir leben nicht mehr lang".

In Düsseldorf war meine Arbeitsstelle weit weg von unserer Wohnung. Heinrich gehörte in der Werbebranche zu den zwei Prozent der Deutschen, die damals über 1000 Mark verdient haben, das war wahnsinnig viel. So konnten wir für einen Umzug ansparen. Heinrich hat immer auch schriftlich gearbeitet, für einen Verlag in Amsterdam, und neben seinen grafischen Arbeiten auch in der Agentur Texte formuliert. Ungeplant und schnell haben wir uns dann entschlossen, uns selbstständig zu machen – und so brauchten wir unsere Ersparnisse fürs Selbstständigwerden und suchten eine Wohnung mit Atelier ... Wir sagten uns, wir versuchen es ein Jahr lang mit der Selbstständigkeit, und wenn es nicht klappt, geht Heinrich wieder in eine Agentur und ich in eine andere Firma als Buchhalterin. Es war die Zeit des beginnenden Wirtschaftsaufschwungs, und der Gedanke, keine Aufträge oder keine Arbeit zu finden, lag fern.

Und so wurden wir in Düsseldorf selbstständig. Heinrich hatte drei damals große und gut funktionierende Konzerne als Kunden (Kaufhof, Horten und Karstadt). Sie hatten einen Verbund, Verwaltungsaufgaben wurden zusammengelegt. Und wir haben für die Personalabteilung in deren Hauptverwaltung das gesamte Ausbildungsmaterial gestaltet. Auch Schulungsfilme und Broschüren, solche wie „was tun bei Feuer". Heinrich hat auch den Nachwuchs – der in Neckarsulm ausgebildet wurde – betreut.

Zu Beginn, als wir uns selbstständig machten, hat Heinrich ein unglaublich teures Seminar besucht, nicht bei diesem Verband, sondern bei Neckermann. Wir haben lange darüber nachgedacht, ob das Seminar Sinn macht – denn dass wir uns selbstständig machten, hatte schon viel gekostet –, aber es war sinnvoll. Wir wollten nicht „klein-klein" selbstständig werden, so wie es einer der Brüder von Heinrich, auch ein Grafiker, gemacht hatte. Wenn man „klein-klein" anfängt, bleibt man auch klein. Da waren Heinrich und ich immer einer Meinung: Beruf war für uns beide wichtig. Das Seminar kostete damals 2000 D-Mark für drei Tage. Aber er hat den Schliff bekommen, der für die Arbeit nötig war. Mit diesem Seminarschein konnte er außerdem selbst auch Schulungen machen. Schulungen für – so ließe sich das von heute her sagen – die ersten Manager in bestimmten Berufsgruppen.

Schon bald war die erste Wohnung mit Atelier, die wir gefunden hatten, zu klein. Wir brauchten größere Büros. Es gab immer mehr Mitarbeiter. Warenhausverkäuferinnen sind ja in einzelne Sachgruppen aufgeteilt, Kleidung, Elektro etc. Wir haben das Unterrichtsmaterial für alle Gruppen gestaltet, für die sachbezogene firmeneigene Ausbildung. Heinrich hatte über Bekannte eine Verbindung zur Fachhochschule Niederrhein bekommen und arbeitete dort zusätzlich als Dozent für audiovisuelle Kommunikation, über 25 Jahre lang. Er hätte Professor werden können, aber das wollten wir nicht. Wir wollten selbstständig sein. Es hat nicht viel Geld eingebracht, aber es hat ihn mit Studentinnen und Studenten arbeiten lassen, manche arbeiteten dann bei uns – Heinrich war es sehr wichtig, zu lernen und Gelerntes weiterzugeben. Wenn man so wie wir alleine selbstständig arbeitet, besteht die Gefahr, eng zu bleiben oder zu werden. Auch das ein Grund, dass wir den einen Tag in der Woche im Semester an der Fachhochschule waren: Nicht nur, dass Heinrich lehrte, sondern um unseren eigenen Blick zu weiten. Es geht um Kommunikation, mit Studenten aber auch mit den Kolleginnen und Kollegen. (Die wurden übrigens alle zu Professoren, als die ehemals Werkkunstschulen in Hochschulen umgewandelt wurden.)

Das Arbeiten mit Studentinnen und Studenten war für uns also persönlich wichtig, aber es war auch gut fürs Image, für die Konzerne, die uns Aufträge gaben. An einen „Dozenten der Fachhochschule Niederrhein". Wir haben das alles mit Überzeugung gemacht. Jedes Jahr haben sich ein oder zwei der Studentinnen und Studenten bei uns eingearbeitet. Sie haben so etwas wie Volontariat gemacht, bezahlt natürlich. Dazu brauchten wir ein drittes Mal mehr Platz und eine kleine Küche, eine eigene Toilette und so weiter. Also vergrößerten wir uns. Um diese wieder größere Wohnung vorzufinanzieren – es war die Zeit, wo das alles so richtig wuppte –, haben wir eine Lebensversicherung abgeschlossen und dann bei der Dresdner Bank die Lebensversicherung beliehen, weil das besser war, als über Darlehen zu finanzieren. Doch Bankmenschen beobachten ja auch, was gemacht wird. Und nach einer Weile sagte der Bankmann zu mir – ich organisierte alles Finanzielle bei uns – Frau X, ich beobachte Ihre Konten mit den kurzfristigen Krediten (immer so um die 50.000 Mark, das war zu DM-Zeiten viel), alles sei zwar abgesichert durch die Lebensversicherung, aber ich kann das so nicht mehr vertreten, ich sehe, was bei Ihnen raus- und reingeht. Ich empfehle Ihnen, eine Immobilie zu kaufen. Wenn Sie eine Immobilie kaufen und die über unsere Bank finanzieren, brauchen Sie keine kurzfristigen über die Lebensversicherung abgesicherten Kredite mehr. Ihre Kredite wären dann über die Immobilie abgesichert.

So kamen wir darauf, uns eine Eigentumswohnung mit Büro zu suchen – und sind nach Gerolsheim gezogen. Das war eine schöne Wohnung, am Wald. Doch alles wurde teurer. Nicht die Wohnung selbst, aber die Büroeinheit einzurichten. Es war auch eine schöne Adresse, so was war auch wichtig bei Kaufhof und Konsorten. Unsere erste Wohnung wäre keine „gute Adresse" gewesen.

Du lernst einiges kennen, wie das in solchen großen Konzernen – damals – funktionierte. Einmal hat der oberste Personalchef gesagt: „Herr X" – wir fuhren immer so eine großen, uralten, weich gefederten Citroën –, „können Sie sich nicht mal einen Mercedes zulegen." Doch dann ergänzte jemand anderer: „Herr X ist ein Künstler", und sie akzeptierten irgendwie, dass der Herr immer ohne Krawatte und mit Cordhose und Citroën kam. Er durfte trotzdem im

Casino mitessen. Die waren auf ihre Weise wie Beamte, nur kriegten sie keine Pension, sondern eine Beteiligung. Man musste diese Leute sehr pflegen. Mal auf eine Ausstellung oder ins Komödchen einladen. So hatten wir Tage mit drei der Oberen dort samt Gattinnen. Das hat anständig Geld gekostet. Aber es kam uns auch wieder zugute. Auch das hatte ich schon zu Hause in unserer Möbelschreinerei gelernt. Mein Vater hat auch Häuser ausgestattet. Und so lernte ich damals schon, dass man die Auftraggeber pflegen musste, sie mal einladen, auch mal ein Geschenk machen.

Wir brauchten bald wieder mehr Platz. Irgendwann verkauften wir die Eigentumswohnung in Gerolsheim und haben ein Stück Acker gekauft. Wir wollten ein Haus mit Ateliers und Räumen für Mitarbeiter und Gäste und so weiter bauen. Zu der Zeit war dort noch Weideland, es standen Tiere auf dem Gelände. Wir mussten aufs Gemeindeamt. Wegen der Bauanträge, Kanal, Wasser, Strom, es gab dort noch nichts. Was machbar ist, kann jeder begreifen, dachte Heinrich immer, aber auf dem Gemeindeamt war das nicht so. Die Anträge erarbeitete ich. Auf dem Amt verfiel ich immer in meinen niederrheinischen Singsang, und alle versuchten dann, mich zu beruhigen, sagten: Ach, Frau X, regen Sie sich doch nicht so auf. Irgendwann sagte ich, wieder im nervenden Singsang, dazu Tränen in den Augen: Ich bleibe jetzt so lange, bis das geklärt ist. Es wurde geklärt.

Schon als wir das erste Mal auf dem Land waren, sah ich künftige Nachbarn aus einem alten Haus am Rand des Geländes, wie sie über eine Hecke guckten. Ich sagte: Da gehen wir jetzt hin und stellen uns vor. Heinrich: Nee, das kann man doch nicht einfach ... – Ich: Wir gehen da jetzt hin und sagen Tach ... wenn sie es nicht wollen, kehren wir halt wieder um. Wir also hin, und das endete dann mit Schnäpschen. Auch als unser Haus fertig war, luden wir die Nachbarn ein, und als die Nächsten anfingen zu bauen, nahmen wir gleich Kontakt auf. Einer gegenüber wurde erst Schützenkönig, dann Minister. Üblich war, dass die Nachbarschaft zusammenkam, es gab wieder Schnäpschen, und dabei wurden Röschen gedreht für das Schmücken der Schützenkönige. Heinrich wollte so etwas zuerst nicht. Wir haben doch genug Betrieb hier im Haus mit den Mitarbeiterinnen und Mitarbeitern und unseren Geschäftsgästen. Ich: Wäre trotzdem gut, wenn wir mitmachen, gute Nachbarschaft ist wichtig. So haben wir also mit ihnen Röschen geschmückt, wir waren integriert. Beim zweiten Schützenfest haben wir mit aufgebaut. Sie hatten die Musik für einen „Schützensong", schon von der GEMA genehmigt, kamen aber mit dem Text nicht voran und baten Heinrich. Ja, sagte der, und dann hat er ihnen eine Hymne geschrieben und die haben sie dann eingeübt. Wir wurden ins Zelt eingeladen und Heinrich auf die Bühne geholt, er kriegte einen Orden, und dann wurde das Ding gesungen.

In Düsseldorf war das weniger wichtig mit der Nachbarschaft. Aber überall auf dem Land, auch am linken Niederrhein, ist es anders. Man ist auf die Nachbarn angewiesen. Ich hatte ja schon aus meiner Kindheit viel Bezug dazu, in einem Handwerksbetrieb, so etwas Ähnliches war unser Grafikbetrieb ja auch, auf dem Land zu leben. Aber auch das Stadtkind Heinrich hat sehr gerne da gewohnt.

Die Zeitschriften, Bücher und Materialien wurden bei uns gestaltet. Vor der digitalen Zeit gab es riesige Grafiktische, an denen geklebt und gestaltet wurde. Heinrich und die Mitarbeitenden haben das Grafische gemacht und ich alles Weitere betreut, die Zusammenarbeit mit den Druckereien, den Versand der Materialien und so weiter. Ich ging mit den Druckvorlagen in die Druckerei, schaute, dass es gut umgesetzt wurde, und dann nach dem Versand. Es waren hunderte von Heften. Alles konnten wir nicht alleine von uns aus schicken. Der erste Schwung der Heftchen wurde von der Druckerei aus gleich verschickt. Und dann musste ich einmal im Jahr eine Inventur machen. Hefte zählen. Ich habe das Ganze gewuppt, also das mit den Einladungen der Kunden, die Organisation mit den Druckereien und dem Versand, die Buchhaltung, die Inventur, das war alles mein Part, und Heinrich hat die grafische Arbeit gemacht, die Dozentur und die Prestigesachen.

Kaufhof und die anderen wurden übernommen. Kaufhof ging an Metro. Daraufhin bekamen die Chefs der einzelnen Abteilungen der Hauptverwaltung die Auflage, dass sie weniger freie Mitarbeiter beschäftigen sollten, nur noch zwei insgesamt. In der Zeit hatten wir gerade unser großes Arbeitshaus ganz fertig gebaut. Und hatten Angst. Doch Heinrich war unter den zwei Freien. Da haben wir sehr aufgeatmet, dass wir diesen Auftrag behalten konnten, nach allem, was wir da reingeschmissen haben. Manchmal haben wir uns dabei auf die Zähne gebissen, andere Male uns halb totgelacht. Wir hatten unheimliches Glück. Und so blieben uns diese Auftraggeber nahtlos bis zu Heinrichs Tod erhalten. Das war wirklich ein großes Glück, denn in unserem Beruf gab es keine Sicherheit. Wir waren freiberuflich, das heißt, wir wussten nie, wie lange diese Aufträge noch kamen. Wir haben keine Gewerbesteuer bezahlt, waren Freiberufler wie Steuerberatungskanzleien.

Dann kam der Wandel. Große Konzerne hatten als Erstes umgestellt auf neue Maschinen von IBM. Das war für uns anfangs ein Schock, weil sich unsere Arbeit damit völlig veränderte. Wir mussten Geräte anschaffen, die kompatibel waren mit den Geräten der Firmen. Die waren damals noch wahnsinnig teuer. Das ganze Druckgewerbe fiel weg. Damit wurden auch unsere Mitarbeiter andere. Es waren keine Handwerker mehr, sondern junge Ingenieure, Informatiker. Typografen, Setzer, Reprokameras – ihr als Verlag wisst ja, wie Bücher hergestellt und gedruckt werden, genauso wie unsere Materialien und Schulungsunterlagen –, Korrekturfahnen, Klebeumbrüche, eine Unmenge Papier, alles fiel weg. Jahrelang hatten wir eine Mitarbeiterin, die Manuskripte abgeschrieben hat und auch die Drehbücher für die Schulungsfilme (das habe nicht ich gemacht). Das alles brach weg, anstelle dessen kamen ein paar junge smarte Ingenieure. Die großen Arbeitsräume in dem Haus waren aber ausgelegt auf die Zeit vorher, mit riesigen Grafiktischen, auf denen die Bahnen der Umbrüche lagen, die Platz boten für die Grafiker. Und nach der Umstellung war dieses Riesenhaus mit dem großen Arbeitsbereich mit Atelier, Büros, Wohnung für Gäste und so weiter viel zu groß. Heinrich war damals Mitte fünfzig. Wir mussten uns entscheiden, machen wir mit der neuen Technik, also mit dem Computer, weiter oder geben wir auf. Wir hatten das Haus auch noch nicht bezahlt. Wir waren noch nicht bereit und hatten auch noch nicht die Möglichkeiten aufzuhören. Das war für uns ein großer Umschwung. Und es dauerte nicht lange, da hatte eine andere Fima als IBM den Konzernen neue Computer verkauft. Und wir mussten unseren teuren ersten Computer wegschmeißen und wieder einen anschaffen, der kompatibel war. Damals dachten wir eine Zeitlang, das schaffen wir nicht. Aber glücklicherweise schafften wir es. Heinrich war sehr interessiert an der neuen Technik. Er hat ja an der Hochschule mit vielen jungen Leuten zusammengearbeitet und konnte schnell damit umgehen, ich habe mich länger gewehrt, hatte die Geduld nicht dafür. Das Einzige, was ich bedienen konnte, war eine elektrische IBM-Schreibmaschine. Ich habe meine Buchhaltung weiter „zu Fuß" gemacht.

Das ging auch. Früher lagerten ja die gedruckten Schulungshefte auch bei uns. Es war eine Erleichterung, als das wegfiel. In der Computerzeit musste ich keine Inventur mehr machen. Und ich musste nicht mehr zum Drucker nach Düsseldorf fahren. Die Aufträge kamen auch nach der Umstellung. Die Auszubildenden lernten jetzt am Computer, die Heftchen wurden von uns nur noch am PC gestaltet, und von da hat der kompatible PC sie dann auf die Konzerncomputer geschoben.

Die neuen smarten Mitarbeiter waren von der Universität. In dem großen Atelier mit mehreren riesigen Tischen, wo früher viele arbeiteten, saß nur noch einer an einem Computer. Und brauchte nur einen kleinen Tisch. Die großen Räume mussten aber finanziert werden. Auch den großen Garten konnten wir nicht alleine bewirtschaften. Irgendwann sagten wir, wir lassen uns von diesem Haus nicht unser Vermögen auffressen oder in Schulden stürzen. Wir hätten auch unten wohnen und arbeiten können und den Arbeitsbereich oben vermieten, mit kleinem Umbau. Mein Büro hatte Anschlüsse für Wasser und Herd. Das hätte eine Wohnung werden können mit einem riesigen Wohnzimmer. Aber das wollten wir nicht. Heinrich war zwar schon im Rentenalter, aber wir dachten nicht ans Aufhören. Wir haben dann ziemlich schnell entschieden, das Haus zu verkaufen. Die Nachbarn konnten nicht verstehen, dass wir verkaufen wollten. Und dann war es schwer zu verkaufen. Das lag u.a. daran, dass in der Zeit englischer Landhausstil in war, mit schmiedeeisernen Balkongittern und so weiter, da wollte keiner so ein schmuckloses, nackiges Haus wie unseres. Den Garten fanden zwar alle Bewerber schön, aber wegen des Hauses wollten sie es nicht. Das dauerte viel zu lange. Endlich empfahl mir der Makler, ich solle doch mal zu unserer Bank gehen, die bankeigene Maklerfirma würde Objekte in ganz Deutschland verkaufen, hauptsächlich für Leute, die sich beruflich verändern und umziehen müssen. So haben wir schließlich jemanden gefunden. Der Käufer hatte die Generalvertretung für irgendwas in Düsseldorf bekommen, wollte sein altes Haus in Braunschweig verkaufen und suchte genau so etwas wie unseres. Aus steuerlichen Gründen wollten sie schnell kaufen, noch vor dem 31.12. des Jahres, wollten aber erst im April des kommenden Jahres einziehen, um ihre kleine Tochter nicht aus dem ersten Schuljahr zu nehmen. Es gab eine notarielle Vereinbarung, dass wir das Geld gleich erhielten, dann aber bis April dort zur Miete wohnen blieben. Das Geld konnte man damals noch gut und mit Zinsen anlegen – und dann haben wir ein kleines Haus in Kaarst gefunden. Als wir ausgezogen sind, haben wir noch ein großes Fest mit allen Nachbarn und Freunden gemacht, das Haus stand schon halb leer.

Die neuen Leute sind sehr glücklich in dem Haus geworden. Er hat irgendwas verkauft, was viel Stauraum brauchte und in dem großen Haus eingelagert war. Und wir haben in Kaarst eine tolle Lebensqualität gefunden, da konnten wir die „Hütte" vergessen. Obwohl ich das Haus noch heute immer mal sehe, wenn ich unsere alten Freunde dort besuche.

Auch das große Auto konnten wir in der digitalen Zeit endlich aufgeben. Früher musste Heinrich oft geschäftlich unterwegs sein und die Kunden persönlich treffen, auch das war weggefallen.

Wir arbeiteten, bis Heinrich so krank wurde, dass es nicht mehr ging, bis kurz vor seinem Tod.

Als er starb, verkaufte ich das kleine Haus in Kaarst und bezog eine kleine Wohnung, die mir alleine völlig ausreichte. Ganz nah dieser kleinen Wohnung liegt ein Haus mit betreutem Wohnen, in das ich mit neunzig umgezogen bin.

Wir haben unser gesamtes gemeinsames Leben immer zusammengearbeitet. Und das hat unsere Beziehung nicht belastet. Ganz im Gegenteil. Es hat unserer Beziehung gutgetan (anders als in vielen Beziehungen hatten wir immer etwas zu reden). Dass man sich wirklich aufeinander verlassen kann, auch dann, wenn was fehlschlägt oder man nicht gut drauf ist, das habe ich mit Heinrich kennen und schätzen gelernt. Du hast durch die geteilte Arbeit gemeinsame Sorgen und gemeinsame Freuden und immer Gesprächsstoff. Wir haben uns immer, wenn es Dinge zu regeln gab, sofort unterhalten. Wenn es ein Problem gibt, kannst du dich auch im Bett unterhalten: Was machen wir damit, was gibt es morgen. Ich habe gesehen, wie viele Ehen scheitern. Manchmal sogar dann noch, wenn die Kinder aus dem Haus sind. Sie scheitern ganz einfach daran, dass die Partner sehr unterschiedliche Lebensvorstellungen haben und wenig miteinander zu reden. Gemeinsame Arbeit tut der Beziehung gut.

Wir waren andererseits auch klug genug, nicht alles gemeinsam zu machen. Ich wäre nie mit auf ein Schachturnier gegangen. Und er wäre niemals mit in ein Orgelkonzert gegangen. Mit Musik konnte er wenig anfangen. Wir waren ein Ehepaar, das so viel Vertrauen ineinander hatte und dem die gemeinsame Arbeit so wichtig war, dass wir uns auch gegenseitig Freiräume lassen konnten. Wir haben keine Kinder. Ich bin lange Zeit jedes Jahr ins Ausland gereist, nach England, nach Italien, nach Frankreich, immer wieder war ich für zehn Tage weg. Wie wir gelebt haben, konnten Heinrichs Bruder und seine Frau, die nicht weit von uns entfernt lebten, überhaupt nicht nachvollziehen. Die sagten entweder so was wie: „Der arme Heinrich. Der steht unterm Pantoffel." Der Heinrich fand das aber gut, dass ich alleine verreiste. Und in unseren ersten Ehejahren ist er jedes Jahr ohne mich in die Alpen, in die rätoromanische Schweiz, auf Skiurlaub gefahren. Darüber haben wir nicht groß geredet, wir haben es einfach so gemacht. Heinrich ließ sogar seine Skier da, weil er wusste, er kommt im nächsten Jahr wieder. Manchmal fuhr er auch mit Freunden. Dazu sagten die anderen: „Wie kannst du das nur zulassen. Du kannst ihn doch da nicht allein lassen. Diese Skihäschen, die nur darauf warten ..." Ach du lieber Jott noch mal, selbst wenn, wenn es Spaß macht. Er hat mich auch nie auf meine vielen notwendigen Badeurlaube begleitet, die ich wegen eines kranken operierten Knies machen musste. Um die Arbeit überhaupt zu wuppen, machten wir unsere oft getrennten Urlaube, wir konnten nicht oft gemeinsam weg, und danach waren wir beide regeneriert. Und wenn die Arbeit uns gemeinsam Zeit ließ, dann haben wir uns einen Wunsch erfüllt, den wir schon hatten, als wir uns kennengelernt haben. Wir haben uns beide sehr für die Antike interessiert. Und so haben wir uns also den Wunsch erfüllt, in die Länder mit den großen Ausgrabungsstätten zu reisen. Nach Zypern, in die Westtürkei, Ephesus, und andere dieser riesengroßen Ausgrabungsstätten. Auch nach Kappadokien oder nach Anatolien. Immer ein schönes Hotel am Strand, dann der Rhythmus zwei Tage Strand, zwei Tage Trümmerlandschaft. Wir haben auch Freunde in den Ländern kennengelernt und wurden eingeladen. Wenn du dich für Menschen interessierst, interessieren sie sich auch für dich, das war sehr schön. Und das hatten Heinrich und ich gemeinsam. Diese Urlaube waren für uns nur wunderbar. Du hast etwas, was du teilst außerhalb der Arbeit. Strandurlaube waren nichts für uns. Und alle anderen Reisen machten wir immer jede/r für sich.

Neben unserer gemeinsamen Arbeit war ich eine Zeitlang politisch aktiv. Meinem Vater war die liberale demokratische Entwicklung sehr wichtig, und so hatte er auch mich vor seinem Tod für Politik begeistert. Ich trat in die FDP ein. Bin es seit Langem nicht mehr, heute bin ich bei den „alten Grünen". Es gab damals gute Politiker und vor allem sehr gute, fabelhafte Frauen in der FDP. Später bin ich ausgetreten, für einen Mende wollte ich nicht Wasserträgerin sein.

Die Mutter von Heinrich war ja extrem evangelisch und hatte Vorurteile gegen alles Katholische. Die üblichen Vorstellungen: dass die Katholischen viel feiern und nicht arbeiten können etc. Und dass sie sich alle Sünden leisten können. Sie wunderte sich, als sie mich mal nähen sah. Und sicher hat sie sich noch mehr gewundert, als sie hörte, dass ich Buchhalterin bin und in der FDP. Erst später hörte ich von einer Nachbarin, dass sie erzählt hatte, dass „diese Katholische aus dem Rheinland" sogar nähen könne. Auch die evangelische Frau des anderen Bruders von Heinrich hatte leichte Vorurteile gegen eine katholische Herkunft. Sie hat sich mal so geäußert: Ja, wir Evangelischen sind ja doch sehr viel bescheidener. Die sind gar nicht bescheidener, sie sind nur anders. Diese Frau, ich bin mit ihr, anders als mit der Schwiegermutter, immer gut klargekommen, wir haben uns gut unterhalten können, hat mir aus ihrer Kindheit in Pfarrershäusern erzählt, denn sie wuchs bei Cousinen in wechselnden evangelischen Pfarrershäusern auf. Dort wurden auch werdende Pfarrersfrauen ausgebildet in ihren Aufgaben in den Gemeinden. Ihre Kindheits-Häuser waren ähnlich wie das in meiner Kindheit, Häuser, in denen viele Menschen zusammenlebten und arbeiteten.

Was mich übrigens am meisten erschüttert hat bei meiner evangelischen Schwiegermutter, das vergesse ich nie – also die Schwiegermutter war bei uns zu Gast, als der Eichmann-Prozess war. Es waren viele schockierende Einzelheiten ans Tageslicht gekommen. Ich habe einmal versucht, mit ihr darüber zu sprechen. Und da hat die Schwiegermutter sage und schreibe gesagt: Die Verfolgung und die Morde an den Juden, das wäre schon schlimm, ja, aber das wäre ja alles nicht passiert, wenn die unseren Herrn Jesus nicht ans Kreuz genagelt hätten. Zu einer Frau mit dieser Haltung konnte ich keine Beziehung entwickeln, machte aber auch kein Drama, wollte ja nicht verhindern, dass Heinrich seine Familie besuchte. Sein Vater war früh gestorben und ganz anders als die Mutter, er war ein sehr freier und liberaler Mann, nie in der Partei, weswegen er auch Schwierigkeiten bekam, und er war auch immer aktiv für die Belange der Arbeiter bei der Reichsbahnwerkstatt.

Es war ein ungeheurer Lernvorgang, in einer Partei zu sein, auch wenn du nur in der Basis bist. Die Basisleute sind die Wasserträger für alle, die politische Karriere machen wollen. Du gehst auf Sitzungen, machst Wahlarbeit, betreust Wahlstände, du unterstützt die Partei. Du bewegst als einfache Basis zwar nicht direkt etwas, aber bist doch dabei und lernst für dich selbst unheimlich viel dazu. Ich war vierzehn oder fünfzehn Jahre dabei, so lange, bis die Leute weg waren, die wichtig waren für die FDP. Ich war auch in einem Ausschuss. Du hast zwar keine große Funktion, bist aber präsent und kannst mitdiskutieren und vielleicht kleine Verbesserungen in Bewegung setzen. Du lernst, Menschen einzuschätzen. Manche sind in der Politik aus ganz egoistischen Gründen. Um in einer Berufsgruppe Karriere zu machen zum Beispiel. In meiner Gruppierung, in der ich war, waren damals Graf Lambsdorff, jetzt ist der Sohn so alt wie damals der Vater war. Und ein späterer Justizminister von Nordrhein-Westfalen und viele mehr. Diese Menschen machen Karriere mit Hilfe der Basis. Das ist die Hauptarbeit. Du hast Termine, gehst auf den kleinen Parteitag in Düsseldorf, und alles kostet Geld. Parteiarbeit, auch das war eine Erfahrung, muss man sich leisten können. Nicht nur den Beitrag, du musst immer auch Dinge machen, bei denen erwartet wird, dass du selber bezahlst oder dich beteiligst. Aber man hat das Gefühl, dass man an der Gesellschaft teilhat, etwas beiträgt. Ich bin kein Mensch, der sagt, ich weiß immer, was man tun müsste, wieso tun „die da oben" das nicht. Man muss selbst etwas machen. Auch auf die Gefahr hin, dabei Negatives zu erleben. Man kann nicht erwarten, dass alles bequem von selbst geht oder dass andere alles schon machen werden. Meine Cousine sagte immer: „Wat willste denn in der Politik? Da bewirkst du doch nichts." Diese Cousine gehörte zu denen, die immer nur redeten, was die anderen tun sollten: Die müssen doch das tun, und die Reichen und so weiter. Ihr da oben, wir da unten. Reich = sie arbeiten nicht. Eigenes Haus = die müssen ja keine Miete zahlen. Wenn ich das hätte und müsste keine Miete bezahlen … wie oft habe ich das gehört in der Zeit, in der wir das große Haus mit Mitarbeiterräumen hatten. Unser Haus kostete auch im Unterhalt viel und machte viel Arbeit. Vorurteile – in jede Richtung, nach unten, nach oben – lassen sich schwer abbauen. Es besteht kein Zweifel daran, dass sich Menschen widerrechtlich bereichern, Steuern hinterziehen und so weiter, dagegen muss man entschieden vorgehen. Würde jeder und jede in Deutschland die Steuern bezahlen, so wie wir „Normalbürger" es tun, dann hätten wir viel weniger Probleme und viel mehr Geld für Soziales, Pflege, für die Solidargemeinschaft. Das regt mich wirklich auf, dass diese Steuerhinterzieher dann trotzdem alles in Anspruch nehmen, Straßen, Brücken, Autobahnen, Parks und so weiter, aber dafür nicht ihren Anteil zahlen. Aber es gibt immer, die Kölner sagen Klüngel dazu, Seilschaften, und wer sich bereichern will, ist da gut aufgefangen. Du glaubst nicht, was man so alles angeboten bekommt, wenn eine Bank sieht, dass etwas reinkommt. Als Heinrich und ich eine Zeitlang mal etwas mehr verdient haben, bekamen wir von der Bank die irrsinnigsten Angebote, um Steuern zu sparen. Mit schicken, teuer gedruckten und gestalteten Hochglanzbroschüren. Ich habe mich nie an so was beteiligt. Aber ich kann kaum verhindern, dass andere es tun. Man kann nicht verhindern, dass andere sich bereichern, aber man kann dafür sorgen, sich selbst nicht daran zu beteiligen. Ähnlich wie bei Vorurteilen. Wichtig ist, dass du dich nicht beteiligst. Und das auch weitergibst an Kinder und Nahestehende. Sehr viele lassen sich von der „Rendite" und so weiter verlocken. Steuern am Staat vorbeischleusen wird einem nicht schwergemacht. Und ein anderer Aspekt dieser „Verlockungen": Manche sind ja auch auf windige Geschäfte hereingefallen und haben alles verloren. Ich war mein Leben lang misstrauisch, wenn mir jemand mehr Zinsen versprach als üblich. Man kann es nicht begreifen, dass immer wieder welche darauf hereinfallen, sie werden gewarnt und trotzdem. Wie bei einer Kaffeefahrt.

Eva Christina Zeller
AN DIE ARBEIT!

Arbeit? seit ich denken kann, das leben ist doch kein vergnügen, das sag ich ihnen, mein erster job war mein bester, ich fuhr kränze in die leichenhalle, um den hals gelegt, alles auf meinem fahrrad, sprach mit den toten, den blumen, den straßen, ich kannte alle straßen vom stadtplan her, alles, was ich weiß, weiß ich von dort. die toten waren klein auf weißen kissen, mit spitzen wie bei einer taufe, manchmal kam mir ihr gesicht schon in der tür entgegen, hatte sich gelöst und schwebte im raum oder das gesicht war schon lange verschwunden, hatte sich zurückgezogen auf den boden der kiste oder in den schwülriechenden buchsbäumen versteckt.

tour de france kommt, sagte ich immer am eingang, damit die aufgebahrten nicht erschraken, hier kommt euer siegerkranz, sagte ich, ihr habt gewonnen, und manchmal lächelte einer, aber die meisten schwiegen kalt und mein kranz war ihnen egal, ich legte ihn immer an den stufen ab, den stufen hinauf in den aufbahrungsraum. einfach zu spät, siegerkränze muss man zu lebzeiten bekommen.
    also mit dem fahrrad zum friedhof, den kranz um den hals, der job hieß fleuropmädchen, die toten alle alt in weißen kissen, wie steckkissen. Und warum ist der säugling in seinem steckkissen plötzlich so alt, fragte sich das 12-jährige kind, das plötzlich kein kind mehr war?

Arbeit? später wollte ich meinen körper verkaufen, das sag ich ihnen nicht gern, weil ich dachte, während die männer eine mark durch den schlitz stecken, um meinen körper anzuschauen, währenddessen kann ich schreiben, ich wollte immer schreiben, aber die betreiber der peepshow sagten mir, dass ich kein notizbuch und keinen stift in die kabine mitnehmen dürfe, das sei nicht sexy, gedichte schreiben sei nicht sexy und dann saß ich bald wieder an der frischen luft.

als nächstes kamen die reichen kinder, denen sollte ich disziplin beibringen, wenn sie nur einige sekunden zu spät zum essen kamen, musste ich sie auf ihr zimmer schicken, der das camp leitete, war ein general, das ganze fand nicht in deutschland statt, nein, sondern im ausland, ganz international, und juden und araber verstanden sich in diesem camp sehr gut, weil alle sehr viel geld hatten, da spielte religion keine rolle. eines meiner kinder hatte heimweh, der vater setzte sich in ein taxi und fuhr uns besuchen, viele hundert kilometer kam er in seinem schwarzen anzug, er drückte dem mädchen 100 mark in die hand, mir gab er nicht einmal die hand und sagte nur, kümmern sie sich um meine tochter. da ging ich freiwillig.

als nächstes schrieb ich texte über die einspeichelungsmethode für ein biermuseum und später ging ich mit studenten bier trinken, damit sie leichter deutsch redeten, das sollten sie nämlich lernen, dann machte ich interviews mit menschen, über das, was sie wirklich bewegt, sie verändern sich, wenn du ihnen ein mikro unter die nase hältst, manche erzählen dir so, als würdest du sie auf dem sterbebett besuchen, aber mein redakteur sagte, dieses existentielle zeug könne man nicht senden, das zieht runter. wo bleibt da die leichtigkeit?

mein bester job war mein erster job, die toten beschweren sich nie, später schrieb ich liebesbriefe für einen sehr dicken mann, der schweißige hände hatte und gerne eine freundin gehabt hätte, die frauen verliebten sich in seine briefe, aber wenn sie ihn dann sahen, dann konnte er ihnen die hand nicht geben, und so verlor ich meinen job.

dann habe ich mich als aktmodell beworben, die anderen zeichneten meinen bauch, damals hatte ich noch keinen bauch, aber die bilder, die entstanden, waren nicht schön, meine beine waren zu dick, ich hatte gedacht, sie könnten mich schön machen, also gab ich diesen job wieder auf, ich musste doch gedichte schreiben, dabei konnte man nackt sein, aber doch die beine dünn lassen, ich hatte alles unter kontrolle, nur dass die gedichte sich immer mit der musik zusammentaten und dann ihr eigenes lied anstimmten, ich schrieb nur mit und hätte ich damit geld verdient, wäre es beinahe im schlaf gewesen.

meine alten toten in den steckkissen sagten mir, das könne mir doch egal sein, bevor sie wieder auferstehen würden, würde ich auch mit dem geld verdienen können, was mir arbeit macht. man darf übrigens heute als kind nicht mehr zu den toten gehen, da gibt es ein gesetz, man kann doch nicht kinder dahineingehen lassen, sie könnten ja zu dichtern werden und von denen gibt es schon zu viele in unserer kleinen stadt.

ein mann rief mich an, er sei schriftsteller und ich solle, müsse seinen roman lesen und lektorieren. wir trafen uns in einem café. sah ganz normal aus, so wie schriftsteller manchmal aussehen, unauffällig, gescheitelt, arm, und die aktentasche schon in der dritten generation. er lud mich zu sich nach hause ein, das manuskript wäre so umfangreich, er hätte es nicht ins café mitbringen mögen. in seiner diele war eine große sprossenwand, darunter stand eine zweite alte schweinslederne aktentasche und aus der holte er keine blätter, sondern stricke. gute, lange, haltbare stricke. sein roman sei ein ganz neuer, interaktiver roman und meine rolle sei es, ihn an der sprossenwand zu fesseln, so wie jesus, mit ausgebreiteten armen. er hatte sich ausgezogen und ich musste ihm noch einen lendenschurz umbinden, aus einem blauweißgestreiften küchenhandtuch. ich weiß nicht, warum ich es tat, aber ich war schon teil seines romans, ich hatte schon begonnen zu lesen und konnte nicht aufhören. die stricke waren erst hart in meinen händen, aber mit der zeit kam die übung. jetzt hing er da, wie das leiden christi und doch nicht, ein moderner märtyrer, plötzlich regte sich sein glied und er sprach. er sprach wie um sein leben, er war nackt und bloß. was er sagte, können sie in entsprechenden büchern nachlesen, ihre fantasie wird ihnen auf die sprünge helfen. er tat mir leid, aber ich wollte mir meine hände nicht schmutzig machen, ich wollte ganz schnell weg aus seiner wohnung. ich rannte die treppe hinunter, er schrie mir hinterher, ich solle die stricke lösen, auf der straße hörte ich ihn noch immer schreien, es klang jämmerlich und ich ging wirklich wieder zurück, langsam, und band ihn los. er hatte schon einen weißen umschlag vorbereitet mit geld, den ich liegen ließ. wofür kann man geld nehmen? und

was ist arbeit? es ist, als fragte man dich, was ist leben, das atmen ist doch schon arbeit und wenn man es lange bedenkt, dann ist ein gedicht darüber zu schreiben weniger arbeit, als dieses leben zu leben, was doch viel arbeit ist, weil man ihm nicht entkommt, aber schreiben ist entkommen, aus der zeit und in die ewigkeit hinein, umarmung, abraham und so, und die toten in ihren steckkissen lachen und freuen sich über die tour de france fahrerin, die ihnen einen kranz bringt, den ersten siegerkranz im leben, sie haben es geschafft, hinter sich gebracht, ich höre sie lachen, die ewigen jagdgründe, dort fliegen einem die gebratenen tauben in den mund, aber wer will schon tübinger platanenallee tauben, und dazu noch gebratene, essen? da bleibe ich lieber am leben und suche eine arbeit, einen reichen mann mit schweißigen händen und dick darf er sein und ich schreibe ihm auch liebesbriefe, er soll sich nur melden.

ich habe immer dem geld gesagt, dass es zu mir kommen soll, es ist wie das fliegen im traum, man darf nur nicht aufwachen, dann stürzt man ab, ich erzähle es euch jetzt, ich bin nicht wach, ich träume dieses leben, ich habe vor langer zeit angefangen, so zu tun, und ich fahre gut damit, im traum fahre ich viel sicherer auto, wäre ich wach, hätte ich mich schon längst totgefahren, aber die alten säuglinge in ihren steckkissen sagen, sie warten noch auf lorbeerkränze und auf solche mit sonnenblumen, aber die friedhofsgärtner bestehen auf astern und spinnen. sonnenblumen wären zu schön und würden die toten am leben festhalten, was gibt es schöneres als sonnenblumen? und dann verwenden sie wieder ihre muffigen astern und schmutzigweißen spinnen und stecken alles in diese grünen, feuchten plastikschwämme, die so kalt sind wie die hände der toten.

ich habe keine arbeit. ich suche nach ihr, im traum laufe ich ihr hinterher wie der hund, der nach der wurst schnüffelt, die schon längst gegessen ist, im traum ist das gehen schon arbeit, weil man immer gegen den wind läuft oder wände, aufwachen ist arbeit, weil man nicht weiß, wo man ist, in welchem leben und was man hier nun wieder anfangen soll. kränze ausfahren und die hand öffnen und den bettlern geld in die hand legen, geld, das vom himmel fällt in ein hemd, das zu kurz ist, und das mitten im schnee. dass die sterne herunterfallen, so sollte es mit dem geld auch geschehen, es sollte einfach aus dem himmel fallen, damit die leute nicht mehr darüber reden, weil arbeit ist ja schon schlimm genug, aber geld oder doch so etwas wie die tübinger tauben gebraten und dann noch unter einem baum liegen wie auf dem bild und einen dicken bauch halten müssen, immer nur faul sein ist auch nichts, dann lieber luft und liebe, atmen und geld in zu kurzen hemden einfangen, da lass ich mir doch gerne unter das hemd gucken, was soll der geiz, dort oben fallen die sterne vom himmel und unten wird gepeept. also ihr steckkissentoten, ich bringe euch den siegerkranz und das gold, das vom himmel fällt, damit es euch nicht erschlägt.

die arbeit meidet das geld, wenn wir mal von dieser arbeit sprechen, die ich tue, die das leben lebensschön machen soll, aber eigentlich das leben nur verlassen will, denn das schreiben ist bekanntlich nicht das leben und das leben oft mühsam, ich bin mich leid, aber diese arbeit, mit mir zu leben, hat mir immer noch keiner abgenommen, neulich habe ich eine anzeige aufgesetzt, wer will mit mir leben, nein, wer will für mich leben, wer will mir ein bisschen was abnehmen von diesem ich sein müssen, aber keiner hat geantwortet, keiner.

die jobbörse hat gesagt, diese ichag, das wär was für leute, die ich sagen können und sich mögen, in der literatur soll man gar nicht ich sagen, sehr fragwürdig, dieses ich, das lyrische ich, kein geringerer als nico bleutke, der shooting star, englisch muss es sein, der shooting star, hat gesagt, er wolle das lyrische ich abschaffen, er hat nicht gesagt, dass er sein eigenes ich abschaffen will, das will nur ich, eine ichag haben sie mir angeboten, aber ich habe gesagt, schon meine mutter hat gesagt und meine schwägerin und mein bruder und mein freund und alle haben gesagt, kind, dein ego ist zu groß, haben sie gesagt, also keine ichag, was würde da meine mutter sagen, ihr war es peinlich, wenn mein name in der zeitung stand, eine frau hat kein ich oder nur unter dem scheffel, aber doch kein ich in der zeitung, also mein ich soll klein sein, herz ist klein, ich ist klein und rein und keine ag, wofür steht das aktiengesellschaft, aktionsgruppe, arbeitsgemeinschaft? ich ist ein anderer, das wusste schon, ach, sie wissen schon, ich ist peinlich, sagt meine mutter, du bist peinlich, sagt meine tochter, am besten, gar kein personalpronomen. ich arbeite ohne personalpronomen, ohne geld, ohne ich, ganz nackt.

die, die mir eine ichag angeboten haben, haben gesagt, ich soll mein ich arbeiten lassen, das tue ich doch schon immer, hab ich gesagt, aber niemand will mir geld dafür geben, doch wir, die jobbörse, haben sie gesagt, dann hab ich gesagt, mach ich einen laden auf für gedichte, liebesbriefe und leichenreden, aber sie haben gesagt, in einer stadt wie tübingen geht das nicht, lieber second hand klamotten, ich hab gesagt, second hand texte, ich schreib einen text, den garantiert schon ein anderer vor mir verfasst hat, aber sie wollten dann nicht so recht, zu viel ich, sagten sie, sei auch nicht gut. sie haben zu viel ich, hat die vermittlerin gesagt. also wissen sie, was die von mir wollte? geld wollte die, sie hat gesagt, wenn sie nicht machen, was wir ihnen vorschlagen, das mit dem ich, dann müsste ich ihnen geld zurückzahlen, das ich gar nicht habe.

als aktmodell waren meine beine zu dick und ich wollte doch nur diese schönheit, um ein bisschen raus zu kommen aus diesem ich, zack und fliegen wie im traum, und in der schönheit, geht es ihnen auch so? da kommt dann plötzlich diese trauer der welt, die über den brennnesseln anfängt, sagt günther eich, dessen texte würde ich auf jeden fall secondhand verkaufen, wie brot, der second hand bäcker ist übrigens der beste laden in dieser stadt, also, die trauer der welt fängt über den brennnesseln an, haben sie schon einmal ein feld mit brennnesseln gesehen, darüber liegt immer dieser staub oder spinnweben oder dreck, da kann man die trauer greifen, wenn man denn keine angst vor dem schmerz hätte, haben sie, habe ich mir doch gedacht, also ich bin nackt und ziehe nur auf der bühne mein sterntalerhemd drüber, um die sterne aufzufangen, und dann dürfen sie auch druntergucken, aber nur, wenn es geld regnet. und in der peepshow schreibe ich gedichte über diesen blick auf die existentielle nacktheit für ein euro jobber und in der ichag verkaufe ich recycelte texte über brennnesseln und die trauer der welt und vergessen sie nicht, ich bin nackt, wenn ich arbeite, wie die toten in den steckkissen, die sind unter ihren leichenhemden auch nackt und sie auch, ich weiß es, arbeiten sie daran. man kann an allem arbeiten, an der arbeit, der nacktheit, der trauer, der liebe, vor allem der liebe, die braucht viel arbeit und mein teppich und meine küche und mein klo und mein gewissen, ach hören sie auf, an die arbeit!

Wiebke Kahn

Interview mir Simone Allard

Claudia Gehrke: Sie haben sehr lange im Finanzwesen gearbeitet, als Beraterin bei der Deutschen Bank und Führungsexpertin. Was haben Sie dort gemacht, würden Sie uns vielleicht kurz etwas über Ihre Tätigkeit berichten?
Simone Allard: Ich bin gelernte Bankkauffrau, habe auch in dem Beruf gearbeitet, bin aber schon nach zwei Jahren direkt in die selbstständige Schiene gelaufen. Ich war immer in der Vertriebsschiene, immer in der Bank tätig und habe relativ schnell erste Führungsaufgaben bekommen. D. h. man führt ein kleines Team, das habe ich immer weiter ausgebaut und war zum Schluss Gebietsdirektorin bei der Deutschen Bank und das auch relativ lange. Sie werden aus der Presse mitbekommen haben, dass die Banken sehr viel umstrukturiert haben, und die Deutsche Bank war eine der ersten, d. h. sie haben alle halben Jahre umstrukturiert. In dieser Funktion, also als Beraterin, ist der Anteil Frauen/Männer 20/80 – mittlerweile haben die Frauen etwas aufgeholt, ich würde sagen, auf 30/70. Doch in der Führungsebene war ich über zehn Jahre lang die einzige Frau. Wir waren ca. vierzig Gebietsdirektoren, und zum Schluss dann zwei Frauen darunter. Sie sehen die Dimension. Damit bin ich natürlich sehr geprägt durch die männergeführte Domäne.
CG: Was genau stelle ich mir darunter vor, Sie sagen, Sie haben im Vertrieb gearbeitet, d. h. im Verkauf von Krediten?
SA: Genau. Sie müssen sich vorstellen, ich habe ein Team geführt, das genauso heterogen war wie die Bank auch. Es gab Berater, die haben Kredite verkauft, ich hatte Berater, die haben Baufinanzierungsberatung gemacht, d. h. Immobilienkredite verkauft. Ich hatte Berater, die waren Spezialisten auf dem Gebiet private Vorsorge, dann gab es Berater, die auf die betriebliche Altersvorsorge spezialisiert waren, d. h. sie waren in Firmen, haben mit Firmen gesprochen, also die Firmeninhaber und deren Mitarbeiter abgesichert. Ein sehr breites Spektrum, das waren die Aufgaben meiner Mitarbeiter. Ich habe das Team geführt, d. h. ich habe Berater akquiriert, wir haben Menschen weiterentwickelt, fachlich, aber auch in der Persönlichkeit, thematisch natürlich immer in Richtung Vertrieb. Das waren eigentlich die Hauptschwerpunkte.
CG: Und haben Sie diese Arbeit gerne gemacht?
SA: Ich habe sie geliebt.
CG: Es war für Sie also auch Berufung, nicht nur ein Job zum Geldverdienen?
SA: Nein. Natürlich hatte sie den charmanten Beigeschmack, dass man gutes Geld verdienen konnte.
CG: Ja klar, aber das ist ja kein negatives Kriterium.
SA: Das wollte ich gerade auch sagen. Ich habe die Arbeit gemacht, weil ich sie geliebt habe. Ich habe sie sehr, sehr gerne gemacht.
CG: Die Arbeit mit Menschen, die Leute zu guten Dingen zu führen etc.?
SA: Genau. Aber auch in der Zeit schon habe ich Trainings gegeben, mittlerweile lebe ich ja in Berlin, damals noch nicht, drei bis fünf Mal im Jahr habe ich damals schon Trainings in Berlin gegeben. Das waren Fachtrainings, Verkaufsschulungen, und das hat mir sehr viel Spaß gemacht, der Umgang mit verschiedenen Menschen.

CG: Arbeiten Sie etwas ganz anderes als das, was Sie sich als Kind/Jugendliche vorgestellt haben oder was Ihre Eltern gemacht haben? Hatten Ihre Eltern Einfluss auf Ihre Berufswahl?
SA: Meine Eltern hatten schon Einfluss darauf, wobei ich komplett frei entscheiden konnte. Wir haben diskutiert, was ich machen könnte. In einem anderen Kontext und Interview sagte ich einmal, eigentlich wollte ich Lehrerin werden, Sport und Französisch, oder Pippi Langstrumpf hätte mir auch Spaß gemacht. Ich hatte aber als Kind schon eine Affinität zu Geld, z. B. habe ich gerne Geld gezählt. Während des Abiturs habe ich gekellnert und es geliebt, abends die Scheine zu zählen. Obwohl ich später nie wieder Geld zählen musste, irgendwie fand ich das toll damals.
CG: Was haben Ihre Eltern gemacht – etwas ganz anderes oder ging das auch schon in die Richtung?
SA: Nein. Meine Mutter ist Friseurin, mein Vater im kaufmännischen Bereich tätig. Meine Mutter ist eher künstlerisch orientiert, also überhaupt nicht kaufmännisch. Mein Onkel war auch in der Bankbranche tätig, aber von der elterlichen Seite her, nein.
CG: Also sind Sie nicht direkt, aber doch nicht ganz weit weg von Ihrer Familie, manche machen ja etwas ganz anderes.
SA: Wir sind in der Familie sehr gemischt, vom Handwerker bis Akademiker ist alles vertreten.
CG: Praktisch!
SA: Ja, finde ich auch!
CG: Wie lange waren Sie tätig bei der Bank?
SA: Bei der Deutschen Bank war ich achtzehn Jahre, bis 2016, dann bin ich nach Berlin gezogen, habe mir hier einen Job gesucht bei Wüstenrot, und momentan arbeite ich immer noch bei Wüstenrot, bis ich das Speaking/Training auf hundert Prozent gefahren habe.
CG: In Ihrer Zeit bei der Bank hatten Sie ja Mitarbeiterinnen. Wie war Ihr Verhältnis, gab es da auch mal Stress mit Leuten, die nicht so gearbeitet haben, wie Sie sich das vorstellten?
SA: Ich denke, das ist normal, ja, natürlich. Rückblickend würde ich sagen, achtzig Prozent waren super, zwanzig Prozent auch durchaus herausfordernd.
CG: Waren auch ganz Junge dabei, oder waren es alles schon ältere Mitarbeiter?
SA: Es war sehr gemischt, sowohl als auch, aber die Generation Z hatte ich nicht, die waren zu jung. Mein Team war ein Team von Spezialisten, d. h. blutige Anfänger waren nicht dabei. Die Jüngsten waren Ende zwanzig.
CG: Mir hat jemand erzählt, dass Jüngere öfter ihren Job wechseln und ein ganz anderes Verhältnis dazu haben, d. h. nicht so lange bei einer Sache bleiben.
SA: Ja, das denke ich auch. Ich habe mich selber mal mit dem Generationen-Thema beschäftigt, innerhalb der Deutschen Bank und später auch bei Wüstenrot, weil ich da auch Personal akquirieren musste, und auch, um die jüngere Generation zu verstehen, und das ist wirklich so. Es findet ein Projekt-Denken statt, d. h. sie sind nicht unbedingt einem Arbeitgeber gegenüber loyal ein Leben lang, sondern sind dem Projekt gegenüber loyal.
CG: Das möchte ich auch gar nicht werten. Es zeigt sich nur, dass sich etwas ändert. Nun eine andere Frage: Haben Sie immer Arbeit und Freizeit getrennt, oder geht das für Sie ineinander über?
SA: Interessante Frage! Am Anfang habe ich das strikt getrennt, bis ich gemerkt habe, manchmal ist das gut, manchmal nicht. Es kommt immer darauf an, wie hoch das Arbeitspensum ist. Ich habe sehr

viel und sehr gerne gearbeitet, und da vermischt sich das auch mit Privatem.
Und ich habe darüber nachgedacht, ob ich es bereut habe oder nicht, und ich kann im Nachhinein sagen, dass ich es nicht bereut habe. Denn in der Zeit, wo ich bei der Deutschen Bank gearbeitet habe, war es gut, als junge Führungskraft einen gewissen Abstand zu haben. Ich habe heute noch mit drei meiner ehemaligen Berater ein freundschaftliches Verhältnis. Und das ist auch gut so, es war aber auch damals schon ein besonderes Verhältnis. Ich habe auch private Kontakte gehabt, aber grundsätzlich habe ich das getrennt.

CG: Und jetzt, wo Sie selbstständig sind und bei Wüstenrot arbeiten, schaffen Sie es, noch, gleich gut zu trennen? Oder geht das mehr ineinander über?

SA: Es geht jetzt mehr ineinander über. Sagen wir es so: Ich bin kein Mensch, der fünfhundert Freunde hat. Ich habe einen engen, bewährten Freundeskreis – und dann habe ich gute Bekannte. Aber die Definition von Freund, was ist ein Freund, ist für mich etwas sehr Intimes. Deswegen würde ich sagen, in den losen Freundeskreis würde ich heute problemlos auch das Geschäftliche mischen, wenn ich der Meinung bin, dass es passt.

CG: Haben Sie das Gefühl, dass die Arbeit bei der Bank oder später als Selbstständige Sie verschlissen hat, fühlten Sie sich manchmal erschöpft?

SA: Ja, das hatte ich schon. Wir arbeiten in der Finanzbranche und im Vertrieb immer ergebnisorientiert. Dadurch, dass immer das Ergebnis zählt, ist der Druck sehr hoch.

CG: Was ist jetzt anders, wo Sie mehr selbstständig tätig sind als Coach? Und was genau machen Sie da?

SA: Ich bin Speakerin und Trainerin. Ich bin kein Einzelcoach, daher eher Trainerin. Wenn Firmen Kongresse haben und sich einen Impuls holen wollen, über moderne Führung, wie kann ich ein Team aufbauen, dann habe ich auf der fachlichen Seite natürlich die Schulung. Ich bin ja auch ausgebildete Personalerin mit allen Bereichen wie Führung, Resilienz, Persönlichkeitsentwicklung. Und das hat für mich den Sinn: Wenn ich weiß, wie ich ticke, kann ich auch andere besser einschätzen. Und wenn ich verschiedene Profile einschätzen kann, dann habe ich mehr Verständnis, kann besser kommunizieren, habe dadurch ein besseres Team, mache das Leben der anderen angenehmer. Das ist mein Ansatz. Ich komme ja aus dieser Haudegen-Generation, d. h. mit dem Motto: Da ist das Ziel und drauflos! Und dann in einer solchen Männer-Domäne. Ich habe so herrliche Beispiele über Frauen im Beruf, über Führung, darüber, wie Menschen agieren. Allein schon innerhalb der Bank, die ja eine Welt für sich ist. Die Menschen, die die Kredite bewerten, also die Kredit-Sachbearbeiter, das ist eine völlig andere Gattung als der Vertreter, weil sie andere Ansätze haben. Und wenn diese beiden dann aufeinanderprallen und nicht wissen, warum derjenige so ist, dann gibt es so herrliche Szenen.

CG: Dann können Sie gerne mal eine herrliche Szene erzählen!

SA: Beispielsweise der extrem extrovertierte Berater: Er ist immer pro Kunde. Und jetzt reicht der Berater eine Baufinanzierung ein für einen Kunden, die vielleicht knapp ist. Und dann auch noch knapp auf beiden Seiten, das Budget ist knapp, das Einkommen ist knapp und die Immobilie hat auch nur gerade so den Wert des Verkaufspreises. Aber der Berater weiß ganz genau: Der Käufer ist Handwerker, die machen das schon, und außerdem hilft die Großfamilie in Notfällen, und die können auch sparen,

die schaffen das also. Das steht aber nicht in den Unterlagen. Und jetzt bringt der Berater dem Kredit-Sachbearbeiter die Unterlagen und erzählt ihm: Das müssen Sie auf jeden Fall machen! Ich kenne die Familie seit dreißig Jahren, sie ist auch im Dorf so bekannt. Dem Sachbearbeiter gehen nun die Nackenhaare hoch. Er sagt: Reichen Sie mir bitte sortiert die Unterlagen, sonst packe ich das überhaupt nicht an! Das ist für ihn wie eine andere Welt. Der Berater kommt dann zu mir und schimpft: Die wollen kein Geld verdienen, das ist unglaublich! Ich schaue in die Unterlagen, ein Wust kommt mir entgegen, nichts sortiert. Ich sage zu ihm: Welche Aufgabe hat der Sachbearbeiter? Er sagt: Der soll den Vertrieb unterstützen! Ich sage: Nein, soll er nicht! Er soll die Bank vor Risiken schützen. Er ist der Anwalt der Bank. Wer sitzt jetzt am längeren Hebel, der, der genehmigt, oder wir? Er: Der, der genehmigt! Ich: Dann lassen Sie uns doch die Unterlagen sortieren, ich helfe Ihnen dabei, dann gehen Sie zu dem Sachbearbeiter und sagen ihm, Sie haben ein Problem, darf ich Ihnen das einmal schildern. Weil dann denkt der Kredit-Sachbearbeiter Wo ist das Problem? Und nun kann man ihm den Fall erklären. Jetzt hat der Sachbearbeiter das Gefühl, er wird nicht verarscht, er hat das Gefühl, da spielt jemand mit offenen Karten. Und jetzt versucht er innerhalb der Regeln eine Lösung zu finden. Denn das sind ja schlaue Menschen, und die kennen die Regeln. Und die sagen: Okay, wir können es versuchen, wenn Sie das so einreichen, dann können wir den Fall genehmigen. Dies sind aber unterschiedliche Arten der Kommunikation, wie man auf Menschen zugeht.
CG: Und so was können Sie dann den Leuten, die von Ihnen trainiert werden, beibringen. Bzw. einem Team. Zeigen Sie es den Leuten anhand von Beispielszenen und Ähnlichem?
SA: Genau. Oder, sehr schönes Beispiel in Düsseldorf: Ich war auch Spezialistin für die betriebliche Altersvorsorge und hatte einen Termin bei einer sehr berühmten Kosmetik-Firma. Der CEO war Japaner. Japaner haben ein seltsames Verhältnis zu Frauen. D. h. ich konnte dort nicht als Expertin auftreten, er hätte mich nicht ernst genommen. In der Business-Etikette in Deutschland ist es so, da gilt Rang vor Geschlecht. D. h. bei Mann und Frau, wenn der Mann der Ranghöhere ist, wird innerhalb der Company entsprechend die Hand gegeben. Wenn wiederum die Ehefrau dabei ist, dann wird der Ehefrau zuerst die Hand gegeben. In Japan ist es so, dass grundsätzlich der Frau nicht zuerst die Hand gegeben wird. Und da haben wir gesagt: Okay, so ein großes Geschäft, was machen wir? Dann habe ich mir den bestaussehenden Azubi geholt, zu ihm gesagt: Zieh dir deinen Sonntagsanzug an, rasier dich nicht, damit ein paar Stöppelchen stehenbleiben, du trittst als mein Chef auf, du sprichst mit dem und sagst, die Frau Allard wird alles so weit vorbereiten, und leitest über. Das haben wir genauso gemacht. Hat funktioniert.
CG: Wunderbar. D. h. man muss auch mal gegen das feministische Verständnis ein Spiel spielen, um den Auftrag zu bekommen.
SA: Genau.
CG: Das heißt, Sie würden Frauen auch raten, sich durchaus manchmal auf ein solches Spiel einzulassen, wenn sie damit etwas gewinnen können, und nicht in jeder Situation stur auf auf ihrem eigentlichen Standpunkt zu beharren?
SA: Richtig. Die Gretchenfrage ist ja immer: Macht man das Spiel mit oder nicht? Ich fand mich sehr schlau in dem Moment, hatte Spaß. Wir hatten alle Spaß.

CG: Sicher auch der Azubi, dass er mal den Chef spielen durfte.

SA: Das fand er super! Ich habe mir auch gesagt, da kann ich drüberstehen, weil hier das Geschäft einfach vorging. Wenn der so ist, bekommt er die Show geliefert. Dann ist es halt so. Andererseits habe ich auch sehr gekämpft, es gibt Dinge in den Führungskräfte-Meetings, man schreibt etwas auf vorne am Board, und dann heißt es immer: „Mensch, Simone, ihr Frauen habt die schönere Schrift, mach du das." Dann habe ich gesagt: „Ja, das ist in den meisten Fällen so, du hast mit mir aber ein Exemplar, ich hatte immer in Schönschrift vier, meine Mutter und Oma haben das schon bedauert, ich bin raus." Das ist heute ein bisschen anders, die Männer bieten heute oft freiwillig an, nach vorne zu gehen, aber zu meiner Zeit, da habe ich mich oft darüber aufgeregt, war das anders.

CG: Jetzt habe ich doch noch eine andere Frage, aber wenn Sie uns noch etwas zu Ihrer Tätigkeit erzählen wollen, bevor ich zu den anderen Fragen komme – erzählen Sie uns gerne noch, was Sie machen.

SA: Im Moment arbeite ich an einem neuen Vortrag, bei dem es darum geht, inwieweit man manchmal impulsiv reagiert. Es macht Sinn, einfach mal zu überlegen, bevor man handelt. Das kann man eigentlich aufs Private genauso übertragen wie aufs Geschäftliche. Gerade in den Zeiten, wo es herausfordernd ist, und wir haben herausfordernde Zeiten, wenn ich mal bei der Politik anfange, die Wirtschaftsnachrichten, auf der Arbeitsebene die Suche nach den Talenten, das alles macht Stress für die Unternehmen. Viele Entscheider sind vierzig plus und haben enorme Schwierigkeiten mit der jüngeren Generation. Und dann eben auch mal ganz schnell unter Stress Dinge tun oder nicht tun, oder sagen oder machen oder E-Mails schreiben, das kann die ganze Atmosphäre kaputt machen. Eines ist klar aus der Psychologie und der Forschung: Menschen gehen wegen der Persönlichkeiten. Sie kommen wegen eines Jobs, ihrer Kompetenz, sie sagen, Mensch, da kann ich mich weiterentwickeln, aber sie gehen wegen der Persönlichkeit der Vorgesetzten, zu neunzig Prozent. Und es bringt dann nichts, noch mehr und noch mehr Anreize zu schaffen, die Menschen bleiben aber nicht. Was ich aus der Erfahrung, als ich selber akquiriert habe, weiß, ich hatte Top-Bewerber, die mir dann leider abgesagt haben. Dann habe ich ein halbes Jahr gewartet, schauen wir mal, entweder fühlen sie sich wohl dort oder nicht, und wenn sie sich nicht wohlfühlen, habe ich die Chance, nochmals zu akquirieren.

CG: Das ist interessant! Mit diesen Vorträgen werden Sie dann eingeladen?

SA: Genau. Und das versuche ich dann immer aufzulockern, auch mit Geschichten von mir, also es sind immer Simone-Allard-Geschichten, und das macht es dann, glaube ich, lebendig. Und ich kann auch über mich selber lachen. Was glauben Sie, was ich da manchmal für einen Bockmist verzapft habe, und teilweise auch gegen andere Naturen angesprochen und die Welt nicht verstanden habe, bis ich dann mal gelacht habe und mir sagte, Simone, vielleicht solltest du dich mal auf die anderen einstellen.

CG: Ja, das ist schwierig, das stimmt. Das kenne ich schon bei meinem Kleinst-Arbeitsbereich, dass es mit manchen nicht klappt, ich mich da aber auch nicht immer gut verhalte, schon richtig, ja. Bevor ich zu den allerletzten Fragen komme, noch mal zum lesbischen Thema, waren denn in der Bank, wo Sie gearbeitet haben, die Frauen, die lesbisch waren, out oder eher nicht?

SA: Eher nicht.

CG: Würden Sie allen raten, um politisch durchzusetzen, dass es eine Lebensform unter anderen ist, sich zu outen? Oder würden Sie sagen, dass es nicht unbedingt nötig ist, out zu sein?
SA: In den Banken, das sind ja große Unternehmen, gibt es mittlerweile Diversity-Abteilungen, die sind auch LGTB+-freundlich. Ich habe damals selber ein Outing gehabt, als ich 2008 geheiratet habe. Mit meinem Outing kamen andere Outings. Ich hatte eine Führungsposition, es ist ja ein bisschen wie beim Militär, es gibt exakt für jede Position eine gewisse Handlungsanweisung, was zu tun ist – bei Geburtstagen, Jubiläen, bei der Hochzeit etc. Und jetzt habe ich geheiratet, das hieß in meinem Fall: Die Regionsleitung muss offiziell zu mir ins Büro kommen, mit Blumenstrauß, der Bagage von Assistenten, Marketing-Leitern, um mir zu gratulieren. Das haben sie auch gemacht. Und damit hatte das auf einmal einen unglaublich positiven Charakter und eine Legalität. Und es wurde in der Bank gesprochen, und ich habe noch nie von so vielen Menschen Zuspruch bekommen, dass ich heirate. Das fand ich sehr erstaunlich. Und das haben die Homosexuellen, die ich natürlich kannte, sehr genau beobachtet. Was ist danach? Was ist davor? Ist alles gut gelaufen? Ja! Und dann kamen auch Outings hinterher, und das fand ich schön.
CG: D. h. jetzt würden Sie sagen, es ist kein Problem mehr, out zu sein?
SA: Auf jeden Fall. Kein Problem. Und es ist eher so: Wenn Sie sich nicht outen, nehmen Sie sich einen Teil Ihrer Persönlichkeit. Sie werden immer Situationen haben, wo es darum geht, Mensch, das ist mit Partner angesagt, kommst du oder kommst du nicht, wen bringe ich mit usw. Man wird auch teilweise komisch gefragt, aber man wird auch komisch gefragt, weil man selber komisch ist. Man verkrampft, und das spüren die Menschen. Und dann fragen sie komisch, und man selber denkt, warum fragen die komisch. Und das gibt dann eben so ein Ping-Pong, wo ich sage, tut euch das nicht an, outet euch, und wenn jemand blöd kommt, dann springen einem mittlerweile auch andere zur Seite. Habe ich auch erlebt. Dass komische Fragen kamen und jemand sagte, was bildest du dir ein, so eine Frage stellen zu dürfen. Für mich ist das schön gewesen, ich bin ein selbstbewusster Mensch. Ich weiß aber auch, dass es viele Homosexuelle gibt, die nicht so selbstbewusst sind, und ihnen würde es guttun, wenn sie das erleben dürften.
CG: Es hat sich sicher einiges gebessert mit Outing- und Diskriminierungserfahrungen. Doch es gab diese Studie, die in Ihrem anderen Interview erwähnt wurde, in der deutlich wird, wie viele Menschen trotzdem noch Diskriminierung erfahren. Würden Sie dennoch sagen, dass es allgemein besser geworden ist?
SA: Würde ich sagen, auf jeden Fall. Das glaube ich schon. Ich glaube aber auch, das Thema Homosexualität ist offen geworden, das Thema Frauen im Allgemeinen, daran müssen wir noch arbeiten.
CG: Das glaube ich auch. Von der Bezahlung und allem Möglichen her.
SA: Ja. Deswegen muss man auch ein bisschen trennen. Daher würde ich sagen, wir sollten uns eher auf die Frauen-Thematik konzentrieren als auf die lesbische, denn die finde ich gar nicht so problematisch. Da kann man eher die Frauen stärken, die noch nicht die Kraft hatten, sich zu outen. Aber das Frauen-Thema im Beruf, das erlebe ich nach wie vor, immer dann, wenn der Druck höher wird. Also wie jetzt. Die Preise steigen, wir haben politische Stürme. Wenn der

Druck hoch wird, dann ist es vorbei mit dem Frauen- und Diversity-Thema. Wir sind anders als Männer, wir arbeiten auch anders als Männer. Am Ende haben wir das gleiche Ergebnis, keine Frage, aber man muss eben auch das akzeptieren, und das liest man nicht oft.
CG: Das sehe ich auch. Abgesehen vom Geld auch die Führungspositionen, die einander zugeschoben werden.
SA: Dazu habe ich ein sehr schönes Beispiel. Von damals, da war ich Beraterin, und es ist so, wenn Sie als Beraterin in einer kleinen Filiale arbeiten, ich habe damals freiberuflich gearbeitet, da können Sie auch gutes Geld verdienen. Aber nicht zu vergleichen mit der Königsallee, da sitzen die Kunden mit Geld, d. h. Sie können aus einer Kundenverbindung einfach höhere Umsätze erzielen. Jeder wollte da hin. Und bei mir war es so, ich war in der kleineren Filiale, da gab es eine Sonderaktion von der Deutschen Bank, und dann wurde ich angerufen: „Frau Allard, wir hätten Sie gern in der Königsallee für die Aktion XY." Habe ich auch gemacht. Ich habe meinen Job ganz gut gemacht, und auf jeden Fall wollten sie mich dann dort behalten. Und mein Chef hatte keine Chance, dagegen zu sprechen, weil die Führungskraft zwei Etagen darüber, die wollte mich dort haben. Und dann hat mein Chef, eigentlich ein ganz lieber Mensch, er war nicht frauenfeindlich, er hat zu mir gesagt: „Simone, ich gönne dir das mit der Königsallee, und du bist auch genau die Richtige dafür, aber eigentlich wollte ich die Position freihalten für einen Mann, der eine Familie zu ernähren hat." Und da habe ich gesagt: „Wolfgang, ich habe eine Frau und zwei Hunde." Das ist wirklich so, das würde doch auch nicht jeder sagen.
CG: Ja, da würden manche klein beigeben.
SA: Aber da können Sie sich mal die Denke vorstellen. Da ist diese Position freigehalten worden, obwohl sie schon lange hätte besetzt werden können. Das nenne ich frauenfeindlich.
CG: Haben Sie die Stelle bekommen?
SA: Ja.
CG: Gut! Es ist immer noch so, im Kleinen und im Großen, ich kenne auch solche Geschichten aus anderen Arbeitsfeldern. Jetzt zum Privaten. Sie haben ja schon gesagt, Sie beraten die Leute, Persönlichkeitsprofile etc., vorher überlegen, bevor man handelt usw. Es gibt ja auch so was wie Beziehungsarbeit. Da wären wir jetzt bei einem übertragenen Sinn von Arbeit. Oder: Ich arbeite daran, an sich selber etc. Wie sehen Sie das in Ihrer Beziehung mit Ehefrau, arbeiten Sie an Ihrer Beziehung, oder geht das alles von selber?
SA: Ich arbeite sehr bewusst an der Beziehung. Das liegt vielleicht daran, dass ich dreiundzwanzig Jahre lang mit meiner Ex-Frau zusammen war und mich dann getrennt habe. Und dann kommen natürlich sehr viele Reflexions-Momente. Und ich habe jetzt eine neue Partnerin, und da muss ich schon sagen, ich gehe jetzt behutsamer damit um. Auch in der Arbeit an mir. Ich war damals vierundzwanzig – jetzt bin ich dreiundfünfzig –, als ich meine wundervolle Ex-Frau kennenlernte, da bin ich Sturm- und-Drang in die Beziehung gelaufen. Ich konnte dann irgendwann, dadurch, dass ich das große Glück hatte, mich beruflich in der Persönlichkeitsentwicklung zu bilden, und das auch privat für mich reflektierte, natürlich daran arbeiten. Aber so wirklich, muss ich Ihnen im Nachhinein erzählen, konnte ich es, glaube ich, auch nicht. Man lässt privat eher laisser-faire sein. Jetzt sage ich, ich glaube eher nicht, dass das gut ist. Wenn einem die Beziehung was wert ist, sollte man versuchen zu reflektieren und daran zu arbeiten. Ich halte davon viel. Bis

zu einem gewissen Punkt, also nicht auf Teufel-komm-raus.
CG: Nein, klar. Aber dass man sich doch zusammensetzt und Dinge bespricht, darüber reflektiert. Manche machen das ja gar nicht, manche machen es, manche denken immer noch, es geht schon irgendwie von selber, und es explodiert dann auch irgendwann von selber.
SA: Richtig, genau. Also das mache ich schon. Aber ich muss dazu sagen, das ist auch eine Sache meiner eigenen Persönlichkeitsentwicklung. Ich bin heute in der Lage zu sagen, nein, das war nicht gut von mir, und das muss ich selber mal ansprechen. Aber das kann ich nicht so gut, ich mache am liebsten alles gut, wissen Sie.
CG: Es kann aber passieren, dass es dann doch nicht so war.
SA: Ich muss mich selber etwas rausnehmen und schauen, war das gut oder nicht so gut. Dies einzugestehen, dass das eigene Verhalten nicht so passend war, habe ich gelernt. Das konnte ich früher nicht so gut.
CG: Was arbeitet Ihre heutige Partnerin? Und gibt es hin und wieder Konflikte wegen der Arbeit?
SA: Meine Partnerin arbeitet im Einzelhandel. Wir haben keine Konflikte wegen der Arbeit.
CG: Können Sie zu Hause gut arbeiten? Oder ist die Belastung größer, da es weniger eine klare Trennung gibt zwischen Arbeitszeit und nicht Arbeitszeit?
SA: Ich arbeite gerne auch von zu Hause. Als Freiberufler bin ich eh 24/7 im Einsatz, daher für mich nicht so relevant. Beziehungsweise, wenn ich Urlaub habe oder für mich Freizeit definiere, habe ich gelernt, das Telefon auszuschalten. Ich genieße den Mix. Nur zu Hause würde ich leicht melancholisch.
CG: Wie sehen Sie das allgemein?
SA: Ich denke, viele Menschen können sich nicht von der Arbeit zu Hause abgrenzen.
CG: Mögen Sie uns jetzt noch etwas Allgemeines über die Arbeitswelt heute in der Gesellschaft sagen?
SA: Allgemein ist mir ein Begriff aufgefallen, den werde ich auch in meinen neuen Vortrag mit hineinnehmen, ich habe versucht, eine Essenz zu finden. Wenn Sie einen Vortrag halten über zwanzig Minuten, dann müssen die Themen sitzen, dann kann man nicht herumphilosophieren: Ich glaube, in der heutigen Arbeitswelt ist es sehr wichtig, sich für Menschen zu interessieren. Sich wirklich für sie zu interessieren.
CG: Und zwar quer durch die Bereiche, also nicht nur im Berater- und Dienstleistungsbereich, sondern Sie meinen das auch bezogen auf andere Bereiche?
SA: In allen Bereichen. Nehmen Sie z. B. eine Arztpraxis. Was dem Personal oft fehlt, ist, dass der Chef/die Chefin sich in Dinge einmischt, über Dinge auch mitredet. Dieses Interessieren für die Themen der Menschen, das ist sehr wichtig. Es sind Banalitäten, es kann der neue Kurzhaarschnitt sein, der niemandem auffällt. Und das ist nicht nur ein „Männer-Thema", das ist bei den Frauen auch so.
CG: Sie empfehlen das auch in der Arbeitswelt, egal, was man beruflich tut, solche Dinge anzusprechen und mit den Leuten ins Gespräch zu kommen?
SA: Ganz genau. Und gerade die jüngeren Menschen wollen heute auf Augenhöhe respektieren und respektiert werden, und dieses Auf-Augenhöhe bedeutet dann wirklich, dass sie wahrgenommen werden. Und wenn ich mich für Menschen nicht interessiere, kann ich Menschen auch nicht wahrnehmen.
CG: Dann sieht man nur die Funktion, du musst heute das machen.
SA: Richtig. Ich hatte letztens einen Fall, aus der Medien-Branche, wo jemand drei-

ßig Jahre Erfahrung hat und eine Dreiundzwanzigjährige zu ihm sagte, so geht das nicht, ich will auf Augenhöhe diskutieren. Und derjenige mit der langjährigen Erfahrung sagte mir: „Simone, es war aber nicht auf Augenhöhe." Und das ist auch ein Thema – zu sagen, hör zu, als Mensch nehme ich dich total wahr, und du bist auf Augenhöhe, aber in dem Thema habe ich mehr Erfahrung und das, was du gerade sagst, stimmt einfach nicht.

CG: Das ist, glaube ich, gut, wenn man manchmal von außen gesagt bekommt, wie man es machen könnte. Z. B. auch in einem Kindergarten, wenn eine neue Chefin dazukommt, die so altmodisch ist, dass sie alle anderen rausekelt, da wäre es dann manchmal ganz gut, wenn jemand von außen dazukäme und den Leuten sagte, wie sie miteinander umgehen könnten.

SA: Ja, genau. Oder umgekehrt, auch gerade in dem Bereich der Gastronomie, da habe ich letztens eine Firma, die sehr viele Gastronomie-Einheiten hat, betreut, gecoacht und Trainings gemacht. Da gibt es teilweise eine Klientel, die möchte diese Chef-Position auch besetzt haben. Die wollen sagen: „Ey, Chef, wie ist das denn?" Und da muss man aufpassen, die wollen trotzdem auch ihre Freiheit haben, ganz hierarchisch wie damals ist es nicht, aber die brauchen auch dieses „Da ist der Chef, darauf kann ich mich verlassen". Die Bildung ist auch sehr niedrig in dem Segment gewesen, trotzdem haben die Menschen, das darf man nicht unterschätzen, ein gutes Bauchgefühl. Und sie haben ein ganz feinsinniges Gespür, ob jemand da ist, der wirklich sagt, „ich übernehme die Verantwortung, daher bin ich der Chef" oder aber „ich bin der Chef, ich mache abends die Kasse, sieh du zu, dass du fertig wirst."

CG: Und ansonsten, gesellschaftlich, denken Sie, dass es gut weitergeht mit der Arbeit oder dass Arbeitslosigkeit ein Problem wird?

SA: Das kommt darauf an, wo. Alles, was nicht ein Gewinner der Digitalisierung ist, wird es schwer haben. Und die Arbeitslosigkeit wird nicht im unteren Segment kommen, sondern eher im unteren mittleren Segment. Das ist meine Einschätzung. Eine höhere Bildung und Digitalisierung ja, aber der einfache Bank-Mitarbeiter, der wird es schwer haben.

CG: Weil ja auch viel geschlossen wird, man schließt überall Filialen, die braucht man nicht mehr, weil alle Kunden es online machen.

SA: Gerade in der Finanz-Branche ist es so, z. B. für einen Auto-Kredit, dafür brauche ich keinen Berater. Auch für eine Konto-Eröffnung brauche ich keinen Berater. Das machen die Kunden alles online.

CG: Gut. Ich habe meinen Fragen so weit durch. Ich habe jetzt nicht alle gestellt, weil manche passen ja auch nicht. Beziehungsarbeit hatten wir, ich habe dann auch noch Trauerarbeit auf der Liste, das sind alles die privaten Dinge, mit denen man ja auch umzugehen lernen muss, und das wird schnell alles Arbeit genannt.

SA: Zur Trauer: Ich habe die Erfahrung gemacht, ich bin eigentlich ein Typ, der private Situationen, die einen ja in eine andere Gefühlwelt versetzen, vom Beruf fernhält. Ich habe das nie so an mich rankommen lassen, habe versucht, es vom Beruf fernzuhalten. Es gab aber eine Situation, da war ich in einem Meeting, und es ging um unseren Hund, der war schon elf Jahre alt, und er war ein Familienmitglied. Und dann rief meine Frau an – normalerweise bekomme ich keine privaten Anrufe während eines Meetings, aber in dem Fall wurde ich durchgestellt –, und sie sagte, es ist was passiert, sie ist gerade auf dem Weg zum Tierarzt, und der Arzt sagte, das könnte das

Ende sein. In dem Moment, ich habe das Meeting geführt, habe ich gesagt: „Leute, ich muss nach Hause. Mein Hund liegt im Sterben. Es tut mir fürchterlich leid, aber das muss sein." Ich hätte mir das nie verziehen, wenn der Hund wirklich gestorben und ich nicht dabei gewesen wäre. Bis dahin galt ich eher immer als hart und ein bisschen streng. Und in diesem Moment haben die Leute die Menschlichkeit von mir gesehen. Und da hat sich die Atmosphäre total verändert.

CG: Das ist eine schöne Geschichte zum Schluss unseres Gesprächs, danke. Dass es zwar einerseits gut ist, sich nicht dauernd mit jedem Wehwehchen zu zeigen, aber dann doch mal etwas durchzulassen.

Simone Allard, Herbst 2022 bei einem Vortrag.

Lea (6 Jahre)

Im Garten. Ich sitze am goßen Tisch, mein Laptop vor mir. Sie sitzt an einem kleinen Tisch, mir den Rücken zugewandt.
Ich frage sie etwas, sie geht nicht darauf ein.
Lea: Ich muss leider arbeiten
Claudia: Wieso „leider"?
Lea: Ich muss das hier noch weitermalen.
Claudia: Und wieso „leider"?
Lea: Arbeit ist blöd.
Claudia: Warum?
Lea: Da muss man immer sitzen. Kann sich nicht bewegen. Und du musst eine lange Zeit in den Computer gucken. Und das ist auch blöd. Der Computer wird wie eine Mama.
Claudia: Wie meinst du das?
Lea: Du kannst nicht ohne ihn sein. Er sagt oft, was du machen sollst.

***

Lea: Ich werde Limonadenverkäuferin.
Claudia: Dann gehst du später mit einem Stand zu Festen und auf den Jahrmarkt?
Lea: Nicht später. Jetzt, als Kind.

***

Claudia: Was ist Arbeit
Lea: Arbeit ist, wenn man den ganzen Tag am Computer sitzt und soo dick wird.

***

Lea spielt mit mir Arbeiten. Sie sitzt in einem alten Sessel und ruft mich mit einem fiktiven Telefon an.
Claudia: Hier ist der Verlag. Möchten Sie Bücher bestellen?
Lea: Ja
Claudia: Als Privatperson oder für eine Buchhandlung?
Lea: Als Chef der ganzen Stadt möchte ich für alle Bücher bestellen.
Claudia: Ach so, Sie sind Bürgermeisterin
Lea: Ja.
Claudia: Das freut mich. Wie gut, dass Sie allen Bürgerinnen und Bürgern Ihrer Stadt ein Buch schenken.

Nächster Anruf.
Lea: Wann kommen die Bücher an?
Claudia: Sie sind schon per Spedition im Lastwagen unterwegs.
Lea: Ah, gut. Ich sehe, sie sind eben angekommen.
Claudia: Und wie möchten Sie bezahlen
Lea: Gar nicht!

Claudia Gehrke

Seit ich 11 oder 12 Jahre alt war, konnte ich nicht einschlafen, wenn ich früh aufstehen und zur Schule musste. Wir waren kurz zuvor von einer Altbauwohnung in ein hellhöriges Häuschen umgezogen, Schwestern und Bruder in einem Zimmer, das Elternschlafzimmer direkt daneben. Jede Nacht hörte ich meinen Vater auf- und abmarschieren. Er konnte nicht einschlafen, weil er sehr früh zu seiner Arbeit in die Chemiefabrik aufbrechen musste.
Mir fiel trotzdem nichts anderes ein, als Lehramt zu studieren. Die Laute, mit denen ich als Schülerin eine Zeitlang in einer studentenbewegten WG im Frankfurter Westend wohnte, studierten auch alle Lehramt. Eine Idee, was ich wirklich machen wollte, hatte ich nicht. Hauptsache, eine abgeschlossene Ausbildung, sagte unser Vater. Wegen ihm hätten wir nicht ins Gymnasium gemusst, dann wäre das schneller gegangen mit einer abgeschlossenen Ausbildung.
Meine erste „richtige Arbeit" hatte ich in Irland sechs Wochen lang in einem „Workcamp". Bezahlung: Unterkunft frei (Reise musste selbst bezahlt werden). Wir befreiten ein altes, fast im Grün versunkenes Castle, das renoviert werden sollte, von Pflanzen. Harte körperliche Arbeit mit Spitzhacke und Spaten. Dazu kam Küchen- und Putzarbeit. Mir war die Arbeit draußen lieber. Auch wollte ich gerne in der Nähe einer der Workcampbetreuerinnen sein. Manchmal bestimmt auch Schwärmerei die Wahl der Arbeit. Andere rissen sich um die Tage in die Küche. Die Gruppe Schülerinnen und Schüler aus aller Welt wohnte zusammen, abwechselnd war jede und jeder einen Tag lang mit Kochen, Putzen und Küchenarbeit dran. Ich weiß noch, damals trug ich eine Art Hippiering, groß und bunt, und den verlor ich beim Zubereiten in einem Salatberg. Einer fand ihn. Nach dem Workcamp trampte ich durchs Land. Wieder zurück, bastelte ich ein Buch mit handgeschriebenem Reisebericht und Fotos, das ich meiner Großmutter zum Geburtstag schenkte. Ich wollte es kopieren, ein zweites Mal basteln, für meine Eltern oder für mich selbst, das war mir zu viel Arbeit. Meine nächste „richtige Arbeit" kam nach dem Studium – klar, Schule, Studium, Referendariat machten auch Arbeit, aber das sah ich nicht als „Arbeit" an. Wir studierten, anders als heute, relativ frei, mit Reisen und Wochenendseminaren und langen Spaziergängen, ohne viele Klausuren und keine Regelstudienzeit. Während des Studiums jobbte ich, hütete Kinder und war Kellnerin in einer Bierkneipe (was mir nicht gut gelang, ich brachte die Biere nicht schnell genug und manchmal an falsche Tische.) Am Anfang des Referendariats entstand der Verlag. In der Zeit konnte ich wieder nicht einschlafen (es liegt am Zwang zum Frühaufstehen, ohne Zwang kann ich problemlos auch Sonnenaufgänge erleben). Die mir angebotene Lehrerinnenstelle irgendwo auf der Schwäbischen Alb nahm ich nicht an.
Ich bekam eine Viertelstelle als Krankenhauslehrerin. Das war ideal. Ich konnte die Zeit der Stunden festlegen, wie ich wollte. Die Jugendlichen hatten schwere Krankheiten oder litten unter Unfallfolgen, aufgrund derer sie monatelang bleiben mussten und unterrichtet wurden. Der erste Schüler hatte Leukämie in fortgeschrittenem Stadium. Er lag oder saß isoliert in einem Plastikzelt, ich, außerhalb, konnte hineingreifen und ihm mit dem Plastik um die Hand etwas aufschreiben. Ich unterrichtete Mathematik und Deutsch, Mathematik war einfacher zu unterrichten. Das „Klick"-Erlebnis, der Moment, in dem man etwas plötzlich begreift, konnte ich mit den Schülerinnen und Schü-

lern zusammen erleben, denn ich musste es auch mir selbst immer wieder neu beibringen. Außerhalb der Schule war ich mit dem Verlag beschäftigt, die Mathematik vergessen. Der erste Schüler mit der Leukämie sagte mir einmal, wie sehr er sich auf den Unterricht freue. Er starb kurz darauf. Ich hatte den Eindruck, sie freuten sich alle auf den Unterricht. In den Stunden – gerade im Mathematikunterricht – waren sie mit dem Kopf vollständig außerhalb ihrer alltäglichen Welt, in der sich alles um die Krankheit drehte oder um die Unfallfolgen. Ich redete auch nicht über das Krankenhaus mit ihnen, es sei denn, sie kamen von selbst darauf zu sprechen. Es gab Psychologinnen und Psychologen, die sich darum kümmerten, wie sie ihre Situation psychisch verkrafteten.

Ein Mädchen war so wütend über ihre Bewegungsunfähigkeit. Sie tobte ihre Wut auch an mir aus. Sie war von einem Traktor überrollt worden, vom Hals abwärts querschnittsgelähmt und konnte nur noch eine Hand ein wenig bewegen. Einen dicken Stift zwischen die Finger geklemmt, schaffte sie es anfangs kaum zu schreiben. Sie hätte mir, wenn sie gekonnt hätte, am liebsten den dicken Stift an den Kopf geworfen. Als sie das erste Mal eine Aufgabe aufschrieb und löste, hat sie für kurze Zeit ihre Wut vergessen.

Jahre später kamen ehemalige Schüler im Rollstuhl zu unseren Verlagsveranstaltungen. Und erst vor Kurzem kontaktierte mich eine Schülerin und bot mir einen Gedichtband an. Ich bedaure, dass auch ihr Text in der Unmenge, die ich an Manuskripten vorliegen habe und nicht zu lesen schaffe, untergegangen ist.

Ich hörte mit der Arbeit als Krankenhauslehrerin nach ein paar Jahren allein deshalb auf, weil ich zu unzuverlässig wurde. Der Verlag wuchs. Ich verlegte kurzfristig Stunden. Das war nicht gut für die Schüler und für mich auch nicht, da ich ein schlechtes Gewissen bekam. Seitdem bin ich „Vollzeitverlegerin". Meine Rente aus der Zeit der seh gerne gemachten Arbeit als Krankenhauslehrerin beträgt 80 Euro.

Zur Arbeit der Verlegerin gehört nicht allein das aufregende (auch anstrengende) „Büchermachen" (im „Konkursbuch 55, über Bücher" erzählt), hinzu kommen organisatorische, buchhalterische Tätigkeiten, Kalkulationen, Abrechnungen etc. Und immer wieder unerwartete kleinere und größere „Katastrophen", die diese Arbeit kurzzeitig oder für lange Zeit enorm vermehrten. Zuerst eine Anklage wegen Urheberrechtsverletzung. Wer ist die Urheberin eines Fotos: die Fotografin, die für dieses Bild an einem Kreuz hing und eine Freundin bat, auf den Auslöser zu drücken, oder die Frau am Auslöser. Die Frau am Auslöser klagte. Sie sei die Urheberin. (Bei der Beweisaufnahme, eine dicke Akte, wurde u.a. eruiert, wer die Requisiten (schwarze Lochstrumpfhosen, ein Seil) eingekauft hatte.) Schließlich galt die am Kreuz Hängende als Urheberin und ich musste das Buch nicht zurückrufen oder Schadensersatz bezahlen. Anklage wegen Verbreitung von Pornografie (nach Jahren kam es zum Prozess, glücklicherweise gewonnen), eine Anklage nach einer Rentenkassenprüfung wegen Scheinselbständigkeit des Mailordermannes (Prozess gewonnen, aber auf Anraten des Rechtsanwalts zur Vermeidung ähnlicher Anklagen in der Zukunft etwas an der Struktur des Verlags geändert, darauf folgend Steuerprüfung und Lagerbewertung – eine große „zu versteuernde Einlage" in die Neukonstruktion, eine GbR mit dem Mailordermann statt eines Einzelunternehmens). Und nun die Insolvenz der Verlagsauslieferung. Einen Teil der mühseligen Pressearbeit und Veranstaltungsorganisation versuche ich, an die wechselnden Mitarbeiterinnen zu delegieren. Und dann gibt es noch die „psycholoische" Arbeit mit Menschen, mit Autorinnen und Autoren,

manche wie Diven, andere eifersüchtig, weil sich diese oder jener bei einer Veranstaltung zu sehr in den Vordergrund gedrängelt habe oder andere von mir bevorzugt behandelt würden – Ja, das stimmt sicher, es ist nicht zu schaffen, für alle das Gleiche zu tun, bei einigen fällt uns mehr ein, was sich für sie tun ließe. Davon führt vieles ja auch zu nichts. Ich versuche, es den anderen zu erklären, zu schlichten. Manche E-Mail-Wechsel lesen sich im Nachhinein sehr amüsant oder wie ein Beziehungsroman.
Ich folgte (und folge) Abschweifungen und Leselüsten. Und so wuchs das Programm in viele Richtungen hinein, vielleicht nur für mich verbindet sich alles mit allem. (Das würde es schwer machen, den Verlag jemandem zu übergeben.) Auch meine Arbeitsplätze bieten die Möglichkeit der Abschweifung. Ohne die Möglichkeit der Ablenkung von der Arbeit könnte ich kaum arbeiten. Ich muss hinaus in die Ferne blicken können und Wolkenschauspiele bewundern oder Bäume und Menschen in den Straßen von Berlin. Überall, wo ich arbeite, auch wenn ich zu Gast bin, stelle ich den Laptop so auf, dass ein Blick ins Weite möglich ist. Als Belohnung für eine der durchmachten Nächte plötzlich das seltene tiefdunkle Rot am Horizont, das einen atemberaubenden Sonnenaufgang einleitet. Arbeit gehört für mich zum Leben. Manchmal stelle ich mir vor, wie es wäre, aufzuhören.

„Ich muss gleich jemanden bemuttern."

Vor Kurzem traf ich unseren PC-Betreuer. Er blickte, wie oft, das muss er in seiner Arbeit, auf sein Handy. „Termin", sagte er, „ich muss gleich jemanden bemuttern." Ich erinnere mich, wie er vor zwanzig oder mehr Jahren das erste Mal bei mir im PC „drin" war, also von außen online etwas reparierte, und ich saß davor und sah einen anderen Menschen in meine Welt hineinsehen, mehr noch, hineingehen, und dann darin vor meinen Augen arbeiten. Er kann von überall aus arbeiten, braucht dazu nur einen kleinen Laptop. Auf dem Desktop alle Zugänge gespeichert, er muss nicht lange suchen, im Notfall ist er in Sekunden drin.
Er betreut sehr unterschiedliche Kunden. Große Firmen mit Netzwerken, kleine wie uns mit einem Mininetzwerk, mit dem ich von wo auch immer ich bin, über den Server im Verlags/Mailorder-PC arbeiten kann, und auch Privatpersonen. Bei allen hat er einen Zugang zum Computer, Passwörter etc., und arbeitet von außen in deren Computern. Manchmal, nicht oft, muss er persönlich vorbeikommen, wenn was manuell vor Ort eingerichtet werden muss. Oft sind es kleine einfache Dinge, die er mit mütterlicher Geduld erklärt, auch wenn die Person es längst selbst können müsste. Manchmal steckt nur ein Kabel nicht richtig, und die Leute befürchten, ein Virus habe den PC lahmgelegt. Selbstverständlich gibt es „echte" Probleme. Dann beruhigt er (auch das ist mütterlich), manches kann er auch wirklich retten, in Teilen wenigstens. Wir hatten einmal diesen Virus, der alles verschlüsselt, einen kleinen Teil der Daten konnte er retten, noch heute brauche ich ab und zu etwas aus den Ordnern mit den geretteten Dateien.
„Bemuttern" (manchmal auch zu viel bemuttern oder ungerecht dem einen oder anderen „Kind" gegenüber sein) ist Teil der Arbeit in vielen Berufen. Trösten, Streite schlichten, am besten Konflikte ahnen, bevor sie losgehen, bei kleinem Unfällen nicht dramatisieren, sondern immer beruhigen, erklären, selbst möglichst ruhig bleiben, organisieren ...

Dieter de Lazzer
Zum Stichwort Arbeit

Wenn ich auf mein Leben zurückblicke, das mittlerweile gut acht Jahrzehnte umfasst, überrascht es mich selbst, dass darin der Begriff oder gar die Kategorie „Arbeit" nie wirklich eine Rolle gespielt hat. Wenn ich das sage, überlasse ich es gern anderen, einen Begriff von Arbeit ökonomisch oder soziologisch im Spektrum von Marx bis Sennett zu definieren und anzuwenden. Aber mir stehen kein Verhältnis von „Arbeit" und auch keine eigene Existenz als „Arbeiter" im Sinn solcher Definitionen vor Augen. Deshalb darf ich mich ernstlich nicht dazuzählen.

Mein Großvater väterlicherseits hatte seine Heimat am Fuß der Marmolata (Dolomiten) aus Protest gegen die italienische Eroberung seiner Heimat verlassen, war Ingenieur bei der Erweiterung des Gotthard-Tunnels und soll zeitlebens stolz darauf gewesen sein, dass in dem Segment, für das er verantwortlich war, kein Einziger seiner Arbeiter zu Schaden kam. Ob er das als Arbeit oder als Leistung begriff, weiß ich nicht. Ihn – er war ein sanfter Mann, sagte man – heiratete meine Großmutter, die die erste weibliche Küchenchefin eines Erstklassehotels in der Schweiz war und jeden Sommer den französischen Kriegsminister und späteren französischen Ministerpräsidenten bewirtete. Also gar nicht sanft. Marco starb aber lange vor meiner Geburt, deshalb weiß ich nicht, ob Arbeit für meine Großeltern ein Begriff war. Ich weiß nur, dass sie ihre Tätigkeit liebten und darin einfach sehr gut sein wollten. Knechte ihrer Arbeit waren beide sicher nicht.

Vom Großvater auf der Mutterseite, den ich auch nicht mehr erlebt habe, weiß ich nur, dass er als geschätzter Orthopädie-Schuhmacher-Meister jeden hinauswarf, der ihn als „Schuster" anredete. Selbstständig, wie er als Handwerksmeister war, habe er oft bis in die Nacht gearbeitet, aber nicht als Malocher, sondern als Perfektionist.

Was also macht man aus solch einem Erbe? Passt der Begriff „Arbeit" für das, was der Lebensinhalt dieser Personen war?
Mein Vater arbeitete in der Industrie als Obermeister einer Modellschreinerei mit etwa 70 Schreinern und ca. 20 Lehrlingen. Er liebte seinen Beruf und war ein begeisterter Ausbilder. Die meisten können sich unter diesem Beruf ja nichts vorstellen, denn mit dem ähnlich klingenden, aber niedlichen „Modellbau" verbindet ihn nichts. Modellschreiner fertigen die oft mehrere Meter großen Gussmodelle, die später in betonhartem „Guss-Sand" abgeformt werden, in dem dann aus flüssigem Eisen oder Stahl große komplizierte Maschinenteile gegossen werden. Das Hauptproblem dieses Berufs ist der sogenannte „Schwund", weil sich flüssiges Metall beim Erkalten zusammenzieht, und wenn der Modellschreiner das bei seiner Arbeit nicht richtig einschätzt, reißt das Metall – sichtbar oder tückischerweise auch im Inneren des Werkstücks. Und wenn das z.B. bei einer Wasserturbine nicht erkannt würde und das untere Absperrventil eines Zweimeterrohres durch eine Tausend-Meter-Wassersäule wegen versteckter Risse im Metall zerreißen würde, wäre das eine echte Katastrophe. Den deutlichsten Eindruck von der „Arbeit" meines Vaters habe ich deshalb gar nicht aus seiner Werkstatt mit den vielen Maschinen, sondern vom Esstisch zu Hause, der nach dem Abendbrot freigeräumt und mit großen Werkplänen belegt wurde, auf denen mein Vater die Maße nach dem zu erwartenden Schwund prüfte und gegebenenfalls korrigierte.

Das war sicher eine sehr verantwortungsvolle Arbeit, und darauf passt der Begriff. Aber ich kann ihn in mein Leben nicht übertragen. Uns Kindern gegenüber benutzte der Vater manchmal den Ausdruck „lustbetonte Arbeit", aber dabei blitzte ihm jedes Mal der Schalk aus den Augen. Und so frage ich: Passt denn der Begriff „Arbeit" auf die vielen Aktivitäten, von denen ich mich in meinem Leben habe faszinieren lassen?

War das Arbeit, wenn der Gymnasiast von einem Lehrer angesprochen wird, am Abend werde ein bedeutender Theologe einen Vortrag halten, aber bei den örtlichen Zeitungen sei kein Redakteur mehr frei, ob er nicht darüber berichten wolle? – Der Gefragte macht es, schreibt einen Fünfspalter, das sehr schöne Honorar spendet er für die Opfer des Ungarn-Aufstands, wird von da an immer wieder gefragt, ob er über dieses oder jenes Ereignis berichten wolle. Sein Kunstlehrer am Gymnasium macht eine Ausstellung, er schreibt eine Doppelseite, stellt ihn Franz Kline zur Seite, den damals fast keiner kannte, und der Lehrer bedankt sich überschwänglich. War das Arbeit? – So ging es noch öfter. Und noch vor dem Abitur kommt ein großer Brief vom Chefredakteur der Zeitung, der zugleich Vorsitzender des Journalistenverbandes im Land ist, mit einem Volontärzeugnis, das er nie beantragt hat (heute werden davor ein Diplom und drei Jahre Praktikum verlangt). So etwas war unverdientes Glück, obwohl er nie davon Gebrauch machte. Vielleicht durch Glück und Leistung, aber gewiss nicht durch Arbeit erworben.

Danach habe ich die biblischen Sprachen gelernt und Theologie studiert. Aber das Lernen als Student, wenn es einen interessiert, ja fasziniert, ist keine Arbeit. Bei einem Austausch in Edinburgh habe ich eine Nacht mit Leonard Cohen heftig getrunken und über sein Jüdischsein und seine Schriftstellerei diskutiert, aber auch das war keine Arbeit, sondern ein existenzielles Ringen.

Für die beiden Jahre nach meinem theologischen Examen, in denen ich, nochmals in Edinburgh, an der Hauptkirche des Presbyterianismus Pfarrer war (das ist eine eigene Geschichte), gilt das Gesagte erst recht. Höhepunkte wie das Gespräch mit Ministern, der Königin selbst oder Menschen wie dem deutschen Kirchenpräsidenten Niemöller als Besucher einer befreundeten Kirche kann man nicht im Modus der Arbeit führen! Und ebenso wenig das hörende Gespräch mit „meinen Obdachlosen" im Asyl (mein wichtigster Ansprechpartner, ein wunderbarer Typ, hatte, das sagten mir andere, Auschwitz überlebt) – und das eher lustige Palaver im Heim für ledige junge Mütter, dessen Vorsteher ich kraft Amtes war. Aber dann kam es auch vor, dass der Chefredakteur der führenden Zeitung „The Scotsman" mich bei einer Abendeinladung am Samstag so klug und eindringlich nach meiner morgigen Sonntagspredigt befragte, dass ich um vier Uhr morgens heimfuhr und eine neue Predigt schrieb, die, wie ich am Morgen vor 1.400 Hörern spürte, besser und genauer auf den Text und die Hörer zentriert war.

Als ich meine Frau kennenlernte, die auch mit Herzblut Theologin war und ist, wurde bald klar, dass wir beide im gleichen Fach und in der gleichen Kirche zu viele Reibungsverluste hätten. Also habe ich ihr das Pfarramt überlassen, denn ich hatte schon ein paar Jahre Jura studiert, um ein neues Fach zu begründen. Mein Mentor Hermann Diem, der zugleich Rektor der Uni Tübingen war, hatte den Plan, ein neues Studienfach zu etablieren, das wir „Kirchenordnung" nannten. (Der Grund: Es gab in Deutschland knapp dreißig Lehrstühle für Kirchenrecht, die alle den Westfälischen Frieden auslegten, um ihren Kirchen zu sagen, was sie von Staats wegen tun oder nicht tun dürften. Die Frage, was theologisch von Seiten der Kirchen und dem Evangelium, ihren Bedürfnissen und Strukturen intern wie dem Staat gegenüber zu sagen wäre, wurde nicht bearbeitet. Das wollten wir ändern.)

Für dieses Ziel hatte ich mich schon als Jurist eingeschrieben. Und war auch bald Assistent des renommierten Verfassungsrechtlers Dürig und habe nach wenigen Monaten, obwohl selber noch nicht examiniert, für diesen Hausarbeiten und sogar Dissertationen korrigiert und bewertet.

Das Tollste war dann, dass mich mein Lehrstuhlchef fragte, ob es mich interessiere, am großen repräsentativen Kommentar zum Grundgesetz, dem „Maunz" bzw. „Maunz-Dürig", zu dessen Mitherausgeber er gekürt worden war, mitzuarbeiten. Natürlich sagte ich ja, zumal mir damals noch nicht klar war, wie dunkelbraun bis rabenschwarz die ganze Mischpoke der Staatsrechtler in Deutschland eingefärbt war. Ihr Häuptling war Maunz in München, der gelegentlich als Alibi irgendwelche Sprüche über den Rechtsstaat absonderte, während er hinterrücks den Rechtsberater der NPD spielte.

Mein Chef Dürig, der sich liberal gab, wo es nichts kostete, aber im Grunde auch reaktionär bis in die Knochen, war auch nicht mehr der Jüngste, und so war man auf einen weiteren Herausgeber für den großen Grundgesetz-Kommentar gestoßen. Er hieß Roman Herzog, war nach kurzem Gastspiel als Professor zum Rektor der Verwaltungshochschule in Speyer ernannt worden, hatte dann – alles in C-Ländern – ein kurzes und kaum überzeugendes Gastspiel als Innenminister von Baden-Württemberg gegeben und war nun Chefpräsident des zweiten Senats des Bundesverfassungsgerichts in Karlsruhe. (Ich berichte das so ausführlich, damit die Leser/innen ahnen, wie sich in Deutschland das politische Personal rekrutiert.) Und als solchem hatte man ihm angetragen, den Art. 3 des Grundgesetzes, den wichtigen Gleichheitsgrundsatz, im großen Kommentar neu zu bearbeiten. Aber dazu fühlte er sich nicht in der Lage. (Später ging die Rede, der längste Text, den er selbst geschrieben habe, sei ein kleines Kochbuch gewesen, das unter dem Namen seiner Frau erschien.) In diesem peinlichen Moment konnte man aber nicht bei den Professorenkollegen herumgehen und sagen, der zweithöchste Richter im Staat fühle sich nicht imstande, seinen Part im wichtigsten Kommentar zum Grundgesetz zu erfüllen. So kam Dürig schließlich zu mir mit der Frage, ob ich mir zutraue, den Ghostwriter für den Faulpelz zu machen. Ich wusste ja, wie er und seine Kollegen arbeiteten, und sagte ja. Als ich zwanzig Seiten fertig hatte, gab ich sie Dürig, um sie dem „Verfasser" zu zeigen. Nach zwei Wochen gab er sie mir zurück, alles bestens, aber es war klar, dass der „Verfasser" zu bequem gewesen war, sie überhaupt zu lesen. Also ging es so weiter. So kam es, dass ich einige Monate später meine „Arbeit" abschloss, die im Druck 156 Seiten in Groß-Oktav umfasst und im Wesentlichen heute noch so steht. Und ich frage mich jetzt: Soll ich das Bubenstück, das eigentlich nur die Verdorbenheit der deutschen Politik und Akademie illustriert, als „Arbeit" ausgeben?

In dieser Zeit drängte mich mein wichtigster juristischer Mentor und väterlicher Freund, der Zivilrechtler und Methodologe Josef Esser (nebenbei: genusssüchtig wie ich auch), ich hätte doch bewiesen, dass ich das Zeug zum akademischen Lehrer hätte, ich solle eine Dissertation schreiben und die Uni-Laufbahn einschlagen. Aber weder er noch mein Chef Dürig waren überzeugende Vorbilder, der eine, weil ihm seit Jahren nichts mehr einfiel und er sich jeden Satz abringen musste, und der andere, weil er seinen Überdruss und Ekel gegenüber dem eitlen Leerlauf des Unibetriebs immer weniger verbergen konnte. Dass mir das Schreiben nicht schwerfiel, wusste ich, einige Grundsatzartikel zum Lauschangriff und zum Contergan-Urteil des BVerfG hatte die renommierteste Juristenzeitung als Hauptartikel abgedruckt.

Aber dann wurden in Freiburg von zwei klugen Köpfen die Kapazitätsprozesse zur Studienzulassung erfunden, und ein anderer Jurist, den ich aus dem Uni-Senat kannte, witterte die Geschäftschance, wollte sich damit selbstständig machen und fragte mich, ob ich mitmachen wolle. Also machten wir eine Kanzlei in Stuttgart auf, schauten bei älteren Kollegen, was für den Kanzleibetrieb unbedingt nötig war, und waren von Anfang an gleich recht erfolgreich dabei. Allerdings passten unsere Temperamente und auch unsere Vorstellungen von Ehrlichkeit nicht zusammen, und wir trennten uns nach zwei Jahren. Er versuchte sein Glück in der Politik, blamierte die SPD, und ich nahm ein paar junge Kollegen zu mir. Aber als sie in die Ex-DDR umsiedeln wollten, war ich nicht unglücklich, zumal für mich bald ein Umzug nach Tübingen anstand, wo meine Frau Dekanin des Kirchenbezirks geworden war.

Eines Tages stand mein Freund Felix Huby, der gerade dabei war, vom Spiegel-Journalisten zum Fernseh-Drehbuchautor umzusatteln, in der Tür. „Ich bin gerade an einer Serie, die spielt in deinem Milieu, hättest du Lust, mal mitzumachen?" Ich hatte, es klappte prima und machte Spaß. Oft saßen wir in seinem Garten unter dem Birnbaum und formulierten abwechselnd. Auf „Alles was Recht ist" folgten die beiden Pfarrersserien, deren Einschaltquoten bis heute nicht überboten wurden. Huby schrieb hauptamtlich, er ist der fleißigste Autor, den man kennt, aber für mich war das ein netter und lohnender

Zeitvertreib. Eine Geschichte mit Figuren, die ja lebendig werden wollen, kann man nicht anders als gutgelaunt und nicht im Modus der Maloche fabrizieren. So entstanden nach den Serien auch die Bienzle-Tatorte (einer davon wurde mit der „goldenen Romy" ausgezeichnet), einige Theaterstücke kamen dazu. Das Stück über den Hitler-Attentäter Elser, der ein Schützling meines Vaters gewesen war, brachte es beim Lindenhof-Theater auf hundert Aufführungen.

Bis vor Kurzem war ich ein Nachtmensch und saß oft bis um zwei am Rechner. Aber ob ich Schriftsätze erledigte, an einem Drehbuch feilte, ein Buchmanuskript weiterschrieb oder wie jetzt einen Text für Claudias Konkursbuch, änderte an meinem Befinden nichts. Selbst juristische Schriftsätze machen Spaß, sobald man den Pfiff herausbekommt, wie man treffend argumentieren will.

Bald nach unserem Umzug nach Tübingen kam der allseits geschätzte Rektor der hiesigen Uni und fragte, ob ich nicht die Seiten wechseln und die Uni in den NC-Prozessen vertreten wolle. Da dachte ich mir: Gut 800 Zahnärzte und fast 4000 Ärzte, denen ich einen Studienplatz verschafft habe, sind eigentlich genug, und sagte ja. Von da an habe ich meine alte Alma Mater gegen die Klagen vertreten, bis der zweite Senat des BVerfG vor zwei Jahren ein so himmelschreiend dummes Urteil genau zu den Kapazitätsprozessen beschloss, dass ich mich täglich darüber geärgert hätte. Da nahm ich als Anwalt meinen Abschied.

Vom ersten bis zum letzten Tag meiner Anwaltstätigkeit habe ich darauf geachtet, den Schriftverkehr so knapp und präzise zu halten wie möglich. Wenn ich dann etwas genauer ausführte, wurde das von den Richtern auch wirklich gelesen. Anfangs hatte ich noch eine Teilzeitsekretärin für wenige Stunden, aber als sie heiratete, habe ich sie nicht ersetzt. Und habe übrigens, verglichen mit dem normalen anwaltlichen Papierkrieg, der Uni noch einige Millionen an Gerichtskosten gespart. Silberne Verdienstmedaille, und der Kanzler entschuldigte sich: Die goldene sei nur für Staatsoberhäupter.

Trotz der vielen Routinefälle ist es mir in meinem Beruf nie langweilig geworden, weil immer wieder auch faszinierende Fälle zu mir gefunden haben. Bei der (vor-) letzten Volkszählung 1987 kam der inzwischen wohl höchstdotierte Künstler Deutschlands, Anselm Kiefer, zu mir und wollte sich nicht zählen lassen. Wir haben uns gleich bestens verstanden. Für ihn führten wir zwei Prozesse bis zum Bundesverfassungsgericht und haben beide gewonnen. Von da an waren wir Freunde, und bis zu seinem Wegzug nach Frankreich fuhr ich fast jede zweite Woche zu ihm nach Buchen, um kurz die Rechtsfälle und ausführlich seine neuen Arbeiten zu besprechen, und danach, gewürzt mit Lesefrüchten von Sappho bis Heinrich Heine und Ingeborg Bachmann, seine exzellenten Kochkünste zu genießen. Als am Kölner Dom das vom Grünspan erodierte riesige Bleidach erneuert wurde, habe ich die Hälfte dieser Bleche für ihn gekauft. Übrigens, unsere Arbeitstische sind ein Entwurf und Weihnachtsgeschenk von Anselm Kiefer. Die Stühle habe ich als Sohn meines Vaters selbstverständlich selber entworfen und gebaut.

Für das Land Marokko habe ich einen Prozess über den Wert des deutschen Jahreskonsums an Cornichons geführt, und in Saudi-Arabien war ich für die Familie Shehail – das ist die Familie, die vor gut hundert Jahren leider die vollkorrupten Sauds auf Verlangen der Engländer wieder an die Macht gebracht hatte – mehrfach tätig. Aber selbst diese mächtige Familie konnte die von uns angebotenen Küstenwachtürme für Kuwait gegen den Irak nicht durchsetzen, weil die amerikanischen Berater den saudischen König in der Tasche hatten und unbedingt den Krieg wollten.

Und dann gab es auch noch die Fälle, in denen eine knochige Hand eingreift. Ein Herr aus Liechtenstein, internationaler Makler, weiß irgendwoher, dass ich Übersee-Fälle „händeln" kann. Er habe da einen Klienten aus Indonesien, der habe einen der größten Überseetanker an der Hand, voll mit Öl. Indonesien werde den Japanern die Fischfanglizenz entziehen, weil sie mit zu engen Netzen fischen und so den Nachwuchs kaputt machen und binnen Kurzem den Indonesiern den Fischfang zerstören würden. Aber die Indonesier hätten kein Fischfangmutterschiff, wie es dann dringend benötigt werde. Ob ich einen Weg wüsste, ein solches gegen einen Supertanker voll Öl zu beschaffen. Problem: Das sei kein OPEC-Öl! *Ja, ich will sehen, was ich machen kann.* Nach einer halben Stunde hatte ich den kompetentesten deutschen Schiffbauer am Telefon, und die Wellenlänge stimmte: „Das Problem können wir lösen, den Corpus lassen wir die Polen bauen, die sind nicht in der OPEC, den Rest können wir liefern. Geben Sie durch, was das für Öl ist." Ein Handschlag am Telefon. So arbeitet man gern.

Ich melde das Ergebnis nach Liechtenstein und bitte um die Details. Aber die Antwort lässt auf sich warten. Der Makler sagt, er hat meine Fragen durchgegeben, aber noch keine Antwort. Das ist bei so einem Geschäft schon seltsam, aber na ja. Jeden Tag frage ich, und Liechtenstein hat keine Antwort. So geht es eine Woche, dann kommt die Antwort: Sein Klient war der stellvertretende Geheimdienstchef von Indonesien, aber er hatte das ganze Öl gestohlen, der Tanker wurde zurückgeholt, und unser – da korrigiere ich: „Ihr" – Klient wurde schon an die Wand gestellt. „Und was machen Sie jetzt?" Damals kamen gerade die Kfz-Katalysatoren auf. „Ich habe gerade drei Tonnen Platin aus Russland an der Hand. Ich könnte Ihnen eine abtreten."

Doch der beglückendste Moment meiner Anwaltstätigkeit überhaupt war, als ich als Berater der gesammelten deutschen Rüstungshersteller den französischen Präsidenten Mitterrand (der mich durch Anselm Kiefer, den seine Frau schon vorher sehr geschätzt hatte, kennengelernt hatte) im Elysée-Palast bei einer Besprechung mit allen Chefs der französischen und deutschen Panzerhersteller davon überzeugen konnte, dass es besser war, eine Ausnahme-Klausel in den europäischen Verträgen, aufgrund deren er die Lieferung von 388 modernsten Panzern nach Saudi-Arabien hätte genehmigen können, *nicht anzuwenden*! – Ein Fünkchen Frieden!

Und was ist das schönste Geschenk, das mir in meinem ganzen „Arbeitsleben" zuteilgeworden ist? Dass der führende Talmudgelehrte in Deutschland, der an der Jüdischen Hochschule in Heidelberg lehrte, kurz vor seinem Tod – er wurde von deutschen Krebsärzten ermordet, welche die speziell für ihn produzierten Krebsmedikamente unterschlagen hatten – in sein als Vermächtnis geschriebenes Buch über *Das Judentum in seiner Entstehung* noch auf dem Krankenbett diese Widmung zu drucken hieß: „Für Dieter de Lazzer – chassid umot-ha'olam" – d. h.: einem Gerechten unter den Völkern. Nach der rabbinischen Lehre gibt es immer sieben Gerechte unter den *Gojim*. Aber ich bin alt und kann nicht versprechen, dass ich noch viele Jahre durchhalte. So kann ich nur hoffen, dass die anderen sechs noch lange genug stehen, bis sich wieder ein siebter findet.

Was bleibt also als Ergebnis auf Claudias Frage nach der Arbeit? Ich fürchte, ich werde sie in diesem Leben wohl kaum mehr überzeugend beantworten können. Nach dem Psalm wird es, wenn es köstlich war, Mühe und Arbeit gewesen sein. Aber wir könnten an den Definitionen ja noch *arbeiten*! Ich jedenfalls habe alles gerne und das meiste auch mit Vergnügen getan.

Anna Breitenbach

Arbeit & Aufstieg

Ich war mal in der Tübingen Universitäts-Bibliothek angestellt, als zweite Sekretärin, im Vorzimmer des Chefs, weil die Hauptsekretärin gab's schon. Einmal kam ich morgens zur Arbeit und sehe sie nicht an ihrem Schreibtisch. Weil sie stand hinter der Tür und machte irgendwas, ohne dass jemand sie dabei sehen sollte. Vielleicht saß der BH schief oder sonst was war zu richten an ihr. Paar Tage später erwischte ich sie auch wieder hinter der Tür, und diesmal sah ich, sie schob was von unten rein. Ein Tampon, dachte ich, vergessen oder zu wechseln? Aber es wiederholte sich, und schließlich sagte sie mir, dass es Schmerzzäpfchen wären, die sie brauchte, um arbeiten zu können. Ich fragte vorsichtig nach einer Krankheit, ständige Schmerzen? Sie gab mir eine unklare, ausweichende Antwort.

Aber ich merkte, dass der Direktor und die Leiter:innen der einzelnen Abteilungen, Theologie, Religionswissenschaft, Alter Orient … mehr und mehr zu mir kamen. Erst dachte ich ja, mit meiner Arbeit so zufrieden. Ich konnte blind und flott tippen, Steno sogar noch, ihre Aufträge gut ausführen.

Aber dann merkte ich, es lag wohl auch an ihrer langsamen, unkonzentrierten Arbeit, sie machte Fehler, entschuldigte sich dann, verbesserte und machte dabei wieder andere Fehler. Und ich wusste nicht, wie damit umgehen. Ich mochte sie, hatte sie ja nicht überholen wollen, war in keiner Konkurrenz mit ihr, war doch die Zweitfrau in dem Büro, vom Chef, und wurde immer mehr zur Primadonna. Ich kam in einen Spagat zwischen weiblicher Solidarität mit ihr, den doch deutlichen Problemen zu arbeiten, und Stolz, Befriedigung durch meine offenbar tüchtige Arbeit in dem neuen Job, die gelobt wurde und durch die sie aber immer mehr in die hintere Reihe rückte.

Das Ende der Geschichte? Auf einmal war sie weg, gekündigt oder in gegenseitigem Einvernehmen mit dem Direktor der Bibliothek das Arbeitsverhältnis aufgelöst, wegen eingeschränkter Arbeitsfähigkeit?

Und sie hatte keine Krebserkrankung gehabt oder ein chronisches Leiden. Sie war abhängig, nicht nur von den Schmerzzäpfchen, hörte ich dann, hinter der Hand, mehr oder weniger immer: auf Droge. Und ich saß an ihrem Schreibtisch, aufgestiegen durch ihren Abstieg.

Arbeit & Unterhalt

Nach einer Lesung im Haus der Wirtschaft, im Raum Karlsruhe, weiß ich noch, kam hinterher ein älterer Mann auf mich zu, nachdem ich ja länger gelesen hatte, alles gegeben, was ich drauf hatte, Geschichten, Gedichte … viel Applaus bekommen hatte, mit mir ganz zufrieden war und dem Abend, und fragt mich freundlich: „Was machen Sie beruflich?" – Ich weiß nicht mehr, was ich geantwortet habe, sicher auch freundlich. Offenbar hatte er sich nicht vorstellen können, dass das meine Arbeit war und ist, dass man, und also auch ich, das durchaus ernsthaft und beruflich betreiben kann. Dass man damit etwa auch Geld verdienen kann, wenn auch nicht unbedingt in größeren Mengen. Es sei denn Bestseller liefernd, einen nach dem anderen.

Aber dass er zu meiner geliebten Schreib-Arbeit beigetragen hat, völlig unentgeldlich[*], wusste der Mann da auch nicht. Aber ich, hatte schon so'ne Ahnung.

> Was machen Sie beruflich?
>
> fragt er mich und ich sage:
> leben, halbtags, lieben usw.
> Erfahrungen sammeln,
> Beobachtungen, in Bildform,
> Bemerkungen, in Satzform,
> ab mittags dann schon mal
> ordnen, sortieren, eingeben,
> speichern unter: Material.
> Ach was! interessant – und
> nachts?
> Da verarbeite ich das.

[*]unendgeldlich – Scherz von mir. Richtig geschrieben: unentgeltlich!

Arbeit & Baustelle

Helmut Heißenbüttel arbeitete als Maurer, und das mit seinem einen Arm. Er setzte die Bausteine, er brauchte keinen Mörtel. Ich lernte bei ihm, war seine Gesellin im Süddeutschen Rundfunk in Stuttgart. Meine Lehrjahre in der neunten Ebene, Kultur.

Man setzt: Stein an Stein, sagte er. Einfach Stein an Stein. Auf Abstand. Stein an Stein an ... Der Abstand hält die Steine zusammen? Sagte ich und begriff: Jeder Stein hält sich und zusammen das ganze Gewicht.

Ich war nach der Journalistenschule München zum Rundfunk nach Stuttgart gekommen und ihm zugeteilt worden, bevor ich dann als Freie Reporterin für den SDR unterwegs war. Später baute ich dann, seine Arbeitsanleitungen im Kopf, auch kleine „Bilder" von ihm, meinem ersten Lehrmeister der Sprache.

Heißenbüttel steht, am Fenster. Heißenbüttel hat seinen Cordanzug an, am liebsten. Heißenbüttel steht am Fenster vom neunten Stock. Rundfunk, neunte Ebene, Kultur. Frühmorgens und noch keiner da, nur wir. Heißenbüttel sagt einiges. Ich sage einiges. An diesem Morgen zu dem Thema: Einer fällt aus dem neunten Stock. Wir sehen aus dem Fenster vom neunten Stock. Und sagen uns, was einer denkt, von hier bis, da unten, noch. Satz um Satz sagen wir, was einer, von hier bis, gerade noch. Wir hören den Aufschlag, jedes Mal.

Heißenbüttel steht, im Gang. Heißenbüttel ist auf dem Weg, in sein Zimmer. Ich komme um die Ecke, sehe Heißenbüttel, am Ende vom langen Gang. Heißenbüttel macht die Arme auf, einen langen und einen kurzen Arm. Heißenbüttel wartet. Der Gang ist lang. Heißenbüttel lacht. Der Gang ist lang. Ich komme bei Heißenbüttel an. Er hält die Arme auf. Einer lang und einer arm. Und steht da, immer noch, so.

Heißenbüttel arbeitete, im Laufen. Und ich lernte laufend, im Arbeiten mit ihm.

Heißenbüttel erzählt. Heißenbüttel holt weit aus, mit seiner Hand. Heißenbüttel langt um die Geschichte herum. Heißenbüttel redet sich in die Geschichte rein. Heißenbüttel erzählt sich an den Text heran. Ich sitze auf seinem Schreibtisch und höre zu. Heißenbüttel erzählt. Und läuft, weil die Sätze Bewegung kriegen, hin und her. Hin und her. Einfache Sätze kriegen mehr und mehr Rhythmus. Wort. Wiederholung. Variation. Heißenbüttel erzählt und dirigiert, in einer Person. Variation. Kombination. Heißenbüttel dirigiert die Sätze, mit seiner Hand. Aus der Geschichte, an ihren Platz, im Text. Zeile für Zeile, Wort für Wort. Ich gehe vom Schreibtisch, weil Heißenbüttel jetzt da hinmuss.

Heißenbüttel steht, im Zimmer. Heißenbüttel steht mit seiner Hand im Zimmer. Und denkt. Eine große Hand, mit der er da steht. Und denkt. Heißenbüttels Hand ist noch gewachsen. Bis sie groß genug war, alles alleine zu machen. Heißenbüttel hat eine Hand für zwei.

Heißenbüttel läuft, herum. Mit einem Paket unter dem Arm. Das er wegschicken will, mit Büchern. Fertig machen, für die Post. Heißenbüttel legt die Schnur zurecht, auf seinem Schreibtisch. Und das Paket, auf die Schnur. Und legt die Schnur um das Paket. Über Kreuz. Und drunter durch. Und wieder hoch. Und redet dabei, die ganze Zeit. Und keiner sagt was, sonst. Weil die Geschichte so spannend ist. Wie die Enden, von der Schnur, wieder nach oben kommen, beide. Wie er den Knoten zurechtlegt, auf dem Paket. Wie er das eine Ende hält, ohne Hand, und das andere Ende zieht, mit Hand. So lange, bis der Knoten zugezogen ist, fest. So lange, ist es kurz ganz still.

Einmal wollte ich ihm eine Geschichte erzählen. Die mit dem Koch und wie der wohl arbeitete. Fragten sich die Schafscherer, die wunderten sich, so langsam. Aber ich war zögerlich. Was, wenn er sie in den falschen Hals …

    Morgens, zwischen acht und elf. Und wie immer noch keiner da, nur wir. Also Zeit für Geschichten. Für wahre Geschichten. Was wäre, wenn ... Ich kannte mal einen, der ... Können Sie sich das vorstellen? Er konnte sich alles vorstellen.

Er hörte zu, in seinem Sessel zurückgelegt, die Beine lang weggestreckt, und schaute auf seinen Schreibtisch, die Augen halb geschlossen. Und manchmal griff er, ganz in die Geschichte vertieft, in seine Schublade, holte seinen Bartscherer heraus und fuhr sich damit, ganz in die Geschichte vertieft, über den Kopf. Von vorn nach hinten, von hinten nach vorn, mit einer ruhigen Handbewegung. War der Kopf gut geschoren, stoppelkurz, kam der Scherer wieder in die Schublade. Die Hand strich prüfend über den Kopf, von vorn nach hinten, von hinten nach vorn.

Die Geschichte, die ich ihm an diesem Morgen erzählte, dann doch: die mit dem Koch. Auf jeden Fall zog dieser Koch mit einer Mannschaft von freien Schafscherern durch Australien. Von Farm zu Farm, zur Schafschurzeit.

Es war der beste Koch, den sie je gehabt hatten. Seine Bohnen, sein Chili höllisch gut. Seine Burger, unbeschreiblich. Nur dass immer wieder Haare in dem würzigen Hackfleisch steckten, schwarze, gekräuselte. Auch mal aus der braunen Kruste ragten, sodass man sie vor dem Reinbeißen gut rausziehen konnte.

Nicht, dass uns das besonders gestört hätte, ich meine die Schafscherer. Aber man macht sich so seine Gedanken, oben auf dem Wagen, vor der nächsten Farm.

Irgendwann siehst du nur noch Schafe. Ungeschorene, halbgeschorene, geschorene Schafe, Schafe und Schafe. Aber unterwegs fragst du dich auch schon mal, was der Koch so treibt. Und denkst schon an die Burger. Und wie er die wohl macht, mit seinem einen Arm. Der Koch. Fragst du dich und die Jungs. Und die zucken mit den Schultern erst, legen die Stirn in Falten. Und fragen sich dann auch. Der Koch. Das soll er uns zeigen.

Er zeigt's uns. Was soll ich euch erzählen. Das muss man gesehen haben. Wie er mit seinem Arm in die Schüssel langt, von dem Hackfleischzeug eine Handvoll rausholt und sich dann mit Schwung unter die Achsel haut, also die von dem Armstumpf. Und wie er, ich kann's nur vormachen, so mit dem drückt und rollt und drückt und dann den Stumpf hoch. Und da fällt der Burger bestens raus, von der Hand gefangen, sanft auf dem Tisch abgelegt und zack, die nächste Ladung unter die Achsel.

Er kippte nach hinten, schob sich vom Schreibtisch weg, mit seinem einen Arm. Der Kopf, versteht sich, frisch geschoren, der Scherer schon wieder in der Schublade. Und sein Lachen donnerte durch die neunte Ebene, Rundfunk, Kultur. Heißenbüttel konnte man klar solche Geschichten erzählen.

---

* **Helmut Heißenbüttel**, deutscher Schriftsteller, Kritiker und Essayist. Leitete bis Anfang der 80er Jahre die Redaktion „Radio-Essay" beim Süddeutschen Rundfunk in Stuttgart.

Dazwischen

Dazwischen ist ja noch
die Nacht! sage ich mir,
wenn es aussieht, als
würde es eng werden,
eigentlich kaum mehr
zu schaffen sein.

Dazwischen ist ja noch
die Nacht! sage ich mir
dann, reiche Reserve!
unzählige Stunden –
das Dunkle ist eben
unberechenbar – die
ich mir nehmen kann!

Spielraum, den ich doch
immer noch habe, sage
ich mir: die Notfalltür
– schlaf ich halt nicht! –
die Rückseiten der Tage,
die ich aufmachen kann.

André Schneider
Wertschätzung und Freiheit

In den Neunzigern, ich muss gerade siebzehn gewesen sein, besuchte ich das ehemalige Konzentrationslager in Dachau nordwestlich von München. Mittig des großen Eingangstores prangte der Spruch „Arbeit macht frei", dessen sadistische Ironie sich mir erst im Laufe der folgenden Jahre offenbarte. Schließlich war ich mir sicher, dass die grausame Doppeldeutigkeit dieser Worte von den Nazis beabsichtigt worden war, denn in der Tat: Arbeit, die es uns ermöglicht, unsere Fähigkeiten zu entwickeln und unsere Interessen zu entfalten, macht frei, während Sklavenarbeit, die ja der Zweck der Konzentrationslager war, ihre Opfer vernichtet, indem sie ihre menschliche Identität zerstört.

Arbeit hatte in unserer Familie, die protestantisch, niedersächsisch und nachkriegsgeprägt war, eine sehr zentrale Bedeutung. Die materiellen Werte, vom Zweitauto bis zum Schrebergartenhäuschen, wurden nachbarschaftlich-repräsentativ vorgezeigt. Neidische Blicke waren erwünscht. Mein Vater arbeitete auf Montage, verließ montags um fünf Uhr früh das Haus und war erst am Freitagabend wieder da. Meine Mutter war im öffentlichen Dienst und meist schon um halb sieben im Büro; wenn sie nachmittags um 16:30 Uhr nach Hause kam, ging sie ihrem Zweitjob als Steuerberaterin nach. Dafür konnten wir zweimal jährlich in den Urlaub fliegen und waren stets tadellos gekleidet. Der schöne Schein wurde gepflegt; „Was sollen denn die Nachbarn denken?" war eine bedeutende, den Alltag begleitende Frage. Kleinbürgeralbtraum. (Selbst in der Insolvenz, als es meinen Eltern richtig dreckig ging, hätten sie sich niemals die Blöße gegeben, auf ihre Haushälterin zu verzichten.)

Wie für die typischen westdeutschen Kriegsenkel üblich, wurden meine Schwester und ich selten gelobt, dafür aber oft kritisiert. Leistung war wichtig, um zu zählen, sie war das Maß aller Dinge: Wir wurden unserer Leistung entsprechend definiert und bewertet. Meine

Mutter hatte schon vor unserer Geburt konkrete Pläne für unseren beruflichen Werdegang: Ich sollte Lehrer oder Anwalt, meine Schwester Bankerin oder Ärztin werden. Dass wir beide für den vorgezeichneten Weg nicht bestimmt waren, muss für meine Mutter eine entsetzliche narzisstische Kränkung gewesen sein. Wir beide, meine Schwester und ich, taten unser Bestmögliches, um sie zu kompensieren.

Mit sieben Jahren wusste ich, dass sich mein Arbeitsleben auf einer Bühne und im geschriebenen Wort gestalten würde. Es war keine Ahnung, kein Gedanke, keine Träumerei, es war ein glasklares, unumstößliches Wissen. Was ich nicht wissen konnte, war a) wie zwiespältig das Verhältnis der deutschen Gesellschaft zu „künstlerischen Berufen", wie sie oft in abwertendem Ton genannt werden, ist, und b) wie beschwerlich es ist, in diesen Metiers zu reüssieren. (Über dreißig Jahre später sagte eine berühmte und maßlos lebenskluge Kollegin zu mir: „Es ist in unserem Beruf fast unmöglich, jemanden zu finden, der uns weder bewundert noch verachtet", und traf damit den Nagel auf den sprichwörtlichen Kopf.)

Der Weg, den ich schließlich beschritt, war mühsam und verflochten, leidvoll und befreiend. In meiner schauspielerischen Laufbahn wurde ich so gut wie nie tariflich bezahlt, was eine Selbstausbeutung in unterschiedlichsten Nebenjobs unausweichlich machte. Klartext: 7-Tage-Wochen, 800 Euro netto pro Monat, kein Urlaub. Später, nachdem ich in der Hoffnung auf ein besseres Auskommen meine eigene Mini-Produktionsfirma gegründet und einige Filme auf den Markt gebracht hatte, ärgerte ich mich mit meinen Verleihfirmen herum, die nie pünktlich oder ohne mehrmaliges Nachfragen die Abrechnungen machten. Das Geld, und ich spreche hier von wenigen hundert Euro pro Jahr, kam selten bei mir an. Als Schreibender erging (und ergeht) es mir kaum anders. Daran, so denke ich immer wieder, erkennt man die allgemeine Wertschätzung dieser Berufe.

Was mir meine Nebenjobs möglich machten, war eine gewisse künstlerische Unabhängigkeit. Ich konnte Nein sagen, mir meine Projekte aussuchen und war in Gestaltungsfragen völlig frei. Einige meiner Filme gewannen Preise, und im Ausland – vor allem in meiner heutigen Wahlheimat Frankreich – erfuhr ich Akzeptanz und Wohlwollen; ein starker Kontrast zur Missgunst und Geringschätzung in meinem Geburtsland.

Mein zweites – oder, wenn ich genau sein möchte, drittes – Studium sollte etwas Stabilität in mein Bohème-Leben bringen. Mit neununddreißig Jahren wurde ich Erzieher, zuerst in einer Kita, später in einer therapeutischen Wohngruppe für psychisch und seelisch behinderte Jugendliche. Vom kreativen in den sozialen Bereich mit (weitgehend) festen Arbeitszeiten und einem ebensolchen Gehalt. Der Übergang von der Isolation in die Einsamkeit gelang mir recht gut. Die Ächtung, die einem als Künstler von der Allgemeinheit entgegengebracht wird, wich einem Cocktail aus Mitleid, welches meistens ein Nebenprodukt der Verachtung ist, und einem jovialen „Ich könnte das nicht!" bei Wochenendzusammenkünften bei Freunden.

Die Arbeitsbedingungen im Bildungsbereich sind, ganz ähnlich wie die im Gesundheitswesen, von einer permanenten Überbelastung geprägt. Dazu kommt, dass im sozialen Bereich überproportional viele asoziale Menschen arbeiten. In der Kita, in der ich während meines Studiums tätig war, waren Mobbing und Schikane an der Tagesordnung. Die hundsmiserable Führung seitens des Trägers und der Kitaleitung sorgte für Dienstausfälle aufgrund von Stresserkrankungen und zu einer hohen Personalfluktuation. Egal, wo ich hinhorche: Überall höre ich ähnliche Horrorgeschichten. Da wird die pädagogische Fachkraft mit 24 Kindern im Alter zwischen einem und sechs Jahren einen ganzen Vormittag allein gelassen, während die Kitaleitung mit ihrer Stellvertreterin bei Kaffee und Zigarette zusammensitzt. Wie in der Pflege steigt auch im Erzieherberuf gut die Hälfte der Berufsanfängerinnen und -anfänger in den ersten fünf Jahren nach Beendigung der Ausbildung wieder aus.

Eine Anekdote aus dem Schulwesen: Während eines Praktikums in einer Grundschule sollte ich den Unterricht in einer JüL-Klasse begleiten. Auf dem Weg zum Klassenraum teilte mir die Schulleitung im Treppenhaus mit, dass die Klassenlehrerin krankheitshalber ausgefallen sei und es keine Vertretung gäbe. Somit durfte ich als hausfremder Azubi in einer altersübergreifenden Klasse mit circa 30

Schülerinnen und Schülern die ersten zwei Unterrichtsstunden alleine gestalten – allein schon aus Versicherungsgründen grob fahrlässig!

Später, Ende 2021, wurde ich bei einem Vorstellungsgespräch knallhart belogen, was die Arbeitsumstände anging. Ich sollte in einer bilingualen Krippe die Gruppe mit den „größeren Kindern" übernehmen. Es war von 27 Kindern zwischen zwei und vier Jahren die Rede, die wir mit insgesamt sechs pädagogischen Fachkräften zu betreuen hätten. In Wirklichkeit waren es 33 Kinder unter drei Jahren und lediglich vier Fachkräfte. Das verstieß nicht nur gegen mein Arbeitsethos, ich war dieser Strapaze weder körperlich noch psychisch gewachsen und ging nach drei Wochen.

Wir haben den höchsten Niedriglohnsektor Europas. Kürzlich sagte ein Freund zu mir: „Leider wird der Wert der Arbeit bei uns nur übers Geld ausgedrückt." Das gab mir zu denken. Es stimmt, es hatten noch nie so viele Menschen in diesem Land Arbeit wie jetzt. Und, wie Volker Pispers anno 2016 schon treffsicher ergänzte, es konnten auch noch nie so wenige Menschen von ihrer Arbeit leben. Was sagen diese beiden Aussagen kombiniert über das Menschenbild unserer Politik aus? Wenn man die jüngsten Forderungen, die 42-Stunden-Woche wieder einzuführen und das Rentenalter auf 70 anzuheben, und den Fakt, dass ab 2030 etwa die Hälfte der Rentner von Altersarmut betroffen sein werden, hinzuaddiert, ist man schnell bei Begriffen wie Fron oder Sklaverei.

Wir spüren seit geraumer Zeit die Auswirkungen des gesellschaftspolitischen Kurses, den Deutschland Anfang des neuen Jahrtausends eingeschlagen hat. Wir sind auf dem Weg in eine entsolidarisierte Gesellschaft. Deutschlands Infrastruktur ist mit „marode" noch sehr wohlwollend umschrieben, das fängt beim Verwaltungsapparat an, geht weiter über zerbröselnde Straßen- und Schienennetze und endet bei einem zugrundegerichteten Gesundheitssystem. Es wird Jahrzehnte dauern, bis sich die betroffenen Strukturen wieder erholen. Es brennen die Bildungs- und Kultursektoren, und in praktisch allen Handwerksberufen fehlt es an Personal. Die, die es sich leisten können, wandern aus. Wertschätzung und Freiheit wären die Schlüssel zu einer lebenswerten Zukunft, doch ist beides zurzeit schwer zu finden.

Fragebogen André Schneider

Wie alt sind Sie?
44.
Was arbeiten Sie? Bzw. was haben Sie gearbeitet?
Ich bin Schauspieler, freier Autor und Übersetzer sowie seit 2018 auch staatlich anerkannter Pädagoge und arbeite in einer therapeutischen Wohngruppe für psychisch auffällige Jugendliche.
Haben Sie schon Diskriminierung am Arbeitsplatz erlebt? Z.B. weil Sie lesbisch/schwul/trans sind ... In welcher Form? Wie sind Sie damit umgegangen? Sind Sie in der Arbeit out?
Ja, ich habe (wie wohl die meisten) Diskriminierung erfahren, allerdings eher als „Mann" und als „Wessi", als ich noch in Berlin gelebt und gearbeitet habe. Ich habe daraus, dass ich sowohl auf Frauen als auch auf Männer stehe, nie einen Hehl gemacht, was mir als Schauspieler, gerade in den Nullerjahren, einige Probleme bereitete. Ich bin meist einen „kreativen" Weg gegangen, d. h. ich habe nach Wegen gesucht, mich unabhängig zu machen.
Arbeiten Sie etwas ganz anderes als das, was Sie sich früher vorgestellt haben?
Ich war als Schauspieler und Filmemacher zufrieden. Allerdings störte mich mit zunehmendem Alter die mangelnde Sicherheit, die eine Selbstständigkeit (gerade im kreativen Bereich) mit sich bringt. Deshalb begann ich mit 39 noch einmal ein Studium und arbeite nun im pädagogischen Bereich.
Ist es von Bedeutung, was Ihre Eltern gearbeitet haben (in deren Fußstapfen treten oder im Gegenteil etwas ganz anderes machen)? Und inwieweit hat das mit gesellschaftlichen Schichten zu tun?
Nein, die Berufe meiner Eltern haben mit meinem beruflichen Werdegang nichts zu tun. Ich habe nur früh erlebt, dass meine Eltern nicht glücklich waren und sich ihre Freiheit, ihren Spaß und ihre Interessen „für die Rente" aufgespart haben. Als die Rente dann kam, waren sie körperlich nicht mehr in der Lage, ihrem Leben so nachzugehen, wie sie es sich vorgestellt hatten. Das war und ist mir eine Lehre gewesen, ganz klar.
Wie definieren Sie „Arbeit" für sich? Ist Arbeit zwangsläufig mit Bezahlung verbunden?
Geld war (leider/Gott sei Dank) nie ein Motor für mein Tun. Ich wurde letzten Endes mein ganzes Leben lang unterbezahlt, sowohl in meiner künstlerischen Tätigkeit als auch jetzt im sozialen Bereich. Für mich ist Arbeit a) soziales Leben, b) individuelle Entfaltung und c) meine Aufgabe in der Gesellschaft.
Wie würden Sie Ihre „Arbeit" bezeichnen, als Job, Tätigkeit, Berufung ...?
Als meinen Beruf.
Empfinden Sie sich hinsichtlich Ihrer Arbeit gesellschaftlich unten, irgendwo in der Mitte oder weiter oben?
Als Freiberufler, gerade im künstlerischen Bereich, wird man von Staat und Gesellschaft gleichermaßen verachtet. Die Corona-Krise zeigte mal wieder ganz deutlich, dass das einzig Erstrebenswerte hierzulande die Festanstellung ist. Im sozialen Bereich und in der Bildung zu arbeiten wird zwar nicht verachtet, aber ich hatte z. B. schon Schwierigkeiten bei der Wohnungssuche, da ich trotz Festanstellung nicht genug verdiente. (Vermieter am Telefon: „Sie sind Erzieher? Dann bleiben Sie doch am besten da, wo Sie sind. Bei dem Gehalt kriegen Sie keine Wohnung.")
*Was für ein Verhältnis haben (hatten) Sie zu Ihrer/m Chef*in?*
Ein gutes. Wirklich, ich gehe gern zur Arbeit.

Was für ein Verhältnis haben Sie zu Ihren Kolleg*innen?
Ich habe mit dem Team, in dem ich jetzt arbeite, wirklich großes Glück gehabt. Wir verstehen uns sowohl persönlich als auch professionell sehr gut.
Arbeiten Sie auch mal länger, als der „offizielle" Arbeitstag Stunden hat, oder hören Sie eher immer pünktlich auf?
Zwischen März und Juli habe ich 110 Überstunden angesammelt …
Arbeiten Sie schon lange dasselbe? Wechseln Sie Ihre Stellen öfter, wieso?
Im sozialen Bereich arbeiten aus verschiedenen Gründen relativ viele „asoziale" Menschen. Habe im November 2021 nach vier Jahren meine Stelle in Berlin gekündigt, habe im Januar 2022 eine neue angetreten, die ich nach drei Wochen verlassen habe. Seit März 2022 arbeite ich jetzt in der TWG.
Wie sieht/sah Ihr Arbeitsalltag aus?
Meine jetzige Stelle kennt praktisch keinen „Alltag". Ich habe entweder Früh- (9-20 Uhr), Spät- (16-10 Uhr) oder 24-Stunden-Schichten, in denen ich zurzeit neun Jugendliche zwischen 15 und 18 Jahren (und ihre Familien) betreue. Das fängt mit dem Aufwecken an, geht über die Organisation und eventuelle Begleitung zu Schul- oder Therapieterminen bis hin zur Alltagsgestaltung (gemeinsam einkaufen und kochen, Unterstützung bei der Bewältigung des täglichen Lebens). Familientherapeutische Angebote, Hilfekonferenzen, Zielgespräche, Kommunikation mit dem Jugendamt, den Ärzten, den Psychiatern oder Psychologen, Teamsitzungen und Konferenzen.
Was fürchten Sie? Was finden Sie gut? Wie sieht es allgemein aus in Ihrem (oder anderen) Arbeitsbereich innerhalb der Gesellschaft?
Gut ist, dass ich als Pädagoge keine Angst zu haben brauche, arbeitslos zu werden. Ein fester Arbeitsplatz ist mir quasi immer sicher. Angst machen mir Altersarmut und stressbedingte Erkrankungen wie z. B. ein Burn-out, die mich arbeitsunfähig machen könnten.
Wie, vermuten Sie, entwickelt es sich in Zukunft?
Die Digitalisierung wird künftig etliche Arbeitsplätze zunichtemachen. In den kommenden zwanzig Jahren werden viele Menschen arbeitslos werden. Es wäre *jetzt* an der Zeit, politisch nach Lösungen zu suchen.
Sind Sie selbstständig? In welchem Bereich?
Ich bin freier Autor und Übersetzer. Für 2023 plane ich auch wieder einen Film. Als Selbstständiger arbeite ich alleine.
Wie organisieren Sie Ihre selbstständige Arbeit?
Inzwischen habe ich gelernt, auf mich zu achten. Neben meinen knapp 200 Stunden, die ich monatlich als Pädagoge arbeite, arbeite ich nur ca. 50, 60 Stunden selbstständig.
Empfinden Sie Ihre Arbeit manchmal als „Selbstausbeutung"?
Ja.
Können Sie als Selbstständiger Arbeit und Freizeit trennen, oder arbeiten Sie immer und überall? Wie sieht das genau aus in Ihrem Bereich?
Freizeit habe ich nicht bzw. kaum. Meist sitze ich im Zug, wenn ich frei habe.
Macht Freizeit (Hobbys etc.) auch Arbeit?
Ich mag den Begriff „schöner Stress" ganz gern. Dinge, die man gern tut, empfindet man nicht als Arbeit, obwohl sie de facto natürlich Arbeit sein können. Wer Fotos macht, malt, sich bildhauerisch auslebt, schreibt oder einen Garten hat, arbeitet natürlich. Aber Arbeit, die es uns erlaubt, uns zu entfalten, befreit.
„Hausarbeit"?
Läuft zurzeit nebenher. Ich empfinde sie auch gar nicht so sehr als Arbeit, da ich mich in meinen vier Wänden ja wohlfühlen möchte.
Arbeiten Sie ehrenamtlich? Was? Was bedeutet ehrenamtliche Arbeit für Sie? Für die Gesellschaft?
Leider fehlt mir dafür die Zeit. Ich würde aber gerne wieder ehrenamtlich in einem Tierheim arbeiten.

Was fällt Ihnen zum Stichwort „Work-Life-Balance" ein?
Dass man sich diese auch erarbeiten, erkämpfen und leisten können muss. Viele haben diese Balance nicht. Gerade weil die Arbeit heutzutage allgemein sehr prekär geworden ist, arbeiten viele, die ich kenne, zu hundertfünfzig Prozent.
Haben Sie schon plötzliche Arbeitsunfähigkeit erlebt, durch Krankheit, Burn-out?
Bis jetzt zum Glück noch nicht, aber ich fürchte, ich steuere direkt darauf zu.
Wie fühlt sich das an?
Beängstigend.
Wie sieht es bei Ihnen aus mit der Rente?
Ich werde arbeiten müssen, bis ich sterbe. In meinen Berufen war und ist es praktisch unmöglich, Rücklagen zu bilden.
Haben Sie Ihre Arbeit schon einmal (mehrere Male) verloren, sind, waren arbeitslos?
Wie haben Sie das verkraftet?
Ich war 2012/2013 für etwas mehr als ein Jahr arbeitslos. Das war ein sich meiner bemächtigendes Ohnmachtsgefühl. Auch die Depressionen waren nicht ohne.
Verschleiß durch Arbeit, körperlich und/oder psychisch?
Beides.
Was halten Sie vom während der Pandemie berühmt gewordene Homeoffice? Wie haben Sie die Zeit erlebt, hat sich danach etwas geändert, arbeiten Sie von zu Hause aus? Finden Sie das sinnvoller, als irgendwohin zu gehen, um zu arbeiten, oder verlassen Sie für Arbeit lieber das Haus?
Als Schreibender habe ich immer viel zu Hause gearbeitet, und auch der Kita-Betrieb ging (mit ein paar coronabedingten Einschränkungen) weiter, sodass ich die Pandemie in meinem ganz persönlichen Alltag gar nicht so sehr gespürt habe.
Steht hinter der Arbeit nur die reine Notwendigkeit, um die Miete (bzw. die Gasrechnung) bezahlen zu können (Broterwerb), mit der Möglichkeit, das in verschiedenen Jobs zu versuchen, oder ist sie (auch)
Berufung, geschieht aus Leidenschaft und innerem Antrieb (Stichwort „intrinsisch motiviert")? Wie ist das bei ihnen? Und wie sehen Sie es allgemein?
Im sozialen Bereich geht es ohne intrinsische Motivation nicht lange gut. Ich arbeite sehr gerne mit jungen Menschen, ich fördere sie gerne und hoffe, dass ich einen Beitrag leisten kann, ihnen einen guten Start ins Leben zu geben.
Monoton, entfremdet, ausgebeutet vs. erfüllend ...
In der Kita war es wunderbar erfüllend. Die Neugier, die Offenheit und Freude der jungen Menschen war so belebend. Bei aller Anstrengung und bei allem Stress gibt einem der Beruf des Erziehers sehr, sehr viel zurück. Auch jetzt in der TWG erlebe ich das, wenn auch in einer anderen Intensität (Teenager ...).
Wie reden Sie über Ihre Arbeit?
Ich spreche von „meiner Arbeit".
Spracharbeit, Schreiben Übersetzen, Lehren ... arbeiten Sie mit Sprache, wie sieht Ihr Arbeitsalltag aus?
Sprache bzw. Sprachen spielen in all meinen Berufen eine eminente Rolle.
Wäre das für Sie ein Wunschtraum: Leben ohne Arbeit? Wie konkret (in der Gegenwart) stellen Sie sich das vor? Wie sieht es aus bei Ihnen: Können Sie an arbeitsfreien Tagen, Sonntagen, Feiertagen, in Urlaubszeiten „abschalten"?
Schwierig. Meine Eltern haben uns (meiner Schwester und mir) ein strenges Arbeitsethos vermittelt, welches schwer abzulegen ist. Tue ich mal drei Tage nichts, plagt mich mein schlechtes Gewissen so sehr, dass ich nicht mehr abschalten kann. Mein letzter Urlaub liegt inzwischen auch viereinhalb Jahre zurück.
Erzählen Sie etwas von Arbeit im übertragenen Sinn: „Ich arbeite daran."
In meiner tiefsten Depression war ich vier Jahre lang in einer tiefenpsychologischen Psychoanalyse. Zwei Termine pro Woche. Auch das war Arbeit, aber eine wichtige

und gute. Es war Wellness für die Seele.
Arbeiten Sie an sich selbst, an eigenen Fehlern, Unzulänglichkeiten, an der Schönheit des eigenen Körpers (machen Sie das für sich, für andere?). Warum, wie?
Ich wusste schon ganz früh, dass das *Lernen* mich mein ganzes Leben begleiten würde, und so ist es auch. Ich bilde mich kontinuierlich und auch bewusst weiter.
Leben Sie in einer Beziehung? Welchen Einfluss hat „Arbeit" auf Ihr Liebesleben?
Ich bin Single und rechne damit, das auch noch lange zu bleiben.
Was ist für Sie „Beziehungsarbeit"?
Zunächst einmal die bedingungslose Bereitschaft zur Kommunikation. Wenn die Kommunikation stimmt, kann eine Beziehung praktisch alles verkraften.
Trauerarbeit?
Nach dem Selbstmord meines Mannes sagte mir ein Psychologe, dass es „mindestens ein Jahr Trauerarbeit" brauchen würde, um wieder zurück in die Spur zu kommen. Das stimmte nicht. Es wurden über 16 Jahre.
Traumarbeit (Freud). Es heißt, Träume können Konfliktlösungen anbieten („Es hat im Traum weitergearbeitet" o.Ä.).
Dem kann man nur zustimmen. Lange Zeit habe ich Traumtagebuch geschrieben, und gerade in der Psychoanalyse hatten diese Träume uns sehr weitergeholfen! Ein wirklich reinigender Prozess!

Fragebogen Anonym

Wie alt sind Sie?
71
Was arbeiten Sie? Bzw. was haben Sie gearbeitet? Angestellt, selbstständig, in wechselnden Jobs?
Ich brauche immer mal was Neues. Ich habe gearbeitet im Frauenbuchladen Göttingen (war Mitgründerin), dann als Lehrerin und Erzieherin im Internat, dann als Sozialpädagogin beim Diakonischen Werk, eigene Praxis als Familientherapeutin. Parallel dazu freie Journalistin in der Kultur und erste Veröffentlichungen von Erzählungen.
Erlebten Sie mal Diskriminierung am Arbeitsplatz?
Es gibt im medizinischen Bereich eine strikte Hierarchie: Ärzte, Psychologen, Pfleger – und mit großem Abstand die Sozialarbeiter. Das ist echt furchtbar. Und nicht gerechtfertigt.
Arbeiten Sie etwas ganz anderes als das, was Sie sich früher vorgestellt haben?
Als Kind wollte ich Tierärztin werden, später unbedingt Kirchenmusikerin oder Flötistin (klassische Musik war immer „mein Ding") – ich denke immer noch manchmal: Schade, dass ich das nicht gemacht habe.
Ist es von Bedeutung, was Ihre Eltern arbeiteten?
Mein Vater war Lehrer, meine Mutter Hausfrau. Ich sollte am besten auch Lehrerin werden: Beamtenstatus, Sicherheit – bloß nicht Künstlerin.
Wie definieren Sie „Arbeit" für sich? Ist Arbeit zwangsläufig mit Bezahlung verbunden?
Natürlich nicht. Trotzdem geht die Anerkennung für Arbeit immer über Geld.
„Beruf" und „Arbeit". Unterscheiden Sie zwischen beiden?
Meine Sozialpädagogenarbeit war ein Job für mich, da war kein Herzblut bei. Deswegen habe ich sofort damit aufgehört, als ich es finanziell konnte. Mein (privates) Musikmachen und Schreiben empfinde ich als Berufung.

Empfinden Sie sich hinsichtlich Ihrer Arbeit gesellschaftlich unten, irgendwo in der Mitte oder weiter oben?
Diese Frage interessiert mich nicht. Sie hat aber eine gewisse Rolle gespielt, als meine Kolleginnen Psychologinnen waren, sich mir überlegen fühlten und das deutlich zeigten.
Was für ein Verhältnis haben (hatten) Sie zu Ihrem Chef/ihret Chefin?
Unterschiedlich. Ich habe einen Chef (Chefarzt) sehr geschätzt, weil er sich für die Arbeit seiner Mitarbeiter interessiert hat, außerdem war er intelligent. Das Verhältnis zu einem anderen Chef war nicht gut, er war mit seiner Position überfordert, folglich als Chef unfähig.
Wird der Wert Ihrer Arbeit Ihrem Empfinden nach anerkannt oder eher nicht – wie zeigt sich das?
Wertschätzung zeigt sich durch Interesse und Bezahlung.
Was für ein Verhältnis haben Sie zu Ihren Kolleginnen und Kollegen?
Im Frauenbuchladen: gut, entspannt. Im Internat: viel Solidarität und Unterstützung. Beim Diakonischen Werk: angespannt, sehr kleines Frauenteam, intrigant.
Arbeiten Sie auch mal länger, als der „offizielle" Arbeitstag Stunden hat, oder hören Sie pünktlich auf?
Auch mal länger.
Wie sieht/sah Ihr Arbeitsalltag aus?
Im Diakonischen Werk: regelmäßige Zeiten. Im Internat: quasi rund um die Uhr! Inzwischen bin ich Rentnerin.
Ich arbeite, wie ich Lust habe – es gibt ja keinen ökonomischen Zwang mehr. Super!
Empfinden Sie Ihre Arbeit manchmal als „Selbstausbeutung"?
Nein.
Können Sie Arbeit und Freizeit trennen, oder arbeiten Sie immer und überall?
Da ich kein Geld mehr verdienen muss, mache ich mir keine Gedanken darüber.
Ist Arbeit nur das Gegenteil von Freizeit?
Nein.

Macht Freizeit (Hobbys etc.) auch Arbeit?
Ja.
„Hausarbeit"?
Für einen großen Haushalt: Viel Arbeit! Wenig bis keine Anerkennung.
Machen Sie Fürsorgearbeit, wenn ja, in welcher Form, wie fühlen Sie sich damit?
Ich habe vier Kinder großgezogen. Damit fühlte ich mich alleingelassen und wenig wertgeschätzt, zumindest von meinem Mann.
Arbeiten Sie ehrenamtlich? Was? Was bedeutet ehrenamtliche Arbeit für Sie? Für die Gesellschaft?
Das finde ich sehr löblich, aber dazu habe ich selbst nach so viel Fürsorgearbeit keine Lust mehr.
Was fällt Ihnen zum Stichwort „Work-Life-Balance" ein?
Meine Oma und meine Mutter – die hätten dieses Wort gar nicht gekannt und auch nicht verstanden, weil die Hausarbeit ja nie aufhörte. Aber die beiden haben eine gewisse Befriedigung daraus gezogen, weil sie sie gut machten – im Vergleich zu anderen; der Vergleich war wichtig.
Gibt es ein Ende der Arbeit?
Nein.
Haben Sie schon plötzliche Arbeitsunfähigkeit erlebt, durch Krankheit, Burn-out?
Ja, wochenlangen Ausfall durch eine verschleppte Nebenhöhlenvereiterung.
Wie fühlt sich das an?
Irgendwie erholsam.
Wie war es für Sie aufzuhören?
Ja, bin in Rente. Und ich vermisse keine einzige meiner Broterwerbstätigkeiten.
Haben Sie durch Ihre Arbeit genügend verdient, um früh aufhören zu können, um „auszusteigen"?
Nein.
Gibt es „nach der Arbeit" wirklich „Nichtstun"? Was tun Sie ohne die Arbeit?
Ich habe endlich genügend Zeit für Musik und Literatur und für meinen Riesengarten auf dem Land, wohin ich nach der Familien- und Arbeitsphase gezogen bin.

Verschleiß durch Arbeit, körperlich/psychisch?
Es war nicht der „Broterwerb", der so anstrengend war. Körperlich und psychisch waren es eher die Kinder – z.T. schwierige Geburten, Kinder dicht nacheinander, ständiges Zuständigsein, jahrelang nicht durchschlafen können, mangelnde Anerkennung.
Steht hinter der Arbeit nur die reine Notwendigkeit, um die Miete (bzw. die Gasrechnung) bezahlen zu können (Broterwerb), mit der Möglichkeit, das in verschiedenen Jobs zu versuchen, oder ist sie (auch) Berufung, geschieht aus Leidenschaft und innerem Antrieb (Stichwort „intrinsisch motiviert")? Wie ist das bei Ihnen? Und wie sehen Sie es allgemein?
Ich glaube, wenn ich Musik studiert hätte, dann wäre das Berufung gewesen.
Arbeit und Sprache. Wie reden Sie über Arbeit?
In der Sozialarbeit ist die Selbstausbeutung ja sehr hoch – und trotzdem (oder gerade deswegen) reagiert man sich manchmal ab durch herabsetzende Worte über die Arbeit, über die Klienten.
Spracharbeit, Schreiben Übersetzen, Lehren … arbeiten Sie mit Sprache?
Schreiben, meist erst mal Tagebuch.
Wäre das für Sie ein Wunschtraum: Leben ohne Arbeit? Wie sieht es aus bei Ihnen: Können Sie an arbeitsfreien Tagen, Sonntagen, Feiertagen, in Urlaubszeiten „abschalten"?
Ja, konnte ich immer sehr gut. Ein Leben ohne Arbeit kann ich mir nicht vorstellen; der Mensch ist ein tätiges Wesen, und sei es, dass er/sie Brot backt, den Garten umgräbt, den Kindern die Nase putzt, mit den alten Eltern spazieren geht …
Erzählen Sie etwas von Arbeit im übertragenen Sinn: „Ich arbeite daran." Arbeiten Sie an sich selbst, an eigenen Fehlern, Unzulänglichkeiten, an der Schönheit des eigenen Körpers (machen Sie das für sich, für andere?). Warum, wie?
Ich arbeite an meiner Faulheit, aber wohl nicht sehr überzeugend, ich gönne mir da viele Pausen.

*Leben Sie in einer Beziehung? Was arbeitet Ihr/e Partner*in? Und gibt es hin und wieder Konflikte wegen der Arbeit? Welchen Einfluss hat „Arbeit" auf Ihr Liebesleben?*
Ich war bis vor ein paar Monaten in einer sehr engen Beziehung; wir sind beide Schreiber und Musiker – jedenfalls in gewisser Weise: Ich spiele Klavier, er hörte aufmerksam zu. Wir haben unterschiedliche Muttersprachen, sprechen die Sprache des anderen so einigermaßen, aber nicht wirklich gut – das war manchmal witzig, sorgte aber auch für Missverständnisse und war oft genug frustrierend, weil wir doch beide in unserer jeweiligen Sprache sehr zu Hause sind. Aber wir haben uns Texte vorgelesen, das war verbindend und schön und ließ uns an eine Art gemeinsame Arbeit glauben.
Was ist für Sie „Beziehungsarbeit"?
Ich finde das Wort recht freudlos, es klingt so nach Abrackern. Dennoch: Interesse am anderen. Zuhören. Die eigenen Emotionen zurücknehmen.
Trauerarbeit?
Finde das Wort auch blöd. Trauern ist ein Prozess, keine „Arbeit".
Traumarbeit (Freud). Es heißt, Träume können Konfliktlösungen anbieten („Es hat im Traum weitergearbeitet" o.Ä.).
Ja, es kann im Traum weiterarbeiten. Aber: „Es" arbeitet, nicht wir! Es kann arbeiten, weil wir vollkommen entspannt und willenlos sind.

Fragebogen Steffen Schöntag

Was arbeiten Sie?
Arzt. Medizinisch tätig in einer städtischen Klinik als leitender Oberarzt.
Arbeiten Sie etwas ganz anderes als das, was Sie sich früher vorgestellt haben?
Nein, ich wollte schon immer mit und für Menschen etwas Berufliches machen.
Ist es von Bedeutung, was Ihre Eltern gearbeitet haben (in deren Fußstapfen treten oder im Gegenteil etwas ganz anderes machen)?
Eher das Gegenteil davon.
Wie definieren Sie „Arbeit" für sich? Ist Arbeit zwangsläufig mit Bezahlung verbunden?
Nein. Abends sich zufrieden sagen zu können, habe Sinnvolles und Erfüllendes den Arbeitstag über gemacht.
„Beruf" und „Arbeit". Unterscheiden Sie zwischen beiden, wie?
Beruf ist die Überschrift, Arbeit der Inhalt.
Arbeiten Sie in dem Beruf, den Sie erlernt haben?
Ja. Ich habe Medizin studiert.
Wie würden Sie Ihre „Arbeit" bezeichnen, als Job, Tätigkeit, Berufung …?
Das ist unterschiedlich, mal als Job, selten als Tätigkeit, manchmal als Berufung.
Empfinden Sie sich hinsichtlich Ihrer Arbeit gesellschaftlich unten, irgendwo in der Mitte oder weiter oben?
Sollen andere beurteilen …
Was für ein Verhältnis haben Sie zu Ihrer/m Chef/Chefin?
Ausreichend!
Wird der Wert Ihrer Arbeit Ihrem Empfinden nach anerkannt oder eher nicht – wie zeigt sich das?
Bezüglich des Chefs fehlt ein wenig die Anerkennung. Bezüglich Kollegen/Patienten ist Wertschätzung aber größtenteils vorhanden.
*Was für ein Verhältnis haben Sie zu Ihren Kolleg*innen?*
Ein gutes.
Arbeiten Sie auch mal länger, als der „offizielle" Arbeitstag Stunden hat, oder hören Sie eher immer pünktlich auf?
Normalerweise länger.
Arbeiten Sie schon lange dasselbe? Wechseln Sie Ihre Stellen öfter, wieso?
Stelle ortsbedingt dreimal gewechselt.
Dasselbe schon lange, aber der Inhalt der Arbeit wechselt auch ständig. Daher Abwechslung vorhanden.
Wie sieht Ihr Arbeitsalltag aus?
Kaffee trinken … Gespräche, Telefonate, Präsentationen … sehr vielseitig.
Was fürchten Sie? Was finden Sie gut? Wie sieht es allgemein aus in Ihrem (oder einem anderen) Arbeitsbereich innerhalb der Gesellschaft?
Fürchten: Dass ich mich mal auf der Arbeit anstecke/infiziere. Gut: Dass ich durch meine Arbeit etwas direkt bewirken kann. Ich denke, dass meine Arbeit in der Gesellschaft aus verschiedenen Gründen immer wieder im Fokus steht.
Wie, vermuten Sie, entwickelt es sich in Zukunft?
Künstliche Intelligenz wird einen Teil meiner Arbeit übernehmen können.
*Haben Sie Mitarbeiter*innen? Wechseln diese oft, wieso? Was zeichnet die jüngeren Mitarbeiter*innen heute aus bzw. was sehen Sie problematisch?*
Ja. Relativ stabiler Bestand. Jüngere Mitarbeiter schauen mehr auf die Uhr, gehen pünktlich nach Hause. Verstehen ihre Arbeit mehr als Job. Früher war dies anders, mehr Empathie, ist auch wichtig bei meiner Tätigkeit.
Wie organisieren Sie Ihre selbstständige Arbeit?
Hierarchisch … das ist bei uns wichtig.

Empfinden Sie Ihre Arbeit manchmal als „Selbstausbeutung"?
Nein, Abgrenzung ist wichtig und muss man lernen!
Ist Arbeit nur das Gegenteil von Freizeit?
Nein, Herausforderungen/Anforderungen sind aber anders. Sollte beides aber einigermaßen erfüllend und zufriedenstellend sein.
Macht Freizeit (Hobbys etc.) auch Arbeit?
Ja, man bekommt dafür aber auch etwas zurück!
Machen Sie Fürsorgearbeit, wenn ja, in welcher Form, und wie fühlen Sie sich damit?
Beruflich ein Teil meiner Arbeit. Fühle mich gut damit, insbesondere wenn man etwas zurückbekommt („danke schön").
Arbeiten Sie ehrenamtlich? Was? Was bedeutet ehrenamtliche Arbeit für Sie? Für die Gesellschaft?
Zurzeit nicht kontinuierlich.
Was fällt Ihnen zum Stichwort „Work-Life-Balance" ein?
Ganz wichtig, Metapher dafür ist eine Waage, die im Gleichgewicht stehen sollte. Aber nicht alleine die Freizeit ist dafür verantwortlich, auch die Arbeit sollte einem nicht zu schwerfallen bzw. man muss diese möglichst stressarm für sich organisieren können.
Haben Sie schon plötzliche Arbeitsunfähigkeit erlebt, durch Krankheit, Burn-out? Wie fühlt sich das an?
Leer, ausgebrannt, gefühllos, Gefühl des Überflüssigseins, Perspektivlosigkeit.
Verschleiß durch Arbeit, körperlich und/oder psychisch?
Work-Life-Balance, s.o., sehr wichtig. Muss man auch lernen und immer wieder anpassen.
Steht hinter der Arbeit nur die reine Notwendigkeit, um die Miete (bzw. die Gasrechnung) bezahlen zu können (Broterwerb), oder ist sie (auch) Berufung, geschieht aus Leidenschaft und innerem Antrieb (Stichwort „intrinsisch motiviert")? Wie ist das bei ihnen? Und wie sehen Sie es allgemein?
Nein, versuche, inhaltlich meine Arbeit gut zu machen, um anderen Unterstützung anzubieten, Lösungen zu suchen, „Partner" zu sein auf ihrem Weg. Dies schafft schon innere Zufriedenheit und Erfüllung. Ist schon ein wenig „Berufung", aber nicht jeden Tag!
Spracharbeit, Schreiben Übersetzen, Lehren ... arbeiten Sie mit Sprache, wie sieht Ihr Arbeitsalltag aus?
Arbeite sehr viel mit Sprache, da ich als Patienten einen breiten Ausschnitt der Gesellschaft vor mir habe, und ich kann mich gut auf diese Unterschiedlichkeiten einlassen. Hilft in meinem Beruf sehr weiter.
Wäre das für Sie ein Wunschtraum: Leben ohne Arbeit? Wie konkret (in der Gegenwart) stellen Sie sich das vor? Wie sieht es aus bei Ihnen: Können Sie an arbeitsfreien Tagen, Sonntagen, Feiertagen, in Urlaubszeiten „abschalten"?
Work-Life-Balance, s.o. Ich könnte mir vorstellen, reduziert zu arbeiten, aber dann noch einen weiteren Teilzeit-Job auch in einer anderen Branche zu haben. Arbeit wird aber immer ein Teil meines Lebens sein.
Erzählen Sie etwas von Arbeit im übertragenen Sinn: „Ich arbeite daran."
Sich mit etwas auseinanderzusetzen, um sich zu verbessern, zu einer Lösung zu kommen.
Arbeiten Sie an sich selbst, an eigenen Fehlern, Unzulänglichkeiten, an der Schönheit des eigenen Körpers (machen Sie das für sich, für andere?). Warum, wie?
Selbstreflexion ist wichtig, auch ein Teil meiner Arbeit. Körperliche Aktivität ist für mich wichtig bezüglich des seelischen Gleichgewichts. Schönheit des eigenen Körpers leidet dabei nicht, im Gegenteil ...
So viel Arbeit in allen Lebensbereichen!
Die Dosis macht das Gift!

Anton G. Leitner

Des wead scho, Bua	**Junge, du schaffst das schon**
Scheiss da nix,	*Mach dir keinen Kopf,*
I scheiss ma aa nix.	*Ich mach mir auch keinen.*
Vadda unsa hearunddn	Unser geerdeter Vater
Zeasd jong ma	Zuerst jagen wir
Noch de	Den Einsern
Oansa	Nach
In da Schui	In der Schule
Und an da	Und an der
Oima	Alma
Maadda, da-	Mater, da-
Noch	Nach
Warddma	Warten wir
Und warddma	Und warten
Auf a Wunda:	Auf ein Wunder:
A Sexa –	Ein Sechser –
Des waars!	Das wär's!
Und schlong	Bis dahin schlagen
Dawei d' Zeid	Wir die Zeit
Dod	Tot
Mid Arwad,	Mit Arbeit,
Bis oiss	Bis alles
Z' schbäd is.	Zu spät ist.

Anja Müller

Anja Müller

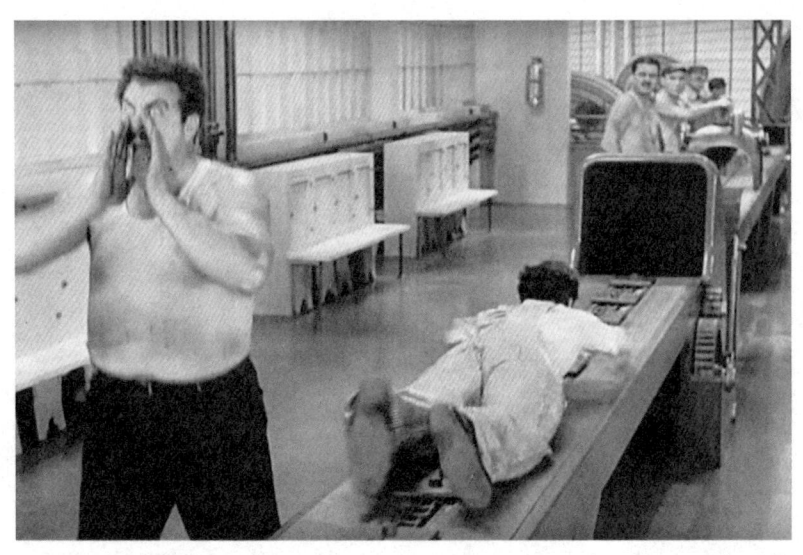

Ende der Arbeit?

Anna Hanssen
Auf ins Neue

Ich fliege.
 Nein, noch nicht ganz. Aber ich sitze auf meinem Platz im Flugzeug, die Türen sind geschlossen. Aussteigen geht nicht mehr. Ich habe unterschrieben.

Gestern habe ich der netten Mitarbeiterin im Personalbüro meinen Aufhebungsvertrag überreicht. Persönlich. Vor Ort. Das war wichtig als meine allerletzte Prüfung für mich selbst. Mein letztes Abschiedsritual. Ich wollte wissen, wie sehr es wehtun würde, wenn ich unser Bürohaus wieder betrat.

Ich hatte mit dem Schlimmsten gerechnet. Dachte, dass mich schon bei dem Anblick des mächtigen Gebäudes Verlustängste überkommen würden, so wie damals, vor zwei Jahren. Dass es schrecklich sein würde zu realisieren, dass dieses Haus schon in wenigen Monaten nicht mehr zu mir gehören würde. Bei der Ankunft setzte ich mich also draußen auf die Bank und schaute an dem eindrucksvollen Turm hinauf. Ein paar Schritte weiter standen junge Kollegen, die rauchten und gleichzeitig in ihre Handys schauten. Ja, dieser Anblick versetzte mir einen kleinen Stich. Die Pausen, die Geselligkeit mit Kollegen, die Gespräche, Klatsch und Tratsch. Das würde ich vermissen.

Aber das vermisste ich ja mittlerweile bereits sehr lange. Die Coronakrise hatte uns alle ins Homeoffice katapultiert. Anfangs wollte ich absolut nicht zu Hause arbeiten. Ich blieb lange als Einzige im Büroturm. Dann aber schaffte sich meine Tochter einen Hund an und ich siedelte um, verbrachte meine Mittagspause von nun an mit dem Vierbeiner am Fluss und im Park.

Homeoffice hat klare Vorteile. Der Chef kann nicht plötzlich vor einem stehen. Wenn man nach dem Essen fast einschläft, kann man sich kurz aufs Sofa legen. Statt Kantine kann man sich am Kiosk oder auf dem Bauernmarkt etwas holen und draußen Picknick machen. Man muss auch nicht jede Sekunde so tun, als würde man arbeiten. Online sein genügt in vielen Fällen. Man kann sich viele kleine Freiheiten nehmen und die Arbeitszeit unmerklich reduzieren.

Ich habe mich daran gewöhnt und ich habe mich dem Büroalltag entwöhnt. Vieles, das mir emotional an der Arbeit wichtig war, ist im Homeoffice weggefallen. Der Stolz, mit dem man tagtäglich in das Gebäude ging. Das Gefühl, wichtig zu sein, weil man zu diesem Unternehmen gehört. Das Privilegiertsein, wenn man in der schicken Kantine jeden Tag aus einer großen Auswahl an gesundem und frisch zubereitetem Essen wählen konnte. Der Luxus, jederzeit einen Cappuccino aus einer wirklich guten Maschine im Bistro holen zu können. Die Selbstverständlichkeit, mit der man in den Schrank voller Büromaterialien griff und sich bediente. Das Teilnehmen an Meetings mit wichtigen Personen. Das Schreiten durch die Gänge, entlang an verglasten Einzel- oder Dreierbüros, die jeden Morgen frisch geputzt waren. Das Empfangen wichtiger Geschäftspartner im Besprechungszimmer. Die hübsch angeordneten kleinen Fläschchen mit Wasser und Cola und Saft. Die Zugangskarte mit dem Foto, die einen mit einem Auflegen auf den Sensor am Eingang einließ. Die Pförtner, die man seit Langem kannte und die einem oft schon die Tür öffneten, wenn man sich nur näherte. Sogar das Dicht-gedrängt-in-der-U-Bahn-Stehen mit unzähligen aufgestylten Menschen, die zur Arbeit fahren, hatte etwas Erhebendes. Man gehörte dazu.

Dass jener Besuch im Bürohaus keine emotionalen Überraschungen mehr für mich bereithielt, lag also sicher zum großen Teil an der langen Zeit im Homeoffice, die mich schon seit Monaten auf eine Art Abschiedsbahn geleitet hatte. Aber sicher auch daran, dass ich beim Anpeilen meines Arbeitsendes unbewusst fast alle Ratschläge von Iris Seidenstricker befolgt hatte. In ihrem Ratgeber „Zeit für Neues – wie Sie herausfinden, was Sie im Ruhestand machen möchten" rät sie, sich frühzeitig mit diesem Thema und den Veränderungen, die damit einhergehen werden, zu befassen. Das hatte ich getan, und zwar gut zwei Jahre lang, bevor ich bereit war zu gehen.

Es begann an einem Tag im Oktober. Ich saß an meinem Schreibtisch, und das, was ich hasste, geschah: Mein Chef stand plötzlich vor mir. Er hatte etwas zu bemängeln, ich habe vergessen, was es war, er machte jedenfalls Stress. Als er wieder zur Tür heraus war, durchfuhr mich spontan und unerwartet der Gedanke: Muss ich eigentlich bis zum Rentenalter arbeiten? Ich könnte ja vielleicht früher aufhören. Mein Gedankenkarussell begann sich zu drehen. Während ich schon im Geiste eine Anfrage an das Personalbüro formulierte nach dem Motto: wenn ich früher aufhöre, gäbe es dann vielleicht eine Abfindung, fiel mir etwas ein. Seit Jahren hatte ich begeistert Berichte über die Einsätze von Klinikclowns gelesen. Jetzt erschien plötzlich die Möglichkeit am Horizont, selbst einer zu werden. Wenn ich nämlich irgendwann nicht mehr hier am Schreibtisch sitzen müsste. Ich begann im Internet zu suchen nach der Ausbildung. Nach einer Rückfrage erfuhr ich, dass ich kein Klinikclown mehr werden könnte. Das war laut Auskunft eine künstlerische Ausbildung, die sich eher an begabte Performer und Schauspieler richtete, und der Leiter ließ mich wissen, dass ich mit 61 Jahren zu alt dafür sei. Nach einem kleinen Schock suchte ich trotzdem weiter, und das Schicksal wollte offenbar doch, dass ich Clown wurde. Denn ich fand eine zehnmonatige Wochenend-Ausbildung zum Therapeutischen Clown, die gerade zum ersten Mal in einem Institut in meiner Stadt stattfand. Die nächste Staffel würde im Mai beginnen. Ich meldete mich sofort an.

Damit hatte ich schon mal einen kleinen Schritt in Richtung Ruhestand getan. Doch wie es so ist mit großen Entscheidungen, man macht oft einen Schritt vor und zwei zurück. Denn nur ein paar Wochen nach dem besagten Tag im Oktober kam eine Rundmail aus der Chefetage herein. Ein Ü-60 Programm sei aufgelegt worden, alle über 60-Jährigen dürften gerne das Unternehmen verlassen und würden eine Abfindung erhalten.

Ich war geschockt.

So hatte ich es mir dann doch nicht vorgestellt. So schnell und von heute auf morgen wollte ich nicht gehen. Alle in Frage Kommenden mussten sich jedoch ein Angebot unterbreiten lassen, mussten persönlich im Personalbüro vorsprechen. Ich war komplett auf Widerstand. Gemeinsam mit einem Betriebsratsmitglied nahm ich den Termin wahr, verlangte mit Absicht eine Unsumme, die der Arbeitgeber sofort ablehnte, ich atmete auf. Und arbeitete neu motiviert weiter.

Genau ein Jahr später das gleiche Spiel. Nun nannte es sich Freiwilligenprogramm, und alle Mitarbeiter durften sich mit einem finanziellen Handschlag verabschieden. Nein, weder die angebotene Summe noch die Vorstellung, noch weitere Jahre mit Arbeitslosengeld oder anderen Tricks herumzubringen bis zur Rente, reizten mich. Diesmal durfte man gleich per E-Mail absagen. Das tat ich.

Nach ein paar Monaten kam aber wieder der kleine Gedanke. Und wenn ich es doch annehme? Das Freiwilligenprogramm war vorbei, dennoch fragte ich noch einmal nach, gleich bei der Geschäftsführung. Der oberste Chef war sofort angetan, vermittelte mich ans Personalbüro, es gab sogar einen persönlichen Besprechungstermin, die nette Dame rechnete alles aus.

Nach dem Termin schritt ich durchs Foyer unseres Bürohauses. Ich spürte die Macht, die mir dieses Haus immer verliehen hatte. Ich spürte die Leere da draußen. Ich spürte Beklemmungen. Drei Tage später sagte ich per E-Mail ab. Und genoss von da an jede Gehaltszahlung ganz besonders. Nein, ich wollte nicht darauf verzichten.

Das war ein weiterer kleiner Schritt in Richtung Abschied, nach dem wiederum zwei Schritte zurück folgten. Eins hatte ich aber in dieser Zeit bereits angefangen, aus dem Schmerz heraus, etwas, das Iris Seidenstricker ebenfalls empfiehlt: „Legen Sie sich ein kleines Notizbuch an, das Sie ausschließlich Ihren Überlegungen zum Ruhestand widmen." In diesem Heft schrieb ich von meiner einstigen Sehnsucht nach einer Arbeitsstelle. Von meinem Drang, etwas Eigenes zu haben, mich niederzulassen in dieser Stadt, in die ich meinem Mann gefolgt war. Ich wollte mich dort selbst einleben, mein eigenes Leben schaffen. Ja, ich wollte auch Kinder, aber gerade deshalb auch eine Art Fluchtort aus dem Zuhause. Mein Traum damals, vor rund

33 Jahren, war es, morgens in die Trambahn zu steigen und ins Büro zu fahren.

In das Heft schrieb ich auch, wie mein Mann mich damals anrief, als ich gerade mit einem unserer Kinder bei meinen Eltern war. „Du hast einen Vorstellungstermin." Ich notierte, wie ich im Treppenhaus der Firma saß, wie der Chef, ein Herr der alten Schule, heraufkam, und mir zur Begrüßung die Hand küsste. Ich erinnerte mich an all die Chefs, die mir meinen weiteren Aufstieg ermöglicht hatten. Ich schrieb die lustigsten Zitate von ihnen auf, an die ich mich erinnerte. „Neue Frisur, gratuliere" pflegte einer etwa zu den Damen im Büro zu sagen. Ich beschrieb einen äußerlich grobschlächtigen Chef, der mit Glatze und wehendem Haarkranz sowie immer einer filterlosen Kippe im Mundwinkel durchs Haus zu laufen pflegte und der Höflichkeitsfloskeln absolut negierte. Wenn er am Telefon war, gab es kein „Hier ist" und kein „Guten Morgen", sondern es ging sofort in medias res. „Das ist Ihnen ja sehr gut gelungen", rief er mir einmal etwa ins Ohr. Ein andermal schimpfte er über meine Unfähigkeit. Sein schönster Anruf aber war der vor fast 26 Jahren: „Sie haben ja ab heute einen festen Vertrag", raunzte er. „Unterlagen folgen."

Ich ließ die weiteren Jahre und die vielen Veränderungen in der Firma in meinem Heft Revue passieren. Die Chefwechsel, die Kollegenwechsel, der Umzug in ein neues Bürohaus, die Feiern in den Fluren. Die eine, auf der mich einmal einer der oberen Chefs unvermittelt auf die Wange küsste. Was mich eher freute als belästigte. Die bedauerlichen Todesfälle einiger Kollegen, die immer weiter fortschreitende Digitalisierung.

Das Heft steckte ich in mein Regal, wo ich es lange Zeit vergaß.

Die Clown-Ausbildung hatte ich absolviert. Und festgestellt, dass ich kein Naturtalent war, keine Schauspielerin, das Rampenlicht nicht liebte, oft zu schüchtern war. Dann aber doch wieder mutig für einen Auftritt vor den anderen. Ich kam an manche Grenzen und konnte einige überwinden. Was nicht passierte, war, dass ein 30 Jahre lang unentdecktes Talent freigelassen worden war. Das Clown-Sein stellte sich auch nicht als meine ganz besondere Berufung heraus.

Es war einfach eine schöne Erfahrung, und ich genoss, dass ich daraus keinen Beruf machen musste. Die Urkunde hat trotzdem einen Ehrenplatz an meiner Wand. „Sie müssen kein Profi werden", rät Iris Seidenstricker für die neuen Wege im Ruhestand. „Sie müssen der Welt nicht beweisen, wozu Sie fähig sind." Man darf Amateur bleiben, all das Neue spielerisch und „zu Ihrer eigenen Freude" weiterentwickeln, sagt sie.

Freude macht mir das Clown-Sein auf jeden Fall. Aber nicht auf einer Bühne, sondern einfach in einem Park, in dem spontan Menschen mit Kindern vorbeikommen, die sich über meine Luftballon-Hunde freuen. Auch Blumen kriege ich noch hin. Aber all die raffinierten Kreationen in meinem Handbuch für Luftballontiere sind mir noch viel zu schwer, und sie hinzukriegen, erfordert Geduld. Ich habe auch Jonglierbälle gekauft, die ich zwar schon in der Hand hatte, aber viel mehr nicht. Und die Ukulele, die ich ebenfalls im Überschwang erworben habe, kann ich bisher nicht einmal stimmen. Ein Kinderliederbuch aber habe ich schon mal. All diese Dinge erwarten mich, wenn ich in ein paar Monaten tatsächlich mein Berufsleben beende. Vielleicht aber auch ganz andere. Nach dem Durchlesen von Seidenstrickers Ratgeber ist mir die riesige Bandbreite des Möglichen im Ruhestand erst richtig klargeworden.

Für meinen dritten und letzten Schritt in Richtung Rente vor wenigen Monaten gab es keinerlei äußeren Anlass. So unverhofft wie jedes Mal kam mir der Gedanke, und ich fragte einfach mal bei der Personalchefin an, ob es auch jenseits aller Programme noch Möglichkeiten gäbe. Es gab. Den Grund verriet mir die Personalreferentin später nebenbei, als ich mich bedankte und ihr den Aufhebungsvertrag unterschrieben überreichte. „Wir haben zu viele alte Mitarbeiter", sagte sie. „Deshalb sind wir immer offen für individuelle Lösungen." Ich musste innerlich lachen.

Nicht dass der Gedanke an den Abschied völlig emotionslos wäre. Nach dem endgültigen Okay überfiel mich eine Herzschwere, die mich drei Nächte lang schlecht schlafen ließ. Mich überkamen Schrecksekunden, in denen ich mich vor einem Abgrund stehen sah, der in die Leere führte. Auch die Frage, die mich beim ersten oder zweiten Versuch plötzlich heimsuchte – „Was mache ich denn dann?" –, tauchte wieder auf. Seltsame Sätze huschten in mein Gehirn: „Dann muss ich mich woanders festhalten." Alle Ängste von den ersten Annäherungen an den Ruhestand tauchten wieder auf. Wie emotional aufgeladen der Gang in die Rente ist, merkte ich auch an einigen überraschenden Reaktionen meiner Mitmenschen, denen ich sagte: „Ich höre bald auf zu arbeiten." Ich erlebte, wie meine Gegenüber panisch wurden und augenblicklich erzählten, warum sie selbst noch lange nicht aufhören werden. Eine Freundin wurde regelrecht aggressiv und rief aus: „Nein, nein, ich arbeite bis zum Umfallen."

Bei meinen Angst-Anwandlungen befolgte ich ebenfalls die Ratschläge von Iris Seidenstricker: „Geben Sie allen Gefühlen Raum, auch den negativen." Nur wenn man auch den Abschiedsschmerz spürt, ist es ein wirklicher Abschied. Verdrängt man sie, kann die Reue plötzlich später kommen.

Ich habe den Abschiedsschmerz die gesamten drei Monate lang, während meine Verhandlungen mit dem Personalbüro liefen, gespürt. Trotzdem war die ganze Zeit da auch die Sicherheit, dass ich es so möchte, eine Sicherheit, die allen Überprüfungen standgehalten hat. Dem Reden darüber. Dem Nachdenken darüber. Und dem persönlichen Abgeben des Vertrags im Bürohaus, nachdem ich monatelang nicht mehr dort gewesen war. Die Aufregung fühlte sich an wie die vor einer großen Reise, die man immer noch stornieren könnte. Aber man möchte doch genau dieses Abenteuer erleben. „Sicher haben Sie in Ihrem Leben schon viele Situationen bewältigt, vor denen Sie großen Respekt hatten und bei denen Sie vorher zweifelten, ob Sie es schaffen werden", sagt Iris Seidenstricker. „Bestimmt war dabei eine gehörige Portion Mut im Spiel." Und Mut ist ja schließlich auch, vor etwas Angst zu haben und es trotzdem zu tun.

Auf dem Weg an jenem Tag zum Bürohochhaus saß ich in der Trambahn. Etwas lastete auf meinen Schultern. Eine Schwere, ein Druck, eine Verpflichtung, die Angst vor Anforderungen.

Auf dem Rückweg war die Last heruntergefallen. Eine große Erleichterung machte sich breit. Die Gehirnareale, in denen Chefs, Kollegen, Projekte und Aufgaben gelebt hatten, waren leer. Und die Leere, die vorher so unheimlich gewesen war, fühlte sich belebend an, kribbelnd, ein Hauch von Abenteuer lag auf meinem Alltag.

All Doors in Flight.

Das Flugzeug rollt auf die Startbahn.

Norbert Tefelski
Die Regentensage um die Rentenfrage

Es gibt einen König
der arbeitet wenig
und denket nit viel
Das nennt er sein' Stil
Zum Denken gäb es Philosophen
und Betten seien da zum Pofen

Quatsch ist das?
Das hat schon was!
Denn lässet er Gegrübel sein
dann fällt ihm auch kein Übel ein
Nur das bisschen zum Machterhalt
das macht er halt

Sabine Eberts-Wahlen
Arbeit schreibt Geschichten

Am 1. Mai, dem Tag der Arbeit, begann ich zum Thema Arbeit zu schreiben, und ich finde, das hat was.

Was das Thema für mich schwierig macht, ist seine Vielfalt. Denn es gibt so viele Aspekte der Arbeit, über die ich schreiben könnte.

Zu Beginn das Finale: Ich stehe am Ende meines Arbeitslebens. Ende 2005 wurde ich mit gerade mal 43 Jahren in den Ruhestand outgesourct, weil ich dem täglichen Stress des Arbeitslebens nicht mehr standhalten konnte. Das war erst einmal ein Schock, weil Arbeit ganz wichtig in meinem Leben war und immer noch ist.

Danach tingelte ich jahrelang so durch das Leben und hielt mich mit ehrenamtlichen Jobs „arbeitspsychologisch" über Wasser, doch eine geordnete Tätigkeit in einem Unternehmen fehlte mir sehr.

Durch Zufall ergatterte ich so einen Job. Seit sieben Jahren arbeite ich drei Stunden täglich im Sekretariat einer Schule. Ich verdiene nicht viel, eher ein Taschengeld. Doch das spielt keine große Rolle. Hauptsache, ich habe ihn wieder: den Rahmen in meinem Leben. Kollegen und Kolleginnen, Kommunikation, unterschiedliche Aufgaben, die meist schnell erledigt sind. Ich kann das ausleben, was ich bin: ein Kümmerer. Ich kümmere mich neben meinen ursächlichen Aufgaben, wie die Telefonzentrale, um die Dinge, die keiner gerne macht, z. B. ein Auge auf den Kühlschrank und die Spülmaschine haben, Kolleginnen betreuen, die Redebedarf haben, und die Archivierung von Schülerunterlagen vornehmen.

Dennoch wollte ich nach meinem Abgang in den Ruhestand eigentlich nie wieder im Büro arbeiten. Das hatte ich doch mein bisheriges Leben getan. Bereits in der Schulzeit wurde ich auf kaufmännisch-verwaltende Berufe getrimmt, habe mit 12 Jahren Schreibmaschine, Stenografie und Buchhaltung gelernt. Dadurch blieben mir so schöne Fächer wie Musik, Kunst und naturwissenschaftliche Inhalte verwehrt. Aber eben unschlagbar für ein Mädchen: der kaufmännisch-verwaltende Bereich.

Ich konnte ja nichts anderes. Also machte ich eine Ausbildung bei der Sparkasse einer bayrischen Kleinstadt, wo Frauen vorgeschrieben bekamen, was sie zu tragen hatten, und fern jeder Karrierechance ihr Dasein am Kundenschalter fristeten.

Nach der Ausbildung verließ ich den Spießerladen schnell und besuchte die Fachoberschule Wirtschaft. Und war wieder im kaufmännischen Zweig gefangen.

Der nächste Schritt in meinem Lebenslauf war ein duales Studium bei der Arbeitsverwaltung. Und da war das Trigger-Wort: **ARBEIT**.

Es war Programm. Es war der Name meines Arbeitgebers: **ARBEIT**samt.

Viele Jahre brachte ich mich mit meinen Fähigkeiten beim **ARBEIT**samt ein: als Sachbe**arbeit**erin, **Arbeit**svermittlerin, **Beruf**sberaterin – und zum Schluss als Controllerin. Das gute Wort **ARBEIT** war verschwunden.

Unendlich viele Möglichkeiten hatte ich beim **ARBEIT**samt. Aber irgendwann passte ich mit meiner Persönlichkeit dort nicht mehr rein.

Denn plötzlich hießen arbeitslose Menschen „Kunden", was ein Hohn ist, und Controlling hielt Einzug in eine Behörde, die für Menschen und deren Probleme mit eben dem Thema Arbeit da sein sollte. Aber mit schwierigen Fällen macht man keine positiven Zahlen, sodass die Welt des Controllings nur Widerspruch und Ablehnung in mir auslöste.

Ich kam mit all den Zahlen und dem Druck auf mich und andere nicht mehr klar und scheiterte. Viel zu früh ging ich in Rente und suchte mein Glück in der Arbeit als Hausfrau und Mutter, half im Kindergarten, lernte mit Grundschülern Deutsch und betreute alte Menschen.

Eine Zeitlang heftete ich Unterlagen im Ordnungsamt ab, und später half ich in einer Praxis für Physiotherapie. Aber all dies langweilte mich schon nach kurzer Zeit.

Ich probierte mich aus, und es lief nicht schlecht. Doch tief in mir lebte der Wunsch nach etwas ganz Neuem, nach einer Tätigkeit ohne Büro, Telefon und Computer. Nach einer Tätigkeit, wo nicht das Wort an erster Stelle steht.

Draußen sein, sich draußen bewegen war so eine Idee. Ich stelle mir vor, ich würde beim Zentralen Kommunalen Entsorgungsbetrieb meiner Stadt arbeiten. In orangefarbener Schutzkleidung und mit entsprechendem Equipment würde ich jeden Tag an einem anderen Ort die Natur von den Müllsünden meiner Mitbürger befreien. Denn tief in mir drin steckt der Wunsch nach Ordnung und Sauberkeit.

„Bauer sucht Frau" oder umgekehrt. Ich hege schon lange den Traum, einen Landwirt zu heiraten oder zumindest auf einem Bauernhof zu arbeiten. Ich würde einen Bio-Bauernhof bewirtschaften mit glücklichen Kühen und glücklichen Hühnern, mit alten Pferden und Eseln, vielen Hunden und Katzen. Anstrengende körperliche Arbeit, wenig denken und müde ins Bett fallen. Eine Idealvorstellung.

Weiter geht es mit Tieren. Wenn ich schon keinen Bauern finde, dann doch zumindest einen Hundebesitzer, der eine Betreuerin für sein geliebtes Tier sucht. Eventuell führe ich mehrere Hunde aus und erschnüffle mit ihnen neue Geruchswelten.

Abwechslung in der Arbeit ist genauso wichtig wie der Mangel an Langeweile. Nur dann vergeht die Zeit, der Kopf vergisst seine intimen Probleme, und am Ende des Tages entsteht eine Form der Zufriedenheit.

Ist der Kopfmotor erst einmal angeworfen, fallen mir noch andere Tätigkeiten ein, die ich auch gerne machen würde.

Schon immer wäre ich gerne eine Schriftstellerin gewesen, die stundenlang, versunken in ihr Schreiben, in der Natur sitzt und an einem neuen Buch arbeitet. Ich wäre schon bekannt auf dem Arbeitsmarkt der Schreiberlinge und entsprechend erfolgreich. Schreibkrisen kenne ich nicht, weil in meinem Kopf bei jedem Spaziergang Ideen reifen.

Da mir heute vor allem an kurzen und freundlichen Kontakten zu Menschen ohne jegliche Tiefe gelegen ist, könnte ich mir auch einen Job an der Rezeption oder im Frühstücksdienst eines Hotels vorstellen.

Immer nett und adrett gekleidet mit einem Dauerlächeln im Gesicht die Menschen schnell und unbürokratisch bedienen.

Ab und zu wird es auch hier unangenehme Kontakte geben, aber die löse ich rasch mit meinem freundlichen Wesen wieder auf.

Was ich in keinem Job mehr will, sind die Probleme von anderen. Gerade in der Arbeit mit Menschen beim Arbeitsamt blieben enge Kontakte nicht aus. Ich musste wissen, was der Knackpunkt einer Person war, bevor ich sie zu einem Arbeitgeber vermitteln konnte. Manche Menschen blieben besser unvermittelt, und manche Betriebe erhielten besser keinen neuen Mitarbeiter oder keine neue Mitarbeiterin.

Das waren nur einige Fantasien zu einer nicht-kaufmännischen Tätigkeit, und jetzt komme ich wieder zum Ende des Arbeitslebens. Es ist schwierig, als relativ junger Mensch verrentet zu werden, wenn alle anderen noch arbeiten und keine Zeit haben.

Auch ich habe mich über die Arbeit definiert. Habe mein Bestes gegeben. Doch egal, ob es die Hausarbeit oder die Tätigkeit beim Arbeitsamt war, die Wertschätzung fehlte. Unsere Chefs und Chefinnen sind ja auch nur Arbeiter in einem System. Sie bekommen Druck von oben, denn einer ist immer oben und kennt die Zahlen, und dann geben sie diesen Druck nach unten weiter. Da bleibt kaum Raum für Wertschätzung der Mitarbeiter und Mitarbeiterinnen. Auf Dauer wächst die Frustration, ein seltsames Gefühl gräbt sich in den Magen, und ohne dickes Fell wird man krank.

Als die sinngebende Arbeit verschwunden war, bin ich in ein tiefes Loch gefallen. Plötzlich hatte ich zu viel Zeit, mit der ich nichts anfangen konnte. Wochenenden und Urlaub hatten keine Bedeutung mehr, denn ich hatte ja immer frei.

Jetzt kommen auch meine Freunde und Freundinnen ins Rentenalter, und ich erlebe bei ihnen, was auch ich durchgemacht habe. Zur großen Zeitmenge gesellt sich die Unsicherheit. Neue Aufgaben blähen sich auf, und man traut sich nichts mehr zu. Viele retten sich ins Ehrenamt, denn Ehrenämtler werden immer gesucht. Sie kosten ja nichts.

Um dieser Falle zu entgehen und gleich noch ein paar andere gesellschaftliche Probleme zu lösen, könnte es flexible Arbeitszeitmodelle geben, für die, die noch etwas leisten wollen, obwohl sie offiziell schon in Rente sind, und für die, die noch Geld zur Rente hinzuverdienen müssen, weil diese astronomisch gering ist.

Ja, und die anderen können hoffentlich ihren Ruhestand genießen!

Peter Butschkow
Abschied

Im Saal wurde es still, der Boss hatte mit seinem Kugelschreiber an sein Sektglas gepingt, sich erhoben und geräuspert. „Liebe Belegschaft", sagte er – schon der warme Schmelz seiner beiden Worte ließ erahnen, dass es hier um eine Würdigung ging – „für jeden von uns kommt einmal der schwere Moment, wo es heißt, nach einem erfüllten Arbeitsleben Abschied zu nehmen. Abschied vom geliebten Arbeitsplatz, Abschied von den geschätzten Kolleginnen und Kollegen. Ein Moment des Schmerzes, der Sorge um die Leere danach, gewiss auch das verdiente Glück der Faulheit, der Entbindung von Verantwortung und Sorge um das Wohlergehen unserer Firma. Keine hat diesen Werten so umfänglich entsprochen, wie unsere geschätzte Kollegin. Über 35 Jahre hat sie in beispielloser Hingabe unserem Unternehmen pflichtbewusst und loyal gedient, nichts konnte sie davon abhalten, sich mit Leidenschaft in Aufgaben und deren Lösungen zu stürzen. Pünktlichkeit und Verlässlichkeit waren für sie oberstes Gebot und – wie sagt man so schön – sie ist noch mit dem Kopf unter'm Arm in die Firma gekommen."

Im Saal wurde gelacht.

„Ich mag mir den Morgen nicht vorstellen, an dem ihr Stuhl verwaist ist und ihre sympathische Aura nicht mehr unser Betriebsklima erwärmt.
   Nun dann, verabschieden wir uns schweren Herzens von unserer hochgeschätzten und geliebten ... von unserer über alles geliebten ... also von unserer, äh ... geliebten ..."

Er beugte sich zu seiner neben ihm sitzenden Sekretärin herunter und flüsterte: „Verdammt, wie heißt die Dame?"

Ulla Vasseur
Horst, Buddha und Ich

Der Gong ertönt, und wir gehen gemäßigten Schrittes und mit vor der Brust zusammengelegten Handflächen zu unseren Meditationskissen. Meines ist in der hintersten Ecke des Raumes, zwei Handbreit neben der Steckdose, die ich in den nächsten dreißig Minuten aus den Augenwinkeln zu verbannen versuchen werde. Diesmal ist das linke Bein an der Reihe, sich auf das rechte zu falten, ohne dass das Knie in die Höhe ragt. Aber meines ragt, was den Schmerz in der Hüfte nur noch verschlimmern wird.

Neben mir sitzt Horst, für den es das erste Meditationsretreat ist und dem niemand gesagt hat, dass das Kissen umso höher sein sollte, je länger die Beine sind. Horst ist geschätzte 1,90 Meter groß, Frührentner und wurde vor vier Wochen von seiner langjährigen Freundin verlassen.

Wir sind seit sechsunddreißig Stunden im Schweigen, aber ich weiß alles über Horst, weil er mir hinter der Hecke des Kräutergartens auflauert, wo ich nach den Hirsemahlzeiten meine Selbstgedrehten rauche, damit ich den Hunger nicht so stark spüre. Horst glaubt, dass ich ihm was schulde, weil er mich nicht verpetzt. Also inhaliere ich, und er redet.

"Weißt du, sie hatte nicht einmal einen anderen. Wenn sie mich wenigstens betrogen hätte, dann wäre vielleicht noch was zu machen gewesen, dann hätte ich kämpfen können. Aber so? Sie liebt mich nicht mehr. Hat einfach aufgehört, mich zu lieben. Verstehst du?"

Ich atme ein, atme aus, fixiere die weiße Wand und lasse meine Gedanken wie Wolken am Himmel ziehen. Vor dem gekippten Fenster gurrt ohne Unterlass ein Täuberich, der beharrlich von einem Weibchen abgewiesen wird. Einatmen, ausatmen, nicht anhaften, alles kommt und geht. Veränderung ist die einzige Konstante. Ich versuche, die Duftnote des Räucherstäbchens zu erraten, um Horsts Füße zu vergessen.

"Wir hatten echtes Potenzial, verstehst du? Überirdischen Sex, gute Gespräche über Gott und die Welt, und kochen konnte sie auch noch. Dabei waren wir

total verschieden. Aber Gegensätze ziehen sich ja bekanntlich an, und viele Jahre haben wir uns tatsächlich ideal ergänzt. Ohne sie würde ich heute noch meine Seele als Vertriebshure an die Company verkaufen und irgendwann tot am Schreibtisch zusammenbrechen. Du musst da raus, hat sie immer gesagt. Du schaffst das, du hast genug Geld auf der hohen Kante. Eine tolle Frau, wirklich!"

Jemand im Raum hustet, was unter allen Umständen vermieden werden sollte, genauso wie jede Haltungsänderung. Unbewegt sollen wir sitzen und unsere Aufmerksamkeit immer wieder zu unserem Atem zurücklenken. Auf keinen Fall dürfen wir den Raum während der Meditation verlassen, was mir aber ohnehin bald unmöglich sein wird, weil mir beide Beine von der Hüfte abwärts einschlafen. Ich zähle meine Atemzüge, um mich mit der Gegenwart zu verbinden. Eins ein, zwei aus, zweimal drei macht vier, widdewiddewitt und drei macht neune, eins ein, zwei aus ...

„Und dann habe ich mich hingesetzt und alles ganz nüchtern durchgerechnet. Jede Einnahme, jede Ausgabe notiert, und die Rechnung ging auf. Die Company war vermutlich froh, als sie mich los war. Ich hatte mir ja vorher noch von einem Psychologen ein Burn-out attestieren lassen. Und ich war mehr als zufrieden mit der ausgehandelten Abfindung. Top, sage ich dir, top! Aber natürlich habe ich meiner Freundin auch unmissverständlich klar gemacht, dass ich den Gürtel ab sofort würde enger schnallen müssen. Obwohl ich mir eigentlich keine Sorgen zu machen bräuchte, weil ich bei Aktien ausschließlich in Global Players investiere. Die werfen langfristig immer Gewinne ab. Immer! Man braucht nur einen langen Atem."

Die Steckdose scheint sich in Schwingung zu versetzen und wie ein exotischer Vogel mit leeren Augenhöhlen über die Wand zu flattern. Wenn die Sehstörungen beginnen, wird es kritisch. Dann vergesse ich in den Bauch zu atmen, denke an Drogensüchtige, die auf ihrem Trip hängengeblieben sind und auf offener Straße Passanten beschimpfen, und verspanne mich nachhaltig in den Schultern. Aber auch Schulterverspannungen sind vergänglich, so wie alles vergänglich ist. Hunger, Kummer, ein Menschenleben. Weniger als ein Wimpernschlag des Universums, nicht bedeutsamer als ein Hasenfurz.

Genau darum bin ich hier: Sie macht mir Angst, die Vergänglichkeit. Riesenangst. Ich will nicht vergehen. Ich will nicht sterben!

Und an dieser Stelle kommt der Buddha ins Spiel, der sagt, dass es den Tod gar nicht gibt. Dass der Tod nur Verwandlung ist. Aber das erkennt nur, wer sich versenkt und sein wahres Selbst erfährt. Wer weniger denkt und mehr ist.

Ich denke ständig, und an jeden meiner Gedanken dockt sich sofort ein neuer an. Jeder Gedanke ist wie ein Flur, von dem viele Türen abgehen. Ich kann versuchen, die Türen festzuhalten, mein ganzes Gewicht dagegenstemmen, damit sie sich nicht öffnen. Aussichtslos. Man kann nicht an zehn Türen gleichzeitig sein. Eine geht immer auf. Da ist die Tür, die hinab in den Keller meiner Kindheit führt, die Tür, hinter der sich meine Ängste verbergen, älter zu werden, im Job nicht mehr mithalten zu können, irgendwann einfach nicht mehr dazuzugehören. Kammern des Schreckens gibt es da, Höllenschlunde, Himmelsleitern, obwohl Letztere selten sind.

Horsts Beine haben zu zittern begonnen, und während ich ihn noch um das Gefühl in seinen Gliedmaßen beneide, läuft ein Beben durch seinen Körper. Kopf und Schultern sacken ihm nach vorne, und er beginnt leise zu schluchzen.

Weichei, denke ich und schäme mich sofort. Der Buddha sagt, dass Leiden durch Mitgefühl aufgelöst werden kann, also atme ich wieder tief in den Bauch und versuche die Nächstenliebe zu spüren, die sich von meinem Sonnengeflecht aus, wie ein Rad sich drehend, im ganzen Körper verteilt.

„Und dann hat meine Freundin von einem Tag auf den anderen ihren wichtigsten Auftraggeber verloren. Sie war ja selbstständig und hat nie genug verdient, um sich was zurückzulegen. Ich habe ihr gesagt, dass sie zum Jobcenter muss, Unterhalt beantragen. Habe ich ja auch so gemacht. Die Abfindung eingestrichen und obendrein zwölf Monate Arbeitslosengeld kassiert. Ich wäre ja schön blöd, wenn ich das nicht gemacht hätte. Wenn du vorher 100.000 brutto im Jahr verdient hast, kommt da ganz schön was zusammen. Für meine Freundin lief es nicht ganz so glimpflich. Die haben ihr Druck gemacht, von wegen wir würden schon seit Jahren zusammenleben, wären eine Lebensgemeinschaft und deshalb hätte sie keinen Anspruch auf Leistungen. Aber ich habe ihr gesagt, ich unterschreibe alles, dass dem nicht so ist. Ich gehe auch persönlich hin und sage

denen, dass ich für dich und dein Leben nicht verantwortlich bin. Die sollen mich erst mal kennenlernen!"

Wenn unsere Gefühle uns leiden machen, sollen wir Zuflucht beim Buddha suchen. Dort finden wir alle Antworten, wenn wir still sind. Empört über Armut und Ungerechtigkeit hat sich der Buddha seinerzeit selbst aufgemacht, um Antworten zu finden, und nach Jahren des Darbens, Umherziehens und Sich-Versenkens war er plötzlich erleuchtet. Piff, paff, poff, hat er mit einem Mal alles verstanden. Unter irgendeinem Baum, wenn ich mich richtig erinnere. Ich wünschte, ich säße auch im kühlen Schatten eines Baumes, denn ich schwitze wie ein Schwein. Wut ist mir vom Bauchnabel in den Kopf hochgekocht.

Beim Abendbrot hat sich Horst sieben Tomatenviertel auf den Teller geschaufelt, sodass für uns anderen jeweils nur ein Stückchen übrigblieb. Aber natürlich haben wir noch nicht einmal böse geguckt, obwohl frisches Gemüse Mangelware im Meditationszentrum ist und Horst sich auch die größte Portion Hirsesalat genommen hat.

Hilf mir, Buddha, zu sehen, tief zu sehen, lass mich erkennen, dass nichts ist, wie es scheint. Aber der Buddha schweigt, und Horst schluchzt. Was will so einer wie Horst überhaupt hier? Sucht er ein neues Hobby, mit dem er hausieren gehen und Frauen beeindrucken kann? Seht her, wie spirituell ich bin. Ich meditiere, also bin ich!

„Weißt du, im Grunde ist es auch besser so. Wenn ich ehrlich bin, passt es ja auch nicht mehr wirklich zusammen. Wir sind in zwei komplett unterschiedlichen Lebensphasen. Ich möchte ausgehen und reisen, wenn mir danach ist, und meine Freundin muss sich um neue Arbeit bemühen, und du weißt ja, wie das ist. Da hat man den Stress der Probezeit, und bis man dann den ersten Urlaub bekommt ... Ich will mein Leben hier und jetzt genießen. Carpe diem!"

Draußen läutet die Kirchturmuhr. Gleich ist es endlich geschafft. Nur noch ein paar Glockenschläge. Einatmen acht, ausatmen über sieben Brücken musst du gehen, sechs mal sechs sind sechsunddreißig ...

Der Gong ertönt, und wir erheben uns, so gut es mit eingeschlafenen Gliedmaßen eben geht, von unseren Meditationskissen. Nur Horst bleibt sitzen und schluchzt.

„Arschloch", raune ich ihm zu, und dann schweige ich wieder.

Ulrich Beck

universum

das universum flüstert
gottesgeschenk

im investoren
himmel

die very big raushole
kommt an den markt

der unvorstellbaren
big buyers and short
sellers

großes rauschen
so nah, die klippen
springen, landen

anteile
im kehraus,
resterampe
abgeräumt,

fegen die
reste ins feuer

no brainer
full deal

ein runder tag

ein runder
tag heute,
die abschlüsse
gesichert, zum
ausklang ein
bier in sicht, der
feierabendlauf.

beflügelt der griff nach
der mappe im umlauf,

unterschriftenrunde,
papier ist nicht immer geduldig,
zu bearbeiten

die wöchentliche
runde der nachrufe.

aus der kollegenrunde,
zu gut gekannt, gemeinsam
keulen bis ins koma
aus heiterem himmel, seitdem

gesperrt die besuche,
schutzkleidung, mundschutz,
kein zutritt für anzüge,

keine meetings oder
gechillte atmosphären der
airport lounges, kein behelf,

ersatzweise
apparate, taktgeber,
fiepen, saugen, blasen,
mechanisch,

die weite welt in
weiter ferne,
das papier sei gnädig,
der füller taumelt,
der nachruf steht.

Sammlung Sander

Arbeitsessen 50er Jahre

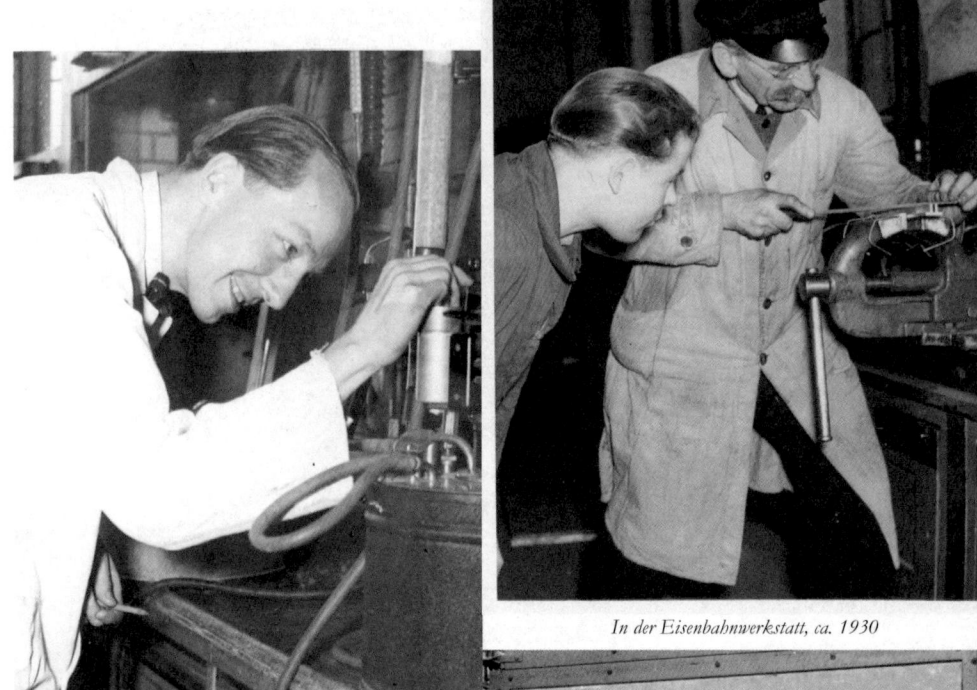

Laboratorium, Chemiefabrik Cassella, Frankfurt, 1950er Jahre

In der Eisenbahnwerkstatt, ca. 1930

Kunstfaserproduktion Cassella, 50er Jahre

Königliche Eisenbahn Hauptwerkstatt Berlin-Tempelhof, ca. 1920

Mitarbeiter Königliche Hauptwerkstatt, Tempelhof 1896 (viele Schmiede), später Eisenbahn-Werkstatt Berlin (unten 1901)

Personal Öffentliche Beleuchtung (u.a. Laternenanzünder) Berlin 1904

Im Schwenninger Uhrenwerk.

Alf Mayer
Von Drahtziehern und Lustfeuerwerkern
Ein Blick in die Kulturgeschichte der Arbeit

Die Arbeit ist immer mehr wert als der Preis, den man für sie zahlt. Das Geld verschwindet, die Arbeit aber bleibt. Maxim Gorki hat das gesagt. Sein Zitat eröffnet den Alphabetsreigen einer ungewöhnlichen Enzyklopädie, es steht unter dem Buchstaben „A" und unmittelbar über der Berufsbezeichnung „Abdecker". Auch Freiknecht, Fall-, Wasen- oder Feldmeister, Kafiller, Schinder oder Abstreifer genannt, war das der Name für jene Personen, die mit der Beseitigung und Verwertung (abdecken – abhäuten) von Tierkadavern beschäftigt waren. Die wichtigsten Produkte der Verwertung: Fette, Leim, Knochenmehl, Seife, Salmiak, Bleichmittel und Viehfutter.

„Alle Arten von Arbeit, sein Brot zu verdienen, sind einem ehrlichen Mann gleich anständig, Holz zu spalten oder am Ruder des Staates zu sitzen. Es kommt seinem Gewissen nicht darauf an, wieviel er nützt, sondern wieviel er nützen wollte", betont Gotthold Ephraim Lessing unter dem Buchstaben „D". Der erste dort dargestellte Beruf ist der Dienstbote. Vom Niederen zum Hohen und zurück schweift Rudi Palla in seinem Ausnahmewerk „Verschwundene Arbeit. Das Buch der untergegangenen Berufe" aus dem Wiener Brandstätter Verlag, der das Handwerk des Schöne-Bücher-Machens unverdrossen hochhält. Nach einer 1994 bei der Anderen Bibliothek erschienenen Ausgabe und einer 2010 vom Verleger Christian Brandstätter selbst illustrativ ausgestatteten Erweiterung ist die hier besprochene, erneut vollständig neu gestaltete und erweiterte Ausgabe von 2014 nach wie vor lieferbar. Sie hat 117 Abbildungen, darunter viele historische Fotografien.

Einen „Streifzug durch die Sedimente menschlicher Anstrengung" wolle er unternehmen, schreibt Rudi Palla im Vorwort. Sein Vademecum verlorener Arbeit versammelt neben handwerklichen Tätigkeiten auch solche der Dienstleistungen, der Unterhaltung, des Kleinhandels und der Beförderung, ist reich an Details, Anekdoten und Kuriosa über Barometermacher, Drahtzieher, Eichmeister, Landsknechte, Lustfeuerwerker, Nachtwächter, Planetenverkäufer, Roßtäuscher, Seifensieder, Sesselträger, Wachsbossierer, Wäschemädel, Zinngießer und viele andere untergegangene Berufen.

Rudi Palla, 1941 in Wien geboren, an der Wiener Filmhochschule studiert, verbindet das Auge eines Kulturhistorikers mit den Tugenden eines Regisseurs, seine Bücher sind knapp und treffend, eröffnen Räume und Echokammern. Nah- und Großaufnahmen vereinen sich bei ihm zu eindrucksvollen, nachhallenden Panoramen. Hingewiesen sei hier auf „Die Mitte der Welt. Bilder und Geschichten von Menschen auf dem Land" (1989), „Unter Bäumen – Reisen zu den größten Lebewesen" (2006), „Kurze Lebensläufe der Narren" (2008) oder „Der Kapitän & der Künstler – Die Erforschung der Terra Australis" (2013).

Mit „Verschwundene Arbeit" bearbeitet Rudi Palla zweifellos ein überragend wichtiges Thema, einen Angelpunkt menschlicher Kultur und Existenz, dies in einer Zeit, in der Arbeit, und erst recht sinnvolle, zu einem Gut geworden ist, um das mehr und mehr Menschen bangen müssen. So wie es in Hamburg ein Museum der Arbeit gibt, so ist auch Rudi Pallas Buch ein „Gedächtnis der Arbeit". Eine Schatz- und Wunderkammer. Manche unserer Großväter oder Urgroßväter haben ihr Leben lang einen Beruf ausgeübt, von dem man heute kaum noch weiß. Wie viel an hochspezialisiertem Wissen, an qualitätsvoller Produktion, an Wert und Sinn ist uns hier verloren gegangen. Ein beträchtlicher Teil deutscher Familiennamen leitet sich von Berufsbezeichnungen, Tätigkeiten, Werkzeugen, von Erzeugnissen und Handelswaren ab, ja auch von Arbeitsgeräuschen und Begleiterscheinungen. Schauen Sie Ihr persönliches Freundes- und Adressbuch einmal nach diesem Ordnungsprinzip durch.

Einst gab es Königreiche, in denen der König „Meister" oder „Mastro" genannt wurde; Meister des Hammers, der Feile, des Schustermessers, der Nadel, der Drehbank und so fort. „Eine Kultur lebt vor allem in der Mannigfaltigkeit ihrer Berufe. Jeder von ihnen bringt, abgekapselt in seiner Zelle, für sich Gesichtsausdrücke, Kleidung, Sprachen, Haltungen, rührende oder scherzhafte Anekdoten, eine Pädagogik, eine Moral hervor ...", sagt Gesualdo Bufalino in seinem meisterhaften „Museum der Schatten", das Palla als Motto dient.

„Verschwundene Arbeit" erschien erstmals im Juni 1994, als sozusagen indirektes Manifest und einhundertfünfzehnter Band der „Anderen Bibliothek". Auf dem kartonierten Schuber der 1985 von Hans Magnus Enzensberger begründeten bibliophilen Buchreihe (die inzwischen auf nahezu 450 Bände angewachsen ist, ein imponierendes „Gartenprojekt" mit langem Atem, gehegt von inzwischen verschiedenen Herausgebern, immer aber begehrens-, sammelns- und genießenswert) hieß es damals noch: „Die Andere Bibliothek wird in der Nördlinger Buchdruckerei Greno nach den Regeln der Schwarzen Kunst hergestellt. Der Druck erfolgt vom Originalsatz aus Monotype-Metall-Lettern. Das verwendete säurefreie Bücherpapier wird speziell gefertigt. Die Bindearbeiten besorgt die Buchbinderei Lachenmaier, Reutlingen. Die Auflage dieses Buches ist limitiert. Der Originalsatz wurde bei Erscheinen eingeschmolzen."

Bleisatz, das war – leider – einmal. Ab Band 145 wurde das Druckverfahren der Liebhaberreihe auf Offsetdruck umgestellt, die Begründung des in seiner Not kostenoptimierenden Verlages: „Weil mittlerweile der Computersatz den Standard des besten Bleisatzes übertrifft." Immerhin wurde dann im Eichborn Verlag der Bleisatz im Buchdruck bis 1997 und damit bis kurz vor der Jahrtausendwende erhalten, dann war auch dieses Handwerk – bis auf wenige Ausnahmen wie heute etwa die Friedenauer Presse in Berlin – stillgelegt. War der Bleisatz die Besonderheit der Ausgabe von 1994, machen den Mehrwert der neueren Ausgaben von Rudi Pallas Buch jetzt die Abbildungen aus (siehe die Bibliographie).

Wissen um Qualität und Wertschätzung guter Arbeit, das ist nicht nur ein Thema historischer Betrachtungen. Es betrifft und trifft uns Konsumenten jeden Tag, bei jeder Kaufentscheidung – die, so ungern wir das wissen wollen, auch eine Ein- und Auskommensentscheidung für Produzenten, Händler und Verkäufer, für Manufaktur oder industrielle Produktion ist. Für Reparaturen am heiligen Auto bezahlt man bei uns eher solide Arbeitslöhne als für sonstige Dienstleistungen oder Herstellungskosten. Davon können viele Berufe längst böse und traurige Lieder singen. Dumpinglöhne, die weggefallene Meisterpflicht und die Geiz-ist-geil-Mentalität führen zu Wettbewerbsverzerrungen und zu einem von den Kunden erlittenen Qualitätsniedergang, den viele freilich, das billige Angebot vor Augen, bei der Schnäppchenjagd einzukalkulieren vergessen. Bei den Niedriglöhnen hat Deutschland binnen eines Jahrzehnts mit den USA gleichgezogen. Das gilt sogar für einen der wohl allerwichtigsten Hand-Berufe: für die Hebammen (bei Palla ist ihre Kulturgeschichte unter Ammen zu finden). Seit Mai 2010 sind die deutschen Hebammen immer wieder auf der Straße, weil ihnen die „Reformen" im Gesundheitswesen kaum noch Geld zum Leben lassen.

Im Jahr 2020 wurden deutschlandweit rund 27.000 Hebammen und Entbindungspfleger gezählt. Angestellt beträgt ihr Durchschnitts-Gehalt 2.694 Euro, in Mecklenburg-Vorpommern mit dem schlechtesten Tarifvertrag sind es 2.406 Euro im Monat. Brutto. Die wenigen Männer im Beruf, Fachbezeichnung: Entbindungspfleger, verdienen fast einen Tausender mehr. Freiberuflich, und das sind die meisten Hebammen – derzeit zwischen 15.100 und 17.800 – darf ihre Entlohnung durch den gesetzlichen Mindestlohn, welcher seit Januar 2015 gilt, nicht unter 1.470 Euro brutto im Monat liegen. Richtig ins Kontor schlägt zudem die gesetzlich vorgeschriebene Berufshaftpflicht. Von 30,68 Euro im Jahr 1981 stiegt sie auf jährlich 11.508,36 Euro (Stand Juli 2022).

Arbeit kostet einfach zu viel und ist uns zu wenig wert – zumindest, wenn es nicht die eigene ist. Die Kunst übrigens, sagt Kafka, hat das Handwerk nötiger als das Handwerk die Kunst.

Rudi Palla: Verschwundene Arbeit. Das Buch der untergegangenen Berufe. Hardcover, Lesebändchen. Format

17 x 24 cm. Christian Brandstätter Verlag, Wien 2014. 272 Seiten, 117 Abbildungen, 35 Euro. Lieferbar.

Oder auch: Verschwundene Arbeit. Ein Thesaurus der untergegangenen Berufe. Andere Bibliothek. Band 115. Juni 2005. 448 Seiten. Vergriffen und nur noch antiquarisch.

2018 auch als Insel Taschenbuch: Die Welt der verschwundenen Berufe. Von Briefmalern, Planetenverkäufern und Lichtputzern.
1997 als btb-Taschenbuch: Falkner, Köhler, Kupferstecher. Ein Kompendium der untergegangenen Berufe.
https://www.brandstaetterverlag.com/buch/verschwundene-arbeit/

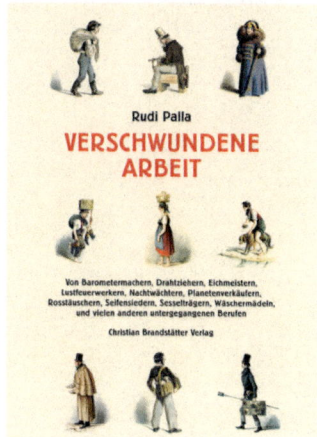

Nicht mehr arbeiten können

Amancay Kappeller
Arbeit im Abseits

Leben ist Arbeit. Schon pures Existieren ist Schwerstarbeit. Seitdem ich ans Bett gefesselt bin, weiß ich das noch viel genauer. Ich kämpfe mit jedem neuen Tag. Ich arbeite daran, die Tage zu bewältigen, ohne an meinem Zustand zu verzweifeln. Ich arbeite an mir und meinem Mindset, wie es neudeutsch so schön heißt. Was kann ich tun, um mental einigermaßen unbeschadet durch diese oft quälenden, dann wieder eintönigen vierundzwanzig Stunden zu kommen, immer wieder aufs Neue? Tag um Tag, Woche um Woche, Monat um Monat? So ganz unbeschadet geht das natürlich nicht. Und es ist, eben, harte Arbeit.

Am 27. November 2021 habe ich mir bei meinem Hausarzt den Booster gegen Covid-19 abgeholt. Zwei Tage später kam ich kaum mehr vom Sofa hoch. Neun Monate lang warte ich mittlerweile auf Besserung, aber es tut sich nicht wirklich etwas zum Guten. Ärzte können mir nicht weiterhelfen, ich setze Himmel und Hölle in Bewegung, wende mich an Spezialisten in ganz Deutschland. Aber mit dem Post-Vac-Syndrom kennt sich noch niemand so richtig aus. Dazu noch meine Vorerkrankung, ME/CFS, eine neuroimmunologische Multisystemerkrankung, die mich postinfektiös nach einer Lungenentzündung befallen hat. ME/CFS, Long Covid und Post-Vac haben große Überschneidungen. Auch mit ME/CFS kennt sich leider kaum jemand aus, seit Jahrzehnten nicht, und bis heute gibt es keine wirksamen zugelassenen Medikamente dagegen. Es fehlt maßgeblich an Forschung.

Stichwort Arbeit: An meiner Geduld und an meiner Frustrationstoleranz arbeite ich ebenfalls seit Monaten – notgedrungen. Und ich maloche vor mich hin, um nicht gänzlich zur Misanthropin zu werden. Wer so krank ist, der kann nämlich nicht mehr funktionieren. Kaum mehr was leisten. Weder beruflich noch privat. Haste nicht gesehn, wird es still um einen herum. Das Interesse erstirbt, ein Lämpchen nach dem anderen erlischt. Jeder ist ersetzbar. Das geschäftige Leben geht weiter. Und mit dem Leid anderer wollen die meisten Menschen einfach nichts zu tun haben. Erst recht nicht, wenn der Ausgang ungewiss ist. Ich arbeite also daran, Menschen auch weiterhin ein klitzekleines bisschen zu mögen. Ab und zu gelingt es mir.

Quasi von einem Tag auf den anderen wurde ich aus meinem Leben gerissen, privat und auch beruflich. Eben noch für einen Verlag und als Reporterin für eine Tageszeitung tätig, bin ich nun zum Nichtstun verdammt. Zum täglichen Kampf ums möglichst humane Durchstehen der Zeit. Ich würde so gern so viel tun, habe so viele Pläne, kleine und große. Im Moment liegen sie alle auf Eis. Im Rückblick schwand meine Kraft schon nach der zweiten Impfung im Mai peu à peu dahin. Es ging immer weniger. Nach dem Booster war endgültig Ende.

Das Haus kann ich seit Februar nicht mehr verlassen, und so bleiben mir im Moment nur Gedankenreisen. Auch im Hinblick auf meine Arbeit. Gedankliche Trips durch die vielen Jahre als Reporterin für eine lokale Tageszeitung – ein Job, den ich fünfzehn Jahre lang geliebt habe, nicht zuletzt wegen dem immensen Abwechslungsreichtum, den er zu bieten hat.

Hoch oben auf dem Kirchturm einer Nachbargemeinde sehe ich mich also stehen, an meiner Seite der Pfarrer, der Abstieg übers Gerüst ist Nervenkitzel pur. Ich toure durch heimische Wälder, mal mit einer Kräuterkennerin, die gerne Bäume umarmt, um sich zu erden, mal mit dem Revierförster, der Interessantes übers Altholz-Totholz-Habitat zum Besten gibt. Ich spüre wieder die Todesangst, als der Blitz unweit in einen Strommast einschlägt. Mit dem Regenschirm als Insektenauffänger spaziere ich im Sommer zum Bergrutsch am Schwäbischen Albtrauf, im Winter schlage ich mit dicken Handschuhen ausgerüstet gemeinsam mit vielen anderen Tannenbaumsuchenden bei klirrender Kälte einen Christbaum im heimischen Wald, Stockbrot und Trompetenklänge inbegriffen. Ich wandere durch die Steinlach bei Hitze im späten Frühling, an tieferen Stellen bis zum Bauch im Wasser, das Handy in einer Plastikbox im Rucksack verstaut. Ab und zu hole ich es heraus und knipse umherschwirrende Libellen, Flusssteine und Wasserstrudel. Ich stehe auf dem Dach eines Hochhauses und höre während des ersten Lockdowns einer Coverband beim Spielen zu, das Panorama mit Blick auf die Berge ist beeindruckend. Bei Übungseinsätzen der Feuerwehr staune ich über blitzschnell gelöschte Autos, Holzhäuser oder Mülleimer und gelungene Rettungsaktionen mittels Drehleiter und Co. Gemeinsam mit Musicaldarstellern bin ich im Stuttgarter SI-Zentrum backstage, begleite sie beim Aufwärmprogramm und habe selbst ein bisschen Lampenfieber, als sie die Bühne betreten. Ich sitze in der Kutsche und lausche Hufgetrappel, lasse mir auf einem Bauernhof Details zu Kamelen, Kühen oder mannshohen Laufvögeln erklären, treffe Therapiehunde, Ziegen, Büffel, Bienen und noch viel mehr meist freundliches Getier. Mit Kommunalpolitikern auf Wahlkampf besichtige ich Firmen, Ortskerne, Bildungseinrichtungen und Regenüberlaufbecken. Kindergarten- und Schulkinder flüstern mir ihre Meinung zu Zukunftsplänen, Freizeitgestaltung und Corona. Im Gerichtssaal höre und sehe ich Staatsanwälte Anklage erheben wegen Verbrechen wie versuchtem Totschlag, Diebstahl, Körperverletzung, Vergewaltigung und Fahrerflucht. Ich lausche Vorträgen über Reisen in ferne Länder, Medienerziehung bei Kindern, alternative Krebstherapie und Wohnformen im Alter. Ich sitze in stickigen Rathaus-Bürgersälen und mache mir Notizen zu drögen Bau- und eintönigen Verwaltungsausschusssitzungen. Herrliche Szenarien, allesamt. Herrlich. Arbeitswelt, zurzeit absurd.

Im Rahmen meiner journalistischen Tätigkeit bin ich so vielen unterschiedlichen Menschen begegnet über die Jahre. Auch diese beschwöre ich dieser Tage immer wieder einmal herauf, um mich abzulenken. Um zumindest gedanklich herauszukommen aus diesen vier Wänden, in denen ich seit Monaten gefangen bin. Es gab so viele erstaunliche Aufeinandertreffen – von anrührend über beeindruckend bis hin zu verärgernd. Nicht wenige haben sich mir tief ins Gedächtnis gegraben.

Da waren Menschen, die für eine Sache gebrannt haben: für die Verbesserung der Lebensqualität von Migranten, für freien Funk für alle oder für die Rehkitzrettung. Leidenschaftliche Sammler haben mir begeistert Vitrinen voll mit Puppen, Spielzeugeisenbahnen, Postkarten, Nachttöpfen oder Comics gezeigt.

Mehrmals habe ich einen schwer krebskranken Holzkünstler zu Hause besucht. Filigrane Objekte aus Fichte, Kiefer und Co. schuf er unermüdlich im eigenen Hobbykeller bis kurz vor seinem Tod und verkaufte diese auf Märkten. Den gesamten Erlös spendete er der Krebshilfe, Tausende von Euro insgesamt über die Jahre. Bei mir im Regal steht ein kleiner hölzerner Elch auf Rollen, den er mir geschenkt hat. Ich halte ihn in Ehren.

Vor sechs Jahren telefonierte ich an einem Abend mitten in der Woche noch spät mit einer jungen Frau, die eine inklusive Cheerleader-Gruppe ins Leben gerufen hatte. Enthusiastisch und voller Lebensfreude erzählte sie mir fast eine Stunde lang von den Plänen, die sie mit und für die Truppe Gehandicapter in naher Zukunft hatte. Am nächsten Morgen bekam ich ganz früh einen Anruf. Eine Freundin teilte mir mit, dass die Siebenundzwanzigjährige in der Nacht unerwartet verstorben war. Ich war die Letzte, die noch mit ihr gesprochen hatte. Eine Fremde. Daran denke ich seitdem immer wieder. Ihre letzten Worte, bestimmt hätte sie sie an jemand ihr Vertrauten richten wollen, wenn sie es gewusst hätte.

Vor zehn Jahren hat mich ein damals Neunzigjähriger mit Hör- und Sehhilfe dermaßen ins Kreuzverhör genommen, dass mir fast Hören und Sehen verging. Gekommen, um selber Fragen zu stellen, löcherte er mich quasi im Minutentakt mit selbigen, in der Absicht, mein historisches Wissen zu prüfen, gesellschaftliche und politische Zusammenhänge aus Vergangenheit und Gegenwart abzuklopfen. Immer, wenn ihm die Antwort unzureichend erschien, lächelte er triumphierend und knallte mir Hyperkorrektes um die Ohren. Ich kam, zugegeben, kaum zu Wort und fühlte mich zunehmend im falschen Film. Viele, viele, viele Jubilare habe ich während meiner Zeit als Lokaljournalistin besucht und zu ihrem neunzig- oder hundertjährigen Leben befragt, dazu Mengen an Gold- und Diamanthochzeitler. Viele waren dankbar, erzählen zu können, sprudelten Details aus ihrer Biografie nur so heraus. Andere waren eher wortkarg, teils dem nachlassenden Gedächtnis geschuldet. Der oben geschilderte Besuch aber blieb einzigartig. Zum Glück. Im Kirchenblatt meiner Gemeinde las ich vor Kurzem die Ankündigung, dass dieser resolute, leicht kratzbürstige, aber durchaus gebildete Herr seinen hundertsten Geburtstag feiern sollte. Ich stellte mir vor, unter anderen Umständen, im Vollbesitz meiner Gesundheit, wieder bei ihm zum Gespräch aufzuschlagen. Ob der Senior mittlerweile altersmilde wäre? Oder gar noch bissiger? Wer würde das Vergnügen haben, ihn zu interviewen? Nicht viel vor seinem Jahrhundertgeburtstag sah ich dann die Todesanzeige in der Zeitung. Den Hundertsten zu feiern, war ihm nicht mehr vergönnt.

Zwei Verhandlungen am Sozialgericht begleitete ich journalistisch – die eine auf Landesebene. Ein chronisch schwer kranker Mann in mittlerem Alter klagte vor knapp zehn Jahren, um die Therapie mit medizinischem Cannabis von der Krankenkasse bezahlt zu bekommen – das Einzige, was gegen seine unmenschlichen Schmerzen half. Die Krankenkasse weigerte sich standhaft, zog immer neue Trümpfe aus dem Ärmel, um den bereits im Rollstuhl Sitzenden in die Knie zu zwingen. Bei der Verhandlung am Landessozialgericht kam es zu einer absurden Situation: Der Kläger, wie beschrieben permanent unter Schmerzen leidend, versuchte, mit zitternden Händen ein Taschentuch aus der Hosentasche zu fummeln. Einen Zipfel hatte er bereits zu fassen bekommen, plötzlich wurde er von einem Justizangestellten angebrüllt, er solle sofort die Hände auf den Tisch legen. Panik im Blick des Klägers, aber auch in dem des Richters. Letzterer befürchtete vermutlich, aus Frust solle eine Waffe gegen ihn gezückt werden. Zugegeben, alles schon passiert, und Vorsicht ist besser als Nachsicht. Für mich, die direkt hinter dem schwer gehandicapten Mann saß, war die Situation trotzdem absolut bizarr. Die Klage wurde im Übrigen abgewiesen. Der Mann hatte vor, fehlender Kraft zum Trotz, auch noch vors Bundessozialgericht zu ziehen. Was daraus wurde, weiß ich leider nicht. Er meldete sich nie mehr in der Redaktion.

Die Liste der Erinnerungen ließe sich noch lange fortführen. Je mehr ich in meinem Gedächtnis wühle, desto mehr kommt zum Vorschein, auch verschütt Geglaubtes. Ich sortiere und kategorisiere, schreite Bilder und begangene Wege im Kopf ab, statte Orten und Personen Stippvisiten ab.

Arbeit. Ganz anders.

Theresa Othegraf
Worüber zu schweigen unmöglich ist

Zwischen den großen Themen der Welt bahne ich mir den Weg auf meiner eigenen großen Schlagzeile: *Der erste Arbeitstag!* nach eineinhalb Jahren Krankheit.

Als ich gesund war, lebte ich in reiner Koexistenz mit der Einsicht, eines Tages sterben zu müssen. Dann vermehrten sich Zellen in meinem Blut unkontrolliert und zerfraßen die Trennlinie zwischen *leben wollen* und *sterben müssen* auf Haaresbreite. Um überhaupt eine Chance auf ein Weiterleben zu haben, war eine Blutstammzellentransplantation erforderlich. Die Folgen der invasiven Therapien schränken mich weiterhin ein. Es ist eine ganz andere Gegenwart geworden. Alte Gewohnheiten sind wie ein Vorhang beiseitegeschoben. Worte, Gesten, Gedanken sind aus seinem Gewebe gelöst und verbinden sich mit einer neuen Realität.

Im Hamburger Modell werde ich in dieser Woche zunächst an zwei Tagen drei Stunden arbeiten. Herzliche Begrüßung, Umarmungen muss ich leider noch zurückweisen. Das Thema wird mich noch weiter beschäftigen, der Schutz vor Keimen. Es ist Januar, Hochsaison für Erkältungen. Das Außen verschwimmt zu einer abstrakten Farbfläche, es ist überwältigend, tatsächlich wieder hier zu sein.

In der Teamsitzung nutze ich die Gelegenheit, auf meine *Besonderheiten* hinzuweisen. Erkläre, dass zum Beispiel eine harmlose Darmgrippe für mich weiterhin tödlich sein kann. Ich werde in der Gemeinschaftsküche weder den Kühlschrank noch das am Waschbecken liegende Abwaschschwämmchen benutzen. Ich werde bei jedem, der eine Schnupfnase hat, nur im Türrahmen stehen bleiben. Meine Lieblingskollegin überrascht mich, dass sie auch mit den Frauen aus dem Nachbarteam bereits abgesprochen hat, eine Toilette nur für mich zu reservieren.

Die Tage zwischen den kurzen Arbeitstagen brauche ich dringend zur Erholung.

Nach sechs Wochen muss ich das Hamburger Modell noch verlängern.

SARS-CoV-2 ist auch in Deutschland angekommen. Die ersten Fälle werden gemeldet. Das Robert-Koch-Institut stuft die Gefahr als *mäßig* ein. Ich fahre weiterhin ins Büro.

Die Konzentration über einen längeren Zeitraum fällt mir schwer, Ermüdungserscheinungen bremsen mich aus. Ich werde nur halbtags weiterarbeiten können und hoffentlich in den nächsten Wochen und Monaten einen besseren Arbeitsfluss hinbekommen. Viele Wissensfäden und Entscheidungen müssen zu einem Ergebnis zusammengebracht werden, was bei mir zur Reizüberflutung führt, die ich noch nicht kanalisieren kann. Zunächst ist ein geringes Arbeitspensum vereinbart, das dann stückweise gesteigert werden soll.

Eine Halbtagsstelle wird bedeuten, dass dann vom Gehalt fünfzig Prozent allein für die Miete verwendet werden muss. Ein deutlich geringeres Gehalt bedeutet natürlich auch eine deutlich geringere Einzahlung in die Rentenkasse.

Es ist Freitagmittag. Kollegin E bekommt einen Anruf von ihrer Tochter. Sie braucht Hilfe, das gesamte Unterrichtsmaterial aus ihrem Schließfach muss nach Hause transportiert werden. Ab Montag schließen die Schulen. Noch unschlüssig, was es für mich bedeutet, verabschiede ich mich ins Wochenende, in der Annahme, am Montag wieder ins Büro zu kommen und in der Bahn konsequent eine Maske aufzusetzen und nicht erst, wenn es voll ist.

In Bergamo werden die Särge gestapelt. Das Robert Koch stuft die Gefahrenlage als *hoch* ein, was nicht überraschend ist. Aber doch verharre ich in Schockstarre vor dem Fernseher.

Die täglichen Fernsehbilder von Intensivstationen zerlegen den dünnen Schorf, der sich auf meinen seelischen Wunden gebildet hat.

Inzwischen bin ich ganz froh, komplett im Homeoffice zu arbeiten. Es macht zwar einsam, aber der Weg vom Frühstückstisch zum

Schreibtisch ist wesentlich kürzer, und ich muss meine Gefühlsausbrüche nicht kanalisieren: Verzweiflung, Wut, Ärger. Verzweiflung, nicht dort anknüpfen zu können, wo ich wegen der Krankheit aufhören musste. Wut auf die aufgeblasene Bürokratie. Ärger, wenn sich die Software mal wieder meiner Logik entzieht. Im Büro hätte ich auch geflucht. Aber jetzt ist jedes Gefühl eindringlicher, weil geprägt von meiner Betrübnis, noch Folgen der Krankheit zu spüren.

Das Arbeitspensum konnte ich zwar mittlerweile erhöhen, die Grenze der Machbarkeit weiter stecken, trotz lähmender Müdigkeit, die unverhohlen ihren Platz einnimmt. Das Bedürfnis nach Pausen steht in keinem Verhältnis zu der vorangegangenen Arbeitsleistung. Im Alltag ist dies zwar auch störend, aber nicht so belastend. Da ist es an sich egal, ob die Wohnung am Stück oder in einzelnen Etappen saubergemacht wird, ob ich ein Buch in vier oder sieben Tagen gelesen habe.

Auch nach dem Absetzen der Immunsuppression, die ich aufgrund der Transplantation einnehmen musste, bleibt die Gefahr eines Zweittumors an der Haut und den Schleimhäuten – ein Leben lang. Die Abstoßungsreaktion an den Augen bleibt chronisch, wohl auch die extrem trockene Haut. Aber am meisten macht mir die schnelle Reizüberflutung und die Konzentrationsschwäche zu schaffen – weiterhin. An meiner Belastungsgrenze angelangt, muss ich heute einen Teil des inzwischen erweiterten Arbeitspensums wieder rückgängig machen. Aber es ist nicht nur die Menge der Arbeit, sondern vor allem mit der Komplexität der Aufgaben bin ich bereits überlastet. Deswegen telefoniere ich mit meinem Teamleiter, mache ihm auch konkrete Lösungsvorschläge für ein gleichförmigeres Arbeitsgebiet. Er müsse darüber nachdenken. Wir vereinbaren einen Termin, um dann über seine Entscheidung zu sprechen.

Der Teamleiter meint, ohne es überhaupt ausprobiert zu haben, meine Vorschläge seien nicht machbar, weil nicht planbar. Er könne mir aufgrund meiner krankheitsbedingten Leistungsminderung keinen leidensgerechten Arbeitsplatz ermöglichen. Er könne einen äußeren Rahmen, wie ein Einzelzimmer oder jetzt in der Coronazeit das Homeoffice zu hundert Prozent ermöglichen, auch die Quantität reduzieren, aber nicht mehr. Er hat es nicht so gesagt, aber doch kommt für mich rüber: An einer ‚normalen' Arbeitsstelle ist für mich kein Platz mehr, ich gehöre abgeschoben in eine Behindertenwerkstatt … So nagt es in mir und ich schlafe noch schlechter.

Das Absurde hat nur insofern einen Sinn, als man sich nicht mit ihm abfindet.[1]
Das Absurde ist die hellsichtige Vernunft, die ihre Grenzen feststellt.[2]
Für das nächste BEM-Gespräch (betriebliches Eingliederungsmanagement) formuliere ich für alle Beteiligten vorab in einer Rundmail:

Aufgrund der Folgeerscheinungen meiner schweren Erkrankung fühle ich mich überfordert, das gegebene Arbeitspensum zu bewältigen. Mir fällt die Konzentration auf die Vielfalt der Aufgaben schwer, die Konzentration, den Überblick in der Fülle der verschiedenen Fälle zu bekommen und zu behalten. Durch schnelle Ermüdungserscheinungen verlangsamt sich mein Arbeitstempo, was wiederum Druck erzeugt, nicht genug zu schaffen. Es wäre mir eine Erleichterung, ein begrenztes Sachgebiet (also ein insgesamt gleichförmigeres Aufgabengebiet) zu übernehmen.

Außerdem telefoniere ich wieder mit dem Schwerbehindertenvertreter und dann mit der zuständigen Mitarbeiterin vom jetzt eingeschalteten Integrationsfachdienst, die zunächst meint, sie sei nicht zuständig. Es geht um die Unterscheidung körperlich oder geistig behindert. Ich erhielt meinen Ausweis aufgrund einer Bluterkrankung, also bin ich körperlich behindert und somit in der richtigen Fachabteilung gelandet. Sie kann zunächst mit mir nicht so richtig etwas anfangen. *So einen Fall wie Sie hatte ich noch nicht.* Denn ich brauche die klassischen Unterstützungsmaßnahmen für Körperbehinderte nicht, keinen besonderen Stuhl, Tisch, Maus, Hilfsgeräte …

Mein Onkologe in der Ambulanz der Uniklinik sagt, die wenigsten Transplantierten würden den Weg zurück ins Arbeitsleben schaffen, und die hätten ausnahmslos die gleichen Probleme wie ich. Meine Mitpatienten, soweit ich noch etwas von und über sie erfahren habe, sind inzwischen in Rente oder gestorben.

---

[1] Albert Camus, *Der Mythos des Sisyphos*, Seite 46
[2] Ebd., Seite 66

Ich verbringe Abende durch YouTube zappend. *Die Musik drückt das aus, was nicht gesagt werden kann und worüber zu schweigen unmöglich ist.* ³

Diese Krankheit wird künftig ein Teil von mir bleiben, auch die Erfahrung, dass zwischen Hier und Jenseits nur ein Maschendrahtzaun liegt. Die Gewissheit auf jährlich Wiederkehrendes blättert ab wie alte Farbe. Wirklich? Die Blutwerte bleiben stabil. Der Abstand zwischen den Untersuchungen liegt bei drei Monaten. Je mehr Zeit vergeht, umso geringer wird die Wahrscheinlichkeit eines Rückfalls. Aber dennoch muss ich mich damit abfinden, es wird nie wieder so sein wie vor der Krankheit. *[...] zwischen den nassen Säulen des zerstörten Tempels, schien es mir, als folgte ich jemandem, dessen Schritte ich noch auf den Steinplatten und Mosaiken hörte, den ich aber nie mehr erreichen würde.*⁴

In dem BEM-Gespräch geht es jetzt darum, dass ich in eine andere Abteilung kommen werde, was mir nach der zweiten Corona-Impfung möglich erscheint. Denn zur Einarbeitung ist es sinnvoll, vor Ort zu arbeiten. Es spielt dabei aber keine Rolle, ob an einem für mich machbaren Arbeitsplatz noch jemand gebraucht wird, sondern, ob laut Stellenplan dort auch tatsächlich eine Stelle frei ist. Der Bereichsleiter wird es prüfen. Es geht auch um meinen Vertrag, der in einem halben Jahr auslaufen wird. Die Entfristung erfolgt nicht nach einer Bewährung am Arbeitsplatz, sondern aufgrund eines Prüfungsgespräches, zu dem man sich nach Maßgabe freier Stellen mit einem Motivationsschreiben bewerben muss. Das hatte ich schon während der Krankschreibung veranlasst und das Okay bekommen. Nun ist es an mir, Bereitschaft zu dem Gespräch zu signalisieren. Das werde ich aber erst tun, wenn ein adäquater Arbeitsplatz in Aussicht ist. Ein deutliches *Aber* kommt aus der Runde. *Nein*, betone ich, *ich bin nicht bereit, auf Kosten meiner Gesundheit zu arbeiten, was ich bereits tue*. Ich kann auch ohne Bild ihre erstaunten Gesichter sehen. Der Teamleiter hat vorher schon keine Gelegenheit ausgelassen, sein Unverständnis kundzutun.

---

3 Die gesammelten Werke von Victor Hugo, *Philosophie II, William Shakespeare*, Seite 49 (über buboquote.com mit Link zu archive.org)
4 Albert Camus, Sammelband *Hochzeit des Lichts,* Seite 140 (aus dem Text *Heimkehr nach Tipasa*)

In dem Gespräch ist empfohlen worden, meinen Anspruch mit einem betriebsärztlichen Gutachten zu untermauern. Es ist mir wichtig, meinen Teamleiter zu diesem Termin mitzunehmen, da er noch nicht aus der Verantwortung entlassen ist, mich im Team zwar zu fordern, aber nicht zu überfordern.

Bahnverspätungen großzügig eingeplant bin ich schon eine gute halbe Stunde früher vor Ort. Weder gibt es im Umkreis eine Bank oder ein Bistro, aber wenigstens eine Tankstelle. Ich stelle mich an für eine heiße Schokolade, drehe mich um mit meinem Becher, da begrüßt mich mein Teamleiter. *Ach, du auch hier?* Er holt sich ein Würstchen. Wir stellen uns auf einen Parkplatz, das Schild vom Betriebsarzt in Sichtweite. Mit Kakao und Würstchen in der Hand tauschen wir Neuigkeiten aus und sinnieren über die Lage von Krebsüberlebenden beziehungsweise ich referiere meine Gedanken dazu. Immer mehr Menschen überleben Krebs (auch andere Krankheiten), die können doch schon rein ökonomisch gesehen nicht mehrheitlich in Rente geschickt werden, wenn sie die Altersgrenze noch nicht erreicht haben. Natürlich ist es für Betroffene seelisch, psychisch, gesellschaftlich gut, noch dabei sein zu können (wer noch kann!). Aber mal ganz nüchtern betrachtet, wenn man schwerbehinderten Menschen, die sich in der Lage sehen zu arbeiten, dies im Rahmen ihrer Möglichkeiten bieten kann, kann die Zahlung einer Erwerbsminderungsrente vermieden werden. Die Deutsche Rentenversicherung spart nicht nur, sondern bekommt auch noch Beiträge, auch die Krankenkassen und der Staat Steuern … wenn man weiterhin ein Arbeitseinkommen hat.

Auch wenn wir im Detail, also meinem Aufgabenbereich im Team, nicht übereinkommen, einig sind wir uns, dass das nicht auf den Schultern eines einzelnen Teamleiters getragen werden kann.

Meine fachliche Qualifikation und das Aufgabengebiet der Abteilung, in der ich zum Hospitieren eingeladen bin, würde mit meinen Bedürfnissen gut zusammenpassen. In der Regel kommen Mitarbeiter mit sozialpädagogischem Hintergrund hierher, jemand aus einem juristischen Arbeitsfeld wäre hier aber goldrichtig, so der Teamleiter, der die Hospitation sehr gut organisiert hat. Arbeit wäre genug da, ich könne von seiner Seite aus sofort bleiben.

Nun wende ich mich an den Bereichsleiter der Personalabteilung, um den Zeitpunkt eines Wechsels und auch das Thema des Prüfungsgesprächs zur Vertragsentfristung zu klären. Werde ich gefragt zu dem bisher vertraglich vereinbarten Arbeitsbereich, den ich verlassen werde, oder zu einem Gebiet, in dem ich erst noch eingearbeitet werden muss? Der Bereichsleiter fragt in seiner Antwortmail, wann er mich telefonisch am besten erreichen könne.

Er räuspert sich und sagt, dass nach Stellenplan in dieser Abteilung in absehbarer Zeit nichts frei wäre.

Der Vertrag läuft aus, da ich nicht bereit bin, weiter auf Kosten meiner Gesundheit zu arbeiten.

Kunst, Kultur, Schreiben
(mit Geld, mit wenig Geld, ohne Geld)

Sonja Ruf
Vom Zählen und Gezählt-Werden

Die Zahlen: Ich bin 55 Jahre alt, ich veröffentliche seit 32 Jahren, ich habe 14 Bücher veröffentlicht und eines (das fünfzehnte) ist fast fertig geschrieben. Ich verbrachte mit jedem dieser Romane oder Erzählbande im Durchschnitt zwei Jahre und zwei, drei Monate.

Jetzt fragen Sie nach Auflage und Verkaufszahlen, doch darauf antworte ich nicht. Es ist so erbärmlich wenig, dass ich es nicht einmal aussprechen möchte.

Meinen Lebensunterhalt verdiene ich anderswo, in irgendwelchen anderen Jobs.

Warum ist es mir peinlich zuzugeben, wie wenig Leserinnen ich habe?

Habe ich doch bewusst einen Beruf gewählt, der sich dem Gezähltwerden entzieht.

Für mich ist es ein Beruf, aber nicht für das Finanzamt. Für das Finanzamt gibt es keine Berufe, die nur Kosten verursachen. Das sind Liebhabereien, das sind Hobbys. Übrigens wären heute auch Franz Kafka und Rainer Maria Rilke Hobby-Autoren ... und Virginia Woolf und Anaïs Nin druckten ihre Liebhabereien selbst. Alles Hobby-Autoren. Wie abfällig das klingt!

Vermutlich weniger als zehn Prozent der AutorInnen können von ihren Büchern leben.

Ich schäme mich, über Verkaufszahlen zu sprechen, weil sich im Lauf meines Lebens die scheinbare Zählbarkeit aller Verhältnisse (wie viel Zeit setze ich ein, was kommt dabei heraus) wie ein Fluch in mein Leben eingeschlichen und es verdüstert hat.

Ich beginne am Anfang: Mit fünf Jahren erzählte ich meiner Familie Fantasiegeschichten von Walfischen oder Gespenstern. Mit acht Jahren begann ich Tagebuch zu schreiben. Mit elf Jahren schrieb ich ins Tagebuch: „Ich möchte Schriftstellerin werden." Ich las und las und las, alles, was ich fand. Irgendwann, als vermutlich Jugendliche, las ich „Das Glasperlenspiel" von Hesse und nahm mir vor, so zu leben, in einer Gemeinschaft kreativer, nachdenklicher Menschen zu leben, die Dinge tun und Gedanken denken, die gesellschaftlich nicht von Nutzen, aber sehr, sehr schön sind. Ich las bestimmte zeitgenössische AutorInnen mit großer Freude und wollte einen ebenso geachteten Platz in der Welt der Literatur einnehmen wie diese, denen ich mich ebenbürtig fand. Ich wollte gelesen werden. Ob ich verkauft würde, war mir nicht wichtig. Meine Sprache war wichtig, die Themen, der Stil. Es war wichtig, auf welche Weise ich was erzählte.

Das Fernsehen, der Rundfunk, die Bibliotheken hatten einen Bildungsauftrag und scherten sich wenig um Quoten und Ausleihzahlen. Und dann, irgendwann Ende der 80er, Anfang der 90er Jahre begann ein Prozess, den amerikanische Experten einleiteten, die sich deutsche Unternehmen, z.B. auch Verlage, einluden.

Nun musste sich jedes Buch selbst finanzieren, es wurde anders kalkuliert als zuvor. Nicht mehr der Thriller finanzierte den Lyrikband, sondern die Lyrik musste selbst genug Käufer finden, um gedruckt zu werden. Das Privatfernsehen erzeugte in den öffentlich-rechtlichen Sendern den bekannten Quotendruck und eine Atmosphäre der Angst. Sehr viel an Qualität und Bildungsauftrag wurden aufgegeben. Die Produktionsprozesse wurden verkürzt und verbilligt, die Lager rascher geräumt. Es verschwanden Berufe. Setzerinnen, Büroboten gibt es nicht mehr. Lektorate und ähnliche Abteilungen wurden aus den Verlagshäusern herausgenommen und als freiberuflich erbrachte Dienstleistungen wieder eingekauft. Das Risiko wurde auf die Freiberufler abgewälzt. Überall wurde Personal eingespart. Mit immer weniger Personen wurde – wie überall sonst auch – immer mehr produziert. Qualität braucht aber Zeit. Zeit kostet Geld. Die Standards sanken überall, im Osten ein wenig später als im Westen. Ich hatte Mitte der 90er Jahre noch einige Lesungen in den neuen, damals ganz frisch neuen Bundesländern. Und schmeckte noch die Wertschätzung gegenüber der Schriftstellerei. Ich wurde mit Blumen und Obstkörben beschenkt, sollte mich in alle möglichen Gästebücher eintragen, erhielt viele schöne Komplimente und kaufte für wenig

Geld sehr gute und sehr schöne Bücher aus dem Aufbau-Verlag oder von Volk und Welt in den Antiquariaten. Ich fühlte eine Wertschätzung auch gegenüber den LeserInnen wie nie vorher und später in meinem Leben, denn die Nachworte oder die Übersetzungen von z.B. französischen Passagen in Tolstoi-Romanen sprachen davon, dass die Verlage ihre Leser befähigen wollten, solchen anspruchsvollen Stoff zu lesen und zugleich ihnen das auch zutrauten.

Damals war ich glücklich und dachte: Jetzt bin ich dort, wo ich immer schon hinwollte.

Aber die Zeit schritt auch in den neuen Bundesländern voran, wenn ich dort auch nach wie vor und immer noch ein Publikum vorfinde, das es gewöhnt ist, zwischen den Zeilen zu lesen und von einer Autorin keine gar zu simplen Aussagen erwartet.

Die Bibliotheken veränderten sich. Es waren nicht mehr die Orte, an denen ich trotz staubiger Teppichböden leichter atmen konnte als anderswo. Vor Kurzem war ich in zwei kleinstädtischen Bibliotheken: In beiden sahen die Regale für die Jugendbücher gleich aus. Mehrere Regale waren mit den Produkten ein und desselben Verlages bestückt. Die Buchrücken einheitlich quietschbunt gestaltet. Die Serien komplett, das andere komplett fehlend.

Es gab keine Klassiker mehr zu finden, keine Selma Lagerlöf, keinen Thomas Mann. Es gab keine Lebenswerke zu finden. Bücher, die zwei oder drei Jahre nicht ausgeliehen wurden, werden weggeschenkt oder weggeworfen.

Auch die Bücher aus den größeren Verlagen werden oft kurz nach dem Gedrucktwerden entsorgt. Dafür mehr und mehr, schneller und günstiger als früher gedruckt. Überangebot und zugleich Mangelernährung wie im Supermarkt. Kinder verlassen die Grundschule, ohne überhaupt lesen zu lernen, Jugendliche können nicht mehr sinnentnehmend lesen. Wer nie damit Umgang hat, erwirbt auch nie die Fähigkeit, klassische Musik zu hören, es braucht geschulte Ohren ... das gilt für die Literatur genauso. Wenn wir den Menschen den Umgang mit den literarischen Büchern versagen, indem wir sie in den Bibliotheken nicht mehr für alle anbieten, verlieren wir unsere

LeserInnen, von denen wir nichts wissen können. Wir benachteiligen das eine lesende Kind, dessen Eltern es sich nicht leisten können, Bücher zu kaufen, und das in der öffentlichen Bibliothek dennoch einen Sinn für die Literatur ausbilden könnte.

Die Buchhandlungen vermieten ihre Tische gegen Geld an die Verlage und sind selbst diesem Überangebots- und Überwältigungsdruck ausgesetzt. Auch sie füllen und leeren ihre Regale schneller als früher.

Wie also finde ich LeserInnen? Ich war zweimal im Fernsehen und mehrmals im Radio. Ohne Resonanz auf dem Markt. Meine Bücher wurden in wichtigen Feuilletons besprochen. Ebenfalls ohne Resonanz. In Ratgeberzeitschriften, die es für SchrifstellerInnen genauso gibt wie für Train-Spotter, steht, dass sich die Bücher heute über die Person der AutorInnen verkaufen. Die AutorInnen sollten zu dem und dem bereit sein, sie sollten so und so auftreten, aussehen etc. Sie sollten möglichst die Bücher gleich selbst verkaufen.

Das genau ist das Gift! Denn wenn ich auf einer Lesung nur wenige Bücher verkaufe, dann heißt das auf neoliberalistisch: ich bringe es eben nicht! Ich bin nicht so und so und so. Was ich zu geben bereit bin, reicht nicht aus. Ich bin nicht charismatisch, ich bin nicht hip, ich habe keine wichtige Botschaft und so weiter, ich bin einfach nicht sympathisch.

Und diese Gedanken schmerzen. Und dabei wollte ich das Verkaufen doch nie! Ich wollte immer nur schreiben, die Feier der Inspiration, den Fluss genießen, am liebsten überhaupt nicht als Person in Erscheinung treten. Es sollten meine Bücher sein, die Texte, die wirken. Es sollte das Geschriebene sein, die Buchstaben, die Fantasien im Kopf einer Leserin. Meine Worte sollten sich wie Zauberblumen entfalten und zu Bildern, zu Visionen werden. Ermutigen und so weiter! Ich hatte und habe das Glück mit den Worten, von dem Charles Bukowski meinte, dieses Glück sollten Schriftsteller ausstrahlen, mehr nicht, dann würden sie einen Gang wie ein Tiger bekommen und in der Hölle geehrt werden. Das Glück mit den Worten ... sollte genügen.

Jetzt, mit 55 Jahren, in der Mitte des Lebens (darüber hinaus), frage ich mich, was von dem geblieben ist, was ich als Kind erträumte. Ich habe viele wundervolle Monate in Künstlerhäusern oder Künstlerwohnungen erlebt. Das war jenes Glasperlenspiel in gegenseitiger Inspiration, in Freiheit und Muße. Dafür danke ich von Herzen ... das waren einmal sinnvoll ausgegebene Steuern.

Ich habe immer noch eine sehr große Freude am Schreiben, am Ideensammeln, an der Vision, am kreativen Geschenk aus dem Universum, wenn ich mich ein bisschen kitschig ausdrücken darf ...

Aber ich finde meine LeserInnen nicht, ich kann sie nicht finden. Ich kann machen, was ich will, und finde sie nicht.

In der Zeit, in der mein erster Roman erschien, ungefähr Mitte, Ende der 90er Jahre, lernte ich einige Schriftstellerinnen kennen, die mein Alter teilten und auf derselben Stufe mit mir standen und die es scheinbar spielerisch schafften. Die anscheinend den Platz einnahmen, den ich für mich erträumte. Aber wie? Diese Autorinnengeneration „Fräuleinwunder" hatte eine Bekanntheit durch etwas anderes zuvor erreicht, eine war z.B. Moderatorin im Privatfernsehen, eine hatte einen prominenten Vater, von einer gab es eine Serie von Fotos in verschiedenen Kostümierungen, eine wurde durch mächtige Autoritäten gefördert. Bei den selbst ernannten Chefs im Literaturbetrieb Interesse erweckt zu haben, brachte sehr viel Geld, doch diese Autoritäten existieren heute nicht mehr, und damals mied ich sie, wenn ich einer zufällig in einem Künstlerhaus nahekam. Mit diesen mächtigen Männern, die im Grunde ihre eigenen Klischees waren, haben sowohl ich als auch einige meiner Kolleginnen eher abschreckende Erfahrungen gemacht. Ich erinnere mich an ein Gespräch mit einem Schriftsteller über die Fotos, die eine Kollegin für ein Magazin von sich hatte machen lassen, sie habe damit das Eigentliche verraten, das Schreiben, das Wort. Ich fand ihn ein wenig zu klein denkend, und ich mochte die Schriftstellerin, um die es ging, persönlich, aber im Grunde teile ich diese Ansicht.

Gut, und nun? Weiß ich, dass es nicht gut ist, beleidigt zu sein, und bin es doch. Es ist nicht gut, anklagend zu sein und einzufordern, dass andere meinen Wert erkennen, und klage doch an. Es ist nicht gut, sich als Frau benachteiligt und ignoriert zu fühlen ... und ich fühle mich aufgrund meines Geschlechtes ignoriert und benachteiligt.

Außerdem habe ich mir immer selbst den Auftrag gegeben. Niemand hat von mir verlangt: Schreib einen Roman. Im Gegenteil, niemand vermisst meine ungeschriebenen Bücher. Das zu denken, macht mich traurig, und einer traurigen, beleidigten, sich benachteiligt fühlenden Person kaufen die Leute noch weniger gern ein Buch ab.

Keinen Erfolg zu haben ist im Neoliberalismus das Problem der inneren Haltung. Jeder könnte Erfolg haben, wenn er es wert ist. Das sind zwei dicke Lügen! Genauso wie die Lüge, dass sich Qualität durchsetzt oder dass es sich lohnt, sorgsam zu arbeiten, gründlich zu korrigieren und so weiter. Für nichts und niemanden sorgsam zu arbeiten, lässt mich noch idiotischer wirken.

Noch etwas hat sich geändert: Während die aufklappbaren Bücher also verschwinden, während sie nicht in die Buchhandlungen kommen und aus den Bibliotheken rasch entfernt werden, bleiben die Texte im Internet zugänglich. Wenn Bücher genauso Wegwerfartikel sind wie Zeitungen und Zeitschriften, die Texte aber auch der Zeitschriften im Internet verfügbar bleiben, dann kann ich auch gleich für Zeitschriften schreiben. Dort habe ich mehr LeserInnen, bekomme ein direktes Honorar und der Text kann genauso gut und schön sein wie der Text für ein Buch. Es wird von mir keine Romane mehr geben, keine großen Erzählbögen. Ich werde keine Heldinnen mehr erfinden, die mich über Jahre begleiten und in die sich die LeserInnen verlieben dürfen. Aber es wird weiter Literatur von mir geben, denn ich nehme die Welt als Literatur wahr und würde mir die Stimme und sämtliche Sinne wegschlagen, wenn ich aufhören würde zu schreiben.

Aus dem oben Gesagten nehme ich die kleineren, inhaberInnengeführten Verlage ausdrücklich aus. Sie halten Bücher oft länger vor als die großen, sie finanzieren noch immer den Lyrikband mit dem Thriller, aber auch sie werden gezwungen wegzuwerfen, weil die Finanzämter Bücher als etwas Zählbares begreifen, ein Vermögen, das versteuert werden muss, und nicht ein Kulturgut, das im Himmel wurzelt. Was Lagerkosten verursacht, muss raus, egal wie viel Lebenszeit eine Verlegerin oder Schriftstellerin damit verbracht hat, es ins Leben zu rufen.

Ich mache bei all dem nicht mehr mit.

Ich schreibe keine Bücher mehr, aber es gibt ja schon 14, vielleicht wird es ein fünfzehntes noch geben, das fast fertig geschrieben ist. Wenn es Leserinnen gäbe, würden sie immer noch genug Sonja Ruf finden. Und das ist das Schöne, was ich am Ende sagen möchte: Meine Bücher sind nicht „von gestern". Sie lassen sich immer noch und immer wieder lesen.

Ich weiß, dass mir dieser Text schadet, dass er niemandem Lust machen wird, mich zu lesen, aber das ist mir egal. Ich will nicht mehr gezählt werden und habe doch immer noch genug zu erzählen.

Wie wehrten wir uns in den 80er Jahren gegen die Volkszählung. Und heute? Wir haben längst aufgegeben, wir lassen uns zählen und von Zählbarem überschwemmen, wir beurteilen alles in zählbaren Kategorien. Uns fehlen die Worte für das andere, für das, was Qualität beschreibt. Wir haben uns überwältigen lassen und es noch nicht mal gemerkt, weil jeder und jede das Problem, das er damit hat, als ein eigenes, inneres Problem definiert und nicht als ein strukturelles, das eine Geschichte hat. Das von Menschen gemacht ist und das von Menschen verändert werden kann.

Sonja Ruf und Anne Bax

Johannes Knecht

Johannes Knecht
Über die Vorbereitung einer Chorprobe

Gegenüber allen Musizierenden – instrumental oder vokal – haben Dirigentinnen und Dirigenten ein entscheidendes Handicap: als Einzige sind sie selber nicht in der Lage, unmittelbar Klänge zu erzeugen! Es bedarf dazu anderer Menschen – eines Ensembles, das bereit ist, ihren gestischen und mimischen Anweisungen zu folgen und diese mittelbar in Klänge zu verwandeln. Das „Instrument" Chorleitender – also Dirigierender, der mit singenden Menschen arbeitet – ist demnach kein a priori homogenes, sondern ein lebendiges: eine Versammlung singulärer Persönlichkeiten, die nicht nur alle individuell denken und fühlen, sondern sich auch zum Zeitpunkt einer Probe in den verschiedensten körperlichen und seelischen Verfassungen befinden. Vor diesem Hintergrund sind Chorleitende in vielfacher Hinsicht gefordert: Sie sollen künstlerisch und pädagogisch überzeugen, emotional und rational anleiten, sie sollen zeigen und verbalisieren. Wer in diesem Anforderungsfeld die Oberhand behalten möchte, hat nur eine Chance: eine umfassende Vorbereitung auf Probe und Probenphase! Im Gegensatz zu Instrumentalistinnen und Instrumentalisten, die für eine Aufführung üben, üben Chorleitende zuallererst fürs „Üben", also für die Probe. Denn diese ist für den Chorleiter und die Chorleiterin bereits eine Aufführung. Die Vorbereitung einer Probe gliedert sich in verschiedene Phasen. Zunächst einmal gilt es, das Werk, das mit dem Chor einstudiert und später aufgeführt werden soll, gründlich kennenzulernen. Da im Normalfall ein Text zugrunde liegt, bietet es sich an, von diesem auszugehen, denn auch der Komponist respektive die Komponistin sind durch ihn zur Komposition angeregt worden. Von wem stammt also der Text? In welchen historischen Zusammenhang sind Autor bzw. Autorin und Text einzuordnen? Gibt es wichtige geisteswissenschaftliche oder historische Bezüge? Das sind die ersten Fragen, die ich mir stelle. Anschließend wende ich mich dem Blick des Komponisten oder der Komponistin auf den vertonten Text zu: Wurde der gesamte Text vertont oder wurden bestimmte Stellen ausgelassen? Werden Textabschnitte wiederholt? Bereits hier ergeben sich oft wertvolle Hinweise auf eine spätere Interpretation des Musikstückes. Der Text vermittelt so bereits eine erste Vorstellung von Charakter und Tempo. (Mendelssohn zum Beispiel lässt in seiner berühmten Strophenliedvertonung von Eichendorffs Gedicht „Abschied" – O Täler weit, o Höhen – die zweite Strophe aus. In dieser Strophe wird in einer eher heiteren Stimmung die Auferstehung eines Menschen „in junger Herrlichkeit" angesprochen. Offensichtlich ging es Mendelssohn aber um die Betonung des Waldes als Ort ernster Andacht. Folgerichtig nennt er seine Komposition nun auch „Abschied vom Walde".) Selbstverständlich gilt es im Zusammenhang mit dem Text auch die Aussprache genau festzulegen. Bei fremdsprachigen Texten ist es meist hilfreich, einen native speaker zu Rate zu ziehen. Bei lateinischen Texten muss ich mich zwischen verschiedenen Aussprachevarianten (deutsches, italienisches oder doch französisches Kirchenlatein?) entscheiden. Im nächsten Schritt wende ich mich nun der musikalischen Analyse zu. Besetzung, Tonarten, Taktarten und Taktwechsel, Tempovorschriften bestimmen den ersten Überblick über ein Stück. Ich gehe meist von der Großform aus, teile diese in sinnvolle, zueinander in Beziehung stehende Abschnitte ein. Welche Motive oder Strukturen bilden diese Abschnitte? Bei einer Fuge z.B. wird man zunächst die Exposition bestimmen, anschließend die Durchführungen und Zwischenspiele kennzeichnen. Anfangs ist es auf jeden Fall ratsam, alles Entdeckte in die Partitur einzuzeichnen. Nun bin ich an dem Punkt angelangt, an dem ich alle Stimmen des Stückes selber singe. Am besten mehrere Male. Dadurch lerne ich nicht nur die Schwierigkeiten der Partitur am sichersten kennen, auch erhalte ich weitere Aufschlüsse über das Wort-Ton-Verhältnis im Stück, über Phrasenbildungen, Intonationsklippen. Dieses Vorgehen hilft auch bei der wichtigen Aufgabe, das richtige Tempo für eine Aufführung zu finden. Am Klavier kann ich mir zudem harmonische Zusammenhänge verdeutlichen. Eine gute Übung ist es, eine Stimme zu singen, während man eine oder mehrere andere Stimmen am Klavier dazu spielt. Danach gehe ich dazu über, die Musik in Gesten zu übersetzen. Vor dem Spiegel kontrolliere ich, welche Dirigierbewegungen am besten zu den musikalischen Gesten passen. Wo gebe ich welcher Stimme einen Einsatz? Wo muss abgeschlagen werden? Wo braucht es einen besonderen Impuls? Wie löse ich eine Fermate auf? Wo muss unterteilt werden? Wichtige Details trage ich, wenn möglich, schon in die Chorstimmen ein: Wo wird geatmet, wo sollen nur Kommata gesungen werden? Wo wird übergebunden? Wo genau werden Endkonsonanten abgesprochen. Auch über ein dynamisches Gerüst möchte ich mir im Klaren sein. Wo ist die lauteste Stelle im Stück, wo die leiseste? Und wie steht es um die übrigen dynamischen Schattierungen? Alle genannten Aneignungsprozesse helfen mir dabei, eine feste Vorstellung von Charakter, Tempo, Klang, Dynamik, Agogik, Phrasierung und Sprachbehandlung des aufzuführenden Werkes zu entwickeln. Diese wird später der Maßstab für die Probenarbeit. Mit meiner inneren Klangvorstellung gleiche ich das real Gehörte ab. Je weniger differenziert meine Klangvorstellung ist, umso weniger differenziert wird das real erklingende Ergebnis ausfallen! Wenn ich auf diese Weise nun die Partitur von Grund auf kennengelernt habe und beherrsche, überlege ich weiter, wie ich das Musikstück am besten meinem Chor vermittle, ich gehe also zur konkreten Probenplanung über. Zunächst habe ich mich für eine Notenausgabe entschieden. Eine gute Ausgabe ist informativ (Vorwort, Infos zu Komponist und Werk, Quellenangabe) und gut lesbar. Wenn nötig habe ich Taktzahlen in die Stimmen eingetragen, um problemlos arbeiten zu können. Ich habe mir auch überlegt, in welcher Stimmverteilung ich den Chor ordne. Soprane vor den Bässen oder vor den Tenören? Oder in Stimmblöcken? Man kann das natürlich immer noch ändern. Es ist überraschend, welchen Einfluss die Choraufstellung auf das Klangergebnis hat. Die Planung einer Probe hat sehr viel zu tun mit dem Einschätzen von Wahrscheinlichkeiten und Notwendigkeiten. Es macht ja durchaus Spaß, eine

Partitur nach allen möglichen Fehlerquellen hin zu durchleuchten. Deshalb habe ich mir für alle möglichen in der Probe auftretenden Probleme vorher schon Lösungen überlegt. Ich weiß also schon, wo ich z.B. ohne Text singen lasse, um einen bestimmten Klang zu fördern oder die Intonation zu verbessern, wo ich ein Übe-Tempo wählen werde, weil eine Stelle rhythmisch oder harmonisch kompliziert ist, wo ich den Text vielleicht vom Chor rhythmisch sprechen lasse, um die Deklamation zu schärfen oder einen Rhythmus zu betonen, wo ich Akkord für Akkord singen lasse, um harmonische Fortschreitungen zu verdeutlichen und hörbar zu machen, wo ich alle Stimmen ins unisono nehme, um ein gemeinsames Phrasieren oder Deklamieren zu fördern oder um eine schwächere Stimme zu unterstützen. Ich habe mir auch bestimmte Bilder und Vergleiche überlegt, mit denen ich den Chor zu bestimmten Klängen oder einem speziellen musikalischen Ausdruck animieren möchte. Was davon in meiner Probe dann tatsächlich zur Anwendung kommt, darüber entscheidet das Ohr als oberste Kontrollinstanz. Auf jeden Fall sollte ich nun für die bevorstehenden Proben gerüstet sein. Die Arbeit kann also beginnen!

Johannes Groschupf
Das Klappern der Kastenförderanlage. Vom Schreiben in der Staatsbibliothek Potsdamer Straße

> O wie schwer ist das Schreiben:
> Es trübt die Augen, quetscht die Nieren
> und bringt zugleich allen Gliedern Qual.
> Drei Finger schreiben,
> der ganze Körper leidet ...
>
> *Notiz eines Schreibers im 8. Jahrhundert*

Vor einiger Zeit haben sie angefangen, die Fassade der Staatsbibliothek Potsdamer Straße zu renovieren. Ich saß im großen Lesesaal und sah draußen vor den Fenstern Bauarbeiter und Poliere hin und her laufen. Sie trugen gelbe Bauhelme, wiesen zu den Lamellen hinauf, wiegten die Köpfe, diskutierten, berieten sich, lachten. Wenige Tage später wurden die ersten Container angeliefert und aufgestellt. Die Juristen und Mediziner wirkten unbeeindruckt, sie verschanzten sich hinter dickleibigen Gesetzessammlungen und medizinischen Fachbüchern. Andere Nutzer schüttelten verzweifelt den Kopf, sie ahnten, was uns allen bevorstand. Ich war mit meinem Manuskript nicht einmal bei der Hälfte, und das auch nur in der ersten Fassung. Ich brauchte keine neue Fassade, ich brauchte Ideen.

Als wenige Tage später das Geräusch eines Schlagbohrers sich in die Stille des Lesesaals hineinfräste, wussten wir alle Bescheid. Ohrenstöpsel halfen genauso wenig wie genervtes Räuspern. Die ersten Nutzer verließen das Bücherschiff. Sie packten ihre Schreibsachen, gingen kopfschüttelnd an den Mitarbeitern vorne vorbei: „So kann man nicht arbeiten!" Doch die meisten blieben. Man litt und gewöhnte sich, zumindest wusste man, dass die Handwerker nachmittags um vier mit dem Lärm aufhörten, weil sie dann Feierabend hatten.

Franz Kafka als Galionsfigur

Wer hier sitzt, braucht Ruhe. Absolute Stille. Die Galionsfigur der Stabi ist Franz Kafka. Er war genauso hellhörig wie wir. Einer der ersten Kunden der Berliner Firma Ohropax, beschwerte er sich noch über den „Lärm der vorbeilaufenden Kaninchen" vor seinem Hotelzimmer in Weimar. Vor der Stabi hoppeln keine Kaninchen mehr vorbei, doch in den ersten Jahren gab es sie zu Hunderten. Die Veteranen erinnern sich noch an die Anfangszeit, die siebziger Jahre, als der Scharoun-Bau nach langer Bauzeit endlich eröffnet wurde: das bis dahin teuerste öffentliche Gebäude der Bundesrepublik, Außenstelle West-Berlin. Es war ein Traum. Teppichboden, so weit das Auge reichte, hohe und helle Lesesäle, eine Wandelhalle, eine Cafeteria, deren Fenster hinausgingen auf das Brachland des Potsdamer Platzes, der damals am Ende der westlichen Welt lag. Die Kaninchen wussten das; sie hatten dort keine Feinde. Auch die Gelehrten, Studenten und Schriftsteller hatten endlich eine Zuflucht vor den Widrigkeiten der Welt gefunden. Als Wim Wenders hier für den „Himmel über Berlin" drehen wollte, musste er auf die Sonntage ausweichen, wenn die Bibliothek geschlossen war. An den anderen Tagen durften die Nutzer nicht gestört werden.

Kafkas Idealvorstellung war es, „mit Schreibzeug und einer Lampe im Innersten eines ausgedehnten, abgesperrten Kellers" zu sitzen. Die Nutzer der Stabi haben es – oder hatten es jedenfalls bis zum Beginn der Fassadenrenovierung – besser. Sie sitzen im hohen lichten Lesesaal oder in einem der vielen Winkel des verschachtelten Gebäudes, auf der Galerie oder unten in der kühlen großen Halle des Ostfoyers. Die Stille ist fast vollkommen. Gelegentlich ein Husten, ein Seufzer. Das *Pling* einer einlaufenden Nachricht. Hinten fällt ein Buch zu Boden. Alle heben den Kopf, lauschen eine Weile, beugen sich wieder über das Buch oder die leere Seite. Die Stille der Stabi ist keine Friedhofsruhe, sondern eine atmende Stille in vielerlei Schattierungen und Abstufungen. Das Klirren des Armbands auf der Tischplatte, wenn die Tochter aus gutem Hause handschriftliche Notizen macht. Das Niesen eines iranischen Studenten. Das eigene Herzklopfen, wenn man nicht weiterweiß und an die Deadline denkt.

Der Ruf der leeren Seite

Zu den Stabi-Nutzern zählen viele Berliner Schriftstellerinnen und Autoren, die es zu Hause nicht aushalten und die den weltlichen Ablenkungen im Café entgehen möchten. Wir sind nicht von so robuster Konstitution wie Alfred Döblin, der gern in Cafés schrieb: „Öfters hatte ich auch mein Manuskript mit, hörte bald zu, was man sich erzählte, und bald schrieb ich. Der wirre Lärm war mir beim Schreiben angenehm." Uns ist die Stille angenehm.

Ich sitze gern am Rand des weiten Raumes des Ostfoyers auf Platz 666, über mir die sieben Stockwerke des Magazins mit ihrer Last von vier Millionen Büchern. Ein riesiger Apparat, ein gewaltiges Gehirn. Wird ein Buch zur Ausleihe angefordert, dann kommt es über eine kilometerlange Kastenförderanlage nach unten, wo es im Ausgabebereich bereitgestellt wird. So ähnlich sieht es auch meinem Kopf aus, wenn ich über den nächsten Satz nachdenke. Das nächste Kapitel. Irgendwo sitzt der richtige Einfall, die zündende Idee. Man muss sie nur anfordern – und dann warten. „Die leere Seite", schreibt die Literatursoziologin Carolin Amlinger, „symbolisiert wie kaum ein anderes Faktum die Anfälligkeit des Anfangs für Störfälle und Blockaden."

Fifty Shades of Prokrastination

„Läuft nicht?", fragt ein Plakat an der großen Treppe mit höhnischem Unterton. Nirgends lassen sich Schreibhemmung und vielfältiges Vermeidungsverhalten so intensiv – und am besten im Selbstversuch – studieren wie in der Stabi. Wer hierher kommt, will schreiben oder muss schreiben – die Hausarbeit, den Roman, die Doktorarbeit, die Habilitation. Eigentlich ist es ganz einfach, wenn man Carolin Amlinger folgt: „Schreiben im engeren Sinn ist wesentlich ein praktisches Vollzugsgeschehen. Es existiert nur durch die Handlungsfolge von fortgesetzten Schreibakten. Wir haben es bereits gesehen: Das Schreiben produziert und reproduziert sich selbst. Darum ist der Schreibprozess wesentlich inkrementell, ein Schreibakt baut auf einem vorherigen auf."

Ja, klar, aber wie fängt man an? Carolin Amlinger weiß Bescheid: „Doch der Schreibprozess muss erst einmal in Gang gesetzt werden. Entscheidend sind für Autor:innen darum Rituale, die eine Schreibsituation herstellen. Gewohnte Abläufe appellieren an ein praktisches Erinnerungsvermögen von Schreibakten." Für die meisten von uns ist bereits der Gang zur Stabi ein solches Ritual, das Einschließen der weltlichen Dinge im Schließfach unten, die Passage der Einlasskontrolle, der Gang über die Treppe nach oben, das Einnehmen des gewohnten Platzes, das Ausbreiten der persönlichen Dinge am Tisch: Wörterbücher, Wasserflasche, Labello, Ringhefter, Laptop, Ladegerät. Wer jetzt zur Belohnung mal kurz ins Handy schaut, hat bereits verloren und wird die nächste halbe Stunde willenlos auf Telegram oder WhatsApp herumscrollen, auf YouTube-Filmchen schauen und nichts hinkriegen. Seit es in der Stabi WLAN gibt, sieht man sie in der großen Lesehalle ständig auf ihr Handy schielen.

Es erfordert das Naturell eines Ochsen, ohne Ablenkung auf den „Zustand der Gnade" zu warten, wie Georges Simenon das gelingende Schreiben nannte. Er schloss sich für Wochen in seinem Zimmer ein, seine Frau brachte ihm das Essen an die Tür. Erst wenn das Manuskript fertig war, durfte er das Zimmer verlassen. So viel Geduld haben die Stabi-Nutzer nicht. Die meisten springen nach kurzer Zeit wieder auf und laufen vor der leeren Seite weg. Nur mal eben auf Toilette gehen! Die Stabi ist deshalb reich bestückt mit sanitären Anlagen. An jeder größeren Treppe und auf jeder Zwischenetage ist eine geräumige Toilettenanlage zu finden, und der Besuch lohnt sich. Auf dem Männerklo hinterm Ostfoyer lesen wir einen Gefühlsausbruch mit aggressiv schwarzem Filzstift: „Laura gemeinnützige Fotze". Auf der Damentoilette hingegen eine Empfehlung an etwaige Interessierte: „Der Niklas ist traurig und allein 0176 96735430."

War man oft genug auf Toilette und hat noch immer keinen Einfall, schlendert man zur Ecke neben der Cafeteria, wo man kopieren und scannen kann. Oder man geht mal kurz in die Lounge, die früher der Kartenlesesaal war und wo jetzt Comics und Graphic Novels zur Entspannung für die Gen Z ausliegen. Von den Globen sind drei zurückgeblieben, weil sie so groß sind, dass sie nicht durch die Tür passen. Hinten an der Wand hängt das Berliner Stadtrelief, ein echter Geheimtipp.

Wer sonst noch sich dem Schreiben entziehen möchte, wandelt an den Regalen der Wörterbücher, Lexika, Werkausgaben, Handbücher entlang und betrachtet dabei unauffällig die anderen Nutzer. Eine Chinesin hat den Kopf seitlich auf die Tischplatte gelegt und schreibt im rechten Winkel auf den danebenliegenden Block. Eine Frau hat sich vor den Regalen mit den Fachbibliografien mit aufeinandergeschichteten Bänden einen Schreibtisch gebaut, an dem sie stehen kann. Um das Stehen abwechslungsreicher zu gestalten, nimmt sie den Yoga-Stand mit einem abgewinkelten Bein ein.

Kleine Galerie der Stabi-Besucher

Ein freundlicher kleiner Mann kommt seit Jahren, vielleicht Jahrzehnten. Tag für Tag bezieht er seinen Stammplatz neben der sogenannten Kommandozentrale und vertieft sich in seine Studien. Wir alle rätseln, woran er arbeitet. Zwei von uns haben spätabends mal die einhundertzwanzig Bücher seiner Rücklage in Augenschein genommen: Marinetti, Arnold Schönberg, Sedlmayrs Moderne Kunst, Richard Wagner. Man weiß nicht, was daraus wird.

Oben auf der zweiten Galerie sitzt eine Fotografie-Studentin, die für ihre Abschlussarbeit Foucault rauf und runter liest. Ein junges Paar arbeitet nebeneinander im Bereich der besonders schützenswerten Bücher. Die Frau ist in die Arbeit vertieft, der Mann zupft und nestelt an ihrem Sommerkleid. Sie streift seine Hand ab wie ein lästiges Insekt. Er schaut zwei Minuten lang auf seine Texte, irrt dann wieder ab in ihre Richtung, seine Hand wandert an ihrem nackten Arm hinauf, er küsst ihre Schulter.

Einen der besten Logenplätze, auf der Ecke des Promenadendecks, besetzt ein Mann, der immer sein Laptop auf dem Schoß hat und beim Schreiben penetrant auf seiner Tastatur herumhackt. Wenn er nicht schreibt, rennt er auf Socken durchs Haus. Auffällig ist auch der ältere Jurist, der regelmäßig kommt, um Bücher zu konsultieren. Er bewegt sich mit raschen, energischen, abgezirkelten Bewegungen. Manchmal telefoniert er in der Telefonbox unten im Ostfoyer und erklärt mit schneidender Stimme, weshalb es rechtlich völlig in Ordnung gehe, mit dem Rad rechts abzubiegen, auch wenn die Ampel Rot zeige.

Ein Student trägt die Hoodie-Kapuze stets über seiner Baseballkappe und hat den Tisch vor und hinter sich strategisch mit Bibliotheksbüchern belegt, damit sie besetzt aussehen und niemand ihm auf die Pelle rückt. In den Corona-Monaten war das nicht nötig, da waren fünf Tische Abstand selbstverständlich. Wem es gelungen war, einen Termin zu buchen, der gehörte zu einer auserwählten Gilde. Von den fünfhundert Arbeitsplätzen waren allenfalls einhundert belegt, wir saßen in respektvollem Abstand voneinander und horchten doch auf die winzigen Lebenszeichen der anderen. Das Aufsichtspersonal wachte mit Argusaugen darüber, dass wir die Masken ordnungsgemäß aufhatten. Danach strömte das gewöhnliche Volk wieder ein, Krethi und Plethi.

Kontakthof und Heiratsmarkt

Die zahlreichen Jungakademiker in der Stabi sind naturgemäß starken hormonellen Anrufungen unterworfen. Lucia Jay beobachtete vor wenigen Jahren durchaus treffend: „Kein Wunder, dass die Stabi unter Akademikern als Berlins Topadresse für Kontakte und als inoffizieller Heiratsmarkt gehandelt wird. Der große Lesesaal bietet mit seinen zahlreichen Nischen, Treppen und Ebenen ein hervorragendes Gelände für Partnerwahl, Kontaktaufnahme und Stelldichein. Man kann unbeobachtet beobachten und ganz ‚zufällige' Begegnungen bzw. Zusammenstöße gekonnt inszenieren."

Ein noch besserer Ort für persönliche Anbahnungen ist die Cafeteria, weshalb sie jeden Morgen kurz nach ihrer Öffnung um zehn Uhr morgens schon gefüllt ist wie ein Berliner Club nachts um drei. Die vier besten Freundinnen treffen sich hier zum Kaffeeklatsch, Juristen zum Repetitorium, Hausarbeiten werden kritisch aufgearbeitet und belegte Brötchen verspeist. Mittags wird Linseneintopf gelöffelt, am Nebentisch schmieden zwei Autoren Veröffentlichungspläne. Auf den spätburgunderroten Polstern am Rand liegt die akademische und literarische Elite des Landes und scrollt auf Handy und Laptop durch die neuesten Nachrichten.

Pause machen

Wer raucht, geht vor die Tür. Nutzt vielleicht die Zeit für einen kleinen Spaziergang hinüber zur Neuen Nationalgalerie, in den Tiergarten oder in die Joseph-Roth-Diele unten an der Potsdamer Straße. Nach einer Stunde kann es dann weitergehen. Längst sind die Füße vertraut mit den grob behauenen Fliesen aus Schiefer und Quarziten im Eingangsbereich. Die untere Halle mit der Ausleihe und den Schließfächern war immer auch ein Refugium für Stadtbewohner ohne feste Adresse, sie richteten sich mit vielen Plastiktüten auf den eleganten Sesseln im Siebzigerjahre-Design ein. Neuerdings werden in diesem Bereich gern auch Zoom-Meetings in verschiedenen Sprachen abgehalten. Das Aufsichtspersonal lässt diese digitalen Nomaden einfach machen.

Man hat den Eindruck, dass hier ein gewisser Schlendrian das Regime übernommen hat. Vor nicht allzu langer Zeit war es noch selbstverständlich, vom Aufsichtspersonal bei der Einlasskontrolle angeknurrt zu werden: „Mit der Laptoptasche kommen Sie hier aber nicht rein!" Einem anderen Nutzer wurde das Tragen einer Jacke untersagt. Die Klarsichttasche musste zur Inspektion hochgehalten werden. Einige von uns haben versucht, die Leute von der Aufsicht mit Charme und kleinen Dienstbarkeiten für sich zu gewinnen: ein freundliches Grüßen am Morgen und ein kollegialer Gruß in der Raucherecke. Die Abgabe eines liegengelassenen Handys oder Ladekabels am späten Abend. Die Avancen wurden nicht erwidert. Man biss zuverlässig auf Berliner Granit.

In den Corona-Monaten wurden alle Nutzer noch streng kontrolliert, ob sie einen Termin gebucht, Impfnachweise dabeihatten und FFP2-Maske trugen. Man weckte uns, wenn wir auf den Polstern im Zwischengeschoss der Einzelarbeitskabinen ein kleines Nickerchen hielten. In den letzten Wochen ist die eiserne Faust des Aufsichtspersonals ein wenig erschlafft, wie man auch an der Uniform aus Jackett und Weste merkt, die mit zunehmend nachlässiger Grandezza getragen wird.

Zurück an die Arbeit!

Wer lang genug wartet, fängt schließlich doch an zu schreiben. Fügt Wort an Wort, Satz an Satz. Kommt in den Flow. Betritt die Zone, wie erfahrene Zocker sagen. Wie diese in der Spielhalle vor den Geldspielautomaten sitzen und auf das Prasseln der Münzen im Ausgabefach warten, so hoffen die Autoren in der Stabi auf den Strom der Ideen und Einfälle, auf den Fluss der gelingenden Sätze und der glücklichen Formulierungen.

Wir spüren es nicht, wann es bei den anderen im Lesesaal so weit ist. Wem es widerfährt, der entrückt für einen Moment unserer Gemeinschaft. Die Nebenleute kriegen es vielleicht gar nicht mit, wenn das große Glück sich einstellt. Allenfalls das leicht erhöhte Tempo der Finger auf der Tastatur könnte ein Anhaltspunkt sein, es könnte aber auch nur eine lange Chat-Nachricht beim Prokrastinieren auf Facebook sein. Am Nebentisch sitzt ein Kollege mit einer Schere und Architekturplänen, er schneidet sich stundenlang lange Streifen zurecht.

Die schönsten Momente in der Stabi sind die Abendstunden nach einem befriedigenden Schreibrausch. Man kommt wieder zu sich und genießt die gemeinsame Stille, die einen durchs Schreiben getragen hat. Jemand blättert um, liest weiter. Jemand packt und verlässt lautlos den Saal. Man streift an den Regalen der Fernleihe entlang und blättert in einem Bildband mit Fotografien kriegsversehrter Männer und Frauen. Man nickt einem Nutzer im laptopfreien Bereich zu, wo nur Juristen mit dem Schönfelder sitzen und Leute, die handschriftlich schreiben, man kennt sich seit Monaten, manchmal Jahren.

Punkt halb zehn abends ertönt über Lautsprecher der Zapfenstreich: „Liebe Leserinnen und Leser, die Bibliothek wird in dreißig Minuten geschlossen." Die Ansage wird in einem ungelenk-mürrischen Englisch wiederholt. Niemand verfällt daraufhin in Panik. Alle nutzen die verbleibende Zeit bis zur letzten Neige aus, ehe sie sich auf den Heimweg machen. Morgen geht es weiter; das nächste Kapitel wartet, die nächste leere Seite. Wir werden also wiederkommen, wieder die Treppe hochlaufen, die wir jetzt am späten Abend runtergehen. Wir werden versuchen, unseren Lieblingsplatz zu ergattern, und unsere Sachen ausbreiten: Notizbuch, Handy, Kugelschreiber, Wasserflasche, Labello, Ringhefter, Laptop, Ladegerät, Portemonnaie. Die Handwerker sind dann sicher schon zugange, und ab halb neun dringt der Bohrer in die Betonwand.

Nahtloser Übergang zur Generalinstandsetzung
Die Fassadensanierung, so hieß es kürzlich, soll nach einigen Jahren nahtlos in die Generalinstandsetzung der Stabi übergehen. Nach fünf Jahrzehnten der ständigen Nutzung gibt es hier viel zu tun, das sehen wir ein. Der Teppichboden mit den unzähligen Kaffee- und Wasserflecken und den ausgetretenen Pfaden muss dringend erneuert werden. Die Toiletten mit ihren unsäglichen Gerüchen sollten von Grund auf überholt werden. Die Lampen von Günter Ssymmank im legendären Pusteblumen-Design leuchten zur Hälfte nicht mehr. Gar keine Frage, das alles muss gemacht werden. Die schlechte Nachricht: Für die Generalsanierung soll die Stabi geschlossen werden.

Und was soll dann aus uns Nutzern werden? Wie stellt man sich das vor, die fünfhundert Stammgäste dauerhaft umzuverteilen in andere Berliner Bibliotheken? Die Studenten in die Stabi Ost und ins Grimm-Zentrum? Dort ist es dem Vernehmen nach voll. Die Schriftsteller umsiedeln in die ebenfalls überfüllten Bezirksbibliotheken? Unmöglich. Wir können hier nicht weg. Wir können nicht einfach aufhören zu schreiben. Die Doktorarbeit zur Blutrache in Ungarn ist noch längst nicht fertig. Der Roman zur Sicherungsverwahrung grad mal in der zweiten Fassung. Wir bestellen noch ein Buch. Hoffen auf den nächsten Einfall. Oben im Magazin klappert die Kastenförderanlege.

Anna Breitenbach

Notebook, körpereigen

Wie die kleine Maschine in mir
immer mithört, wie sie nichts
auslassen, verpassen will, wie
sie schnurrt und tut, wenn's was
Gutes gibt, sich's warm reinzieht,
speichert, eifrig sortiert – sie ist
so ungemein tüchtig dabei, dass
ich manchmal mich dagegen
träge bewege – ständig braucht
sie Zustrom, Frischfutter, Fleisch,
sonst brummt sie, unzufrieden,
hängt hungrig herum, horcht –
sie sammelt und sammelt an
und baut und baut wieder an:
Wort, Wort, Halbsatz, Zeile,
Punkt, Ausrufung, Komma,
Bindestrich ...
sie ist unermüdlich, im Dienst,
ein Arbeitstier in meinem Haus.

      Wenn sie genug gebunkert hat,
kombiniert, montiert, das Teil
fertiggestellt, haut sie's aus mir
raus.

Stallwärme

Wenn ich ganz früh schon, morgens, mich
an meinen Schreibtisch setze, wenn der
ergonomisch gut geformte Sessel mich
aufnimmt, als wäre ich nie weg gewesen
und seine einzig rechtmäßige BeSitzerin
wenn ich meinen Hintern ganz nach
hinten rücke, randrücke, bis er zu Hause
angekommen ist, sich einfügt in den Sitz
vom Sessel, als gehöre er sonst nirgends
hin als da, wo ich jetzt genau mit ihm bin

der Rücken aufrecht, gerade, Kopf königlich
1a Haltung, wie zum Reiten geboren, mit
Helm zur Welt gekommen, mit dem Pferd
verwachsen, eine natürliche Einheit, quasi
gottgewollt
ja, wie auf ein braves Pferd aufgestiegen
das auf mich gewartet hat, geduldig im Hof
vor dem Stall, das mich kennt und annimmt
wie ich bin
und ich seh frohgemut auf den Schreibtisch
und die Wörter herunter, die die Nacht
überlebt haben, und die Tasse Tee steht
freundlich dampfend neben mir

da wär doch die Romantik gleich am Arsch
wenn ich zugeben würde, dass ich mich mit
dem Sessel müde an den PC hinschieb, dass
zwischen Bildschirm und Tastatur nur noch
genau der Kaffee passt, und eh schon lau
wobei 2, 3 Kekse korrupt in die Tasten krümeln ...
dass der ergonomisch, anatomisch sitzgesunde
Sessel von IKEA in Jeans-Optik ist –
mit zwei abgesteppten Satteltaschen auf dem
Pferderücken, Farbe blauuuuu!!

Interview mit Thorsten Nagelschmidt

Claudia Gehrke: Sie haben ein Buch über „Arbeit" geschrieben, das in Berlin spielt und verschiedene Tätigkeiten in den Blick nimmt, alle aus ein- und derselben Nacht. Tätigkeiten werden erwähnt, die normalerweise nicht im Fokus der Öffentlichkeit stehen. Drogenverkäufer. Mitarbeiter eines Hostels. Eine Flaschensammlerin, die auf das Leergut angewiesen ist, weil sie sich mit ihrem Antiquariat nicht allein über Wasser halten kann. Eine Fahrradkurierin, die Essen ausliefert. Eine BSR-Mitarbeiterin [Berliner Stadtreinigung], die im Morgengrauen, am Ende dieser Nacht, mit ihrem Kehrwagen den Müll der vergangenen Nacht beseitigt. Viele „Berufe" ohne Gewerkschaft und/oder Lobby. Natürlich sind Sie uns für dieses Konkursbuch „Arbeit" sofort eingefallen. Wie kamen Sie auf diese Idee?

Thorsten Nagelschmidt: Das ist eine sehr gute Frage. Es ist gar nicht so leicht, sich an die Ursprünge zu erinnern, wenn man danach so lange an etwas gearbeitet hat. Ich merke das immer wieder an meinem Schreiben, dass man es im Rückblick ein bisschen, wie soll ich sagen, verschiebt. Oder dass man irgendwie mystifiziert, was so die große initiale Idee gewesen sei. Ich kann das gar nicht mehr genau sagen. Ich weiß aber noch, dass ich dachte, die Schicksale nachts am Rande des Berliner Ausgehbetriebs arbeitender Menschen zu verknüpfen, sei eine gute Romanidee, weil ich darüber selbst so wenig gelesen hatte. Man kann sehr viel über Berlin lesen, über den Mythos Berlin, über die Rave-Metropole, die Partystadt, drei Tage wach und dieses ganze Arm-aber-sexy-Ding vom Wowereit, und zwar nicht nur in der Literatur, sondern auch im Journalismus: Ja, die New York Times schreibt jetzt wieder einen Artikel übers Berghain. Und das ist auch alles gut und richtig so, das ist ja auch interessant. Nur ist mir irgendwann aufgefallen, dass immer dieselben Perspektiven gewählt werden, und zwar meistens die der Clubbesucher oder die der Clubbetreiber und DJs, statt die derjenigen, die immer verkürzt als *Macher* oder so bezeichnet werden. Und dass in der Presse und auch in der deutschen Belletristik wenig zu lesen war über die, die eigentlich dafür sorgen, dass das alles möglich ist. Also den Menschen, die da Nacht für Nacht ihren Job machen, und zwar nicht aus Gründen der Selbstverwirklichung, sondern um das Geld für die Miete reinzuholen. Über die erfuhr man vielleicht mal etwas in einer reißerischen RTL-2-Reportage, aber nicht in der deutschsprachigen Literatur. Es gab also eine Lücke. Und das ist immer für jemanden, der schreibt, ein ganz wichtiger Punkt. Dass man sich vielleicht für verschiedene Themen interessiert, einem aber auch immer wieder bewusst wird: Dieses oder jenes hat der oder die schon sehr gut behandelt, was habe ich dem noch hinzuzufügen? Und da, in diesem Moment, habe ich gedacht: Ah, nee, warte mal, das könnte was sein, dazu könnte ich irgendwie was beizutragen haben. Oft ist es ja wirklich so banal. Dass es dann auf einmal losgeht im Kopf und, ehe man sich's versieht, ist man schon mittendrin. Allein dadurch, dass dieses Interesse geweckt ist.

CG: Und wie haben Sie es gemacht, dass sie erfahren haben, wie diese Menschen arbeiten? Haben Sie sie interviewt?

TN: Ja, ich habe sehr viele Interviews geführt. Ich habe natürlich auch viel gelesen, habe Filme geguckt, Reportagen, bin rausgegangen und durch die Stadt gezogen. So kam eins zum anderen. Es fing an mit einem Polizisten. Mich hatte mal jemand auf einer Lesung angesprochen, er sagte, er würde immer meine Musik bei der Nachtschicht hören. Und dann habe ich gefragt, ja, interessant, was arbeitest du denn? Ich bin Polizist. Und dann war ich ein bisschen erstaunt, weil ich nicht wusste, dass die Polizei meine Musik anhört … Der meinte, sie sitzen manchmal herum und haben wahnsinnig viel Leerlauf nachts. Sie sitzen da und warten zum Beispiel auf Sprayer. Und er und seine Kollegen hören dabei meine Musik, und ich dachte, ah, interessant, ich dachte, die Sprayer hören meine Musik. Die Polizei also auch, dachte ich, das ist ja gut, da breiter aufgestellt zu sein. Und dann habe ich mir seinen Kontakt geben lassen. Ich dachte, es gibt einen Polizisten in Berlin, der mich mag, vielleicht könnte das noch nützlich sein. Und habe ihn Jahre später angerufen, als ich die Idee für den Roman hatte, und mich mit ihm getroffen. Und er hat mir viel erzählt und mir gleich weitere Kontakte gegeben. Unter anderem zu jemandem, der mal beim LKA war. Und so ging das eigentlich die ganze Zeit, dass ich vielleicht irgendeinen Kontakt hatte oder jemanden kannte, der einen kennt. Und dann habe ich gemerkt, dass die meisten Leute wirklich sehr offen sind und sehr gerne auch über ihren Beruf reden. Und viele Leute werden ganz wenig danach gefragt. Es wird selbstverständlich vorausgesetzt, dass sie das machen. Viele sagten erst mal: Das ist jetzt nicht so interessant, was ich mache. Und wenn man dann noch zwei weitere Fragen stellt, merkt man, wie sie förmlich übersprudeln. Und ich glaube, das hat auch was mit einer Form von Wertschätzung zu tun, wenn man Interesse zeigt. Ehrliches Interesse zeigt, also nicht nur ganz schnell ein paar Fakten, die ich hier benutzen will für mein Buch, sondern mich interessiert das wirklich, wie das hier zusammenhängt. Und wie dein Blick durch diese Brille jetzt auf die Stadt oder auf die Nacht oder auf die Gesellschaft ist. Also unabhängig von dem, was ich davon verwertet habe – das muss ich natürlich auch dazu sagen, ich habe einen Zweck, ich will das in gewisser Weise sozusagen „ausbeuten" … Aber darüber hinaus habe ich wahnsinnig viel gelernt in diesen Gesprächen und habe immer auch ein bisschen anders auf die Straßen geblickt, durch die ich dann nach einem Gespräch gelaufen bin.

CG: Das kann ich mir gut vorstellen. Wir haben für unsere Bücher auch immer wieder Menschen interviewt, die zuerst sagten: Nein, dazu fällt mir gar nichts ein! Und dann konnten sie ganz viel erzählen.

TN: Ja, für die meisten Menschen bestimmt Arbeit einen Großteil ihres Alltags und ihres Lebens. Manche identifizieren sich sehr damit, manche denken, o Gott, morgen wieder zur Arbeit und so weiter. Aber man kann halt darüber wahnsinnig viel über Menschen erzählen und über eine Gesellschaft. Wobei, das muss ich auch dazu sagen, es mit dem Wissen-Anhäufen oder Interviews-Führen ja nicht getan ist. Ich habe keine Porträts geschrieben über Menschen, die ich getroffen habe, sondern einen Roman. Es ist jetzt nicht so, dass ich mir einfach aus jeder Berufsgruppe eine Person gesucht und aufgeschrieben habe, was sie mir erzählt haben, dann wäre es ein ganz anderes Buch geworden, sondern am Ende habe ich diese Figuren erfunden. Und die bestehen ja eben nicht nur aus ihrer beruflichen Tätigkeit, sondern haben noch andere Backgrounds. Mit denen habe ich mich auch beschäftigt. Das kann dann natürlich auf ganz vielen Ebenen stattfinden, nicht nur über Interviews oder Gespräche, sondern da zieht man sich natürlich überall was raus. Ich habe dreieinhalb Jahre an dem Buch gearbeitet. In dem Zeitraum liest man natürlich auch vieles oder sieht Filme, die Antennen stehen offen. Sagt man das so, nee, das ist falsch, Antennen können nicht offenstehen. Aber auf jeden Fall: Die Antennen sind weit ausgefahren. Man ist sehr empfänglich und nimmt das alles auf. Und in solchen Momenten – zumindest geht mir das so – ist man so empfänglich und so sensibel, dass wirklich die abstrusesten Sachen, die mit dem Thema überhaupt nichts zu tun haben, trotzdem irgendwie in den Roman einfließen.

CG: Was haben Sie selber persönlich für ein Verhältnis zur Arbeit? Was haben Sie gearbeitet, bevor Sie Schriftsteller waren, oder waren Sie es von Anfang Ihres Erwachsenenlebens an?

TN: Nee, war ich nicht. Ich habe auch nichts gelernt, und ich habe, glaube ich, ein sehr ambivalentes Verhältnis zur Arbeit. Ich habe mit 16 eine Band gegründet. Mit der konnte man kein Geld verdienen und die ersten – ich sage mal mindestens zehn bis zwölf – Jahre des Band-Bestehens haben wir damit auch kein Geld verdient. Dann hat es sich langsam ein bisschen getragen, und dann blieb am Ende auch mal nach einer Tour was übrig. Und mittlerweile lebe ich seit 2005 davon zu schreiben und Musik zu machen. Ich lebe jetzt seit immerhin 17 Jahren von meiner Kunst, mal besser, mal schlechter. Ich habe damals das Abitur gemacht und mich eingeschrieben an der Uni, wollte aber nie studieren und war tatsächlich auch bei keiner einzigen Vorlesung. Ich war an der Sozialversicherung interessiert und an dem Semesterticket und habe dann einfach gejobbt, studentische Nebenjobs, immer so lange, bis ich genug Geld hatte, um damit wieder ein paar Monate über die Runden zu kommen. Und dann habe ich versucht, in dieser Zeit meine Sachen zu machen, Musik. Und auch zu schreiben, aber das Schreiben war zuerst kein literarisches Schreiben und auch kein Schreiben, von dem man leben konnte, sondern ich habe ein Fanzine herausgegeben und Songtexte geschrieben und so was. Das heißt, ich habe einerseits mein Leben lang versucht, mich vor Lohnarbeit oder Erwerbsarbeit zu drücken. Wobei das jetzt nicht heißt, dass ich nicht gearbeitet hätte. Ich habe sehr viel gearbeitet und sehr viele unterschiedliche Sachen gemacht. Aber ich habe eben versucht, nicht abhängig zu sein von einem Arbeitgeber – was zum Beispiel dazu führen kann, dass man irgendwann keine Musik mehr macht. Das habe ich oft erlebt, dass Leute gesagt haben: So, jetzt kann ich aber nicht mehr auf Tour gehen, jetzt muss ich erst mal mein Studium beenden – der Ernst des Lebens beginnt. Mir war immer sehr bewusst, dass ich das vermeiden möchte. Und gleichzeitig bin ich, glaube ich, jemand, der sehr mit der eigenen Arbeit, also in meinem Fall mit der künstlerischen Arbeit, verwachsen ist. Ich habe der vieles untergeordnet. Indem man einfach lange kein Geld hatte. Und jetzt ist es so, dass ich sehr viel arbeite und dafür sorge, dass ich immer Arbeit habe. Ich bin vor ein paar Jahren dazu übergegangen, beim Abschluss eines Buches gleich zu gucken, dass ich das nächste anfange. Damit dieses Loch gar nicht erst entsteht, in das man nach einer Buchveröffentlichung oft fällt. Man hat nach der Veröffentlichung zuerst ein paar Interviews und Lesungen, alles ist noch aufregend und toll, und dann ist man auf einmal zu Hause und denkt, ja, und nun? Und diese Löcher, die wirklich schwierig sein und lange anhalten können und wo es viel, viel Kraft braucht, um da wieder rauszukommen, die versuche ich seit ein paar Jahren bewusst zu umgehen, indem ich dafür sorge, dass ich Arbeit habe. Was in meinem Fall insofern ganz gut funktioniert, da ich zwischen verschiedenen Disziplinen switche oder sie parallel betreibe oder mal die eine intensiver und dann die andere wieder intensiver. Also bei mir das Schreiben, die Musik. Eine Zeit lang war ich auch als bildender Künstler aktiv und habe Drucke hergestellt. Das hat sich für mich als guter Weg erwiesen, weil man innerhalb der oder zwischen den Disziplinen prokrastinieren kann. Wenn ich an einer ganz schwierigen Stelle in meinem Roman sitze und nicht weiterkomme, dann fange ich vielleicht nicht an, die Küche zu putzen, sondern ich nehme mir die Gitarre auf die Knie und spiele ein paar Akkorde – und auf einmal kommt dabei wieder eine halbe Songidee.

CG: Trennen Sie denn für sich zwischen Arbeit und Freizeit oder geht das ineinander über?

TN: Ich glaube, das geht sehr ineinander über. Auch wenn ich ins Kino gehe, zücke ich mitten im Film mein Notizbuch, weil auf der Leinwand jemand ein Wort benutzt hat, von dem ich denke, das ist das Wort, nach dem ich an der einen Passage die ganze Zeit gesucht habe. Und dann bin ich schon so halb wieder am Arbeiten. Ich nehme mich auch schon mal raus, das passiert auch, aber ich glaube, es ist bei der Arbeit als Schriftsteller fast nicht anders möglich. Man ist die ganze Zeit von Sprache umgeben. Man ist die ganze Zeit von Menschen umgeben und irgendwie dann ja auch von Figuren. Und das ist es ja, worum es sich dreht. Das heißt, so ganz abschalten tut man nie oder nur ganz selten. Ich persönlich habe auch keine Hobbys oder so was. Also alles, wofür ich mich interessiere, hat, wenn auch nur subtil, mit meiner Arbeit zu tun.

CG: Das ist ja dann schon anders wahrscheinlich als die Leute, die Sie als Hintergrund für Ihren Roman interviewt haben. Die trennen das ja wahrscheinlich eher, oder?

TN: Ja, ich glaube, klar. Wenn man in einem Beschäftigungsverhältnis steht, dann sieht es natürlich anders aus. Und das kann auch Vorteile haben, weil man auch mal Feierabend macht, weil man auch mal Wochenende hat, weil man auch mal Urlaub macht. Und das auch trennen kann. Wobei das bei vielen, nicht nur kreativen, Berufen längst auch nicht mehr so ist. Das ist ja das Perfide an dieser neoliberalen Ausprägung des kapitalistischen Systems, in dem wir leben. Dass viele Leute eigentlich ihre Arbeit auch mit nach Hause nehmen und sich selbst ausbeuten und viel mehr arbeiten als das, wofür sie bezahlt werden. Weil sie sich als Teil eines Teams begreifen, weil sie so internalisiert haben, dass sie immer leistungsfähig sein müssen, dass sie immer abliefern müssen. Und für mich gilt es auch, aber ich sehe da doch noch einen deutlichen Unterschied, weil ich das tatsächlich für meine Kunst mache und es sich für mich nicht entfremdet anfühlt. Aber ich glaube, in vielen Arbeitsbereichen, gerade auch in Bürojobs, ist das anders. Und für die Figuren in dem Buch ist es vielleicht noch mal anders, ja, das ist schon richtig.

CG: Und wenn Sie jetzt zurückdenken, machen Sie etwas ganz anderes als das, was Ihre Eltern machten oder machen? Hatte das irgendeinen Einfluss darauf, dass Sie sich sagten, ich will nicht in einem Beschäftigungsverhältnis sein?

TN: Meine Eltern sind typische Aufsteiger der sozialliberalen Ära, würde ich jetzt mal sagen, meine Mutter hat einen bäuerlichen Hintergrund, kommt aus einer Familie von Bauern, mein Vater aus einer Arbeiterfamilie. Und das waren die, die dann aufgestiegen sind zu Angestellten, die sich ein Eigenheim leisten konnten. In den 1970ern ging das ja noch. Das wäre natürlich heute auch nicht mehr möglich. Einfach so mit dem Aufstiegswillen und mit der eigenen Arbeit sich bestimmte Sachen leisten zu können. Ich glaube, für meine Eltern waren Arbeit und Leistung schon sehr wichtig. Und das wird natürlich auch weitergegeben. Das sehe ich auch an mir selbst, dass ich das in mir habe. Bloß in einer ganz anderen Ausprägung. Ich wollte halt einfach nie einen Chef haben und dieses „Birth, School, Work, Death", das habe ich immer versucht zu vermeiden. Und das hat natürlich auch mit einer gewissen Punkrock-Sozialisation zu tun.

CG: Und Ihnen ist es ja auch gelungen, das zu vermeiden, es zu schaffen, auch wenn Sie anfangs Jobs hatten nebenher. Das gelingt ja nicht jedem. Man braucht zum Leben ja schon etwas Geld.

TN: Ja. Ich denke, da war auch keine andere Möglichkeit. Wir alle müssen ja über die Runden kommen. Das ist ja auch das Komische, wenn man Kunst macht. Ich habe über einen längeren Zeitraum unterhalb der offiziellen Armutsgrenze gelebt. Gleichzeitig habe ich aber auch ein, zumindest in Anführungsstrichen, luxuriöses Leben geführt, weil ich mit meiner Band auf Tour war und wir manchmal auch in schönen Hotels geschlafen haben. Backstage wurden uns Essen und Getränke kredenzt und so. Das heißt, man hat einerseits irgendwie den Glamour, und andererseits kann man sich nicht mal eine Waschmaschine leisten und muss in den Waschsalon gehen nach der Tour. Und das ist natürlich auch sehr interessant. Ich habe das in anderen Büchern verarbeitet oder thematisiert, in „Wo die wilden Maden graben" oder „Der Abfall der Herzen".

Das ist gleichzeitig auch eine sehr interessante Ambivalenz, die in den meisten anderen beruflichen Feldern gar nicht denkbar wäre. Es hat ja auch viel mit Wertschätzung zu tun. Auch die Bezahlung von Arbeit hat natürlich mit Wertschätzung zu tun. Dass man sagt, hier, ich rackere mich den ganzen Tag ab und lebe immer noch unter der Armutsgrenze. Das macht ja was mit einem. Und in diesem Bereich, in dem ich mich bewege, war das eben nicht so. Ich habe mich nicht davon gedemütigt gefühlt, in den Waschsalon gehen zu müssen, weil ich vielleicht gleichzeitig auch Applaus bekommen habe. Und viele Menschen kriegen ja einfach keinen Applaus für ihre Arbeit, weder direkt noch in der Form, dass es sich irgendwie auf ihrem Konto widerspiegeln würde und sie ein halbwegs sorgenfreies Leben führen könnten. Sondern sie sind permanent unter Stress, weil sie immer gucken müssen, über die Runden zu kommen – es darf jetzt bloß nix passieren, wenn jetzt auch noch die Waschmaschine kaputt geht, dann habe ich ein richtiges Problem. Das ist für einen selbst, was es mit einem macht, noch mal eine ganz andere Nummer.

CG: Sie beschäftigen sich mit „Arbeit", sozusagen ein Begriff, der sich durch Ihr Leben zieht. Begreifen Sie, ich weiß ja nicht, in welchen Verhältnissen Sie privat leben, Partner, Partnerin und so weiter, begreifen Sie es dann auch als Arbeit, wenn man sich über seine Beziehung auseinandersetzt und Ähnliches?

TN: Nee, ehrlich gesagt, das kann ich nicht als Arbeit sehen. Ich habe neulich was sehr Interessantes über den Begriff Beziehungsarbeit gelesen. Aber ich weiß leider nicht mehr, wo, ich kann es auch nicht mehr richtig rezitieren. Ich glaube, ich bin zu romantisch veranlagt, um den Begriff Arbeit hier anwenden zu wollen. Auch wenn ich nachvollziehen kann, was damit gemeint ist, denke ich, da spricht man dann doch noch mal über was ganz anderes als über diesen Begriff, unter dem ich meinen Roman oder die Themen meines Romans subsumiere oder über meine eigene künstlerische Arbeit nachdenke. Und vielleicht ist es eher die Ermangelung eines anderen passenden Wortes, weswegen das Wort Arbeit dort auch schon wieder auftaucht. Das müsste man, glaube ich, doch ein bisschen trennen.

CG: Das freut mich, dass Sie da differenzieren. Man kann schnell „Arbeit" auf alles stülpen. Da heißt es auch noch Traumarbeit und Trauerarbeit und was weiß ich, was es sonst noch alles gibt.

TN: Ja, überhaupt diese Idee, dass man immer permanent an sich arbeiten soll, also einerseits ist das, finde ich, 'ne Binse, weil das nun mal im Menschen angelegt ist, dass er das irgendwie tut, dass er nicht stehenbleibt. Aber das dann immer alles als Arbeit zu bezeichnen und in dem Sinne auch von Menschen zu verlangen, sozusagen: Du musst an dir arbeiten – da kommt man in ganz schwierige Gefilde und da wird das auch schnell perfide. Also da würde ich immer genau hingucken, wie ist das eigentlich gerade gemeint. Wird es da wirklich in Ermangelung eines besseren Wortes benutzt oder spricht vielleicht eine gewisse Ideologie daraus. Die jemand bewusst oder auch unbewusst auf andere anzuwenden versucht und, genau wie Sie sagen, drüberzustülpen.

CG: Sie sagen, Sie fangen immer gleich nach einem Roman wieder neu an zu arbeiten, damit diese Löcher nicht entstehen. Hatten Sie trotzdem schon mal das Gefühl, nicht mehr weiterzukommen? Krankheit oder Arbeitsunfähigkeit in Ihren Metiers – oder haben Sie das noch nicht erlebt?

TN: Das habe ich zum Glück noch nicht erlebt. Ich klopfe hier auf Holz gerade. Aber was ich natürlich schon sehr häufig erlebt habe und was einfach in solchen Momenten offenbar dazugehört, ist die Verzweiflung, diese innerliche Verzweiflung, dass man denkt: So, jetzt fällt mir wirklich nichts mehr ein. Oder jetzt komme ich nicht mehr weiter oder das hat gar keinen Wert hier. Das habe ich sowohl in der Musik erlebt als auch beim Schreiben. Und das Wissen: Das war schon öfter so und du hast dann trotzdem immer irgendwie rausgefunden, das hilft zumindest mir in diesen Momenten auch gar nicht, weil ich dann denke: Ja, ich weiß, dass das schon öfter war und ich wieder rausgefunden habe, aber diesmal stimmt es wirklich.

Und wenn man dann darauf zurückblickt, während es gerade gut läuft, dann kann man auch darüber lachen, oder ich kann darüber lachen, aber ich weiß auch, dass es absolut dunkle Momente gab, die Tage, auch mal Wochen oder sogar Monate anhalten konnten. Wo es so eine Verzweiflung gab und das Gefühl: Das war's. Such dir mal einen Job. Und weiter: Du hast ja nix gelernt, was willst du jetzt machen? Willst du jetzt kellnern oder … Diese Momente gab es in meinem Leben oft, die gibt es auch immer noch. Und wie gesagt, ich habe einfach eine Strategie entwickelt, um das ein bisschen abzufedern oder abzumildern, und komme in den letzten Jahren etwas besser damit klar. Aber es gab Zeiten, da hatte es eine große Macht. Allein auch die Angst davor. Das ist ja auch oft das Ding, wenn die Angst irgendwo sitzt … In einem Muff-Potter-Song heißt es: „Angst ist ein guter Häuptling, aber ein schlechter Krieger." Das ist ein Satz, den ich mir mal aus irgendeinem Roman gezogen habe, von Colum McCann oder so. Und da ist viel dran.

CG: Möchten Sie allgemein gesellschaftlich noch etwas sagen, was Sie sich vorstellen, wie es in Zukunft weitergeht mit den ganzen Problemen und um die Arbeitswelt?

Oder interessiert Sie das gar nicht so?

TN: Das interessiert mich schon sehr. Ich habe nur immer das Gefühl, dass vielleicht andere sich dazu fundierter oder qualifizierter äußern können. Ich habe natürlich, wenn wir jetzt wieder beim Roman sind … es ist ja ein Gesellschaftsroman, und ich glaube, da werden die richtigen Fragen gestellt und die richtigen Sachen aufgezeigt. Auch, was generell das Verhältnis einer Gesellschaft zum Thema Arbeit angeht und wie diese Arbeit wertgeschätzt und vergütet werden sollte, wie sie organisiert werden sollte oder wie sie, anders gesagt, im Moment nicht richtig wertgeschätzt und vergütet und organisiert wird, weil die meisten Figuren in meinem Roman ja unter sehr prekären Bedingungen arbeiten. Ich mache ja keine Agitprop oder so was, meine Aufgabe als Schriftsteller oder als Künstler ist es nicht, Revolutionspropaganda zu machen. Aber ich begreife meinen Roman durchaus als ein, wenn ich das ganz plump sagen darf, klassenkämpferisches Statement. Oder als einen Beitrag auf künstlerischer Ebene dazu, allein dadurch, dass Klassen und Klassenhintergründe überhaupt mal wieder gezeigt werden. Das kommt ja jetzt zum Glück in der Literatur auch wieder. Die Franzosen machen es schon länger, und in England hat man ein ganz anderes Klassenbewusstsein. Es wurde in den letzten Jahren viel über Didier Eribon und Annie Ernaux und Virginie Despentes geschrieben, Leute, die diese Dinge wieder thematisieren. Und in Deutschland kommt es in den letzten Jahren auch wieder, dass es ein anderes Klassenbewusstsein gibt und dass es auch wieder Sujet in der Literatur wird. Und ich begrüße das sehr. Und verstehe mich schon auch als Teil dessen und denke, dass es ganz, ganz wichtig ist, eine Gesellschaft und auch, ja, so ein System anders zu organisieren. Aus verschiedenen Gründen. Erstens, weil es die Leute, die arbeiten, verdient haben, mit mehr Respekt behandelt zu werden. Und auch, weil es für eine Gesellschaft und für eine Demokratie einfach nicht so weitergeht, so viele Leute abzuhängen und die Schere zwischen arm und reich so groß werden zu lassen. Das ist äußerst gefährlich.

CG: Da sind wir ja hier in Deutschland besonders gut dabei.

TN: Eben, genau. Es wird ja immer so viel von Chancengleichheit geredet, das ist, glaube ich, eine Chimäre, hinter der sich Konservative gerne verstecken. Unterschiede, Aufstiegschancen. Das sagt jede Studie, dass es in Deutschland ein ganz großes Problem ist.

CG: Wobei ich denke, es gibt auch immer Vorurteile in beide Richtungen. „Ihr da oben, wir da unten". Es ist ja nicht so, dass Leute – ich will sie nicht verteidigen, aber trotzdem –, die zum Beispiel Manager sind, wenig oder nicht arbeiten, im Gegenteil. Die haben oft einen Wahnsinnsstress. Auch wenn sie jetzt vielleicht auf dem Golfplatz oder sonst wo sein können, haben sie dann auch ihre Geschäftstermine und ökonomischen Bedrohungen und was weiß ich im Hinterkopf.

TN: Das mag sein. Aber sie müssen nicht das Zweihundertfache von ihren Angestellten verdienen.

CG: Das ist genau die Schere, die nicht stimmt. Verdiensthöhen.
Ich komme noch mal auf Ihr Buch zurück. Möchten Sie vielleicht noch eine konkrete Geschichte aus der Vorbereitung Ihres Buches erzählen? Eine persönliche Begegnung, die Sie in besonderer Erinnerung haben?

TN: Das fällt mir jetzt tatsächlich relativ schwer. Ich habe ein paar Sachen auch selbst gemacht. Habe mich ein paar Mal an eine Club-Tür gestellt zu den Türstehern und da die Nacht verbracht. Ich habe in einem Hostel gearbeitet für ein paar Wochen. Nachtschichten gemacht, sozusagen undercover, ich habe mich da nicht zu erkennen gegeben. Das war das Günter-Wallraffigste, was ich gemacht habe. Wurde dann aber auch halb enttarnt. Irgendjemand hat gesagt: Du bist doch nicht nur hier, weil du das Geld brauchst, du hast doch noch einen anderen Auftrag. Es gab wirklich unfassbar viele Begegnungen. Es fällt mir sehr schwer, jetzt davon etwas rauszupicken. Eine Sache möchte ich aber doch erzählen, die vielleicht das Thema Arbeit noch einmal anders abschließt: Der Roman besteht ja aus Episoden. Die Figuren haben alle ihr eigenes Kapitel, außer der Taxifahrer, der fährt so durch die Nacht und durch das Buch mit mehreren einzelnen Kapiteln. Aber alle anderen Figuren haben ihr eigenes Kapitel. Das heißt, wenn man es liest, dann springt man immer wieder in der Zeit. Die Figuren treffen sich gegenseitig, und erst langsam entblättert sich das ganze Bild. Ich weiß nicht, ob das schon wieder eine schiefe Metapher ist: Kann sich ein Bild entblättern? Am Anfang hatte ich das Buch chronologisch geschrieben. Das fing tatsächlich um 18.12 Uhr an mit dem Taxifahrer und endete um 6.08 Uhr in dieser Märznacht am Freitag, wo die Nacht genau zwölf Stunden dauert. Das Buch spielt ja genau zwischen Sonnenuntergang und Sonnenaufgang. Der Türsteher tauchte erst in der Mitte des Romans auf, weil seine Schicht erst um null Uhr beginnt. Und die BSR-Fahrerin kam erst ganz am Ende dazu. Sie hatte dann noch ihren Auftritt, und dann war das Buch zu Ende. Das hat für mich auch ganz gut funktioniert, es gab schöne Übergänge und Cliffhanger, bis man die nächste Figur wiedergetroffen hat. Ich war so gut wie fertig, es fehlte nur noch ein Schlusslektorat. Und dann habe ich zu meinem Lektor gesagt: Es könnte auch interessant sein, eine andere Form zu wählen und jedem ein eigenes Kapitel zu geben. Das könnte eine ganz andere Dynamik hineinbringen. Dann hat er gesagt: Gute Idee, probier das mal. Ich wollte aber was ganz anderes von ihm hören. Ich wollte eigentlich hören, dass er mir sagt: Das ist alles richtig so, Thorsten, wir lassen das jetzt so. Das ist super, besser könnte es gar nicht sein. Das wollte ich von ihm hören, aber ich hätte natürlich diese Idee nie geäußert, wenn ich nicht selbst geglaubt hätte, dass es vielleicht die künstlerisch interessantere Herangehensweise sein könnte, nicht chronologisch zu erzählen. Aber das mal eben schnell umbauen, das geht natürlich nicht. Ich saß wochenlang daran, das Ganze umzubauen. Manche Übergänge und Cliffhanger funktionierten nicht mehr. Ich musste wahnsinnig viel streichen. Ich musste auch Neues hinzuschreiben. Am Ende hatten wir dann die jetzige Form. Und ich bin sehr froh, das gemacht zu haben. Aber eigentlich habe ich gedacht: Ich habe hier ein fertiges Buch, das würde auch so funktionieren. Doch ich stürzte mich noch mal in diese Arbeit. Damit verdiene ich nicht mehr. Dafür gibt mir der Verlag nicht noch mal Geld, sondern es gibt ganz normal den Vorschuss, der vereinbart war. Und das war wirklich ein Moment, in dem mir ganz konkret vor Augen geführt wurde, wie mein Verhältnis zu Arbeit ist. Im Rückblick betrachtet war es noch mal ein schöner Dreh für mich zum Thema „Arbeit" – in der Arbeit an diesem Buch. Das dann ja auch noch „Arbeit" hieß. Auch das war nicht von Anfang an klar, der Roman hatte einen anderen Arbeitstitel. Und ich habe mich am Ende mit diesem Wort Arbeit durchgesetzt, wo es seitens des Verlags erst

Einwände gab, dass das zu sehr nach Sachbuch klingen könnte. Aber ich dachte, gerade dieser technische Begriff ist gleichzeitig ein unheimlich emotionaler. In jedem Menschen, der in eine Buchhandlung geht und noch nie von dem Buch gehört hat und es vielleicht da liegen sieht, wird das etwas auslösen. Dadurch, dass ich am Ende dann selber diesen Dreh noch hatte, sozusagen auf eigene Initiative hin diese wahnsinnige zusätzliche Arbeit noch zu leisten, ist es für mich eine runde Sache geworden mit allem, also mit der Herangehensweise, dem Titel und dem Sujet. Am Ende passte das für mich alles doch perfekt zusammen.

CG: Das ist wirklich ein tolles Buch, wir haben es auch schon im Vorwort erwähnt. Besitzen Sie denn inzwischen eine Waschmaschine?

TN: Nein.

Anja Müller

Anja Müller

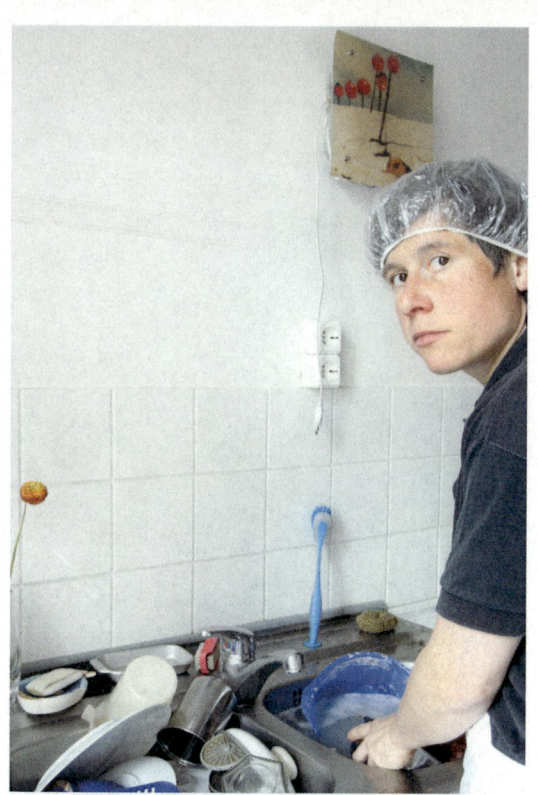

Anja Müller

Anja Müller

Andrea Karimé
ARBEIT

A R B E I T. Sechs Buchstaben. Und während ich weitere Buchstaben auf eine Wortkette fädle, vergeht Zeit. Zeit, in der ich kein Geld verdiene. Obwohl dieses Fädeln Arbeit ist. Ich arbeite also jetzt gerade für lau, wenn du so willst. Buchstabe für Buchstabe. Ich setze diese Wortketten zu einem Text zusammen, und jedes Wort frisst einen Teil meines Tages. Und zahlt nichts dafür. Während du dies liest, werde ich aber schon wieder bei einer anderen Tätigkeit sein. Im besten Falle Schreiben. Im besten Falle bezahlt. Warum aber mache ich es jetzt in diesem Moment für lau? Vielleicht weil ich eine Frau bin? Für lau arbeiten ist tatsächlich etwas, was mehr Frauen machen als Männer. Care-Arbeit, Ehrenämter, Kinderbücher schreiben. Meine Kollegen lassen sich dazu nur selten hinreißen.

Moment.

Es kommt auf das Genre an. Lyriker*innen sind schon eher bereit, etwas zu liefern, ohne dass Honorar winkt. Kinderbuchautor*innen hingegen fragen mich: „Wieso machst DU das?"

Ich fädle und denke nach.

Wichtig für dich ist zu wissen: Es ist nicht mein Verschulden, dass Zeilen wie diese nicht bezahlt werden. Und auch nicht das Verschulden eines kleinen Verlags, der ständig für ein literarisch ambitioniertes Programm ums Überleben kämpfen muss, weil große Verlage und Verlagsgruppen den Markt beherrschen wollen. Wer bestimmt, was bezahlt wird?

„Wenn du dir das leisten kannst?", sagte ein anderer aus dem Kolleg*innenkreis. Der Gedanke gefällt mir. Ja, ich leiste mir das Schreiben. Den Aufenthalt zwischen Zeilen. Die Quality-Time mit Buchstaben, Lauten an diesem Montagmorgen, an dem ich gerade ein bezahltes Auftragsprojekt beendet habe und weitere (z.T. unbezahlte) Projekte warten. „Wenn du dir das leisten kannst", sagte auch der Kinderbuchkollege, als er sich meine Bücher aus kleinen literarischen Verlagen ansah. „Ich will ja vom Schreiben leben!" Er meint damit, dass er sich das Schreiben von sogenannten „Orchideenbüchern" nicht leisten kann. Und weil er es sich nicht leisten kann, schreibt er laut seiner Aussage Kinderbuchreihen, mit denen Verlage Autor*innen beauftragen. In der Regel funktionieren sie nach ähnlichen Plotgesetzen und in einer Sprache, von der Kinderbuchverlage behaupten, Kinder verstünden sie nur so und nicht anders. Ich erinnere mich an meine erste Gruppenlesung mit zwei weiteren Autor*innen vor fünfzehn Jahren. Ich stand gerade am Anfang meines Schreiblifes. Und hatte nur ein einziges Kinderbuch veröffentlicht. Vor dem Saal war ein Büchertisch aufgebaut, und ich traf die Kollegin, die mit mir auf dem Podium las. Von ihr waren mehrere Stapel Bücher auf dem Tisch. Die Kollegin begann sich zu entschuldigen. „Also, das sind nicht alle, die ich geschrieben habe. Es gibt auch anspruchsvolle Kinderromane von mir!" Mein Blick fiel auf rosa Bücher mit Pferden und Feentüchern. Glitzer und blonden Mädchen. „Wenn du dir das leisten kannst?", hätte ich beinahe zu ihr gesagt. Es ist also immer eine Frage der Perspektive, was sich jemand leisten kann. Ich kann mir nicht leisten, mich für meine Bücher entschuldigen zu müssen. Oder vielleicht möchte ich das auch nicht. Das „Pferdeserien-Schreiben" bringt vielleicht mehr Geld fürs Auffädeln, aber ich leiste mir tatsächlich, es nicht zu tun.

Und ja, ich kann es mir leisten, da ich für die Vermittlung meiner Texte – Kinderbücher, Gedichte, Essays – durch Lesungen, Workshops und Vorträge genug Geld verdiene.

Etwas zu einer Anthologie wie dieser hier beizutragen, ist ein Privileg. Ganz eindeutig.

Aus einer bestimmten kapitalistischen Perspektive ist diese Arbeit, der Text, den du gerade liest, aber nichts wert. Vielleicht wäre der Text laut Meinung des Kapitalismus sogar nur aufgefädelte Luft.

„… /zugrunde liegender Ohrenweisheiten/wegen wische ich die Buchstabenketten vom Tisch; Perle für Perle,/fädle Luft stattdessen in die Bänder …"

Hätte ich auf die Ohrenweisheiten hören sollen?

Was für ein schönes Bild der Dichterin Swantje Lichtenstein.

Eine Kette aus Luft zum Atmen vielleicht. Die kein Geld bringt. Die wir aber brauchen.

Genau, ich fädele eine Luftkette. Es ist der Zustand der tiefen Inspiration, die sich beim Schreiben einstellt, und die Gewissheit, dass das, was ich gerade schreibe, zwar Zeit schluckt, Buchstabe für Buchstabe, aber dafür etwas anderes ausgespuckt wird. Es ist der Moment des Glücks einer Idee, einer gelungenen Formulierung. Es ist die Gewissheit weiterzuschreiben, das wichtige (Alpha-) Beet der Ideen zu wässern. Es ist auch vielleicht das Generieren von Material, das, wenn konserviert, später noch in anderen Zusammenhängen genutzt werden kann. Vielleicht bezahlt.

Genuss, Privileg und Notwendigkeit, das ist das Schreiben für mich, auch das Schreiben, das (noch) kein Geld bringt. Wie das Kochen der Suppe, die ich gerade – nebenbei – aufgesetzt habe. Und es ist beides A R B E I T.

Cornelia Lotter
Die Menschwerdung des Affen

Ich wurde bereits während meines Studiums im allseits geliebten Fach „Marxismus/Leninismus" durch die Schrift Friedrich Engels' „Der Anteil der Arbeit an der Menschwerdung des Affen" auf die Wichtigkeit der Arbeit für die Entwicklung der Menschheit und damit des Menschen überhaupt aufmerksam gemacht. Er legt darin die These dar, dass erst die Arbeit den Menschen geschaffen und ihn vom Tier geschieden hat. Deshalb sei die Arbeit erste Grundbedingung allen menschlichen Lebens.

„Wer nicht arbeiten will, der soll auch nicht essen" (2 Thess. 3,10b), das stand schon in der Bibel, gesagt vom Apostel Paulus. Dem widerspricht in gewisser Weise Matthäus in 6:26 mit seinem berühmten Satz: „... sie säen nicht, sie ernten nicht ... und euer himmlischer Vater nährt sie doch."

Was ist denn nun wahr? Und wie aktuell ist doch die Frage, ob jeder, der zwei gesunde Hände hat und in der Lage (und berechtigt) wäre, einen Job anzunehmen, dies auch tun müsste, ansonsten drohe staatliche Sanktionierung. Wir erinnern uns an die Diskussionen (und entsprechende Feldversuche) zur Einführung eines bedingungslosen Grundeinkommens. Ich meine, die Erkenntnis ginge dahin, dass der Großteil für dieses Geld arbeiten will.

Ich stehe mit meinen knapp 63 Jahren am Ende meiner Berufslaufbahn. Im Konkursbuch 44 über das Schreiben habe ich erzählt, wie meine Anfänge als Autorin, die weit in meine Kindheit hineinreichen, waren. Das habe ich eigentlich immer gewollt: Geschichten erzählen. Leider war der Berufswunsch „Schriftstellerin" genauso unmöglich umzusetzen wie „Sängerin", „Schauspielerin" oder „Balletttänzerin". Also wurde ich Lehrerin, genau wie mein Vater.

Dumm nur, dass ich schon während des Studiums merkte, dass ich damit nicht glücklich werden würde. Glück war natürlich kein

Kriterium in der DDR der Achtziger. Und da kam mir auch noch diese Liebe dazwischen. Ausgerechnet ein Lehrer aus dem Westen musste es sein! Ausreiseantrag, Warten, ein schicksalhaftes Treffen mit einem Politiker, der mir geholfen hat, und knapp zwei Jahre später endlich Übersiedlung nach Tübingen. Doch auch dort, im gelobten Land, konnte ich nicht einfach so einen Traumberuf ergreifen – ohnehin waren mir die „Flausen" schon von der Realität ausgetrieben worden. Also Umschulung. Viel bot mir die Angestellte des Arbeitsamtes nicht an. Ich wurde Industriekauffrau. Danach glücklicherweise eine Stelle als Sekretärin, in der ich nur sehr bedingt meine kreativen Impulse ausleben konnte. Immerhin hielt ich es dort 28 Jahre aus.

Geschrieben habe ich während dieser Zeit immer. Das war mein „richtiges" Leben. Finanziert vom „falschen". Sollte das bis zu meinem Tod so weitergehen? Ich fasste einen Entschluss. Brach die Brücken hinter mir ab – Kündigung, Wohnungsverkauf, Umzug – und lebe seitdem, seit nunmehr sieben Jahren, als „Freie Autorin" in Leipzig. Tue das, was ich schon immer getan habe, jetzt aber ausschließlich und mit zunehmendem, auch finanziellen, Erfolg. Werde es, daran besteht nicht der geringste Zweifel, tun, solange wenigstens meine Hände intakt sind (falls nicht mehr, gibt es auch diese Sprachumwandler). Weil ich es brauche, um mich als Mensch, um mich „ganz" zu fühlen.

Jürgen Oberschmidt
Erst die Arbeit, dann das Vergnügen?
Musik (und Musikunterricht) im Spannungsfeld zwischen ablenkender Zerstreuung und protestantischem Arbeitsethos

Erst die Arbeit, dann das Vergnügen. So lautet unser Lebensmotto, wenn es darum geht, unsere täglichen Pflichten zu erfüllen, bevor wir uns mit anderen und vielleicht schönen Dingen des Lebens belohnen dürfen. Erst die Arbeit, dann das Vergnügen, das sollte auch lange für das Lernen in der Schule – und erst recht in den künstlerischen Fächern – gelten. Nur im Rahmen von Erwerbsarbeit scheint dieses Motto außer Kraft gesetzt: Zumindest für Nichtraucher gibt es hier keine Vergnügungen – und dem Rest der Menschheit steht nur eine Zigarettenpause zu.

Oberflächlich scheint solch eine Gewaltenteilung in unser Wertesystem zu passen; sie ist aber zweischneidig, weil sie zunächst einmal impliziert, dass die Arbeit oder auch das Lernen in der Schule kein Vergnügen bereiten möchte, keines sein kann und vielleicht auch gar keins sein darf. Als plan- und zweckmäßige Tätigkeit steht die Arbeit auch für jene Anstrengungen, die sich hinter ihr verbergen: „Unser Leben währet siebzig Jahre, und wenn's hoch kommt, so sind's achtzig Jahre, und wenn's köstlich gewesen ist, so ist es Mühe und Arbeit gewesen; denn es fährt schnell dahin, als flögen wir davon", lesen wir schließlich im 90. Psalm der Lutherbibel. Jene Last, Mühsal und Plage, zu denen Gott die Menschen verfluchte, entwickelte sich so zu einem Gegenbegriff zur Muße, die uns Räume zur kreativen Selbstentfaltung schenkt. Auch unser Schöpfer pflegte am siebten Tage zu ruhen, nachdem er sah, dass alles gut war: Erst die Arbeit, dann das Vergnügen.

Für die Zeit der Industrialisierung mögen solche Maximen uneingeschränkt gegolten haben. Aber bräuchten wir heute nicht eher

Vergnügen bei der Arbeit, um motiviert und effizient zu sein? Sind es nicht gerade jene Räume der Muße, die sich nachträglich als besonders produktiv erwiesen haben? Ist es nicht genau dieses streng getaktete Arbeitsregime mit seinen Verdichtungen, das uns krank macht? Wie erleben wir die Entgrenzungen eines solchen Systems, etwa die permanent eingeforderte dauerhafte Erreichbarkeit durch moderne Kommunikationsmedien, die sich gegen eine Trennung von Arbeit und Vergnügen stellt? Ist nicht auch unser Freizeitverhalten durch einen ständigen Drang zur Selbstoptimierung geprägt, der mit den Trainingsplänen im Fitnessstudio beginnt, im Dekowahn von Haus und Garten und in den als obligatorisch empfundenen Handwerkerprojekten eine Fortsetzung findet und der letztlich auch in gesellschaftlichen Realitäten einen Ausdruck findet, in denen das Event zum Prestigeobjekt und die beständige Angst, etwas zu verpassen, zur Belastung wird?

Der Erste, der solch einen Erlebnisdruck erfuhr, war Friedrich Nietzsche. Er sah darin das Zeichen eines verarmten Lebens, das sich in der Jagd nach billigem Glück verliert. Dabei hatte Nietzsche noch nicht die leiseste Ahnung davon, was passiert, wenn wir in sozialen Netzwerken fortwährend mit den Erlebnissen anderer konfrontiert werden und beständig erleben müssen, wie unsere Mitmenschen das Beste aus ihrer Lebenszeit herausholen. Hartmut Rosa deckt dies als ein „Paradoxon der modernen Welt" und ihre Beschleunigungsmechanismen auf: „Wir haben keine Zeit, obwohl wir sie im Überfluss gewinnen" (Rosa 2005, 11). Mag es uns trösten, dass auch vor der Erfindung der Spülmaschine unsere Zeit eng getaktet war und wir in der Freizeit keine freie Zeit finden konnten?

Erst die Arbeit, dann das Vergnügen. Solch ein Leitgedanke verliert seine Wirkkraft, wenn unsere Freizeit zum Stressfaktor und das Erlebnis-Hamsterrad zum Prestigeobjekt wird. Dass solche Grundorientierungen auch in die Lebensrealitäten von Kindern und Jugendlichen einbrechen, die sich hier einem ähnlichen Stress in der ihnen noch verbliebenen Freizeit aussetzen müssen, bedarf wohl keiner weiteren Erwähnung. Beängstigender ist vielmehr, dass dieses Denken auch in ihre „Arbeitswelt" eingedrungen ist. Auch die Aufzucht der Kinder als ein zu generierendes Humankapital (im Jahr 2004 noch zum Unwort des Jahres erklärt) stellt sich in diese Tradition: „So zeigt sich auch in Studien zu Bildung und Erziehung, dass das pädagogische Handeln von Eltern unternehmerische Züge annehmen kann und Elternschaft, die Schulwahl sowie der Bildungsverlauf und die Freizeitgestaltung der Kinder in zweckrationalen Kosten-Nutzen-Analysen verhandelt und unter permanenten Optimierungsdruck gesetzt wird" (Straub 2019, 312f.).

Peter Sloterdijk macht in seinem Essay „Du musst dein Leben ändern" (Sloterdijk 2011) ein biotechnologisches Zeitalter aus, in dem der Mensch sich willig den ihm auferlegten Kompetenz- und Leistungsanforderungen unterwirft und ständig sich mit der eigenen Leistungsoptimierung und Selbstformung beschäftigt sieht. Schulen sind „Trivialmaschinen", so Niklas Luhmann, „die auf einen bestimmten Input mit Hilfe einer eingebauten Funktion (der ‚Maschine') einen bestimmten Output produzieren" (Luhmann 2002, 77). Trotz Schulbesuch bleiben die Menschen nichttriviale Maschinen: „Was geschieht aber, wenn nichttriviale Systeme sich in Situationen finden, in denen sie der Trivialisierung ausgesetzt sind? Sie stellen sich durch Selbstsozialisation darauf ein. Oder anders gesagt: sie lernen damit umzugehen" (ebd., 79).

Wenn man sich nun vor diesem Hintergrund mit der Musik und dem Musizieren beschäftigt, dann stehen Arbeit und Vergnügen – sowie der Zwang zur Selbstoptimierung der musizierenden Trivialmaschinen – in einem ganz besonderen Spannungsfeld. Dieses hier nun zu erläutern, hieße jedoch, das Ende dieses Beitrags vorwegzunehmen.

Jeu de Volant und Ballet de cour

Federball ist ein Spiel, das man miteinander spielt, festgelegte Regeln oder ein abgegrenztes Spielfeld gibt es nicht. Es lässt sich auch kein Sieger küren, kommt es doch darauf an, den Ball möglichst lange im Spiel zu halten und hin und her zu schlagen. 2000 Jahre sind indische Höhlenzeichnungen alt, die belegen, wie lange schon kleine, mit

Hühnerfedern besetzte Holzfedern geschlagen wurden, Inkas und Azteken kannten ähnliche Vergnügungen, bis schließlich das unter dem Namen *Jeu de Volant* bekannt gewordene Spiel zur Lieblingsbeschäftigung des höfischen Adels wurde. Hier kannte man das unangenehme Gefühl, das durch erzwungenes Nichtstun hervorgerufen wird, weil hier die vermeintlichen Leistungsträger ihre Führungsjobs allenfalls in Teilzeit ausgeübt haben: „Ein Zentralbegriff der höfischen Kultur war das ‚Divertissement', die Zerstreuung. Sie war der Inbegriff der Aristokratie, deren Sinn vor allem in der Ablenkung von der realen Situation und in der Sorge um die Verhinderung des horror temporis vacui als Grundbefindlichkeit liegt" (Edler 2003, 271). Das Divertissement ist der entsprechende musikalische Gattungsbegriff, der seit dem späten 17. Jahrhundert dem höfischen *Jeu de Volant* entspricht: Er bezeichnet einfache, anmutige Stücke, später, etwa in Hugo Riemanns *Großen Kompositionslehre*, werden auch die Zwischenspiele einer Fuge als solche benannt. Die *Tragédie en musique*

des 17. Jahrhunderts verlangte in aller Regel ein Divertissement pro Akt, in einem Wechsel zwischen „Spannung und Entspannung".

Eine Steigerung des anmutigen Federballspiels fand man im *Ballet de cour*, das sich vom französischen Hof ausgehend in ganz Europa ausbreitete. Hier wird Musik in den Tanzbewegungen sichtbar gemacht, und sie vermag es daher, auf zwei Wegen, eben durch Auge und Ohr, die Seele zu erreichen. Auch in Deutschland ist der Ausdruck *Divertissement* als ein Lehnwort in vornehm-französisch geprägten Kreisen seit dem 17. Jahrhundert gebräuchlich. Neben Maskeraden, Reiterspielen gehörten auch der Tanz und die Musik – und natürlich auch das Federballspiel – zum höfischen Pflichtprogramm. Aus dem Divertissement, Oberbegriff für höfische Vergnügungen aller Art, wurde dann das Divertimento als loser Gattungsbegriff für mehrsätzig-unterhaltsame Instrumentalstücke mit heiterem Charakter, die sich nicht an dem strengen Maß einer Sonate messen lassen müssen.

Dass das Divertissement auch als ein politisches Element angesehen wird, den Adel über seinen Verlust politischen Einflusses hinwegtäuscht und ihn in eine wirklichkeitsferne Welt entführt, bleibt kein Phänomen des 17. Jahrhunderts. Heute reicht dazu jedoch kein Federballspiel, sondern wir benötigen hier in regelmäßigen und verlässlichen Abständen das *Entreacte* einer Fußball-Weltmeisterschaft.

Und wenn der Musikunterricht heute als Wellnessoase für besonders empfindsame Seelen betrachtet wird, dann finden wir in den höfischen Rekreationstechniken eben ein Pendant, weil Geist und Körper nach anstrengender Arbeit Erholungszeiten benötigen, in denen geistig-seelisch-persönlich-emotionale Seiten angesprochen werden, um zwischen der Mathematik- und Lateinstunde die Arbeitskraft wiederherzustellen. Dabei haben wir gerade jene Stätte der Muße aufgesucht, die kraft ihres griechischen Leumunds eigentlich bis heute noch als ein Ort der erfüllten, freien und selbstbestimmten Zeit verstanden werden sollte. Dieser Ort heißt schließlich „Schule" (lat. schola von altgriech. σχολή, Ursprungsbedeutung: „Müßiggang", „Muße"), der Weg durch diese müsste demnach ein einziger Müßiggang sein, Müßiggang wäre also notwendige Voraussetzung und inhaltlicher Kern aller Bildungsprozesse. In der Antike hätte man den Begriff des Geistesarbeiters für ein Paradox gehalten. Doch wenn wir hier an solche, uns vorzeitlich anmutende, Lebensformen erinnern, dann dürfen wir nicht vergessen, dass Schule aus gutem Grund zu einer „Anstalt der Lebensnot" (Nietzsche 1988, 717) geronnen ist, in der es zu lernen gilt, was eben lebensnotwendig ist. Doch allzu selten öffnet sich hier der Raum für schöpferische Muße, wenn selbst dem Musikunterricht ein Status zwischen den Kernfächern zugewiesen wird, der dem einer Zigarettenpause entspricht.

Musik im Salon

Erst die Arbeit, dann das Vergnügen, das könnte auch in den bürgerlichen Salons des 19. Jahrhunderts gelten, wenn hier die höhere Tochter in die edlen Tasten griff, während ihre Brüder sich auf dem Fußboden mit dem keineswegs zweckfreien Spiel mit Zinnsoldaten beschäftigten, um sich in diesen Niederungen auf ihr zukünftiges Berufsfeld vorzubereiten: „Es kommt der Vater verstimmt nach Hause, weil sie ihm draußen im feindlichen Leben gar hart zugesetzt haben; da öffnet das Töchterlein das Clavier, greift in die Tasten und singt dem Vater sein Lieblingslied – ist's nicht, als gienge auf dem Antlitz des Vaters die Sonne auf und scheuchte von dannen die bösen Schatten?" (Köstlin 1879, 4). Es fällt hier nicht in den Aufgabenbereich der höheren Tochter, dem verstimmten Vater zu schöpferischer Inspiration zu verhelfen, auch nicht um jene Dienste, die Johann Sebastian Bach der Frau Musica zuschrieb, wenn das Musizieren zur „Recreation des Gemüths" dient und hier keine Erholung der Glieder, sondern eine Erneuerung der Seele gemeint ist. Im Salon des 19. Jahrhunderts wird Musik reduziert auf atmosphärische Untermalungen und ihren bloßen Kompensationscharakter: Sie scheint nützlich, um die „bösen Schatten" des Alltags zu vertreiben, ohne berührend auf unsere Innenwelt und unser Handeln einzuwirken.

Der bürgerliche Salon ist jedoch nur für den Herrn Vater ein Ort der Zerstreuung und des Vergnügens: Er lauscht dem anmutigen Spiel seiner höheren Tochter, seinem Vorzeige- und Prestigeobjekt, auch wenn ihr Spiel noch nicht bei Facebook geteilt wurde und alle männlichen Follower sich nicht in virtuellen Räumen herumtreiben, sondern auf den nächsten Salonabend zu warten hatten. Das Klavierspiel der Tochter ist jedoch keineswegs ein Ergebnis des lustbetonten Vergnügens, sondern das Ergebnis harter Arbeit, auch wenn diese damals noch erwerbslos bleiben sollte. Das Klavierspiel wird eingebaut in die häuslichen Disziplinierungsmaßnahmen, wo es auch immer darum geht, sich mittels musikalischer Betätigung den männlichen, hier noch ausschließlich väterlichen, Autoritäten unterzuordnen, wie es die Kaufmannstochter Fanny Lewald (1811-1889) beschreibt. Ihr Vater war fest davon überzeugt, „Musik sei etwas Mechanisches, was jeder Mensch erlernen könne. Woher er bei dieser Geringschätzung der Musik so dringend verlangte, sie mir eigen zu machen, habe ich nicht einsehen können" (Lewald 1980 [1861–1863], 75). Je mehr sich die höhere Tochter gegen das tägliche Optimierungsprogramm stellte, umso intensiver insistierte die strenge Obrigkeit: „Je mehr Unlust ich hätte, das Klavierspielen zu erlernen, umso besser und nötiger sei es, daß ich mich mit Selbstüberwindung dazu zwinge. Daß ich in der Schule fleißig sei, darin liege kein Verdienst, denn das täte ich, weil es mir Vergnügen mache. Wenn ich mich aber gegen meine Neigung fleißig auf die Musik verlegte, so würde er erstens sehen, daß ich gern täte, was er wünsche, – und zweitens würde ich damit nur tun, was mir nützlich sei" (ebd., 74). Erst die Arbeit, dann das Vergnügen, das gilt selbstredend auch für Fannys Wochenplan, auch außerhalb der Schule sollte die geistige Aufzucht auf das genaueste geregelt sein: „Sonntag wird völlig der Bestimmung von Fanny anheimgestellt, mit Ausnahme der Klavierübung von 8-9 Uhr; jedoch müssen [...] die Stunden, welche [unter der Woche] am Klavier durch Ausgehen oder durch Besuche versäumt worden sind, genau ersetzt werden. Fanny wird durch pünktliche Erfüllung dieses Stundenzettels und durch sonstiges gutes Betragen sich bemühen, ihren Eltern den Beweis zu geben, daß sie würdig sei, noch anderweitigen Unterricht zu erhalten und von ihrem Vater für ihre Erholungsstunden gute Lesebücher zu bekommen" (ebd., 77). Dass die hier nur skizzierten Unterwerfungsstrategien nicht allein auf die zu brandmarkende Ausbildung einer höheren Tochter des 19. Jahrhunderts einzugrenzen sind, ist bereits hinlänglich berichtet worden. Auch heute wird sich manch einer an solch ein vergessen geglaubtes Vaterbild erinnern: Bis heute gehört es zum nicht zu hinterfragenden Selbstverständnis, sich im Studium das Mozart-Konzert für die Nadelöhrpassage (Probespiel) anzudressieren, um dann später im orchestralen Reproduktionsgefüge hinter dem Schlagstock des Maestros zu funktionieren. Auch Musikhochschulen sind effizienzorientierte „Stätten der Lebensnot" (Nietzsche) und keine Orte der Muße, auch wenn die Musen hier eigentlich zu Hause sein müssten. Niklas Luhmann kennzeichnet Kunst als „Ergebnisse gezielter menschlicher Tätigkeit, die nicht eindeutig durch Funktionen festgelegt sind" (zit. n. Lotter 2020, 266). Kann in den hier beschriebenen Zusammenhängen der Kunstausbildung wirklich Kunst entstehen?

Modern times: Die Etüde als Ausdruck einer Lebenspraxis

Warum ist hier nun inzwischen von einem Alltag die Rede, der nicht mehr von der Kunst hinterfragt werden möchte? Warum scheinen die multimedialen Kanäle des höfischen Divertissements eingefroren, was ist aus dem *Ballet de cour* und dem *Jeu de Volant* geworden? Für das höfische Federballspiel lässt sich diese Frage ganz einfach beantworten. Heutzutage stehen die Balljongleure nicht mehr anmutig im Kreis, sondern spielen inzwischen Badminton. Aus den zweckfreien Vergnügungen wurde Wettkampf, ein Hochleistungssport, der sich nur durch seine Vorsilbe „Hoch" von den ohnehin immer präsenten Prinzipien einer Leistungsgesellschaft und ihren immer inhärenten Begleiterscheinungen der Selbstoptimierung abhebt. Ähnliches gilt für das Divertissement, das von einer neuen musikalischen Gattung abgelöst wurde: „Gegen die Aristokratie und ihre von scheinhafter Bekämpfung des Müßiggangs gerichtete Lebensweise richtete sich die bürgerliche Aufbruchsbewegung des 18. Jahrhunderts, gipfelnd in der Französischen Revolution. Sie setzte dem Divertissement als

Lebenshaltung den neuen Arbeitsbegriff entgegen, der im Calvinismus als dem eigentlichen Gegenspieler des Absolutismus bereits lange zuvor angelegt war: Jede Form von Müßiggang und Zerstreuung galt als sittlich verwerflich, Zeitvergeudung als die erste und schwerste aller Sünden" (Edler 2003, 271). In Begriffen wie ‚Übung‘, ‚exercice‘, oder ‚lesson‘ hat sich bereits im 18. und 19. Jahrhundert der Gedanke an ein neues musikalisches Lernen eingemischt, das sich als ein Trainieren von Fertigkeiten versteht, auch die Spezialisierung der Ausbildung sorgt dafür, dass es zu einer Verlagerung der Gewichte kommt. Harmonielehre, Kontrapunkt, Komposition werden zu Nebenfächern erklärt, wenn es vornehmlich darum geht, reproduzierende Bediener eines Instruments auszubilden: „Aus dieser Situation erklärt sich, daß die Entstehung der Etüde sozusagen historisch fällig war: Sie ist als Maßnahme zur Arbeitsrationalisierung zu begreifen" (ebd., 279). Damit rückt die Ausbildung der Spielmechanik und die damit verbundenen physiologischen Probleme in den Vordergrund, Primärtugenden, die sich eher denen des Handwerks und der Industriearbeit anschließen: „Der Meister führt vor, wie man eine Sache erfolgreich macht, und der Lehrling muss herausfinden, wo der Schlüssel dafür liegt. Beim Lehren durch Vorführen liegt die Last beim Lernenden. Außerdem wird vorausgesetzt, dass hier eine direkte Nachahmung möglich ist" (Sennett 2008, 243). Auf diese Weise entsteht aus dem höfischen Divertissement die bürgerliche Etüde, die einzelne Gänge des Übens bereitstellt, die sich vor einer phänomenologischen Begegnung mit einem Kunstwerk stellen. Erst die Arbeit, dann das Vergnügen, ließe sich nun auf den Klaviersport übertragen. Schließlich eröffnet sich nur mit einem technisch ausgebildeten Handapparat die Möglichkeit, sich mit den Meisterwerken der komponierenden Prominenz auseinanderzusetzen. Der technikaffine Pianist und Autoliebhaber Ferruccio Busoni hat sich in seinem *Entwurf einer neuen Ästhetik der Tonkunst* äußerst kritisch dazu geäußert: „Die Routine wandelt den Tempel der Kunst um in eine Fabrik. Sie zerstört das Schaffen. Denn Schaffen heißt, aus nichts erzeugen. Sie ist die ‚Poesie, die sich kommandieren lässt‘" (Busoni 2013, 46). Mit den

Worten Adolph Bernhard Marx ließe sich dies als „Verkehrung der Kunst in eine todte Technik" (Marx 1850, 384) anprangern. Wer nun das Klavier bedient, ist Teil einer entfremdeten Tätigkeitskette geworden, der menschliche Spielapparat zu einem optimierten Partikel einer Saitenmaschine. Was unterscheidet den Spielapparateur hier noch vom industriellen Fabrikarbeiter? Die nötige Ware wird hier von Carl Czerny bereitgestellt. Bis heute begleitet seine *Schule der Geläufigkeit* Generationen von Industriearbeitern, sein Name wurde zum Programm einer jeder Kunstproduktion vorauszusetzenden „Einzelhaft am Klavier" (Wehmeyer 1983). Während bei seinem Lehrer Beethoven die Opuszahlen seines Spätwerks zum Mythos und Ausdruck individuellen Künstlertums wurden, degradierte Carl Czerny diese wieder zur bloßen Katalognummer einer industriellen Massenproduktion, wie ein ironischer Kommentar zu Opus 795 es beweisen sollte: „Wem schaudert nicht die Haut aus Ehrfurcht vor den gewaltigen Opuszahlen?! Wer bewundert nicht die Verdienste des großen Industriellen" (zit. n. Edler 2002, 714). Und zur Nr. 808 des czernyschen Bestandskataloges wird lediglich berichtet: „In der Fabrik des Hrn. Ch. Czerny u. Comp. ist ein Rondo vermittelst Dampfkraft verfertigt worden. Mehr als dieser Anzeige bedarf es hier nicht" (ebd.).

Über die Unmöglichkeit, ein Paradox in Harmonie aufzulösen

Als Leibeigene der geheiligten Urtextausgabe wird jede Arbeit am Werk zur Fronarbeit: „Da die kapitalistische Arbeitsideologie in der Wirtschaft, der Industrie und der Wissenschaft noch voll akzeptiert wird, ist sie auch in der Kunstausübung uneingeschränkt in Kraft" (Wehmeyer 1983, 163). In der Kunst sollten solche stromlinienförmigen Prozesse in den beschriebenen Systemen der Zweckbestimmung eigentlich nicht angesehen sein, auch sollte sich die Kunst nicht nach vorgegebenen Mustern ablegen. Erst die Arbeit, dann das Vergnügen? Gilt es letztlich, kunstfeindliche Mittel einzusetzen, um der Musik nahe zu kommen? Dürfen wir Fragen nach eigenen Wegen, eigenen Zielvorgaben nicht stellen? Nur üben ist gottgefällig, das gilt heute noch für die gängigen Meisterlehren, in denen sich die Meister selbst noch mit göttlichem Anspruch überhöhen. Peter Röbke spricht hier von einer instrumentalpädagogischen Dilemmasituation: „Wir wollen Menschen dazu bringen, sich technische Fertigkeiten anzueignen, deren Sinn und Nutzen aber erst wirklich einsehbar ist, wenn sie damit schon Musik machen könnten, was sie aber erst wirklich könnten, wenn sie über diese Fertigkeiten schon verfügen würden […]. Wenn wir über die Studienwerke Ševčíks und Hanons hinausblicken und die unterrichtliche Praxis um die Wende vom 19. zum 20. Jahrhundert insgesamt in Augenschein nehmen, eine Praxis, die nicht nur die Fingerbewegungskompendien zur Basis hat, sondern überdies von allgemeiner Disziplinierung und tiefer Körperfeindlichkeit geprägt ist, dann liegt der Verdacht nahe, dass in diesem Fall der versuchte Ausweg aus dem Dilemma schlicht darin bestand, die musikalischen Neigungen und Bedürfnisse der Schüler, deren musikalische Empfindungen und Ausdruckslust vollständig zu ignorieren!" (Röbke 2009, 14f.). Solch eine Dilemmasituation wird in einer zwar schon betagten, aber durchaus noch präsenten „Violinschule Hohmann Heim" nicht so gesehen, wenn es im Vorwort der Erstausgabe (1835) heißt: „Also frisch ans Werk! Die Arbeit ist sauer, der Weg ist weit, aber das Ziel ist ein hehres, herrliches, ideales" (ebd., 15).

Erst die Arbeit, dann das Vergnügen? Der Autor fühlt sich an seine eigene Jugend erinnert, wo er immer wieder versuchte, entgegen der unterrichtlichen Verordnungen nach vergnüglichen Auslagerungsstrategien zu suchen, um Musik zu machen.

Literatur

Busoni, Ferruccio (2013) [1907]: Entwurf einer neuen Ästhetik der Tonkunst. Neuausgabe der 2. Auflage [1916]. Bremen: elv.

Edler, Arnfried (2002): Virtuose und poetische Klaviermusik, in: Sabine Ehrmann-Herfort, Ludwig Finscher, Giselher Schubert (Hg.), Europäische Musikgeschichte, Bd. 2. Kassel/Stuttgart: Bärenreiter/Metzler, S. 705–762.

Edler, Arnfried (2003): Gattungen der Musik für Tasteninstrumente, Band 7, Teilband 2. Laaber: Laaber.

Köstlin, Heinrich Adolf (1879): Die Tonkunst. Einführung in die Aesthetik der Musik. Stuttgart: Engelhorn.

Lewald, Fanny (1980) [1861-63, 6 Bde]: Meine Lebensgeschichte. Gekürzter Neudruck, hg. und eingeleitet von Giesela Brinker-Gabler. Frankfurt a. Main: Fischer Taschenbuch Verlag.

Lotter, Wolf (2020): Zusammenhänge. Wie wir lernen, die Welt wieder zu verstehen. Hamburg: Edition Körber.

Luhmann, Niklas (2002): Das Erziehungssystem der Gesellschaft. Frankfurt a. Main: Suhrkamp.

Marx, Adolph Bernhard (1850): Allgemeine Musiklehre, 4. Verb. Auflage. Leipzig: Breitkopf & Härtel.

Nietzsche, Friedrich (1988) [1872], Ueber die Zukunft unserer Bildungsanstalten. Sechs öffentliche Vorträge, in: Die Geburt der Tragödie; Unzeitgemäße Betrachtungen I–IV; Nachgelassene Schriften 1870–1873 (= Sämtliche Werke. Kritische Studienausgabe, hg. von Giorgio Colli und Mazzino Montinari, Bd. 1). München: dtv, S. 641–763.

Röbke, Peter (2009): Lösung aller Probleme? Die „Entdeckung" des informellen Lernens in der Instrumentalpädagogik, in: Peter Röbke u. Natalia Ardila-Mantilla (Hg.), Vom wilden Lernen. Mainz: Schott, S. 11–29.

Rosa, Hartmut (2005): Beschleunigung. Die Veränderung der Zeitstrukturen in der Moderne. Frankfurt a. Main: Suhrkamp.

Sennett, Richard (2008): Handwerk. Aus dem Amerikanischen von Michael Bischoff. Berlin: Berlin Verlag Taschenbuch.

Sloterdijk, Peter (2011): Du mußt dein Leben ändern. Über Anthropotechnik. Frankfurt a. Main: Suhrkamp.

Straub, Jürgen (2019): Das optimierte Selbst. Kompetenzimperative und Steigerungslogiken in der Optimierungsgesellschaft. Gießen: Psychosozial-Verlag.

Wehmeyer, Grete (1983): Carl Czerny und die Einzelhaft am Klavier oder die Kunst der Fingerfertigkeit und die industrielle Arbeitsideologie. Kassel: Bärenreiter.

Fragebogen Jürgen Oberschmidt

Was arbeiten Sie?
Ich war erst als Musiklehrer an einem Gymnasium tätig, bevor ich einen Ruf als Professor für Musikpädagogik an die PH Heidelberg erhielt.

Arbeiten Sie auch mal länger, als der „offizielle" Arbeitstag Stunden hat, oder hören Sie eher immer pünktlich auf?
Ich trenne nicht zwischen Arbeit und Freizeit … zähle daher auch nicht die Stunden..

Können Sie Arbeit und Freizeit trennen, oder arbeiten Sie immer und überall? Wie sieht das genau aus in Ihrem Bereich?
In meinem Beruf ist es schwierig, zu unterscheiden zwischen Beruf und Freizeit. Wenn ich Musik höre, ein Buch über Musik lese, ist das dann Arbeit oder Unterhaltung? Und so geht es am laufenden Band. Daher habe ich beschlossen, einfach immer zu arbeiten … Urlaub habe ich für mich persönlich aus meinem Leben gestrichen.

Ist Arbeit nur das Gegenteil von Freizeit?
„Welche Musik hören Sie in Ihrer Freizeit?" Diese Zuschauerfrage richtete sich an den Komponisten Wolfgang Rihm. Ort des Geschehens waren die Tage der Neuen Musik in Weingarten – und wahrscheinlich interessierte sich der Fragende einfach

nur dafür, ob der Tonschöpfer, der nun ganz irdisch aus Fleisch und Blut vor ihm stand, auch ganz „normale" Musik hört. „Ich habe keine Freizeit", war die spontane Antwort Rihms, die von einem mitleidigen Raunen begleitet wurde. „Ich habe aber auch keine Arbeitszeit", ergänzte der Komponist sogleich. Nun darf man durchaus von einer besonderes komfortablen Aussicht auf das Live-Style-Arrangement sprechen, wenn eine Berufung zum Beruf wird, wenn man im eigenen Tun seine Erfüllung findet und in einer ganz anderen Zeitbestimmung von solch einer produktiven „Arbeitslosigkeit" sprechen darf. Ein Komponist ist eben freischaffend, was von Karl Marx als Zivilisationsziel einer postkapitalistischen Gesellschaft ausgerufen wurde. Dass an der Erreichbarkeit solch eines hehren Ziels noch gearbeitet werden muss, wird deutlich, wenn man bedenkt, wie die vielgepriesene „Kreativität" zum tragenden Moment in den kapitalistischen Prozess der Arbeitswelt integriert und als intellektuelle Ressource des Wachstums wird.

Macht Freizeit (Hobbys etc.) auch Arbeit?
In ihrer Schrift vom tätigen Leben beschreibt Hannah Arendt die Folgen einer Arbeitsgesellschaft, in der die Idee der Arbeit zum Universalparadigma allen Handelns geworden ist. Selbst wenn wir die Arbeit gänzlich abschaffen sollten, würden wir uns immer noch als Arbeitende verstehen. Mit dem Geschenk ungezwungener Tätigkeit scheinen wir nicht leben zu wollen, wenn man sieht, wie wir unser Freizeitunternehmertum durchrationalisieren: Selbstoptimierung im Fitnessstudio, Erwartungsdruck am Wochenende, Eigenleistung an der Werkbank im Hobbykeller, der eigene Erwartungshorizont orientiert sich am Nützlichkeitsdenken. Nicht die Kunst, wie Schiller es behauptet, sondern die Arbeit scheint den Menschen zum Menschen zu machen. Das Projekt, in der Freizeit nach höheren Tätigkeiten zu streben, ist noch in Arbeit.

Was fällt Ihnen zum Stichwort „Work-Life-Balance" ein?
Was wir tun, wenn wir nicht arbeiten, ist und bleibt eine kulturelle Herausforderung. Wenn Ersatzbeschäftigungen nicht zu Tätigkeiten einer anderen Ordnung führen, wenn wir in der Freizeit von Arbeit nicht loslassen, dann bleibt Arbeit das ganze Leben und in dieser scheinen wir Glück und Zufriedenheit zu finden. „Arbeit adelt" bleibt dann unser Motto und wir dürften vergessen haben, dass sich der Adel nie durch die Arbeit, sondern stets durch den Müßiggang adeln sollte. Welche neuen Sinnquellen können und müssen wir uns erarbeiten?

Gibt es ein Ende der Arbeit?
Ich erinnere hier an den Bestseller „Das Ende der Arbeit und ihre Zukunft" des US-Ökonomen Jeremy Rifkin, der voraussagt, dass Prozesse der Automatisierung und Digitalisierung zu einem Ende der herkömmlichen Erwerbsarbeit führen würde. Rifkin spricht von einem dritten Sektor, von Beschäftigungsalternativen in einer Welt, in der wir uns frei entfalten dürfen, in Kunst, Sport, Wissenschaft, sozialem Engagement. Die ungerechte Welt, die wir selbst geschaffen haben, ist also sterblich. Vielleicht wäre solch eine Entwicklung auch ein Schritt nach vorn.

Berndt Milde

Faulheit und Arbeitssucht

Thomas Wörtche
Arbeit – welch wunderliches Wortfeld

Mit „Arbeit" hatte ich schon immer Probleme. Das fängt schon in meiner Kindheit und Jugend an: „Ora et labora" sollte mir als Lebensmaxime eingetrichtert werden. Der Mensch brauche, hieß es immer wieder, für ein geglücktes Leben ein karges Zimmer, ein hartes Bett und viel Arbeit. Erst viel später kam mir der Gedanke, dass mein Vater, der als Manager ein Leben mit Chauffeur, Sternehotels und Interkontinentalflügen führte (und mit sechzig am topischen Herzinfarkt starb) und mit Religion, die für ihn vermutlich unter Dadaismus fiel, so gar nichts am Hut hatte, das vielleicht doch eher ironisch gemeint hatte. Zunächst auf jeden Fall fand ich die Vorstellung, mein Dasein fortan betend und schuftend zu fristen, als extrem abstoßend und beängstigend. Natürlich hatte ich noch keine Begriffe für mein Unbehagen. Das aber nicht weniger wurde, als dann im Lauf der Zeit das Wortfeld „Arbeit" für mich immer verstörender wurde: „Beziehungsarbeit" – eine Art mit Tränen und Mühen beladene Sisyphos-Schinderei, aus der nimmermehr Glück und Wollust entstehen kann, schon per definitionem.

„Strafarbeit" – ein Pleonasmus, aber auch explikativ nützlich, weil Arbeit und Strafe hier tautologisch verknüpft sind. Noch heute können es sich Leute mit mir ernsthaft verderben, wenn sie mich zu unnützen Schreibarbeiten zwingen – sinnlose Korrespondenzen, bürokratische Formalitäten, Exposés für die Akten, Gutachten, die sowieso in den nächsten Mülleimer wandern und so weiter und so fort, all dieses Zeug macht aus Schreibarbeiten Strafarbeiten, wobei mir, außer meiner Existenz, kein Grund einfällt, aus dem ich bestraft werden sollte. Aber eben: Arbeit!

Auch dass „Arbeit" eine moralische Dimension haben soll – Stichworte: Arbeitsethik, protestantische, Calvin, Zwingli (nomen es omen), Max Weber –, ging mir schon immer gegen den Strich, die zynische Monstrosität von „Arbeit macht frei" schien mir immer systemimmanent nur logisch zu sein.

Die moralische Erhöhung, die immer mitschwingt, wenn jemand sich brüstet, „hart gearbeitet" zu haben, finde ich befremdlich. Manche Menschen arbeiten nun mal hart daran, andere Menschen zu vernichten oder – man muss ja nicht immer ins obere Register greifen – auszubeuten, ihnen das Leben schwer zu machen oder mit niederträchtiger Pedanterie (Ämter, Formblätter et al) zu sekkieren. Und selbst wo „harte Arbeit" aufgerufen wird, wo man Menschen hilft und heilt, wo man sich für die „richtige Sache" engagiert, schwingt oft noch ein Hauch unangenehm moralischer Vorbildlichkeit mit, denn es impliziert, dass etwas dann besonders lohnt und wertig sei, wenn es mit Mühsal verbunden ist. Und insofern besondere Dankbarkeit, Prestige und – sei's metaphysisch – höhere Belohnung erheischt. Wobei: Dass etwa Pflegekräfte gezwungen sind, damit argumentieren zu müssen, um überhaupt wahrgenommen zu werden, ist ein Beleg dafür, wie tief solche Denkmuster gesellschaftlich internalisiert sind. Das ist per se schändlich genug. Und verbessert mein Verhältnis zu „Arbeit" nicht.

Klar, Künstler*innen aller Sparten schwärmen gerne von einer „schönen Arbeit", wenn ihnen etwa ein Bild oder ein Stück gut gelungen ist. Da steckt Handwerkerstolz drin und vielleicht auch Abwehr gegen irgendwelche Genie-Konzepte. „Arbeit" verweist in diesem Zusammenhang auf das Gemachte von Kunst, das dem Faulen so nicht gelingen kann. „Le droit à la paresse", Paul Lafargues berühmtes Lob der Faulheit von 1880, empörte auch seinen Schwiegervater Karl Marx, der an dieser Stelle merkwürdig contre cœur christlich rüberkommt, denn schließlich gehört Faulheit als Acedia zu den Todsünden, den Mittagsdämonen zugeordnet, deren einer der dauereregierte Pan ist.

Wobei wir bei der „Sexarbeit" angekommen wären, ein merkwürdig dialektischer Begriff, der ein angeblich verwerfliches Berufsbild mit dem Begriff „Arbeit" aufwertet, das heißt, mit dem moralischen Surplus von „Arbeit" etwas rechtfertigt, das, in einer klügeren und menschlicheren Welt, dieser Rechtfertigung gar nicht bedürfen sollte.

Dass man auch umgangssprachlich dem Braten „Arbeit" nicht ganz traut, sieht man an intrikaten Formulierungen wie „er/sie hat sich sehr bemüht", „ist fleißig, aber ein bisschen dumm": wenn es um die wirtschaftliche Effektivität, um die Verwertbarkeit und Wertschöpfung von und durch Arbeit geht, ist man geschmeidig: Der ansonsten und, wenn nützlich, moralisch lobenswerte Aspekt von „Arbeit" wird belächelt, hochmütig ins Inferiore umgedeutet. Was aber auch bedeutet: Wenn das so biegsam und blank opportunistisch funktioniert, warum sollte ich dann den moralischen Wert von Arbeit wertschätzen und achten, wenn es doch dabei offen und vor aller Augen nicht um ein moralisches, sondern um ein profitorientiertes Konzept geht?

Wobei wir bei David Graebers „Bullshit Jobs" wären. An der Stelle ist vielleicht „Arbeitsmoral" als positive Eigenschaft die einzige Sinnstiftungsoption überhaupt und muss von interessierten Kreisen als letztes Bollwerk gegen die Einsicht in ein ungeheures existenzielles Vakuum mit Zähnen und Klauen verteidigt werden. Auch das ist völlig internalisiert: Wer einen Bullshit Job hat, ist ein arbeitsamer Bürger, wer keinen Job hat, ein lästiger Faulenzer, den man regulieren muss, wie es das Reichsstrafgesetzbuch von 1871 festgeschrieben hat, was sich bis zur „Pflicht zur Erwerbstätigkeit" in der DDR gehalten hat.

Das Schlüsselwort in diesem Zusammenhang ist „arbeitsscheu". Unter diesem Vorwurf hat man Menschen ins KZ gesteckt, durch Arbeit „vernichtet" und ermordet. Das hat dem Begriff keinen Abbruch getan – er wird noch immer gerne zur sozialen Stigmatisierung benutzt, und es sind beklagenswerterweise keine urban legends, dass sich im Zuge der Corona-Hilfen freischaffende Künstler*innen von Sachbearbeiter*innen der zuständigen Behörden anhören mussten, dass sie, wenn sie einen anständigen Beruf gelernt hätten, jetzt nicht betteln kommen müssten, um ihre arbeitsscheue Existenz zu finanzieren. Im Personaler-Sprech liest sich das so: „Sie/er zeigte stets Verständnis für ihre/seine Arbeit", meint aber faul und arbeitsscheu.

Ich zum Beispiel bin arbeitsscheu, ohne Wenn und Aber. Ich schreibe nicht gerne Texte, aber ich habe durchaus gern welche geschrieben. Das hat mir anscheinend den Ruf eingebracht, ich sei ein Workaholic. Nichts wäre falscher. Ich bin fett, faul und gefräßig. Es ist Arbeit (sic!) und Fron, ein schlechtes Buch lesen zu müssen, und dass ich mir „im Schweiße meines Angesichts mein Brot verdienen" soll (cf. 1 Mose 3:19) halte ich für die blanke Unverschämtheit. Das ist eine privilegierte, arrogante, elitäre und snobistische (je suis nun mal snob, um einen Song von Boris Vian zu zitieren, was ich schon lange mal tun wollte) Einstellung, die mit der Realität sehr vieler Menschen nichts zu tun hat, die sich krummlegen und ackern müssen, um nicht zugrunde zu gehen – aber ob sie das nicht auch tief innerlich oder Tag für Tag ausgesprochen für eine Unverschämtheit halten, ist noch lange nicht ausgemacht. Denn jeder Mensch sollte nach seiner Façon fett, faul und gefräßig sein oder was ihm immer sonst frommt und dies auch wollen dürfen. Das ist eine Utopie, klar, aber Utopien können auch ganz einfach sein. Mit „Aussteigen" hat das nichts zu tun, sondern mit dem, was wir als „Arbeit" bezeichnen. Entfremdung und so, Sie wissen schon. Das, was ich mache, mache ich gerne. Es mit „Arbeit" zu bezeichnen, ist nicht mehr als eine abkürzende Redekonvention und ein pragmatisches Sprachspiel, weil mir kein Mensch Geld dafür geben würde, wenn ich etwas einfach so gerne mache. Also simuliere ich Müh und Fron. Wer's kapiert, kann mich ausnehmen wie eine Weihnachtsgans.

Aber so ist das nun mal – wir entkommen der Arbeit nicht. Allerhöchstens dem Begriff, und das nur mit Mühe (siehe: „Mühe"). Selbst eine „Kritik der Arbeit" würde Arbeit machen, zu der ich definitiv zu faul bin. Ich könnte stattdessen ein paar Austern essen oder Fußball gucken. Statt Beziehungsarbeit liebe ich lieber meine Frau und lasse mich von ihr lieben, wenn das nicht ganz organisch vonstattengeht, taugt es eh nichts. Straf- und Schreibarbeiten lehne ich nach wie vor ab, genauso wie Ergo-Therapie, der man mich vielleicht nach Lektüre dieses Textes zuführen möchte. Obwohl ich ja nur ein bisschen auf dem Wortfeld herumtrample.

Jürgen Wertheimer
Das Oblomow-Prinzip:
Arbeitsverweigerung als Lebensform

Arbeit, Arbeit, Arbeit. Arbeitsethos, Arbeitsplatzsicherheit, Arbeitswut, Arbeitsleistung, Lohn der Arbeit – wir kennen das von Kind an. Könnten uns die Wände mit Arbeitszeugnissen zupflastern. Manche gehen in ihrem Beruf auf, sprechen gar von Berufung, andere verkümmern unter entfremdeter Arbeit, durchgetaktet, immer die Stechuhr im Kopf. Wer die Leistung nicht bringt, den sondert neuerdings eine unbestechliche KI aus. Man kann es drehen, wie man will – wir definieren uns weitgehend über unsere Arbeit. Arbeitslosigkeit wird als gravierender Mangel, wenn nicht als Schmach empfunden und entsprechend ent-lohnt. Um uns her: lauter redliche und weniger redliche Kaufleute, pflicht- und ordnungsbewusste Beamte, Sachbearbeiter, umtriebige IT-Manager, tüchtige Handwerker, verbissene Verwalter, wuselnde Gestalter, eifrige Studierende. Sogar absolut sinnfreie Tätigkeiten wie die der polizeilichen Parkraumüberwachung werden als legitime Teile einer geordneten Arbeitswelt definiert.

Bis dann die reguläre oder vorgezogene Rente kommt – und das große Aufatmen: endlich, endlich tun und vor allem lassen, was man will, was man wirklich will. Wenige Monate später sieht man die einen der Davongekommenen sich in Ehrenämtern verschleißen – durchgetaktet, bis auf die Minute. Die anderen auf endloser sinnloser E-Bike-Tour wie Hamster im Rade ...

Ein Blick in die Literatur ist zumeist lehrreich – was das Prinzip „Arbeit" betrifft, ist er es in besonderem Maße. Die meisten Helden und Heldinnen unserer Fantasie sind nämlich arbeitslos, arbeitsfrei, arbeitsscheu. Ob Effi Briest oder Lady Macbeth, Hamlet oder Werther, Raskolnikow oder Wilhelm Tell. Robin Hood, Franz Bieberkopf, Hans Castrop ... Selbst der ungemein fleißige Lessing kam nicht umhin, ein recht plastisches „Lob der Faulheit" zu verfassen:

> *Faulheit jetzo will ich dir*
> *Auch ein kleines Loblied bringen.*
> *O — wie — sau — er — wird es mir, —*
> *Dich — nach Würden — zu besingen!*
> *Doch, ich will mein Bestes tun,*
> *Nach der Arbeit ist gut ruhn.*
> *Höchstes Gut, wer Dich nur hat,*
> *Dessen ungestörtes Leben —*
> *Ach! — ich — gähn — ich — werde matt —*
> *Nun — so — magst du — mir's vergeben,*
> *Dass ich Dich nicht singen kann;*
> *Du verhinderst mich ja dran.*

Doch der ungekrönte König dieser „a-sozialen" und oft auch nicht sozialisierbaren Spezies ist natürlich der legendäre „Oblomow" des russischen Dichters Gontascharow.

Einer, der keinen Finger rührt, der das Prinzip Arbeit an sich abperlen lässt und einfach nicht in die Gänge kommt und kommen will. Für die bürgerliche Welt ist dies ein Skandalon. Und sie versucht alles, jedenfalls das ihr Mögliche, den Mann ins System zu bringen. Wie sich zeigen wird, ohne nennenswerten Erfolg. Statt sich ins gesellschaftliche Konkurrenzgetümmel zu stürzen oder sich zumindest in Richtung Karriereleiter zu bewegen, bevorzugt er es, seine Tage mehr oder weniger behaglich auf dem Sofa zu verbringen.

Der Fall Oblomow von Gontscharow liegt der Gesellschaft im Magen wie ein unverdaulicher Kloß – der ruhmlose Erfinder der „Oblomowerei" (russisch: Oblomowschtschina) wird fast als schlimmer als mancher Anarchist oder Umstürzler gesehen: geht es doch ans innerste Heiligtum fast jeder Gesellschaft. Zerreißt er doch das letzte Band der Gemeinschaft, das der Arbeit. Parasit, Schmarotzer Neurotiker –

die Welt der Arbeitenden ist nicht zimperlich im Umgang mit ihm. Allen voran sein Freund, der deutsche Stolz, unternehmen sie alles Erdenkliche, um Oblomow zu sozialisieren: Reformpläne für sein Gut, eine große Reise, schließlich sogar eine mögliche Liebe. Alle diese Aufschwungsversuche scheitern letztlich an einem durchdringenden Phlegma, das jeden Anflug der Wiedereingliederung in die Welt der Arbeitenden und der Arbeiter nach kurzer Zeit versanden lässt. Allein die Prozedur des morgendlichen Aufstehens erweist sich als nahezu undurchführbares Tagesprojekt. Der Vorschlag, kurz bevor die Abenddämmerung hereinbricht, seinen wattierten Schlafrock zu verlassen, kommt einem Affront gleich.

Briefe, Vorladungen und Aufforderung von draußen kommen im Gewölle seiner Bettdecken auf undefinierbare Art und Weise abhanden. Im Zusammenspiel mit seinem nicht minder verschlampten und lethargischen Diener ein kongenialer pas de deux in die Welt kompletter Dysfunktionalität. Das Ganze nicht aus Böswilligkeit oder in der provokativen Absicht, Sand ins Getriebe der Gesellschaft zu bringen, sondern – sondern aus einer undefinierbaren Melange aus Friedenssehnsucht, Faulheit, Ruhebedürfnis und Ungeschicklichkeit.

Dass ein Antikörper wie er dennoch zum populären und doch irgendwie geliebten „Helden" seiner vielen Leser werden konnte, grenzt an ein Wunder. Offenbar rührt er eine Seite in uns „Arbeitsamen" an, die wir im Allgemeinen sorgsam verborgen halten. Könnte es sein, dass in uns allen eine tiefe Neigung zum Phlegmatismus angelegt ist, eine Sehnsucht danach, einfach in Ruhe gelassen zu werden und alle vier gerade sein zu lassen? Mir jedenfalls sind erstaunlich viele extrem fleißige Menschen bekannt, die gelegentlich und nur im freimütigen Gespräch zu später Stunde bekennen, dass sie im Grunde ihres Herzens regelrecht faul seien. Dass sie sich durch Arbeit zur Aktivität, zum Aktivismus, wie sagte einer, regelrecht „peitschen" müssten? Arbeit als Sucht, als Droge, um von sich selbst, von den eigenen und eigentlichen Bedürfnissen abzulenken? Falls es nur ansatzweise so sein sollte, wäre Oblomow ein Weltweiser, ein Philosoph. Philosoph oder faule Socke? Antipode oder Spiegel? Keine dieser Fragen ist leicht zu beantworten. Ob dieser Oblomow nun ein Aussteiger oder ein früher bürgerlicher Hippie ist oder ein fragwürdiges Produkt der Leibeigenschaft und der Ausbeutung sei dahingestellt. Fakt ist, dass er das System in gleichem Maße stört, wie sein nur wenige Jahre vorher verewigter fiktiver beinahe-Zeitgenosse Barthelby in der gleichnamigen Geschichte von Hermann Melville. Der eine will nicht anfangen zu arbeiten – der andere nicht damit aufhören. Als man den Schreiber dazu veranlassen will, das Kontor zu räumen und seine Arbeit einzustellen, hat dieser nur eine Antwort: „I would prefer not to." Und bleibt. Mit gleicher Insistenz und Unnachgiebigkeit wie Oblomow sich einem Eintritt ins wirkliche Arbeitsleben versperrt. Zwei denkwürdige literarische Asymmetrien mitten im arbeitsamen und fortschrittsgläubigen 19. Jahrhundert.

Möglicherweise frappieren sie uns in einer Zeit grundsätzlichen Umdenkens in Bezug auf Wachstum, Gewinnmaximierung und reibungslos funktionierende, durchrationalisierte Abläufe gerade deshalb noch immer.

„Oblomow" von Iwan Gontscharow, 1859, „Bartleby der Schreiber" von Herman Melville (Originaltitel „Bartleby the Scrivener"), 1853.

Johann A. Makowsky
Mut zur Muße

„Ich habe heute keine ZEIT, ich MUSS ARBEITEN." Wir sagen das oft, wenn wir eingespannt sind in Alltagspflichten und eher unangenehme Beschäftigungen. Arbeit ist meist mit Mühsal verbunden, mit dem Zwang zur Pflicht oder zur Erwerbstätigkeit. „Ich bin heute nicht FREI, ich muss arbeiten."

Die freie Zeit ist Müßiggang. „Müßiggang ist aller Laster Anfang", das lernen wir von klein auf. Aber Muße ist nicht Müßiggang!

Im Hebräischen gibt es zwei Wörter für „Zeit": „Sman", die Zeit, wie sie in der Stundenuhr abläuft, und „Pnai", die freie Zeit der Muße. Man kann Zeit (Sman) haben, und doch fehlt einem die Muße (Pnai). In meinem Hebräischkurs für Gastdozenten damals in Jerusalem entschuldigte ich mich bei der Lehrerin einmal, mir hätte die Muße gefehlt, um die Hausaufgaben zu machen.

Die Lehrerin korrigierte mich sichtlich irritiert: Man sagt nicht Pnai, man sagt Sman. Aber ich erwiderte, dass ich sehr wohl Zeit gehabt hätte, nur eben an der Muße hätte es gefehlt. Sie verstand mich nicht, und ich verließ den Kurs bald darauf.

Muße, auf Lateinisch „Otium", bezeichnet die Abwesenheit von Geschäftigkeit, „neg-otium".

Horaz erzählt in seiner Satire (I,9), wie er jüngst auf der Via Sacra lustwandelte, so wie es seine Gewohnheit war.

Baudelaire hätte vom Flanieren gesprochen. Aber der Flaneur gleitet im Geschehen, er beobachtet, wie die Zeit an ihm vorbeifließt.

Horaz hingegen war in buntem Spiel der Gedanken vertieft und ganz bei der Sache, was auch immer sie war.

Ibam forte Via Sacra, sicut meus est mos,
Nescio quid meditans nugarum, totus in illis:

Da kommet ein flüchtiger Bekannter daher, ergreift seine Hand und stiehlt ihm die Versunkenheit mit seiner geschwätzigen Art.

Accurrit quidam notus mihi nomine tantum:
Arreptaque manu, „Quid agis, dulcissime rerum?"

Unverhofft wendet sich das Otium ins Gegenteil, ins Neg-otium, in die unproduktive Geschäftigkeit des Smalltalks.

Auch Goethe schreibt davon:

Ich ging im Walde
So für mich hin,
Und nichts zu suchen,
Das war mein Sinn.
Im Schatten sah ich
Ein Blümchen stehn,
Wie Sterne leuchtend,
Wie Äuglein schön.

Impulsiv möchte er das Blümlein besitzen, doch in der Muße des Augenblicks wendet sich sein Verlangen:

Ich wollt es brechen,
Da sagt es fein:
Soll ich zum Welken
Gebrochen sein?
Ich grub's mit allen
Den Würzlein aus.
Zum Garten trug ich's
Am hübschen Haus.

Und pflanzt es wieder
Am stillen Ort;
Nun zweigt es immer
Und blüht so fort.

In der Muße finden wir die Zeit, um an uns und aus uns heraus zu arbeiten.

Lernen, Forschen, Erschaffen, und allgemein schöpferisch sein, sind auch Formen der Arbeit. Trauerarbeit, Meditation und In-sich-Gehen ebenfalls. Aber sie alle setzen Muße voraus.

Das Wörterbuch setzt Muße und Freizeit gleichbedeutend. Englisch „leasure", Französisch „loisir". Russisch „Досуг". Nur, die Freizeit wurde kommerzialisiert, „leasure industry", Freizeitindustrie, leben im Freizeitpark. Freizeit ist die ungenützte Zeit, die für den Konsum brachliegt, wie eine ungenützte Werbefläche.

Echte Muße ist, was ich brauche, um schöpferisch zu arbeiten, sei es an mir oder aus mir heraus, als verantwortungsvoller Mensch, der an sich arbeitet, oder als Schöpfer von Kunst und Wissenschaft.

Mut zur Muße.

Achim Stegmüller
Wo findet Arbeit statt? Wo pflücke ich die Früchte meiner Arbeit? Und wenn sie keine Früchte trägt, wohin ist dann all meine Arbeit gegangen?

1

Ich arbeite in Kyoto als Deutschlehrer an einer großen Privatuniversität. Klassen von etwa 30 Personen meine Sprache zu vermitteln, ist mühsam. Und was wir heute gelernt haben, ist eine Woche später über weite Strecken spurlos verschwunden. Manchmal, während Phasen von Gruppen- und Partnerarbeit nehme ich mich heraus, stehe am Fenster, lausche dem Wind in den Bäumen, den aufschlagenden Regentropfen, dem Quaken von Fröschen, den verschiedenen Zikaden und Grillen. Ich fühle mich oft in diesen Geräuschen, Tönen und Artikulationen der Natur viel mehr aufgehoben und zu Hause als zwischen all den Redewendungen, die ich gerade zu vermitteln versucht habe und die ich nun aus den Münden von jungen Menschen höre.

Beim eigenen Erlernen der japanischen Sprache geht es mir ähnlich. Was ich eben gerade verstanden und mir angelernt habe, das mag mir am Abend schon nicht mehr über die Zunge kommen.

Erschöpft von all dieser Arbeit tankte ich anfangs neue Kraft bei Spaziergängen. Mit den Jahren wurden sie immer länger, wurden zu Wanderungen. Während ich mich dabei oft traurig fragte, was denn nun in den Köpfen meiner Klasse an deutscher Sprache geblieben sei, was sich in meinem eigenen Kopf an japanischer Sprache anreichere, bemerkte ich doch zugleich ein unerwartetes Wachstum meines Gehörsinns. Es waren nicht die Artikulationen meiner japanischen Mitmenschen, die ich immer besser verstehen konnte, sondern die Laute der Zikaden und später der Grillen, die ich immer besser zu differenzieren wusste. Claude Lévi-Strauss berichtete in einem Vortrag im Oktober 1979 in Paris, dass er aus einer

Rezension erfahren hätte, dass ein japanischer Neurologe, Tsunoda Tadanobu, nachgewiesen hätte, dass japanische Menschen im Unterschied zu allen anderen Völkern, einschließlich der asiatischen, die Rufe der Insekten in der linken Gehirnhälfte verarbeiten würden und nicht in der rechten. Das ließe vermuten, dass für japanische Menschen die Rufe der Insekten keine Geräusche seien, sondern in der Bereich der artikulierten Sprache fielen. So erklärt sich Lévi-Strauss dann auch die Freude des Prinzen Genji, Insekten aus fernen Ländern in seinen Garten kommen zu lassen, um ihrem Gesang zu lauschen. Im Abendland ließe sich so etwas nicht denken. Sitze ich in einem Spätsommer an einem Hang und lausche den Zikaden oder im Herbst der wunderbaren Vielfalt der Grillen, fühle ich ein Glück reichhaltiger Ernte. Während ich mich im Bereich des Bewussten erfolglos abgequält habe, hat sich der Körper womöglich von selbst verändert und ein Vermögen geschaffen, das ich mir vorab nie hätte denken können und von dem ich nichts geahnt habe.

2

Die Arbeit, womit ich Geld verdiene, habe ich nie als meine wirkliche Arbeit betrachtet. Meine Arbeit war immer etwas Anderes. Etwas wie Auftrag. Nichts als Gedichte wollte ich schreiben, Gedichte schrieb ich, war manchmal angetan von der eigenen Produktion und manchmal nicht, fand aber viel zu selten Orte für die Publikation meiner Gedichte. Zur Zeit der hohen Arbeitslosigkeit während der Regierung Schröder war ich erleichtert, denn dieses gesellschaftliche Arbeitsmarktproblem war mir dankenswerte Legitimation meiner eigenen Armut. Sollte die Arbeitslosigkeit ruhig noch weiter steigen. So dachte ich damals. Ich war überzeugt davon, dass meine Zeit als Dichter ganz gewiss noch käme. Und dass die Arbeit, die ich allein für mich schreibend vollbrachte, eines Tages anerkannt werden würde.

Und inzwischen, nach all den vergangene Jahren, das Gefühl, als sei ich Traumgespinsten nachgegangen. Nichts habe ich gearbeitet und keinen Auftrag erfüllt. Marie Luise Kaschnitz erzählt in „Nonnenmusik" von einer alten Nonne, die nahe am Tod ein kleines Wunder ankündigte. Und tatsächlich war an ihrem einjährigen Todestag im Kloster eine wunderbare Musik zu hören, die alle tief bewegte, aber die doch für niemanden zu fassen war. Weder konnte man sich einig werden, woher diese Musik denn nun genau kam, noch darüber, ob das denn nun überhaupt eine Musik war. Denn wer die Melodien nachspielen oder nachsingen wollte, der scheiterte furchtbar, es klang dann nur noch wie Katzenmusik. Kaschnitz schreibt: „Dieser sonderbare Umstand gemahnte mich daran, dass gewisse Gedichte so, wie sie mit dem inneren Ohr gehört werden, niemals zum Ausdruck kommen, sich vielmehr auf dem Wege in ihr Gegenteil, ein wüstes Gestammel verkehren. Sie scheinen nicht dazu bestimmt, ausgesprochen zu werden, sie gehören wie die geheimnisvolle Musik zu dem großen Schatz des Unsagbaren, Unspielbaren, dessen beglückendes Vorhandensein niemand leugnen wird."

Daran will ich mich halten, das ist mein Trost, das ist meine Hoffnung.

Fragebogen Robert Becker

Wie alt sind Sie?
62.
Was arbeiten Sie?
Ich habe ein Kinderheim gegründet und gleichzeitig eine familientherapeutische Praxis eröffnet, und weil mir das allem Anschein nach nicht genug war, schreibe ich in jeder freien Minute und habe meine Stimme ausbilden lassen und jahrelang sehr ambitioniert gesungen.
Ein typischer Tag: Ich stehe morgens um 5:30 Uhr auf, schreibe oder lese bei einem ersten Kaffee. Dann fahre ich ins Büro (untendrunter ist meine Praxis). Ich arbeite meine Termine ab, spreche mit den Pädagog*innen, die für uns arbeiten, und nachmittags gehe ich „Kinder ärgern", was so viel bedeutet, dass ich zu einer unserer Gruppen fahre, um zu sehen, wie ich unterstützen kann. Dreimal wöchentlich gehe ich mit Kolleg*innen und Jugendlichen, die wir betreuen, ins Fitness-Studio, die restlichen Abende schreibe ich und schlafe später vor dem Fernseher ein.
Haben Sie schon Diskriminierung am Arbeitsplatz erlebt? Wie sind Sie damit umgegangen?
Ich weiß, was ich will. Das ist manchmal gegen mich ausgelegt worden. Als Mann wird man gerne mal in die „Täterrolle" geschoben. Von Schwulen werde ich hin und wieder diskriminiert, weil ich meine Frau als Liebe meines Lebens bezeichne, trotzdem sexuelle Kontakte zu Männern habe, verheiratet geblieben bin, obgleich wir getrennt wohnen, und die Geburtstage meiner Kinder mir wichtiger waren als Ledertreffen in Berlin.
Arbeiten Sie etwas ganz anderes als das, was Sie sich früher vorgestellt haben?
Ich wollte mich schon immer um Kinder kümmern. Ich lebe meine Passion. Das ist ein großes Glück.

Ist es von Bedeutung, was Ihre Eltern gearbeitet haben (in deren Fußstapfen treten oder im Gegenteil etwas ganz anderes machen)?
Meine Eltern haben es vorgezogen, sich nicht von mir stören zu lassen. Ich kam nach meiner Geburt ins Heim. Beide waren kein Vorbild für mich.
Wie definieren Sie „Arbeit" für sich? Ist Arbeit zwangsläufig mit Bezahlung verbunden?
Würde ich für alles Geld bekommen, was ich arbeite, könnte ich noch ein paar Kinderheime gründen.
Arbeit ist für mich etwas, das sein muss und mein Leben sinnhaft füllt. Besser, ich arbeite viel, als dass ich mir selbst zu viel werde.
„Beruf" und „Arbeit". Unterscheiden Sie zwischen beiden, wie?
Keine Unterscheidung. Die Grenzen sind fließend. Das eine geht oftmals in das andere über. Bei meiner Arbeit als Therapeut gibt es die deutlichste professionelle Grenze.
Arbeiten Sie in dem Beruf, den Sie erlernt haben?
Ja. Ich kann nichts anderes.
Wie würden Sie Ihre „Arbeit" bezeichnen, als Job, Tätigkeit, Berufung …?
Als Geschenk? Fluch und Segen, manchmal. Passion, wie gesagt.
Empfinden Sie sich hinsichtlich Ihrer Arbeit gesellschaftlich unten, in der Mitte oder weiter oben?
Heimerziehung hat keine große Lobby. Wenn ich sage, was ich hauptsächlich tue, werde ich bemitleidet, weil die Kinder und Jugendlichen ja so „gestört" seien. „Es gibt keine Kinder, die gestört sind – nur welche, die gestört wurden", sage ich dann immer. Mein gesellschaftliches Ansehen ist mir ziemlich egal.
*Was für ein Verhältnis haben (hatten) Sie zu Ihrer/m Chef*in?*
Ich bin der Chef. Für frühere Zeiten gilt: Chefs, die professionell gehandelt haben

und wussten, was sie taten, waren immer Vorbild für mich. Inkompetenz habe ich gehasst, und das war dann bisweilen auch schwierig für alle Beteiligten.

Wird der Wert Ihrer Arbeit Ihrem Empfinden nach anerkannt oder eher nicht – wie zeigt sich das?

Anerkannt vorwiegend in eigenen Reihen und durch Heimkinder, denen ich später immer wieder begegnet bin und die eine gute Zeit bei uns/mit mir hatten.

Was für ein Verhältnis haben Sie zu Ihren Kolleg*innen?

Meine Kolleg*innen sind wie ein Chor: Die Stimmen mischen sich zu einem wunderbaren Miteinander.

Arbeiten Sie auch mal länger, als der „offizielle" Arbeitstag Stunden hat, oder hören Sie eher immer pünktlich auf?

Was ist pünktlich aufhören?

Arbeiten Sie schon lange dasselbe? Wechseln Sie Ihre Stellen öfter, wieso?

Ich bin seit 43 Jahren in der Jugendhilfe und seit 25 Jahren in ein und derselben Stelle. Ein Reptil der Heimerziehung.

Wie sieht/sah Ihr Arbeitsalltag aus?

Jeder Tag ist anders: Mal heult der, mal die, mal ich, und dazwischen versuchen wir das Chaos irgendwie beherrschbar zu machen.

Was fürchten Sie? Was finden Sie gut? Wie sieht es allgemein aus in Ihrem (oder anderen) Arbeitsbereich innerhalb der Gesellschaft?

Ich fürchte, dass es so nicht weitergeht. Ich fürchte mich vor der Welt. Work-Life-Balance ist eines meiner Hasswörter, weil oftmals nicht die professionellen Grenzen damit gemeint sind, sondern die persönliche Faulheit. Die Gesellschaft ist kälter geworden.

Wie, vermuten Sie, entwickelt es sich in Zukunft?

Die Apokalypse hat begonnen. In zweihundert Jahren werden die Übriggebliebenen neu anfangen.

Sind Sie selbstständig? In welchem Bereich?

Ich bin alles: Angestellter. Freiberufler und Gewerbetreibender.

Haben Sie Mitarbeiter*innen? Wechseln diese oft, wieso? Was zeichnet die jüngeren Mitarbeiter*innen heute aus bzw. was sehen Sie problematisch?

Wir haben ein relativ konstantes Team. Aber jüngere Leute werden immer mal wieder von der Liebe fortgetragen, oder sie wollen doch lieber noch mal studieren oder das Elend der Welt aus der Nähe sehen. Bei den erfahreneren Mitarbeiter*innen kann man auf Kontinuität zurückgreifen. Sie scheuen aber oftmals Veränderungen. Kurzum: Junge Leute halten mich jung, weil ich mich über ihr „naturgegebenes" Chaos aufregen kann. Die anderen geben Ruhe und zeigen mir auf, wie alt ich geworden bin.

Wie organisieren Sie Ihre selbstständige Arbeit?

Das frage ich mich auch oft.

Empfinden Sie Ihre Arbeit manchmal als „Selbstausbeutung"?

Ist sie das nicht? Andere gehen ins Kloster ... das wäre für mich keine Alternative gewesen.

Können Sie als Selbstständiger Arbeit und Freizeit trennen, oder arbeiten Sie immer und überall? Wie sieht das genau aus in Ihrem Bereich?

Ich kann beides: Mich im Büro auf die Terrasse setzen und vor mich hin sinnieren und beim „Tatort" die Tagesdokumentation lesen.

Ist Arbeit nur das Gegenteil von Freizeit?

Nein. In jedem hohen Ton steckt die Tiefe und umgekehrt.

Macht Freizeit (Hobbys etc.) auch Arbeit?

Ja. Zum Beispiel, wenn meine Verlegerin wieder mal eine neue Buchidee hat ...

„Hausarbeit"?

Hasse ich. So richtig. Ich freue mich aber, wenn es mal für zwei Stunden ordentlich ist. Ich habe nur bügelfreie Hemden, und ich koche nicht. Das erleichtert mein Leben.

Machen Sie Fürsorgearbeit, wenn ja, in welcher Form, wie fühlen Sie sich damit?

Ich lande oft in der „Daddyrolle". Das war schon immer so und ist für mich eher ein Privileg. Die jüngeren Kolleg*innen belächeln mich manchmal, wenn ich zu wenig

Unterschiede zwischen ihnen und den Jugendlichen mache ...
Arbeiten Sie ehrenamtlich? Was? Was bedeutet ehrenamtliche Arbeit für Sie? Für die Gesellschaft?
Ehrenamtlich arbeite ich nicht. Ich habe eine ganz gut bezahlte Stelle. Vieles mache ich aber noch außerhalb meiner offiziellen Dienstzeit, und für die Gesellschaft ist das, was wir machen, auch gut.
Was fällt Ihnen zum Stichwort „Work-Life-Balance" ein?
Eine Wortschöpfung, die sich glücklicherweise, wie alles, das man zu häufig verwendet, abnutzt. Irgendeiner erfindet ein Wort, und alle finden es super. Nicht meine Welt.
Gibt es ein Ende der Arbeit?
Eine Arbeit ist dann zu Ende, wenn ich keine Lust mehr habe. Dann lege ich mich in die Badewanne und lese oder gehe in die Eisdiele. Wenn ich meine Familie sehe, versuche ich, die Arbeit mal Arbeit sein zu lassen.
Haben Sie schon plötzliche Arbeitsunfähigkeit erlebt, durch Krankheit, Burn-out?
Ich war schwerkrank, als ich mit 27 plötzlich über viele Monate im Krankenhaus lag. Ich bin erschöpft. Es muss weniger werden mit dem Arbeiten. Keine Frage, aber einen Jugendhilfeträger durch Corona steuern ist eben kein Zuckerschlecken. Die Zeiten sind schwierig. Für Burn-out habe ich keine Zeit.
Wie fühlt sich das an?
Erschöpfung macht mir mein Alter deutlich. Plötzlich kann ich im Training kein Gewicht mehr stemmen. Das nehme ich ernst. Dann setze ich mich in die Cafeteria und sehe den anderen zu, aber über die Angst, dass alles schon bald vorbei sein könnte, spreche ich nur mit wenigen. Darüber, dass „Alterserschöpfung" auch einsam macht, auch nicht. Das junge Gemüse hat keine Ahnung, wie kaputt man sich fühlen kann, und denkt, es geht immer so weiter. Nichts bleibt, wie es ist.
Wie sieht es bei Ihnen aus mit Rente/Pension?

Es ist unwahrscheinlich, dass ich jemals ganz in Rente gehen werde.
Haben Sie durch Ihre Arbeit genügend verdient, um früh aufhören zu können, um „auszusteigen"?
Keine Ahnung. Ich will nicht aufhören. Ich will nur besser sortieren, was zu mir gehört und was nicht.
Was tun Sie ohne die Arbeit?
Dazu schweige ich lieber, weil ich meinen Ruf nicht ruinieren will.
Haben Sie Ihre Arbeit schon einmal (mehrere Male) verloren, sind, waren arbeitslos?
Ich habe mal vier Wochen Überbrückungsgeld bekommen. Das war es. Dafür bin ich sehr dankbar.
Verschleiß durch Arbeit, körperlich/psychisch?
In Hochstresszeiten ja. Dann komme ich manchmal nicht mehr zu mir. Verschleiß: An jeder Ecke. Ich bin eine internistische Fundgrube!
Was halten Sie vom während der Pandemie berühmt gewordene Homeoffice?
Homeoffice ist eine super Sache. Für mich kam das aber nicht in Frage. In Krisenzeiten wollte ich kein Homeoffice, sondern habe mich lieber bei unseren Kindern und Jugendlichen aufgehalten, weil die schließlich ziemlich abgeschnitten vom Leben waren und Ablenkung brauchten. Ich auch übrigens. Darüber hinaus: Die Mischung macht es. Manchmal liebe ich es, komplett alleine im Büro zu sein, manchmal will ich Trubel. Ich kann überall arbeiten. Ich habe keine Akten mehr.
Steht hinter der Arbeit nur die reine Notwendigkeit (Broterwerb), oder ist sie (auch) Berufung, geschieht aus Leidenschaft und innerem Antrieb (Stichwort „intrinsisch motiviert")?
Wie beschrieben: Ich definiere mich zum großen Teil über Arbeit.
Monoton, entfremdet, ausgebeutet vs. erfüllend ...
Alles im grünen Bereich. Meistens jedenfalls. Es sei denn ich muss mich mit komplett überflüssigen Bürokratismen herumschlagen.

Arbeit und Sprache. Wie reden Sie über Arbeit?
In der Jugendhilfe haben wir bisweilen die Sprachwendungen der Jugendlichen angenommen, was bei uns nicht klüger wirkt – in meinem Fall sind die Grenzen schon wieder fließend: Von der Pubertät zur Alterssenilität ist nur ein kleiner Schritt.
Spracharbeit, Schreiben Übersetzen, Lehren … arbeiten Sie mit Sprache, wie sieht Ihr Arbeitsalltag aus?
Ich rede den ganzen Tag und sonst schreibe ich. Auch reden – nur leiser. Dazwischen spreche ich mit meinem Spiegel im Badezimmer.
Wie sieht es aus bei Ihnen: Können Sie an arbeitsfreien Tagen, Sonntagen, Feiertagen, in Urlaubszeiten „abschalten"?
Ein Leben ohne Arbeit wäre für mich Folter. Für die anderen wahrscheinlich auch. Das mit dem Paradies ist so eine Sache: Man sollte nicht jeden Mist glauben.
Erzählen Sie etwas von Arbeit im übertragenen Sinn: „Ich arbeite daran."
Ich arbeite daran, meine Vergänglichkeit zu akzeptieren – nicht nur im Sinne von aus dem Leben scheiden, sondern eher insofern, als dass mir immer deutlicher wird, dass ich viele Dinge nicht mehr mache, die mir früher wichtig waren, dass ich mich privat sehr zurückgezogen habe. Ich arbeite daran, mich von Dingen und Gewohnheiten, die ich als Ballast empfinde, zu verabschieden. Ich will Vorkehrungen treffen, als (noch) älterer Mensch nicht frustriert im Sessel zu sitzen.
Arbeiten Sie an sich selbst, an eigenen Fehlern, Unzulänglichkeiten, an der Schönheit des eigenen Körpers? (Machen Sie das für sich, für andere?)
Fehler? Kommasetzung soll ich lernen, hat mal jemand vom Konkursbuch Verlag behauptet …
Zum Altwerden braucht man Mut. Ja, es ist nicht schön, wenn alles Mögliche hängt und Kalorien sich weigern, sich in Luft aufzulösen, aber ich gehöre zu denen, die keine kurzen Hosen oder T-Shirts tragen. Ich bin lieber angezogen als nackt. Und das ist auch gut so.
Leben Sie in einer Beziehung? Was arbeitet Ihr/Ihre Partner*in? Und gibt es hin und wieder Konflikte wegen der Arbeit? Welchen Einfluss hat „Arbeit" auf Ihr Liebesleben?
Ich lebe getrennt in einer Beziehung. Meine Frau ist in Rente. Da wir zusammengearbeitet haben, hat sich viel geändert für uns beide. Ich rufe sie mitten im Stress an: „Was machst du, Liebling?" … „Ach, ich sitze im Garten und lese." Das sind signifikante Unterschiede. Arbeit und Liebesleben. Wenn ich sehr lange arbeite, will ich danach auch noch was erleben, aber von Männern halte ich mich in letzter Zeit zunehmend fern. Zu viele Enttäuschungen. Ich bin lieber für mich.
Was ist für Sie „Beziehungsarbeit"?
Gibt es für mich nicht. Setzt euch zusammen, hört euch interessiert zu und freut euch, dass ihr euch habt. Und wenn so gar keine Freude aufkommen will, ist die Beziehung doch eh zu Ende oder? Für Krisen gibt es Familientherapeut*innen.
Trauerarbeit?
Gibt es auch nicht. Trauer muss man zulassen und die Arbeit dafür mal lassen. Trauer ist ein wichtiges Gefühl. Es berührt uns.
Traumarbeit (Freud). Es heißt, Träume können Konfliktlösungen anbieten („Es hat im Traum weitergearbeitet" o. Ä.).
Träume sind wichtig. Ich versuche meine Tage aber abzuschließen, damit die Träume sich nicht mit Alltäglichem rumschlagen müssen. Eher mit Lustvollem. Belgische Nougatpralinen zum Beispiel. Tagträume finde ich am tollsten. Man kann rumliegen, sich schöne Gedanken machen – bitte nur schöne – und dabei Pralinen essen!!
So viel Arbeit in allen Lebensbereichen!
Zu viel für die einen, zu wenig für die anderen. Es geht nur darum, die Dinge kunstvoll zu jonglieren.

Thomas Bäder
Die Verarbeitung

Onkel Franz war unbeholfen. Er war Alkoholiker, seine Sucht offensichtlich. Wenn ich ihn in seinem Gartenhaus besuchte, stellte er flugs seine Bierflasche unter den Tisch. Er agierte dabei so ungeschickt wie ein junger Zauberlehrling, der noch nicht weiß, wie man vor den Augen seines Publikums einen Gegenstand „verschwinden" lässt. Ich ließ Onkel Franz stets im Glauben, sein „Trick" würde funktionieren, und tat so, als würde ich den reflexartigen Eilvorschub seines Armes in Richtung Fußboden nicht bemerken. Obwohl ich mir nichts anmerken ließ, war Onkel Franz verunsichert und fühlte sich ertappt. Das merkte ich daran, dass er mich mit „Hallo Georg" begrüßte – dem Namen meines Vaters.

Es ist ein äußerst unangenehmes Gefühl, ertappt zu werden. Das habe ich am eigenen Leib verspürt – bei einem denkwürdigen Besuch von Markus, meinem einzigen guten Freund. Bei einem Glas französischem Rotwein erzählte ich ihm, was ich innerhalb von zwei Tagen erledigen wollte: „Ein Projekt in der Firma mit etlichen Überstunden abschließen, die Vorbereitung einer Festrede für den Geburtstag meiner Mutter, die Entrümpelung der Garage, die ehrenamtliche Mithilfe beim Bau einer Grillhütte, die Reparatur meines Fahrrades, die Vorbereitung zweier Fortbildungen, die Einkommensteuererklärung …"

Ich war mit meiner Aufzählung noch nicht fertig, als Markus mich unterbrach: „Du bist wie dein Onkel Franz – du denkst auch, es würde niemand merken."

Ich lachte unbeholfen.

„Wieso?", fragte ich.

Markus schaute mir in die Augen, ganz so, als wäre er sich nicht sicher, ob er mir sagen sollte, was er dachte.

Ich wurde unsicher.

„Was soll niemand merken?"
„Dass du arbeitssüchtig bist."
Ich lachte wieder.
„Ausgeschlossen, Markus. Ich habe einfach viel zu tun."
„Wie dein Vater", sagte er.

Das ging zu weit. Es war ein Affront, mich mit meinem vor ein paar Jahren verstorbenen Vater zu vergleichen. Markus wusste ganz genau, wie konfliktreich unsere Beziehung gewesen war. Ich fühlte mich von meinem Freund angegriffen und versuchte, den Spieß umzudrehen, indem ich sagte: „Du bist auch ständig beschäftigt und merkst das nicht."

Markus blieb unbeeindruckt. „Du redest die ganze Zeit nur über die Arbeit – als gäbe es nichts anderes im Leben." Nach einem Moment des Schweigens fügte er hinzu: „Ich bin nicht der Einzige, der so über dich denkt. Es traut sich bloß niemand, dir das zu sagen."

Die Unterhaltung war nun unangenehm geworden. Alles, was ich über meine Aktivitäten erzählte, diente Markus als „Beweissicherung" seiner Arbeitssucht-Theorie.

Ich füllte die Weingläser auf und nutzte die kurze Unterbrechung, um unser Gespräch in andere Bahnen zu lenken. Markus durfte nicht noch mehr darüber erfahren, wie voll meine Tage mit Arbeit waren. Ich erzählte ihm deshalb belanglos von einer geplanten Urlaubsreise in die Bretagne.

Als Markus endlich gegangen war, setzte ich mich an den Computer und gab in der Suchmaschine reflexartig das Wort „Arbeitssucht" ein.

Ich führte damals ein „Ich-könnte-doch-noch"-Leben: Mein Fokus war vollständig auf das Abarbeiten von Aufgaben gelegt, die auf einer nie leer werdenden Liste vor meinem inneren Auge auftauchten. Die Arbeiten besaßen alle eine unsichtbare Dringlichkeit. Im Gegensatz zu Onkel Franz musste ich wenigstens nichts verheimlichen. Im Gegenteil. Ich hatte etwas vorzuzeigen: Berge erledigter Arbeit. Es machte mich stolz, so fleißig zu sein.

Ein paar Jahre nach dem Gespräch mit Markus suchte ich eine Psychologin auf. Mein „Ich-könnte-doch-noch-Leben" hatte dazu geführt, dass ich nicht mehr konnte. Meine Kraft reichte nicht mehr aus, um meine inneren Listen zeitnah und effektiv abzuarbeiten. Der Anruf bei der Therapeutin hatte mich einige Überwindung gekostet. Niemand in meinem Umfeld sollte von den Sitzungen bei ihr etwas mitbekommen. Ich befürchtete, es würde mir als Schwäche ausgelegt. Plötzlich war ich der Zauberlehrling, der sich mit der Aufgabe konfrontiert sah, fünfzig Therapieminuten pro Woche vor den Augen von Freunden und Bekannten „verschwinden" zu machen. Ich hoffte, die Psychologin würde mir im Verborgenen helfen, zu meiner alten Schaffenskraft zurückzufinden.

Zu meiner Verwunderung interessierte sich die Therapeutin nur am Rande für das, was ich Tag für Tag leistete. Stattdessen fragte sie mich nach dem Verhältnis zu meinem Vater. Was sollte ein Mensch für einen Einfluss auf mein Leben haben, der früh verstorben war? Sie interessierte sich für die Beziehung zu meiner Mutter. Was hatte eine Frührentnerin damit zu tun, dass meine Arbeitskraft nicht mehr für alle Aufgaben ausreichte? Sie fragte, ob ich einen guten Kontakt zu meinen beiden Brüdern hätte. Warum interessierte sich die Psychologin für Menschen, die ich außer bei Familienfeiern so gut wie nie traf? Sie fragte, ob ich die Gründe für die Alkoholkrankheit von Onkel Franz kennen würde. Darüber hatte ich mir nie Gedanken gemacht, weshalb ich meinen Vater zitierte: „Franz hat einfach einen guten Durst." Schließlich wollte die Therapeutin, dass ich ihr etwas über meine Kindheit erzähle. Ich spürte plötzlich einen inneren Widerstand gegen ihre Fragen. Ich sagte: „Ich bin nicht wegen meiner Vergangenheit zu Ihnen gekommen. Mit der ist alles in Ordnung."

Die Psychologin erwiderte daraufhin nichts.

„Welche emotionale Gefahr bestünde für Sie, wenn sie einen Tag lang nichts arbeiten würden?"

„Einen Tag lang?", fragte ich, „Wissen Sie, wie viel ich zu tun habe? Die einzige Gefahr, die bestehen würde, ist die, dass ich mit meiner Arbeit nicht fertig würde."

Ich war leicht gereizt.

Sie blieb hartnäckig.

„Was würde passieren?"

„Es würde die ganze Familie durcheinanderbringen."

Zum ersten Mal war die Psychologin von einer meiner Antworten überrascht.

„Sie haben gar nicht erwähnt, dass Sie Familie haben."

„Mit meiner Familie läuft alles prima – deshalb", sagte ich, ohne über den Wahrheitsgehalt meiner Aussage nachgedacht zu haben. Bei mir war immer alles in Ordnung, wenn mich jemand danach gefragt hatte.

Die Psychologin ließ sich von meiner Behauptung nicht irritieren.

„Was würde Ihre Familie durcheinanderbringen?"

„Die Kinder könnten nichts mit mir anfangen, wenn ich abends mit ihnen im Wohnzimmer sitze. Ich würde das abendliche Programm stören."

In den folgenden Therapie-Sitzungen ging es um die Beziehung zu meiner Frau, meinen beiden Töchtern und zu mir selbst. Plötzlich waren die Antworten unangenehmer als die Fragen selbst. Es waren Geheimnisse, die ich vor Freunden und Verwandten geschickt zu verbergen wusste. Ich schämte mich zutiefst für die Wahrheit. Für das, was hinter unserer bürgerlichen Fassade längst abgebröckelt war. Es fiel mir schwer einzugestehen, dass die Beziehung zu meiner Frau nicht so gut funktionierte, wie wir bei Freunden schauspielerten. Es war gelogen, dass sie wegen meines Schnarchens aus unserem Schlafzimmer ausgezogen war. Die Wahrheit war eine äußerst schmerzhafte: Wir hatten uns nicht mehr viel zu sagen und waren nur wegen der Kinder zusammengeblieben. Möglicherweise litten unsere Töchter darunter: Helen, unsere älteste Tochter, nässte mit ihren fast dreizehn Jahren immer noch ins Bett. Das wiederum durfte meine Mutter nicht erfahren. Für sie wäre es eine Bestätigung gewesen, dass ich in ihren Augen die falsche Frau geheiratet hatte.

Ich hätte noch viel mehr über Familie erzählen können, verzichtete jedoch darauf, weil es sich für mich wie Verrat anfühlte, die wohlgehüteten Geheimnisse auszuplaudern. Deshalb erwähnte ich nicht, dass Onkel Franz, das fünfte Kind meiner Großeltern, kurz nach seiner Geburt an ein Ehepaar aus der Verwandtschaft „abgegeben" worden war. Als „Ersatz" für deren Kinderlosigkeit. Ich erzählte auch nicht, dass mein Großvater väterlicherseits im Zweiten Weltkrieg eine Mutter mit Kind erschossen hatte, weil er in einem Dorf hinter einem Scheunentor russische Soldaten vermutete.

„Wie viele Stunden arbeiten Sie am Tag?", fragte die Psychologin.
„Achtzehn Stunden?"
Ihr entsetzter Gesichtsausdruck weckte in mir das Bedürfnis, meine Aussage sofort zu relativeren.
„Natürlich ist das nicht alles Arbeit, vieles davon ist Freizeit."
„Was denn zu Beispiel?"
„Einkaufen, Gartenarbeit, Steuererklärung, sich um die Kinder kümmern, alles, was nach Feierabend ansteht."
„Verstehe, das ist tatsächlich keine Arbeit." Ihr Sarkasmus war unüberhörbar.
Ich ärgerte mich über ihre Antwort. Ich war ein Mensch, der seine Pflichten sehr ernst nahm und vielleicht deshalb mehr zu tun bereit war als andere. Warum wollte sie das nicht sehen?
„Was würde passieren, wenn Sie eine Stunde lang nichts arbeiten würden?"
Ich schwieg. Sie schwieg.
Offensichtlich erwartete sie eine Antwort.
Ich hatte keine.
„Was könnte passieren?", wiederholte sie.
Schweigen.
„Keine Idee?"
Schweigen.
„Was würden Sie fühlen?"
Diese Frage mochte ich überhaupt nicht. Ich versuchte, die Antwort mit einem Scherz zu umgehen.
„Ich kenne nur das Durstgefühl."

„Verstehe, eine Gemeinsamkeit mit Ihrem Onkel Franz."
„Ich weiß nicht, worauf Sie hinauswollen", sagte ich schließlich.
„Kennen Sie Ihre Gefühle nicht?"
„Muss ich?"
„Nein, dazu gibt es keine gesetzliche Verpflichtung."
Meine Psychologin war eine Sarkastin erster Güte.

Gefühle hatten bei meinen Eltern Hausverbot. Für sie gab es keinen Platz in der Familie. Freude eliminierte mein Vater mit einem „Wir-sind-nicht-zum-Spaß-auf-der-Welt", meine Wut prügelte er mit Schlägen nieder. Für das „Wegmachen" meiner Ängste war meine Mutter zuständig. Sie wertete mich als „den kleinen Hosenscheißer in der Familie" ab, wenn ich ihr anvertraute, wovor ich mich fürchtete, und nannte mich „Flenner", wenn ich mich traurig fühlte. Ich begriff sehr früh: Um emotional überleben zu können, musste ich mich vor meinen eigenen Gefühlen hüten.

Das ist lange so geblieben. Gemäß dem Motto: Was Hänschen lernt, tut Hans für immer. Auch wenn es ihm nicht guttut. Ich ging als Erwachsener mit meinen Gefühlen immer noch so um, wie ich es bei meinen Eltern gelernt hatte: auf keinen Fall jemandem zeigen.

„Sie nutzen die Arbeit, um Ihre verdrängten Gefühle nicht spüren zu müssen", sagte meine Psychologin, als ich ihr von meinem erlernten Umgang mit Emotionen erzählt hatte. „Solange Sie arbeiten, besteht keine Gefahr für Ihr inneres System. Allerdings zahlen Sie dafür einen hohen Preis. Sie fühlen sich ständig erschöpft und sind alles andere als lebendig." Sie ermutigte mich, mit meinen Gefühlen in Kontakt zu kommen. Ich hätte ein Recht darauf. Meine Gefühle seien in Ordnung, auch wenn meine Eltern mir etwas anderes vermittelt hätten.

„Es gibt Menschen, die etwas vermissen, ohne sich dessen bewusst zu sein", sagte sie.
„Was sollte ich vermissen?"

„Etwas, was Sie nie bekommen haben."
„Geld war bei uns immer da", sagte ich.
„Und sonst?"
Genügt das nicht?, dachte ich und sagte: „Ich weiß nicht, worauf Sie anspielen."
„Liebe. Nähe. Berührung. Zärtlichkeit. Anerkennung."
„Das hätten Sie meinem Vater sagen sollen. Er hätte Sie ausgelacht."

Mein Vater! Wer nicht ständig arbeitete, dem vermittelte er das Gefühl, kein liebenswerter Mensch zu sein. Nicht zu genügen. Ein Außenseiter zu sein. Wer faulenzte oder sich mit Freunden zusammensetzte, der hatte „das Arbeiten nicht erfunden". Vater konnte Arbeit erfinden. Wie oft ließ er uns unnütze Arbeit tun, nur damit wir beschäftigt waren? Zäune streichen, an denen nicht einmal die Farbe abgeblättert war. Wer nicht arbeitete, war in seinen Augen nichts wert, nutzlos, minderwertig. Vater protzte damit, was er alles gearbeitet hatte. Ich offensichtlich genauso. Ich hatte seine Einstellung zur Arbeit als Kind unbewusst übernommen – und daraus geschlussfolgert: Wenn ich nicht arbeite, bin ich nicht liebenswert.

„Gibt es in Ihrem Leben noch etwas anderes außer Arbeit?", fragte mich meine Psychologin neulich.
„Nein, nichts."
„Warum?"
„Wenn ich nicht arbeite, entsteht eine Leere in mir."
„Und die füllen Sie mit Arbeit auf?"
„Vielleicht", antwortete ich kleinlaut.
„Wollen Sie davon wegkommen?"
Ich überlegte.
„Eigentlich ja."
„Dann müssten Sie dringend etwas dafür tun."
Ihre Worte klangen bedrohlich für mich.

Es dauerte lange, bis ich aufhörte, die Vorschläge meiner Psychologin zu sabotieren. Es schien so, als gäbe es für mich keine Alternative als immer nur zu arbeiten. Weil sich durch die Besuche bei meiner Therapeutin nichts in meinem Leben änderte, stimmte ich ein Jahr später ihrem Vorschlag zu, ein paar Veränderungen anzugehen.

Ich nahm mir vor, mich an einem Samstagnachmittag mit dem Klappstuhl auf den ungemähten Rasen zu setzen. Eine furchtbare Vorstellung. Ich hielt keine Minute durch. Irgendetwas fehlte. Ich holte den Rasenmäher aus dem Schuppen und stellte ihn vor den Klappstuhl. Damit ging es mir ein klein wenig besser. Nun hielt ich zehn Minuten durch, immer den Blick auf den Gehweg und das Nachbargrundstück gerichtet. Hoffentlich sah mich niemand. Was würden andere Menschen über mich denken, wenn ich nichts tat? Ich stellte mir in Gedanken ihre Antworten vor – und entschied mich deshalb, den Rasen doch zu mähen. Nichts zu tun hätte sich deutlich schlimmer angefühlt. Immerhin, lobte mich meine Psychologin später, hätte ich es geschafft, die Arbeit für kurze Zeit aufzuschieben.

Ein paar Wochen später stand eine weitere Veränderung an. Ich sollte mich nach dem Abendessen zu meiner Familie auf das Sofa setzen. Unvorstellbar. Sie spielte die Situation in Gedanken durch. Plötzlich meldeten sich Schuldgefühle bei mir. Ich weiß bis heute nicht, warum. Vielleicht, weil ich gar keine Ahnung hatte, was sich zwischen Abendbrot und Zu-Bett-Gehen bei uns im Haus abspielte. Mein Unbehagen wuchs. Beim Abendessen kreisten meine Gedanken um die viele Arbeit, die ich eigentlich noch erledigen wollte. Ich saß schweigend am Tisch. Alles schien leichter, als sich von meinen Arbeitsgewohnheiten zu trennen. Ich überlegte, was ich zu den Kindern sagen würde, wenn ihnen bewusst würde, dass ich in den nächsten zwei Stunden für sie da bin.

Es kostete mich einiges an Überwindung, nach dem Abendessen nicht wieder an die Arbeit zu gehen. Ich ging zu meiner Frau in die

Küche und half ihr beim Aufräumen. Aus meinem Unterbewusstsein meldete sich eine Stimme: „Hast du nichts Besseres zu tun?" Es war Vaters Stimme. Es fiel mir schwer, sie zu ignorieren.

„Georg, ich setze mich heute mit dir und den Kindern vor den Fernseher", sagte ich nach langem Zögern zu meiner Frau.

Sie reagierte sofort. „Ich bin nicht dein Vater."

Es war mir äußerst unangenehm, sie mit dem Namen ihres ungeliebten Schwiegervaters angesprochen zu haben. Und doch war ich froh darüber. Denn inmitten meiner Verlegenheit hatte eine mir bis dato unbekannte innere Stimme dem Ausspruch meiner Frau zwei Worte hinzugefügt: „Zum Glück." Diese Stimme war mir im ersten Moment fremd. Später wurde mir klar: Es war meine eigene. Ich hatte sie noch nie so deutlich gehört. Es war höchste Zeit, meine alten Einstellungen über die Arbeit zu löschen. Ich war nicht mein Vater. Ich war ich.

411

VEB BERLINER LINIE
FORTSCHRITT WALLSTRASSE
DAMENOBERBEKLEIDUNG FÜR MODE UND SPORT

Kollegin
Sigrun Adler

Kl.-Machnow
Im Kampf 72

BERLIN C 2
WALLSTRASSE 15-15a
TELEFON
Sammelnummer 20 02 86
Für Ferngespräche 20 20 46
Postscheckkonto Berlin 76 96
Bankkonto
Berliner Stadtkontor, Berlin C 2
Kurstraße, Konto-Nr. 1/2310
Bank-Konto-Nr. 600 000
Telegramm-Anschrift
BERLINLINIE-BERLIN

IHR SCHREIBEN　IHR ZEICHEN　UNSER ZEICHEN　TAG
In der Antwort angeben
　　　　　　　　　　　I Bo/Sch　　8.10.1958
BETREFF

Zu Ihrem Ausbildungsergebnis, das Sie mit
dem Prädikat "sehr gut" für Ihre fachlichen
Leistungen in unserem Betrieb ablegten, be-
glückwünschen wir Sie auf das herzlichste
und verbinden dieses mit der Ausreichung
einer Prämie in Höhe von
　　　　　　　DM 30,-.

Es freut uns ganz besonders, Ihnen diese
Anerkennung ausreichen zu können und wün-
schen, daß dieses Ihnen gleichzeitig ein
Ansporn für die Zukunft sein möge.

　　　　　　　　　　　Werkleitung　　BGL
Der Betrag wird per Post überwiesen.

DEUTSCHE BÜCHERSTUBE
VON NATIONAL

BERLIN N4　FRIEDRICHSTRASSE 113　FERNSPRECHER 42 83 68

Berlin, den 1.Mai 1960
v.K./W.

Fräulein
Sigrun Adler
im Hause

Mein liebes Fräulein Adler!

Anlässlich des 1.Mai habe ich die Freude, Ihnen eine Prämie überreichen
zu können. Sie sind durch Ihre liebenswürdige Art der Kundenbedienung
und durch Ihre guten und künstlerischen Dekorationen eine wertvolle
Mitarbeiterin der Deutschen Bücherstube geworden, und wir alle - die
Betriebsleitung und alle Mitarbeiter - freuen uns, Ihnen heute zu
Ihrer Prämie herzlich gratulieren zu können.

Ich möchte Ihnen bei dieser Gelegenheit ausdrücken, daß Sie bei einer
weiter so guten Arbeit noch manche Entwicklungsmöglichkeit innerhalb
unseres Betriebes haben und bin

mit meinen schönsten Grüssen

Ihre

Sigrun Casper
Aus dem Leben einer Lehrerin

Yilmaz

Sieben auf einen Streich, aber keine Fliegen. Erlegen sollte Frau Mai sie auch nicht, malen sollte sie mit ihnen. Als sie das erste Mal an einem Donnerstag in die Klasse kam, saßen die sieben brav an ihren Tischen. Nett lächelnd, wie es sich gehört für eine Lehrerin, die sich vorstellt, blickte Frau Mai von einem zum anderen.

„Ihr werdet bei mir malen, wie ihr wisst", sagte sie, „wir werden im Fachraum arbeiten."

Der, der am kindlichsten wirkte, kniff die Augen zusammen und fixierte die neue Lehrerin von oben bis unten.

Frau Mai setzte sich hinter den Lehrertisch und holte ihr Notizbuch heraus. In die gewittrige Stille hinein fragte sie:

„Habt ihr keine Mädchen in der Klasse?"

Sie hielten die dunklen Köpfe unbewegt und verdrehten die Augen. „Nein. Mädchen haben wir keine." Sie kicherten.

Die Kunstlehrerin bemerkte die kahlen Wände. Zwischen zwei Fenstern, schief angepinnt, ein Poster von einem Tiger. „Findet ihr das nicht ein bisschen … langweilig?" Es dauerte eine Weile, bis sie das passende Wort gefunden hatte.

Sieben sehr junge Männer schauten aneinander vorbei und verzogen die Münder. Dann sahen sie von unten herauf Frau Mai an und grinsten. Frau Mai grinste auch. Sie fragte nach den Namen und trug sie ins Notizbuch ein. Einige mussten ihre schwer verständlichen Nachnamen an die Tafel schreiben. Yilmaz hieß der mit dem frechen Blick. Er krakelte seinen Namen unleserlich hin.

Frau Mai tat, als ob sie ihn entziffern könnte, und trug nur den Anfangsbuchstaben ein. Im Fachraum zeigte sie zuerst ein Buch mit Abbildungen moderner amerikanischer Malerei. Die Jungen saßen am Fensterende des langen Arbeitstisches, blätterten in dem Buch und zeigten einander Bilder, die ihnen gefielen.

„Ich finde van Gogh besser", sagte Yilmaz hoch und tief.

„Du kennst van Gogh?"

„Klar. Der hat sich doch ein Ohr abgeschnitten. Der war sauer, dass keiner seine Kunst verstanden hat."

„Und was weißt du noch von van Gogh?"

„Alles. Der malt super Bilder. Bäume und so was. Und Felder, mit Vögeln." Die anderen nickten.

„Ich werde euch nächstens ein Buch mit Bildern von van Gogh mitbringen."

„Machense das."

Tahir stand auf, nahm ein Malblatt aus dem Regal, fragte nach Farben und Pinseln. Er ließ Wasser in ein Glas laufen, legte sich alles am anderen Ende des Tisches zurecht und fing an zu malen. Tamer sah ihm eine Weile zu, dann suchte auch er sich alles zusammen und setzte sich neben Tahir. Die anderen, vor allem Ali mit den blond gefärbten Haarspitzen, wollten von Frau Mai wissen, wie man es schafft, berühmt zu werden. Frau Mai fiel nichts wirklich Überzeugendes ein.

„Aber wieso ist der van Gogh berühmt geworden?", bohrte Yilmaz. „Und der Rembrandt?"

„Den kennst du auch?"

„Klar kenn ich den. Ich kenn alles. Der hat so dunkle Bilder gemalt. Aber van Gogh find ich besser."

Frau Mai sah Yilmaz an. Seine Augen blitzten sehnsüchtig, sein Mund war verspannt vor Unzufriedenheit und Ungeduld. Wie ein Ertappter sprang er auf und streunte durch den Raum, zog das erstbeste Lineal aus dem Regal, hieb damit durch die Luft und schlug auf den Tisch ein, dass es nur so knallte. Das war das Zeichen. Orhan, Ali, Kemal und Mustafa schoben die Stühle von sich weg und schnappten sich zum Draufhauen geeignete Gegenstände, Pinsel, Lineale, eine Papierrolle. Fröhlich hieben fünf kräftige Jungen auf den Arbeitstisch, die Schränke, die Fensterbretter und das Regal ein. Die beiden Maler ließen sich, als wären sie Erschütterungen gewöhnt, nicht stören.

„Wir machen Musik!", schrie Orhan. Fünf Radaubrüder hämmerten und tobten, die Lehrerin in den Augenwinkeln.

Frau Mai kam sich vor wie ein Schiff im Orkan. Sie versuchte, ein gelassenes Gesicht zu ziehen. Zwischen zusammengepressten Zähnen stieß sie hervor: „Weil sie an ihre Kunst geglaubt haben, darum sind sie berühmt geworden!" Dabei malte sie sich aus, wie Ali dem Orhan das Ende des Tuschpinsels ins Auge stach. Diese Vorstellung gab ihr die Kraft, „jetzt ist aber Schluss!" zu kreischen und mit der Faust auf den Tisch zu schlagen. Etwas Tuschwasser schwappte über. Auch das brachte die beiden Maler nicht aus der Fassung. Die Schlagzeuger, verdattert, hielten mitten in der Bewegung inne. Mit Elan, ihr Schwung erstaunte sie selbst, riss Frau Mai einem nach dem anderen sein Schlaginstrument aus der Hand und schmiss die Dinge ins Regal. Einiges blieb liegen, anderes schepperte zu Boden. Kemal hob es auf. Sie wandte sich den beiden Malern zu. Tamer hatte ein Bild in grauen und blauen Farben angefangen. Tahir malte mit gemischten roten Tönen. Die Bilder sahen wie farbige Grasflächen aus der Vogelperspektive aus, Wiesen, über die der Wind fährt.

„Das ist ja wunderschön!", rief Frau Mai. Ihre eigene Stimme kam wie gehetzt bei ihr an.

„Kriegen die jetzt eine Eins?", fragte Yilmaz hämisch. Frau Mai, ernst: „Ich glaube schon."

„Haha", grölte Yilmaz, „bei der kriegt man ganz leicht 'ne Eins!"

Fünf Zweifler beugten sich über Tahirs und Tamers Schultern, einer sagte verächtlich: „Das kann ich auch", dann fläzten sie sich auf den Fensterbrettern und fingen an, sehr laut in ihrer Sprache zu reden. Dabei lachten sie derb und linsten zu Frau Mai, die ihre Armbanduhr nicht mehr aus den Augen ließ.

Von da an, sobald die sieben ihre Kunstlehrerin im Schulgebäude nur von Weitem erkannten, lästerten sie, Yilmaz krächzend allen voran: „Na, kriegen wir wieder eine Eins?" Auf dem Schulhof, wenn er seine Frau Mai bei der Hofaufsicht erwischte, kreischte Yilmaz, dass es auch alle hören konnten: „Sie sind sexy!"

Sie trug donnerstags hochgeschlossene Blusen. Beugte sie sich zu einem herab, zeigte ihm, wie er diese Linie, diese Fläche noch besser hinbekäme, dann merkte sie, wie der an ihr schnupperte. Ali fragte: „Als Sie so alt waren wie wir, hatten Sie da schon einen Freund?"

„Nein, hatte ich nicht."

„Wieso denn nicht?"

„Mich wollte keiner."

„Was?"

„Ich war den Jungs zu dick und zu hässlich."

Sie blickten Frau Mai erstaunt an, schienen mit der Antwort aber zufrieden zu sein.

Eine Unterrichtsstunde hielten sie es jedes Mal emsig malend durch. In der nächsten fingen sie mit ihrer Musik an. Frau Mai räumte um. Alle länglichen Gegenstände aus dem Regal verfrachtete sie in den Schrank. Dem wortgewandten wissbegierigen Yilmaz fiel es schwer zu malen. Nach zehn Minuten schrie er: „Fertig!" Den Mund verkniffen, besah er sich seine Kleckse, hielt sie Frau Mai unter die Nase, sagte: „Das ist Kunst, Frau Mai!", und verlangte seine Eins.

„Das ist aber keine Kunst", entgegnete Frau Mai, „und du weißt das ganz genau." Sie sah, wie er unwillkürlich nickte. Sein Mund verspannte sich, die Augen blitzten höhnisch, und mit überschlagender Stimme fuhr er Frau Mai an: „Die ganze Malerei ist sowieso blöde!" Da gingen der Lehrerin die Pferde durch und sie keifte ihren Schüler an: „Fantasie ist das Wichtigste im Leben! Das schreib dir mal hinter die Ohren!"

Er kniff die Augen zusammen. „Du kannst mich mal", knirschte er.

Die anderen blickten erschrocken von ihren Arbeiten auf. Sie sahen einander fast ergriffen an und warfen dann Frau Mai ihre dunkelsten Blicke zu. Sie schwiegen und malten weiter.

Yilmaz zerriss sein Bild und fegte die Papierfetzen vom Tisch. Frau Mai sagte nichts. Sie hatte das Gefühl, rot geworden zu sein.

Die sieben, Yilmaz allen voran, hörten nicht auf, laut nach ihren Einsen zu fragen, sobald sie ihre Kunstlehrerin erblickten. Oder sie klatschten: „Ah, die Frau Mai." Immer spöttisch, und immer im Chor. Frau Mai gewöhnte sich eine bestimmte Art zu lächeln an, ihr Donnerstagslächeln, ihr Sieben-auf-einen-Streich-Lächeln.

„Wo sind denn die anderen geblieben?", fragte sie eines Donnerstags Tahir und Orhan, die als Einzige in der Klasse waren.

„Die? Die sind heute alle krank."

„Ach, das ist doch gar nicht möglich, dass fünf auf einmal krank sind."

„Doch, wirklich, sind alle krank."

„Na gut, warten wir hier in der Klasse, sie werden schon kommen."

Tahir und Orhan kicherten.

Die fünf anderen stürmten nach einer Weile durch die Tür. Yilmaz rannte mit ausgestrecktem Arm auf Frau Mai zu: „Für Sie."

Frau Mai ergriff einen Blumenstrauß in Klarsichtfolie. Sieben rote Rosen und sieben weiße Margeriten.

„Ihr macht mich ganz verlegen."

„Hörnse auf, freunse sich."

„Ich freu mich sehr."

„Wir haben zusammengelegt. Wir haben noch nie einer Lehrerin einen Blumenstrauß geschenkt", krächzte Yilmaz.

Trauer-Schularbeit

Eines Morgens mitten in der Woche kam ich in die Schule und hörte als Erstes, Kollege Wittler sei gestorben. Er wollte die Wohnung verlassen und hat es nicht mehr bis zur Tür geschafft. Seine Frau hat ihn im Flur gefunden und sofort die Schule benachrichtigt. Der Kollege war wegen seiner Strenge und Humorlosigkeit nicht besonders beliebt, aber sein unerwarteter Tod hat uns doch erschüttert. Meine Schüler – siebte Klasse Sonderschule (heute Förderschule) – wirkten ebenfalls allesamt betreten und erschrocken. Statt wie sonst morgens vor Stundenbeginn rumzutoben und zu lärmen, saßen auch die kaum zu bändigenden Schläger seltsam still auf ihren Plätzen. Ich begrüßte sie und sagte nur: „Wir wissen alle, was passiert ist." Meine Radaubrüder und Zickenschwestern nickten schweigend. Ich konnte nun unmöglich die geplante Deutschstunde anfangen, ich musste mir jetzt ganz schnell etwas Angemessenes für sie einfallen lassen.

Der Einfall ließ nicht auf sich warten. Er erschien mir in Form eines der Rilke-Gedichte, die ich auswendig kann. Ich sagte, ich fände es gut, wenn wir in dieser Stunde an Herrn Wittler und an den Tod denken. Sie fanden es auch gut, und ich glaubte ihnen. Also ging ich zur Tafel und schrieb das Gedicht an, wobei sie mir schweigend zusahen.

> Der Tod ist groß.
> Wir sind die Seinen
> lachenden Munds.
> Wenn wir uns
> mitten im Leben meinen,
> wagt er zu weinen
> mitten in uns.

Ich trat zur Seite und ließ sie das Gedicht durchlesen, und als ich sah, sie haben es alle durchgelesen, die eine und der andere es sogar leise gemurmelt, fragte ich sie, ob sie einverstanden seien, es in ihr Deutschheft zu schreiben. Sie nickten und holten ihre Hefte und Füller aus ihren Schulmappen oder ihren Schulplastiktüten, sie schlugen die Hefte auf und schrieben es Zeile für Zeile ab, und jede und jeder, das sah ich, gab sich Mühe, schön zu schreiben.

Als sie mit dem Abschreiben fertig waren, fragte ich: „Mag jemand das Gedicht laut vorlesen?"

Susanne meldete sich, Uwe meldete sich, Michael und Nazire meldeten sich. Die, die sich nicht meldeten, würden es bestimmt auch gern vorlesen. Ich zeigte zuerst auf Michael. Er las es ernst nicht von seinem Heft, sondern von der Tafel ab. Dann Susanne, und dann die anderen. Aus jedem Mund klangen die Zeilen etwas anders. Das Rilke-Gedicht vom Tod hat sie alle ergriffen, über den aktuellen Anlass hinaus. Sie haben die ganze Stunde durchgehalten. Da wurde mir bewusst, was große Poesie vermag. Ein wahrhaftiges, uneitles, einfaches und schönes Gedicht öffnet soziale Schranken und seelische Sperren. Es setzt sich zart über verklemmtes Großgetue hinweg, weht dahin, wo es hingehört. Ins Herz.

Gerhard Beckmann
Pflege-Erfahrung als staatsbürgerliche Nachhilfestunde. Aus der aktuellen Perspektive eines Patienten

Meine an Alzheimer verschiedene Ehefrau Giuliana ist in der exzellent geführten Seniorenresidenz Neustift (Passau) betreut worden – schon um 2010 wurde aber der Mangel an Pflegekräften zu einem Problem. Meine im April 2022 gestorbene Lebensgefährtin Eska hat partout nicht in ein Pflegeheim wollen: wegen ihrer Erfahrungen mit einer unguten Reha-Klinik. Ich selbst kann heute von Pflegekräften nur mit größter Hochachtung sprechen – dies nach zehn Junitagen im Klinikum Rottalmünster (Niederbayern), ab Anfang September in Görlitz (Sachsen): im Städtischen Klinikum, in der Kurzzeitpflege des Arbeiter-Samariter-Bundes und beim Mobilen Pflegedienst Stumm, ohne die ich, allein, in meiner neuen Wohnung nicht leben könnte.

Das individuelle Engagement und der Teamgeist „meiner" Pflegekräfte haben mich – nach allem, was konkret über sie so verbreitet worden ist – tief beeindruckt. Aber wie haben es diese Schwestern, Pfleger und Hilfskräfte geschafft, Dienstleister einer beispielhaften Mitmenschlichkeit zu werden? Denn sie müssen, so ist mir nach genauem Hinsehen und -hören bewusst geworden, meist unter Crash-Stress arbeiten, bei personeller Dauer-Unterbesetzung, oft schaurigen Arbeitsbedingungen, allzu oft Elendslöhnen. Und: ohne gebührende Wertschätzung. „Für uns ist die Pflege-Arbeit kein Beruf", lautete eine häufige Antwort, „wir machen sie aus Berufung." Auf meinen fragenden Blick hin ist noch leise verlegen hinzugefügt worden: „Sonst könnten wir sie gar nicht leisten."

So exemplifizieren sie nun für mich, dank ihrer staatsbürgerlichen Nachhilfestunde in meiner Lähmungsphase, eben jene Solidarität und soziale Intelligenz, die auf den luftleeren Hochebenen der

Öffentlichkeit nur beschworen wird, um sie von unten, von andern einzufordern. Es wäre lohnend zu schildern, wie sie für Patienten einfach da sind und wie sie Schrittmacher einer Rückkehr ins aktive Leben werden, mit Kräften, die offenbar noch aus alten Kulturen rühren. Ihre große Sorge: dass eine dysfunktionale „Gesundheitspolitik" die Jugend vom Pflegeberuf abschreckt: „Es gibt kaum mehr Nachwuchs."

In Amsterdam, Foto: Eleonore Hochmuth

Mitwirkende

Allard, Simone, * 1969, lebt in Berlin. Speaking – Training – Coaching. Ausbildung zur Bankkauffrau, Weiterbildungen u.a. im Bereich Mitarbeiterführung und Profitraining für Führungskräfte. Zwischen 2012 und 2016 bei der Deutschen Bank, u.a. Gebietsdirektorin Ruhrgebiet West, Gebietsdirektorin Essen-Nord & Oberhausen, seit 2016 bei Wüstenrot, Vertriebsdirektorin. www.simone-allard.de

Bäder, Thomas, * 1970 in Tübingen, Berufsausbildungen zum Maschinenschlosser und Industriekaufmann. Volontariat bei einer Tageszeitung, Tätigkeit als Redakteur. Berufsaufgabe in einer Lebenskrise. Malkurse. Lebt mit Partnerin in Rosengarten, Baden-Württemberg. Künstler, Cartoonist, Aphoristiker, Autor. www.derkleineherrmann.de

Beck, Ulrich, * 1964 in München, lebt in Bremen. Seit mehr als 30 Jahren Industrieerfahrung mit verschiedenen Managementpositionen und Mandaten.
Seine Lyrik erscheint regelmäßig in Anthologien, Zeitschriften und Blogs. Einzeltitel „gleitzeit" (1986) und „komm und geh zeiten" (2018).

Becker, Robert, Familientherapeut und Autor in Frankfurt/M. Buch: „Ich war immer zwei. Lebensblenden schwuler Väter" (Konkusbuch Verlag, 2021).

Beckmann, Gerhard, wird am 30.11. 2022 84 Jahre alt. Er lebt in Görlitz (früher in Bayern), war Verleger, ist Publizist, besonders rund um die Buchbranche.

Birner Romero, Elna, 75 Jahre alt, hat als Krankenschwester in Krankenhäusern und in einem Alten- und Pflegeheim gearbeitet. Mit Mitte 30 zur Literatur gewechselt, Kurzgeschichten in Zeitschriften und im WDR unter dem Namen Elna Schult. 1995 ging sie der Liebe wegen nach Spanien, dort Deutschlehrerin. Seit 22 Jahren gibt sie Yogaunterricht.

Breitenbach, Anna, Lyrikerin, Schriftstellerin, lebt in Esslingen (am Neckar) und Elmo di Sorano/Italien. Eine Zeitlang Reporterin und Autorin für den SWR. Ständige Installationen (Die Gedichtekiste, Stadtbibliothek Stuttgart, Das Schaufenstergedicht, Alimentari da Loretta), Ausstellungen poetischer Objekte. Für den Roman „Fremde Leute" mit dem Thaddäus-Troll-Preis ausgezeichne. Aktuelle Buchveröffentlichungen: „love shots" (Gedichte, Konkursbuch Verlag 2022). „Dichte Nähe. Körper, Wörter, Wirkstoffe." (Essays und Gedichte über das Verhältnis von Autorin, Gedicht und Leser:in, 2023)

Buntschwarz, * 1967, in einem kleinen hessischen Dorf aufgewachsen. Über Stationen in Frankfurt, Cardiff und Heidelberg jetzt im Saarland beheimatet. Schreibt seit der Kindheit leidenschaftlich gern, aber unregelmäßig und erstellt beruflich seit mehr als 25 Jahren Gebrauchstexte.

Butschkow, Peter, * 1944 in Cottbus. Aufgewachsen in Berlin (West). Studiert auf privater Kunstschule. Ein Lehrjahr als Bleisetzer. Abgeschlossenes Studium an der Akademie für Grafik, Druck und Werbung in Berlin. Drei Jahre angestellter Grafik-Designer in einer Werbeagentur. Danach acht Jahre als grafischer Freiberufler.
Cartoonist, Comiczeichner, Illustrator und Textautor. Viele Cartoonbücher, zuletzt „Je älter man wird, desto komischer werden die anderen" (Lappan Verlag, 2021). Zwei Romane, zuletzt „Wo ist Emilia?" (Konkursbuch Verlag, 2022).

Casper, Sigrun, * 1939 in Kleinmachnow, Ausbildung zur Industrienäherin, ein Jahr Schauspielstudium, Verkäuferin in der Deutschen Bücherstube Ost-Berlin, Flucht. Später Studium Stoffmusterentwurf, Pädagogik- und Sonderpädagogikstudium, arbeitete lange als als Deutsch- und Kunstlehrerin an einer „Förderschule" mit vielen Migrantenkindern in Berlin-Wedding. Romane, Gedichte und Kurzgeschichten. Auszeichnung u.a. Walter-Serner-Preis. Zuletzt „Der Himmel passt nicht in das Viereck eines Fensters." (Gedichte, Konkurbuch Verlag, 2022):

Eberts-Wahlen, Sabine, * 1962, wuchs in einer beschaulichen Kleinstadt in der Oberpfalz in Bayern auf. Beruf und Liebe verschlugen sie über Nürnberg, Mannheim und Trier 2000 ins Saarland. Zweimal verheiratet und zwei Töchter, die inzwischen erwachsen sind und ihre eigenen Wege gehen. Geschrieben hat sie schon immer sehr gern. In der Schulzeit konnten ihre Aufsätze nicht lang genug sein. Auch das Führen von Tagesbüchern gehörte schon immer zu ihrem Leben. Und sie kennt noch die Zeit, wo sie sich mit Freundinnen und dem jeweils Liebsten per Brief austauschte. Schreiben ist ihr Ausdruck von Kreativität. Besonders gut gelingt das, wenn sie in Workshops auf neue Schreibwege gelangt. Bisher hat sie noch nie etwas veröffentlicht.

Goll, Cora, in Stuttgart aufgewachsen, hat Musik und Musikwissenschaften studiert. Sie engagiert sich für Tier-, Umwelt- und Naturschutz. Lebt und arbeitet in Rottenburg a. N.

Groschupf, Johannes, ist Autor, lebt in Berlin und schreibt in der Stabi. Zuletzt erschienen von ihm: „Berlin Prepper" (2019), „Berlin Heat" (2021), im November 2022 „Die Stunde der Hyänen", alle bei Suhrkamp.

Grothus, Claudia, * 1965, Studium der Soziologie, Arbeit als Kulturmanagerin im Ruhrgebiet, jetzt Texterin in ihrer Werbeagentur „made in nature". Lebt und arbeitet mit ihrem Mann und Tieren im Teutoburger Wald. Privates Waldrand-Artenschutzprojekt.

Das Schreiben hat sie immer begleitet. 2022 mehrere Texte in Anthologien.

Hanssen, Anna (Pseudonym), arbeitet bei einer großen süddeutschen Tageszeitung.

Hochmuth, Eleonore, in Leipzig aufgewachsen, lebt in Tübingen als Designerin und Chansonsängerin. CD (Frühjahr 2023): „Die Liebe dauert oder dauert nicht" Lieder von Bertolt Brecht nach Musik von Hans Eisler und Kurt Weill. Sie produzierte und singt zwei Konkurbuch-Verlagslieder, zu finden auf youtube: youtu.be/B3ixJ5_OHqM – youtu.be/elrN3BSK1L0

Kappeller, Amancay, lebt in Mössingen, Reporterin für die Zeitung und freie Mitarbeiterin im Konkurbuch Verlag, beides macht sie, wenn sie kann, manchmal immer noch.

Karimé, Andrea, Studium der Musik- und Kunsterziehung, Weiterbildung zur Poesiepädagogin, Grundschullehrerin bis 2007, seitdem freie Autorin. Kinderbücher. Kinderbuchpreis NRW 2018 (zusammen mit Jens Rassmus). Ihre ersten drei Bücher („Die Briefträgerin", „Alamat" und „Fatina") erschienen im Konkurbuch Verlag. Im Mai 2023 erscheint ein Essayband (wieder im Konkurbuch Verlag) „Wörter Wörter Himmelörter. Sprachen erfinden."

Knecht, Johannes, studierte in Saarbrücken, Mannheim und Köln Germanistik, Schulmusik, Violine und Dirigieren. Kapellmeister und Chorchef an verschiedenen Opernhäusern, u.a. an der Opéra de Lyon, dann 17 Jahre Opernchordirektor der Staatsoper Stuttgart. Gastdirigate und Meisterkurse in aller Welt. Er ist Professor für Chorleitung an den Musikhochschulen Lübeck und Stuttgart.

Körting, Katharina, ist freie Autorin und Journalistin in Berlin.

Lazzer, de, Dieter, * 1941, Schriftsteller, Theologe und Rechtsanwalt. Er verfasste viele Drehbücher für Fernsehserien und Kriminalfilme, zumeist als Partner des bekannten Autors Felix Huby.

Leitner, Anton G., * 1961 in München. Der examinierte Jurist lebt als Dichter, Herausgeber und Verleger in Weßling (Landkreis Starnberg). Er publizierte bislang vierzehn eigene Lyrikbände, zuletzt „Wadlbeissn. Zupackende Verse | Bairisch und Hochdeutsch" (Volk Verlag, München 2021). Seine Gedichte wurden in neun Sprachen (u. a. Englisch, Französisch und Arabisch) sowie in diverse Dialekte (u. a. Schottisch, Londoner Cockney und Damaszenisch) übersetzt. Neben 29 Folgen der buchstarken Jahresschrift „Das Gedicht" edierte er über 40 Anthologien, zuletzt bei Reclam „Lichtblicke. Gedichte, die Mut machen" (2022). Er wurde vielfach ausgezeichnet, u. a. mit dem Deutschen Verlagspreis 2022, dem Tassilo-Kulturpreis der Süddeutschen Zeitung und dem Bayerischen Poetentaler. Er ist Mitgründer des PEN-Berlin. Mehr: www.antonleitner.de | www.wadlbeissn.de | www.dasgedicht.de

Lotter, Cornelia, in Weimar geboren, studierte in Meiningen Lehramt. Ab 2015 ist sie als freie Autorin tätig.

Luthardt, Thomas, * 1950 in Potsdam, Lyriker und Arzt.

Makowsky, Johann A., * 1948 in Budapest, Prof. em., Faculty of Computer Science, Technion Israel Institute of Technology, Haifa.

Mayer, Alf, * 1952, freier Journalist und Exil-Allgäuer, lebt nach 33 Jahren Frankfurter Westend in Bad Soden am Taunus. Filmredakteur der legendären Medienzeitschrift „medium", CvD bei der IG Metall und dem Werber-Blatt „horizont", Arbeit mit Edgar Reitz („Heimat") und Alexander Kluge (TV), Textchef Manufactum, 150 Titelgeschichten für die IG BAU, 50 Reportagen für das „Schwarzbuch: Rente mit 70. Zusammen mit Frank Göhre Bücher über Ed McBain und Elmore Leonard, Übersetzer der vier Räuberinnen-Romane von Wallace Stroby, von Benjamin Whitmer „Flucht" und Katherine Faw „Young God". Seit 2016 monatlich ein CrimeMag bei: www.culturmag.de

Müller, Anja, * 1971 in Berlin-Prenzlauer Berg, Fotografin, viele Fotobücher, zuletzt: „Frauen 2", „Paare 2" und „Männer 2" (Konkursbuch, 2022)..

Nagelschmidt, Thorsten, * 1976 in Rheine, lebt in Berlin. Gitarrist und Texter der Punk-/ Alternative-Rock-Band Muff Potter, Buchautor, Grafiker. Letzte Bücher: „Der Abfall der Herzen" (Fischer, 2018) und „Arbeit" (Fischer, 2020).

Oberschmidt, Jürgen, ist Professor für Musik und ihre Didaktik an der Pädagogischen Hochschule Heidelberg. Nach dem Studium an der Hochschule für Musik, Theater und Medien in Hannover war er zuvor als Lehrer für Musik und Deutsch an einem Gymnasium in NRW und in der Lehrerausbildung an der Universität Kassel tätig. Er ist Vorsitzender der Internationalen Leo-Kestenberg-Gesellschaft, des Netzwerks Neue Musik Baden-Württemberg und Präsident des Bundesverbands Musikunterricht (BMU). Arbeitsschwerpunkte: Musik und Sprache, fachübergreifende Unterrichtskonzepte, kreatives Musizieren und Komponieren im Unterricht, bildungstheoretische Grundlagen des Musikunterrichts.

Othegraf, Theresa, * 1964 in West-Berlin, lebt und arbeitet in der Nähe von Köln. Demnächst erscheint bei BoD weiterer Lesestoff von ihr: „Ein Kaktus in meinem Körper – Leukämie überleben".

Pyka, Hans-Gerd, * 1955, schreibt, zeichnet, filmt. Aufgewachsen ist er in Salzgitter-Lebenstedt, glücklich geworden in Berlin. Auf die Frage, was ihm in seinem Leben am besten gelungen ist, antwortet er, ohne eine Mikrosekunde überlegen zu müssen: Vater sein. Ehemann sein. Zuletzt erschienen: „Das blutende Modell", Erzählung und Kurzgeschichten, Verlag Bartels & Bleil, Berlin 2022 und „Useks Turm", Verlag Bartels & Bleil, Berlin 2022. „Ich wollte einige Jahre lang Indianer werden, Winnetou am liebsten, später Chemiker, dann Mathematiker. Künstler war ich schon immer – wer das Gegenteil behauptet, kann dennoch mit mir befreundet sein. Aufgewachsen bin ich in Salzgitter-Lebenstedt. Mein Vater war Arbeiter und meist woanders zu Hause, meine Mutter nähte, nein rackerte sich ab, Saum kürzen für 1,72 Mark, wobei der Faden riss, weil sie billigen nahm. Mit dem – freiwilligen – Schreiben angefangen habe ich am 4. Februar 1969, also im Alter von dreizehn Jahren. Es handelte sich um ein Tagebuch, hier ein Auszug: „... Marion Fritz und Klara Krassmann am Bach belauscht. Es befindet sich ein Kranbagger befindet sich am Bach. Habe Freude bei mein Laboratorium und Naturlehre ... Mittags (12 Uhr) 4 Teller Graupeneintopf gegessen. Nachtisch: Apfelsinen." Erstaunlich, dass ich ein Romanautor werden konnte? Heute frage ich mich, ob mich das Schreiben glücklich gemacht hat. Es hat mich ein paar Mal gerettet, schon in der Kindheit, und glücklich wurde ich durch meine Frau und meine Zwillinge. Außerdem: Je mehr ich schrieb, desto weniger Geld verdiente ich, und ich habe viele Jahre sehr wenig verdient. Schließlich: Ich habe meinem Bruder mehr zu verdanken als dem Schreiben und wenn ich schrieb war das manchmal, als hätte ich mich auf eine Rose gesetzt, anstatt sie anzuschauen.

Richter, Elisabeth, * in Gütersloh, Westfalen. Studium der Pädagogik und Soziologie in Göttingen. Berufsjahre als Buchhändlerin, Internatslehrerin und -erzieherin, Familientherapeutin, Kulturjournalistin. Freie Mitarbeit bei verschiedenen Zeitungen, wiederholt Beiträge für DIE ZEIT, DAS MAGAZIN. Autorin von Kurzgeschichten. Mehrfache Preisträgerin, u.a. 1. Preis 2006 und 2. Preis 2021 beim Brandenburgischen Literaturpreis. Privat: 4 Kinder, 1 Klavier, 1 Cembalo, 1000 Bücher. Sie lebt in einem Dorf in der Prignitz im Land Brandenburg.

Ruf, Sonja, Autorin, viele Stipendien, lebt in Saarbrücken. Zuletzt „Flussbadwunder. Fünf Erzählungen" (Konkursbuch Verlag, 2022).

Sander, Siegfried, * 1957 in Gelsenkirchen, arbeitet als Kunsthändler in Hamburg.

Santiago Staehle, Matthias, * 1975 in Esslingen, aufgewachsen in Neuhausen. Chilenische Mutter, deutscher Vater, zweisprachig. Abi, Zivi und Prakti bei Fotografen und Filmproduktionen. 2005 Diplom mit * an der Hochschule für bildende Künste Hamburg. Meisterschüler von Wim Wenders, freier Autor und Regisseur. 2007 Premiere von Mikrofan (Spielfilm, 80 min) bei den Hofer Filmtagen und im Anschluss bundesweiter Kinostart. Verschiedene Auszeichnungen. www.santiagostaehle.de. Aktuelles Buch: Meer, reif & verwegen /Mar, maduro y atrevido (Gedichte, chili Verlag 2022).

Schneider, André, * 1978 in Hildesheim, lebt in Straßburg. Schauspieler, Autor, Filmemacher. Texte in Zeitschriften und Anthologien, Bücher, zuletzt erschien das Buch: „Es wird schon hell" (Main Verlag).

Schuemmer, Silke Andrea, * 1973 in Aachen, lebt als freie Autorin in Berlin. Auszeichnungen: Christine-Lavant-Förderpreis für Lyrik, Georg-Christoph-Lichtenberg-Preis für Literatur und Walter-Serner-Preis des RBB. Bücher zuletzt „Nixen fischen" (Roman) und „Organische Portraits" (Gedichte, beide Konkursbuch Verlag).

Sklut, Sunita, * 1991 in Darmstadt, Studium Staatswissenschaft und Literaturwissenschaft,

Volontariat beim Konkursbuch Verlag, danach Buchhändlerin. Jetzt arbeitet sie in Bereich Marketing und Vertrieb im Hirzel Verlag. Veröffentlichungen in Anthologien. Ein Buch von ihr ist in Vorbereitung (Hirzel Verlag). Ihr Blog: buecherreisende.wordpress.com/

Sonnenberg, Gudrun, lange als freie Journalistin und Autorin tätig, hat neben vielem anderen zwei Sachbücher zum Thema Arbeit geschrieben („Kollege Ich – die Kunst allein zu arbeiten" und den Ratgeber „Homeoffice"). Inzwischen arbeitet sie hauptberuflich als Redakteurin und Autorin für eine Stiftung und einen Wissenschaftsverlag. Literarisch schreibt sie nebenbei und ist gelegentlich auf Lese- und Kleinkunstbühnen in Berlin unterwegs. www.gudrun-sonnenberg.de

Stabenow, Petra, * 1964, lebt und arbeitet seit mehr als 20 Jahren auf La Palma, schreibt Glossen und Texte nach Auftrag, Kurzgeschichten und Gedichte aus Leidenschaft. Veröffentlichungen in Anthologien.

Stegmüller, Achim, * 1977 in Heidelberg, Studium am Deutschen Literaturinstitut Leipzig, Aufbaustudiengang „Interkulturelle Japankompetenz für Hochschulabsolventen" in Tübingen, Kyoto und Hirakata, Osaka. Teilnahme in Duisburg am Kunstprojekt „2-3 Straßen im Ruhrgebiet" von Jochen Gerz innerhalb des europäischen Kulturhauptstadtjahres 2010. Lektor für Deutsch an der Ritsumeikan Universität in Kyoto seit 2014. Stipendien und Auszeichnungen, u.a. Else-Lasker-Schüler-Stückepreis Rheinland-Pfalz. Veröffentlichungen in Zeitschriften und Anthologien. Bücher u.a.: „Die schönsten Liebesszenen im Film" (Sachbuch, Gustav Kiepenheuer, Aufbau, 2002), zuletzt „Zerstreuung" (Erzählung, Textem Verlag, 2018). Theater u. a.: „„„Unterm Dach", Theaterverlag Hofmann-Paul, 2018. Übersetzungen aus dem Japanischen, zusammen mit Sachiko Mushiaki-Stegmüller u.a.: Yoshihiro Tatsumi: Geliebter Affe und andere Offenbarungen; Carlsen Verlag, Hamburg 2013. (Graphic Novel).

Tefelski, Norbert, , * 1950 in München, seit 1979 relativ freier Autor in Berlin. www.literaturport.de/Norbert.Tefelski

Vasseur, Ulla, * 1966 in Niedersachsen, lebt als freie Übersetzerin in Saarbrücken. Seit 2001 hat sie in verschiedenen Kreativ-Schreib-Kursen mitgewirkt und kürzere Beiträge in Anthologien veröffentlicht.

Wertheimer, Jürgen, Professor für Internationale Literatur und Autor in Tübingen. Leitete das von ihm initiierte Forschungsprojekt „Cassandra: Krisenfrüherkennung durch Literaturauswertung". Bücher im Konkursbuch Verlag: „Don Quijotes Erben. Die Kunst des europäischen Romans", „Weltsprache Literatur. Die Globalisierung der Wörter" und über die Krisenerkennung durch Lieatur „Sorry Cassandra! Warum wir unbelehrbar sind.".

Wörtche, Thomas, * 1954 in Mannheim, Literaturkritiker und Publizist. Studium der Germanistik und Philosophie in Bochum und Konstanz, promovierte über phantastische Literatur. Er publiziert Literaturkritiken und Essays. Im Deutschlandradio Kultur regelmäßig Beiträge zur Kriminalliteratur. U. a. Jury-Mitglied des Deutschen Krimi Preises und Herausgeber einer Krimireihe im Suhrkamp-Verlag. Beiträge auch in „Konkursbuch 55: über Bücher" und „ Konkursbuch 56: Tod".

Zeller, Eva Christina, * 1960 in Ulm, Autorin in Tübingen. Bisher 8 Gedichtbände, Prosa in Anthologien, 2022 erschien ihr erstes autofiktionales Buch mit Prosa: „Unterm Teppich – Roman in 61 Bildern" (Kröner, edition klöpfer). Stipendien und Auszeichnungen, u.a. für „Folg ich dem Wasser" den Thaddäus-Troll-Preis. Mitglied im VS und PEN.

Sammlung Sander: Kaffeepause

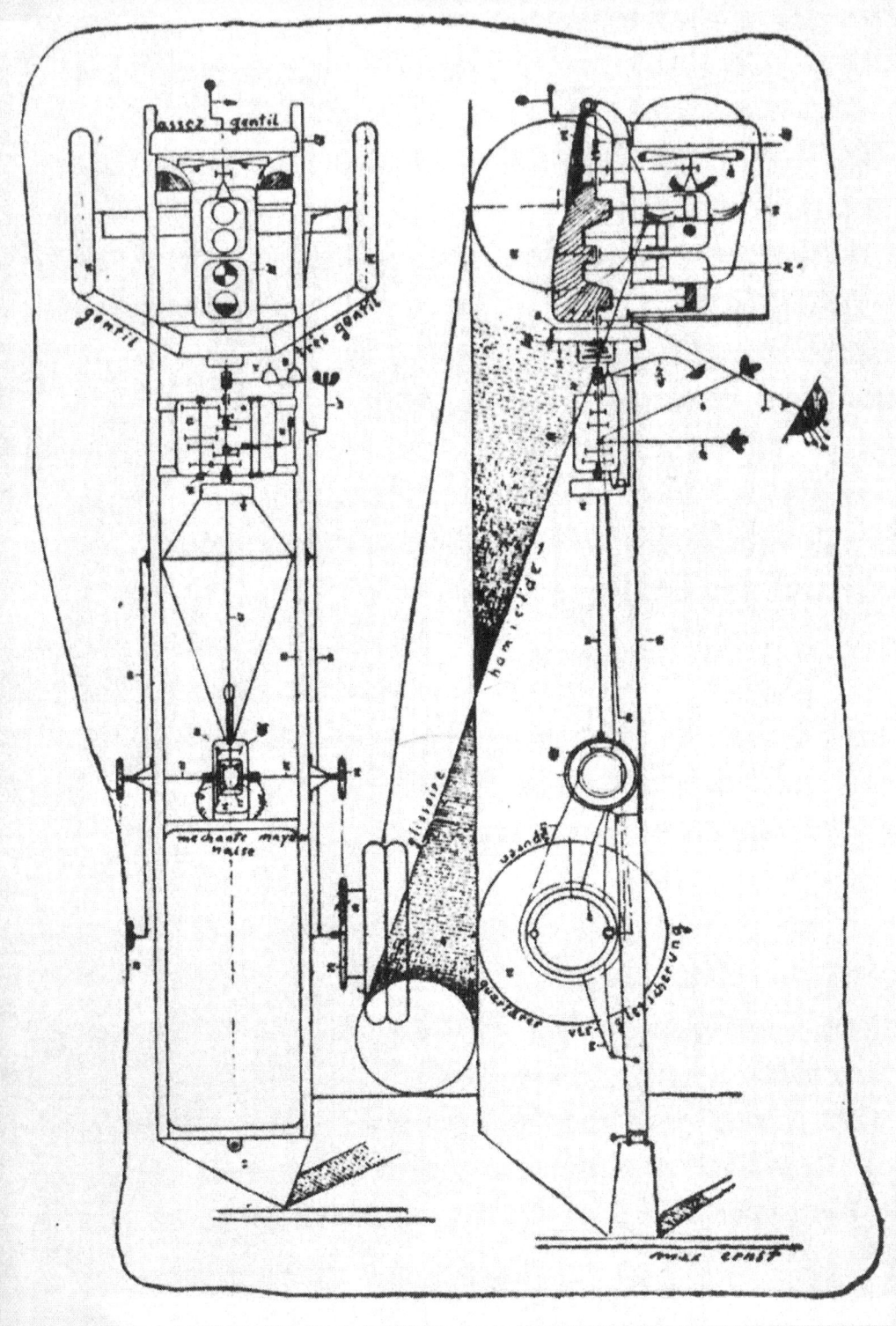